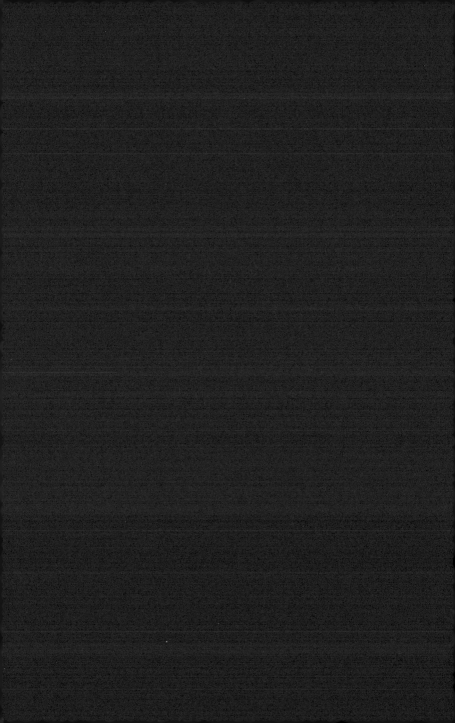

政治的動物

石川義正

河出書房新社

目次

凡例

・本文中の作品名・事件に続く（　）は、原著の発表（単行本初版もしくは雑誌初出）された西暦年、映画の公開年、出来事の起きた年を示す。

・引用文中の〔　〕は引用元の補足、［　］は本書の著者による補足、［……］は中略である。

・引用は旧字・旧かなづかいを適宜改めた。

・引用における傍点その他の強調およびルビは一部を除き省略した。また、一部に本書の著者による強調とルビを付し、はその旨を記した。

・注釈には、本文で採用した版を示した。邦訳がない場合は原典を記した。

政治的動物

Prologue

超過する動物たち

人間は「ポリス的動物（zoon politikon）」である。

古代ギリシャの哲学者アリストテレスの『政治学』による人間の定義である。「国家（ポリス）は自然にもとづくものであり、人間は自然にもとづいてポリス的動物である。そして、もし国家に拠らない者があるなら、それが偶然ではなく自然にもとづくかぎり、人間として劣悪な者か、あるいは人間を超えた者のいずれかであろう」[*1]。ここでの「ポリス的」は「政治的」「国家的」「社会的」「共同体的」などと訳されることもある。いずれも近似値であり、元来は都市国家《ポリス》という古代ギリシャ独特の政治共同体に由来する概念である。『政治学』という邦訳の表題自体、その原義は「ポリスにかかわる考察」という意味になる。

都市国家《ポリス》の目的は、アリストテレスによれば「善く生きること」にある[*2]。それは都市国家《ポリス》の市民の「幸福で立派な生」のことである。「したがって、国家共同体は立派な行為のためにあるのであって、単にともに生きるためにあるのではない」[*3]。人間は、単独では生きることができない。人間にはそれぞれ

＊1　アリストテレス『アリストテレス全集17』神崎繁・相澤康隆・瀬口昌久訳、岩波書店、二〇一八年、二三頁。ただしこのあとで人間は「あらゆる蜂やあらゆる群集性の動物よりもすぐれた意味でポリス的動物である」という表現もみられ、ほかの動物に対して人間だけがポリス的であるという限定には留保を要する。

「自然にもとづいて」――男と女、農民と職人、主人と奴隷のような――性別や役割、機能の相違があり、ひとりでは自足することができない。そのために人間は共同体を形成する。人間はかれらの「幸福で立派な生」を充足させるために都市国家《ポリス》で生活するのである。

人間の生を充足させる「立派な行為」――古代ギリシャでそれは活動《プラクシス》と言論《レクシス》にもとづく政治という領域においてなされた、というのが、第二次世界大戦時にナチスの迫害を逃れ、アメリカへ亡命した哲学者ハンナ・アレントの主張である。「政治的であるということは、ポリスで生活するということであり、ポリスで生活するということは、すべてが力と暴力によらず、言葉と説得によって決定されるという意味であった」。それを制度的に保障するのが民主主義である。だがその一方で、人間の生活には政治的な領域に含まれない私的な領域がかならず存在する。「ギリシア人の自己理解では、暴力によって人を強制すること、つまり説得するのではなく命令することは、人を扱う前政治的方法であり、ポリスの外部の生活に固有のものであった。すなわちそれは、家長が絶対的な専制的権力によって支配する家庭や家族の生活に固有のものであり、その専制政治がしばしば家族の組織に似ているアジアの野蛮な帝国の生活に固有のものであった*4」。

アレントによれば、古代ギリシャで厳格に分離されていた公的領域と私的領域、政治的領域と家族の領域の区分と対立は、近代における国民国家の成立にともなう「私的なものでもなく公的なものでもない社会的領域の出現」によって混乱してくるという。だが、哲学者セネカがポリス的動物をラテン語で「社会的動物（animal socialis）」と翻訳したように、帝政ローマにおいて統治という「前政治的」概念はすでに広範に拡大していた。家族の領域に由来する支配と被支配の観念は公的領域を浸食し、政治的領域に由来する平等の観念はやがて私的領域にもひろまっていく。この時期のキリスト教、とりわけ新約聖書とストア派の哲学が人間の普遍的な平等と奴隷制批判に思想的な根拠を与えた。

平等とは元来、都市国家《ポリス》に属し、公職に就くことのできる市民のあいだの平等を意味していた。市民は富裕な者と貧困な者、あるいは農民をはじめ種々の職業に就く者たちに分かれているが、そこに「人間として劣悪な者」あるいは「人間を超えた者」は含まれない。前者とみなされるのは女性や子ども、老人、奴隷、異邦人といった者どもであり、後者は――プラトンのいう「哲人王」のような――専制君主や神々をさしている。

ところがアリストテレスは『政治学』で――民主制についての原理的考察に先立って――その冒頭から市民（主人）が妻や子ども、奴隷を支配する家政《オイコノミア》について述べることになる。都市国家《ポリス》を構成するのが「家」という単位だからである。とりわけ奴隷にかんして、人間を奴隷として処遇するのが正義にかなうことなのか、とアリストテレスは自問し、然り、と結論する。古代ギリシャ哲学研究者の岩田靖夫によれば、それは次のような理路となる。「あらゆる技術にはその技術を遂行するための道具があり、したがって、家を治める技術にも道具があることは当然であるが、その道具は一括して所有物あるいは財産と呼ばれる。その所有物のあるものは命のない道具、たとえば、窯とか寝床であるが、他のものは生きている道具、すなわち、奴隷である。それ故、奴隷は所有物であり、道具である、と規定されているのである。それなら、奴隷はまったく所有者に帰属する所有者の一部分のような者となるだろう。そ

＊2　「善く生きること」とは、ハンナ・アレントによれば「赤裸々な生活の必要を支配し、労働と仕事から自由であり、自己の生存のためにすべての生きものが生来必要とするものを克服しており、したがって、もはや生物学的な生命過程に拘束されていない」生きかたである（『人間の条件』志村速雄訳、ちくま学芸文庫、一九九四年、五八頁）。
＊3　アリストテレス、前掲書、一五六頁。
＊4　ハンナ・アレント、前掲書、四七頁。

こから、奴隷には倫理的自律性が認められず、奴隷は独立の人格とは見なされない、という帰結が不可避的に生ずる」[*5]。

自然にもとづいた〔本性的〕奴隷は理性《ロゴス》や徳《アレテー》をもたず、それゆえに人間ではない。それは奴隷が「道具」あるいは「家畜」によって代替しうることを意味している。「身体が魂から、また獣が人間から隔たっている分だけ〔他の人々から〕隔たっている者たちこそ〔……〕自然にもとづいた奴隷なのである。彼らにとっては、先に触れた身体や動物にとってもそうである以上、こうした主人による支配というかたちで支配されることが、より善いことなのである」[*6]〔傍点引用者〕。奴隷と動物に差はない、とまでアリストテレスは述べている。しかし岩田はアリストテレスのテキストに、一方で奴隷を理性の欠如によって規定しながら、べつの箇所で理性と徳の存在を認めるという不整合を指摘している。奴隷が奴隷としての仕事を全うするには、そのための——主人の命令を理解し、それを自発的に遂行する——理性と徳を必要とするからである。ただしそれはアレントが「活動《アクション》」や「仕事《ワーク》」と対比した「労働《レイバー》」における倫理ともいえる。

アリストテレスの哲学では——法に従う行為の全体をさす「一般的正義」に対して——平等は「特殊的正義」の原理とされ、さらに特殊的正義は「配分的正義」「匡正的正義」「交換的正義」の三種類に分類される。それらが要請されるのは、都市国家《ポリス》が能力の異なる者たちの——アリストテレスの比喩を用いるなら、ふたりの医者からなるのではなく、医者と農夫からなる——等しくない者たちの共同体であることの必然によってである。アリストテレスは本来的に等しくない者同士を等しい関係に置く技法——「比例に即した平等」——をこの三種類の正義に託した。それを可能にしたのは、市民たちが都市国家《ポリス》の理性《ロゴス》と徳《アレテー》を分有している、という確信である。だが、この正義を都市国家《ポリス》の内部にとどめおくことは可能なのだろうか。むしろ「人間として劣悪な者」とされ、被支配の地位に置かれている者たち——

そして人間ならざる者たち——までもが正義に訴える可能性に道をひらいたのではないか。

　ここにいたって平等は、自立し独立した市民同士の平等だけでなく、支配と被支配の関係にあった者たちのあいだの平等を意味することになる。あるいは異なる場面で被支配の状況に置かれた者たち同士の平等を意味することになる。平等がその限界を超過すること——そのときかれらには、従来までの理性と徳とは異なるなにかを分有することが求められるだろう。「それ故、問題は、すべての事物を共約的にするような、すべての事物に共有される、なんらかの性質を発見することである[*7]」。

　それをわたしたちは今、なんと呼んでいるのか。

*

　『政治的動物』と題された本書は、文学における政治と動物について論じている。だが、それはアリストテレスがポリス的という言葉に与えた含意から遠く隔たっている。政治的なものとは、ここでは共同体の内と外の境界で、あるいは公的領域と私的領域のはざまで発生する、社会的領域と折り重なりながら、しかし統治とはまったく異なる他者同士の関係を意味する。フランスの哲学者ジャック・ランシエールがいうように「政治は、ポリスの論理と平等の論理が出会うところで機能する[*8]」。そしてそのたがいに他者同士である形象をここでは「動物」と呼ぶ。

---

*5　岩田靖夫『アリストテレスの政治思想』岩波書店、二〇一〇年、九五頁。
*6　アリストテレス、前掲書、三二一 - 三二三頁。
*7　岩田、前掲書、二〇七頁。
*8　ジャック・ランシエール『不和あるいは了解なき了解』松葉祥一・大森秀臣・藤江成夫訳、インスクリプト、二〇〇五年、一一一頁。

本書に登場する動物たちは、おもに**一九七九年**から**二〇一七年**のあいだに日本語で発表された小説作品からとりあげている。かれらはしばしば人語を解し、人間とともに生活する非現実的な生きものとして――ただし昔話や童話に登場する動物たちとも異なる筆致で――描かれている。それは「種の平等」や「動物の権利」を主張する人間中心主義《アントロポセントリズム》批判、あるいはポストヒューマニズムと呼ばれる今日的な理念や実践と直接的なかかわりはない。だが、それらの動物たちが、今日まで長らく社会の周縁に排除されてきた**女性**や**マイノリティ**、**障碍者**、そしてさまざまな**被差別**をめぐる形象――わたしは今、ALS（筋萎縮性側索硬化症）に冒され死を選んだひとりの友人のことを考えている――に近づいていることはたしかである。

わたしはここで隠喩ではなく**形象**と記している。もし隠喩がある概念や意味をあらわす美的な形象であるとしたら、かれらは――たとえば川上弘美の短篇「神様」（一九九四年）に登場する「くま」が北方に暮らす少数民族のアイデンティティの象徴である、といった解釈のような――そうした概念や意味とかならずしも厳密に対応しているわけではないからだ。本書が焦点を当てるのは、むしろ隠喩という言語装置がはらむ意味の「共約性」や「比率」――アリストテレス『詩学』の主題である――を形象そのものが超過してしまうという言説的な状況である。むしろ隠喩でないことによって、それは「目的なき合目的性」（カント）と定義される「自然の美」についての逆説的な隠喩たりえている、というべきかもしれない。多和田葉子の短篇「かかとを失くして」（一九九一年）で「私」が書類結婚した夫である「イカ」はその典型である。最後まで「私」の前に姿をみせない「夫の部屋」を錠前屋にこじ開けさせると「誰かが引っ越していってしまった後のような、がらんとした灰色の部屋」に「死んだイカがひとつ横たわっている」[*り]。それは哺乳類にも魚類にも属さない、海生軟体生物と呼ばれる起源の定かならぬ曖昧な形象として、読者が求める意味を拒絶するかのように「灰色の部屋」にただひとつ、ぽつんと放置されている。イカの死体という無意味な物体には、しかしその無意味さゆえに死んだ主人という隠喩が崇高な煌めきをかすかに乱反射しているかのようだ。そのときイカは隠喩であることをみずから拒否する隠喩となり、作品そのものを超過した、なかば自律的な形象として「灰色の部屋」の外にひろがる現実とも虚構ともつかぬ虚空に顕現している。

作品内の形象がその作品の秩序を超過することで現実世界に短絡してしまう、という事態は、文学においてかならずしも稀有なことではない。わたしが前著『錯乱の日本文学——建築／小説をめざして』(二〇一六年)でとりあげた小島信夫や大江健三郎のいくつかの作品に頻出する「住宅」の形象もそのひとつだが、日本近代文学においてそれがもっとも目覚ましい成果として残されたのは「私小説」に登場する作家＝作中人物という形象である。そうした作品を読解するということは、作品から現実の中空へと超過し、浮遊するそれらの文学的諸形象をひとつの歴史的な平面に定位してみせる作業が要請される。それは小説作品の内在的な分析を前提とする点で文学批評に類似しているが、その狙いは文学というジャンルを超過している。あるいはいったん超過してみせなければ、作品の読解自体がもはや不可能なのだといってもよい。

『政治的動物』が実践するのは、ひとまずは恣意的とも思える判断によって**一九七九年**から**二〇一七年**として画定した一時期の政治的・経済的・社会的な断面と作品内の動物的な諸形象との交点を以下にあげるいくつかの概念によってピン留めすること、そしてそれらの概念をふたつの系列《セリー》として、その航跡をたどってみるという試みである。テキストがあるひとつの歴史と交差し、衝突し、分岐する際の恒常的なマーカーが動物という形象なのである。

*9　多和田葉子『かかとを失くして　三人関係　文字移植』講談社文芸文庫、二〇一四年、六〇頁。

＊

『政治的動物』は、「**二〇一七年の放浪者**《トランプス》」で**二〇一七年**に刊行された柄谷行人、村上春樹、松浦寿輝、後藤明生、多和田葉子、金井美恵子の諸作を**崇高**という視点から論じたのち、ふたつの系列に分かれることになる。

「**Ⅰ　動物**」では、**一九七九年**以降に出版された小説——津島佑子、笙野頼子、川上弘美、多和田葉子、大江健三郎、松浦理英子の諸作——にあらわれる動物／獣の形象の読解をめぐって、**賃借**、**市場**、**隠喩**、**国家**、**天皇制**、**民主主義**、**主権**、**所有**、**模倣**、**マゾヒズム**といった諸概念が系列をかたちづくる。

「**Ⅱ　権力**」では、動物をめぐる諸概念を**権力の非対称性**として再解釈することで、谷崎潤一郎、金井美恵子、中上健次、赤瀬川原平、蓮實重彥のいくつかの作品を読解する。その際に、とりわけ中上健次と蓮實重彥のテキストに顕著にあらわれる——政治的であると同時に文学的な理念として呈示された——**私生児**という「概念的人物」（ジル・ドゥルーズ）が批判されることになるだろう。

これらの概念の系列を貫通するのが**無限**、とりわけ**悪無限**（ヘーゲル）という観念である。アリストテレスは無限を「現実的無限」と「可能的無限」に分けて、前者を「その無限性が現実存在（実存 exist）し、時間の「中」のある時点で与えられるようなもの」、後者を「その無限性が時間を「超えて」現実存在する、ないしは与えられるようなもの」としている[*10]。ヘーゲルにとって真無限が有限性を自己のうちに統一する絶対的な全体であるのに対して、悪無限は「それぞれが次のものによって境界づけられた有限な要素の単なる連鎖、しかし決して完成されることも、適切な形で統一されることもないような無限」[*11]にすぎない。ヘーゲルは、「終わることのない過程」としての可能的無限を重視したアリストテレスと対極的な位置を占める。

すべての者の主権を平等に——支配権力の定期的交代によって——実現するのが都市国家《ポリス》の民主制であったとしたら、それは——ヘーゲルの真無限とおなじく——円環のイメージに帰着するだろう。このことは立憲君主制を支持するヘーゲルと対立しない。民主制を擁護するアリストテレスもまた、「中庸」の名のもとに「特殊的正義」の及ぶ範囲を都市国家《ポリス》の市民に限定し、それを一種の現実的無限とみなしていることになるからである。つまり厳密には貴族制《アリストクラシー》だが、ただしアリストテレスは可能性として市民の範囲が拡大することをかならずしも否定していない。それは「最善の民主制」に対して「究極の民主制」と呼ばれる。「アリストテレスが「現実的に最善の国制」とする「中間の国制」は、適度の財産と適正な教養をもつ中間の人々（hoi mesoi）が国政の主体となる国制であるが、もし、究極のデモクラシーにおいて教育を全市民に行きわたらせることができれば、究極のデモクラシーはそのまま「中間の国制」の終着点になるであろう。現実の「究極のデモクラシー」は、現に、われわれ二一世紀の人間が目前に見ているように、数を頼んだ多数派支配や適性のない人間が重要な公職につくなどの、プラトンやアリストテレスが夙に指摘した、様々な欠陥を露呈している[*12]」。

だが、にもかかわらず平等という観念は、アリストテレスがけっして容認することのなかった無際限な拡大の傾向を本性的に宿している。「平等は民主制ではない[*13]」。平等は民主制と一致しないだけでなく、それ自体とも一致しない。平等はつねにそれ自体を超過する。平等は、分析され、記述されるものである以上に、要求されるべきものである。平等への要求には、平等ならざる者同士の基盤的な平等が存在

＊10　A・W・ムーア『無限　その哲学と数学』石村多門訳、講談社学術文庫、二〇一二年、一七頁。
＊11　同書、二三九頁。
＊12　岩田、前掲書、七八 - 七九頁。
＊13　ランシエール、前掲書、一一一頁。

するという感性的な確信がその奥底に横たわっている。市民のみならず「人間として劣悪な者」が、女性が、子どもが、奴隷が、動物や獣が、さらには生物ならざるものまでもが平等の列——終わることのない直線——に加わろうとするとき、それはなんと呼ばれるのか？　民主主義を超過するものとしての悪無限——本書では平等をそう定義することになるだろう。

悪無限は「すべての事物を共約的にするような、すべての事物に共有される」唯一の性質である。それは人間と動物が悪無限によって共約的であることを意味するが、それだけでなく無生物とも共約的といえるはずである。アリストテレスは奴隷が自動機械で代替しうると考えている。

> 奴隷は生命ある財の一種であり、下働きする者はすべて、さまざまな道具に先立つ道具のようなものである。というのは、もし道具のそれぞれが、命令されたり、自分で事前に察知したりして、自分自身の働きを成し遂げることができるなら、たとえば人々がダイダロス作の像やヘパイストスの鼎について言うように——かの詩人はその鼎が「神々の集うところにひとりでにやってくる」と語っている——杼《ひ》が自分自身で機を織ったり、撥が自分で竪琴を弾いたりしたら、棟梁には下働きの者はいっさい要らないし、主人にも奴隷はいっさい要らないことになるだろう。[*14]

「もし道具のそれぞれが、命令されたり、自分で事前に察知したりして、自分自身の働きを成し遂げることができるなら」——アリストテレスのこの空想は、今日ではＡＩ（人工知能）が実現している。むろん岩田がいうように「道具的理性」にすぎないＡＩは、アリストテレスが「思慮」と呼ぶ「実践理性」（カント）の条件——ＡＩにおける「フレーム問題」に相当する——を欠いている。ＡＩは人間をただ模倣しているにすぎない。だが、アリストテレスが『詩学』の冒頭で芸術を模倣《ミメーシス》によって定義したように、この模倣する思惟の自動機械のうちに生を充足させる「幸福」の根源的なはたらきを見いだしうるとしたら？　そのときわたしたちの魂は機械仕掛けである、と断言できることになる。それはまだたしかに人間と人間ならざるもののネガティブな共約性にすぎない。だが、もし今もなお平等がありうるとするなら、そこから出発するしかない。

人間と人間ならざるものとの平等のはじまり——わたしたちはそこではすでに人間ではない。

*

恥ずべき下劣さから逃れるためには、動物をやる（うなる、掘る、にやにやする、痙攣する）ことよりほかに手段はない——思考は、たとえ民主主義者であろうとも生ける人間の近くによりも、ときにはむしろ〈死せる動物〉の近くにある。[*15]

＊14　アリストテレス、前掲書、二八頁。
＊15　ジル・ドゥルーズ／フェリックス・ガタリ『哲学とは何か』財津理訳、河出書房新社、一九九七年、一五四‐一五五頁。

二〇一七年の放浪者《トランプス》

崇高とファルス

柄谷行人は坂口安吾が「日本文化私観」（一九四二年）で語る経験が旅先のものであるという設定に触れて、そこには安吾が「京都に滞在して『吹雪物語』を書きながら悪戦苦闘していた時期に見た風景と、そこから引きあげて利根川べりの町取手やその他の町を放浪している間に出会った風景の二つがあるだけだ」[*1]と記している。柄谷は続けて、それらには「当時の混迷のなかの自己への嫌悪」と「痛苦にみちた自己発見」が「投影されている」というのだが、しかし重要なのは、その「投影」が前提としているどの「風景」も「放浪」のさなかに出合ったもので、それが観光旅行でも取材旅行でもなかった、という点にある。それらの風景はたんなる楽しみを得るためのものでもなければ、必要に迫られて観察したという道具的な性格を帯びているわけでもなかった。荒川沿いにある「小菅刑務所」は取手から上野へ向かう汽車から眺めたのだし、銀座から友人が勤めていた佃島の「ドライアイスの工場」へ足を向けると「突然遠い旅に来たような気持」になったと安吾は書いている。

> ある春先、半島の尖端の港町へ旅行にでかけた。その小さな入江の中に、わが帝国の無敵駆逐艦が休んでいた。それは小さな、何か謙虚な感じをさせる軍艦であったけれども一見したばかりで、その美しさは僕の魂をゆりうごかした。僕は浜辺に休み、水にうかぶ黒い謙虚な鉄塊を飽かず眺めつづけ、そうして、小菅刑務所とドライアイスの工場と軍艦と、この三つのものを一つにして、その美しさの正体を思いだしていたのであった。[*2]

柄谷は「安吾がそれらの風景に見たのが、いわば「文学のふるさと」にほかならないことは明瞭であろう」と、この「『日本文化私観』論」（一九七五年）で記している。「文学のふるさと」とは「それらの単調で殺風景な形観に「懐しさ」をおぼえ、なぜそうなのかを考えていったはてに」たどり着いた「モラルがなく救いがないことこそモラルであり救いだという地点」であり、そのように「ただ「突き放される」ところに、《現実》がある」[*3]。カントならば「そこには一種の味気ない哀しみが支配している」と書くだろうが、実際そうした「内省」のすえに見いだされた風景の「《現実》感」を柄谷はのちにカントの『判断力批判』（一七九〇年）による「崇高」として読み替えている。「美は構想力によって対象に合目的なものを見いだすことから得られる快である。ところが、崇高は、どう見ても不快でしかなく構想力の限界を越えた対象に対して、それを乗り越える主観の能動性がもたらす快である。カントによれば、崇高は、対象にあるのではなく、感性的な有限性を乗り越える理性の無限性にある」[*4]。

こう考えると小林秀雄が冬の大阪で遭遇した「モオツァルト」の「天才」が安吾の「風景」に酷似しているのがわかる。その「悲しみ」――「快」を超えた無限の対象――に「涙」つまり感性は追いつかないのだ。しかも小林がこの名高いエッセイ「モオツァルト」を発表したのは敗戦後の一九四六年だから、安吾のほうが認識において先行している。山城むつみは「安吾におけるファシズム批判」が保田與重郎のそれと紙一重であるであることを指摘しているが[*5]、安吾や小林、保田のみならずある時期の柄谷

＊1　柄谷行人『坂口安吾論』インスクリプト、二〇一七年、一六五頁。
＊2　坂口安吾『堕落論・日本文化私観　他二十二篇』岩波文庫、二〇〇八年、一三五頁。
＊3　柄谷、前掲書、一五七頁。
＊4　同書、四八頁。
＊5　山城むつみ『文学のプログラム』講談社文芸文庫、二〇〇九年、七五頁。

や山城までもが美と崇高の差異を認識しそこねていたのである。

　こうした美と崇高の混同は——それ自体は必ずしも誤りとはいえない——ありふれた文学的思惟の一形式である。その典型を、たとえば三島由紀夫の「文化概念としての天皇制」にみることができる。三島は『文化防衛論』（一九六八年）で日本文化の特色を「行動様式自体を芸術作品化する特殊な伝統」であると説く。すなわち「能や歌舞伎に発する芸能の型の重視は、伝承のための手がかりをはじめから用意しているが、その手がかり自体が、自由な創造主体を刺戟するフォルムなのである。フォルムがフォルムを呼び、フォルムがたえず自由を喚起するのが、日本の芸能の特色である」[*6]。さらに日本文化が「オリジナルとコピーの弁別を持たぬこと」という第二の特色は、この「フォルム」と「自由」の弁証法的な対立を作品論的な視点から解釈したものである。ここでは「フォルム」である美と「自由」である対象の無形式あるいは無限定性によって見いだされる崇高との関係が凝縮した論理によって語られているが、それ自体は『判断力批判』における美と崇高の錯綜した関係を想起させるものだ。デリダ研究者の宮﨑裕助はそれを次のように説明している。「美的判断における美と崇高の差異は、形式／無形式という相互に排他的な並列関係によって理解されるのではない。美の本質においては、形式なき形式が戯れており、それを不定形な形式として表出する可能性は崇高なものの側にあるのだ。崇高は、美の形式がまさしく否定的な形式として見いだされるための超越論的な条件をなすのであり、美しいものの成立には、つねにその不定形な形式を縁取るように、崇高なものの論理が働いていたことになるのである」[*7]。

　カントや小林のいう「天才」は、美としての芸術作品を産出するために崇高の論理を介在させる「自由な創造主体」にほかならない。崇高は美の否定的で再帰的な表象であり、美の冪乗（power）としてわたしたちの眼前にあらわれる。三島のいう「文化概念としての天皇」もまた——小林にとってのモーツアルトや保田にとっての後鳥羽院がそうであるような――美と崇高を弁証法的に体系づける「自由な創造主体」である。三島が文化と行動、文化とそれを保持するものとしての「菊と刀」の一致を主張するのは、カントが美と崇高の本質的な相関を示唆しているのとほとんど同義といえるはずである。

このような文化概念としての天皇制は、文化の全体性の二要件を充たし、時間的連続性が祭祀につながると共に、空間的連続性は時には政治的無秩序をさえ容認するにいたることは、あたかも最深のエロティシズムが、一方では古来の神権政治に、他方ではアナーキズムに接着するのと照応している。[*8]
〔傍点引用者〕

したがって三島がいう時間的／空間的な連続性とは美と崇高の弁証法的統一の謂になるが、ただしここで注目すべきなのは三島が天皇ではなく「天皇制」と記している点である。厳密にいえばこの「文化の全体性の二要件」を支えているのは天皇そのものではなく、天皇制という制度である。「天皇のみが窮極の価値自体《ヴェルト・アン・ジッヒ》」であるというためには、天皇制という人為的な皇位継承制度によってその無底が「補綴」（ジャック・デリダ）されていなければならない〔I-5 **黙示録的な獣たち**〕。たとえ「万世一系」を称する天皇が崇高と美の総合を表象するとしても、この統一を超過する残余がかならず存在する。もっとも安吾はそのことになかば自覚的であったかもしれない。

＊6　三島由紀夫『文化防衛論』ちくま文庫、二〇〇六年、四三頁。
＊7　宮﨑裕助『判断と崇高――カント美学のポリティクス』知泉書館、二〇〇九年、一三六頁。
＊8　三島、前掲書、七四頁。

安吾の天皇制批判は戦後たびたびくりかえされることになるが、すでに「日本文化私観」の丹波の亀岡の城跡をめぐる記述にそれは暗示されていたのではないか。京都に滞在中、友人に誘われて足を伸ばした亀岡城跡の見物は、今日ならダーク・ツーリズムと呼ばれる旅だったが、それは安吾らがそこを訪ねたのが大本教の第二次弾圧の直後だったからである。出口「王仁三郎の夢の跡」であり、宗教施設がことごとく治安警察に没収・破壊された残骸であるその「茫々たる廃墟」について、安吾は「俗悪そのもの」であり「貧弱、貧困」[*9]であると批判しながらも、しかしどこよりも克明に叙述している。その描写の執拗さが「卑小にすぎ」るという亀岡の廃墟を小菅刑務所の崇高に連ならせるのだが、かえって出口王仁三郎の不在がここでひそかに際立たされているようにも思えるのだ。「日本文化私観」が発表されたのは一九四二年二月であり、治安維持法違反と不敬罪で投獄されていた王仁三郎はおなじく一九四二年の八月に大阪拘置所から保釈される。安吾が小菅刑務所について記しながら、当時獄中にあった王仁三郎について連想した可能性は想定されてもいいかもしれない。いずれにせよ崇高という観念の内実はさらに厳密に考察されなければならないだろう。

熊野純彦はカントの崇高について次のように要約している。「自然は、端的に大であるものにおいて、いっさいの抵抗を凌駕するかにみえる威力にあって、無限なものを暗示する。無限なものを一箇の全体として思考する能力は、人間のうちにある超感性的なものにかかわっている。その能力を覚醒させる自然のあらわれこそが、崇高なものと称されるのであった。人間はこの能力において「自然を超えて über die Natur」いる。それは自然を越えた倫理を可能とするものであるからだ。――自然の一部である動物も、自然の脅威を怖れることだろう。人間だけが、無限の影をやどした自然のまえで、崇高なものの感情を懐くことができる」[*10]。

ただ人間だけが崇高なる感情を懐くことができる。カントは崇高を「数学的崇高」と「力学的崇高」

に分類し、前者を「端的に大であるもの」、後者を「いっさいの抵抗を凌駕するかにみえる威力」と定義している。すなわち「数学的に崇高なものには大きさにおいて境界が存在せず、力学的に崇高なものであるなら力にあって限定を超越する」という意味になるが、熊野によればとりわけ「力にあって限定を超越する」力学的崇高において人間の「判断力」は動物（自然）から分かたれることになろう。ここでの考察は『純粋理性批判』（一七八一年）の第三アンチノミー、すなわち自由と法則的必然性の二律背反にかかわっている。周知のようにこのアンチノミーは次のテーゼとアンチテーゼからなる。

テーゼ
自然の法則にしたがう原因性は、世界の現象がそこからことごとく導出されうる唯一の原因性ではない。世界の現象を説明するためには、なお自由にもとづく原因性を想定することが必要である。
アンチテーゼ
自由は存在せず、世界におけるいっさいはひたすら自然の法則にしたがって生起する。[*11]

動物には「自由は存在せず〔……〕ひたすら自然の法則にしたがって」生きている。だが人間は「自然の法則にしたがう」だけでなく、「自由にもとづく原因性」として世界を認識し、意志する。人間は自然に法則的必然性を認め、そこに「目的なき合目的性」すなわち美を見いだすが、同時に人間を圧倒

＊9　坂口、前掲書、一二七頁。
＊10　熊野純彦『カント　美と倫理とのはざまで』講談社、二〇一七年、二七一頁。
＊11　イマヌエル・カント『純粋理性批判』熊野純彦訳、作品社、二〇一二年、四八三頁。

し、みずからを無力に感じさせる「自然の脅威」に対して無限を認め、崇高という感情を懐くのである。「美はかたちにやどり、崇高なものは形式を超える」。したがって「かたち」を超え、「感性的な有限性を乗り越える理性の無限性」が「自由」と呼ばれるのだ。柄谷が安吾の「倫理」とみなすのはこの自由である。それを政治的に解釈すると「アナキズム」、すなわち「「共産主義」（ボリシェヴィズム）を拒否するような左翼[*12]」ということになる。いうまでもなく「共産主義」は弁証法的唯物論に代表される歴史の「法則的必然性」を主張する思想である。アナキズムとボリシェヴィズムはアンチノミーを形成しているといってもよい。ただし柄谷は安吾の自由に、それとは異なる「歴史」を対置してみせる。「ルネッサンス的性格」、あるいは「転形期の精神」（花田清輝）と呼ばれるものである。「安吾はマルクス主義者でなかったにもかかわらず、他の誰よりもマルクス主義者花田清輝に近いところにいたのである。安吾は、独自の経路を通って、日本の「ルネッサンス的人間」を見いだした[*13]」。それは安吾や花田のみならず、グラムシやバフチンのような思想家にも共有されていた当時の世界的な知の動向だったが、しかしたんなる近代主義とも峻別されなければならない。柄谷の二〇一〇年のエッセイ「合理への「非合理」な意志」には「タウトを批判した安吾は、そうと知らずに、案外タウトに近い場所に立っていたのかもしれない[*14]」とあり、ドイツの建築家ブルーノ・タウトの評価がかつての『『日本文化私観』論』でのそれ――「あまり優秀な学者だとは思えない[*15]」――から大きく変化していることがわかる。事実、戦後の安吾にみられる美と生活をめぐる観念は、ル・コルビュジエの後期作品やブルータリズムと呼ばれる建築と共通する傾向を有しているといっていい。建築評論家ケネス・フランプトンは「ブルータリズムの感性に底流する精神《エトス》」には「間違いなく実存主義的なものがあった。それは、世界を戦争や瓦解や病気などによって荒廃した風景として捉えようとした眼差しであった。そして幾層もの灰の下には、たとい微弱にせよ、生命の痕跡が、廃墟の中ですら脈打っているのだと訴えていた[*16]」と記している。だが、にもかかわらず柄谷が一貫して安吾をタウトから「遠く隔てさせた」と否認しなくてはならないのは、モダニズムが、共産主義とはまたべつの視点から人間の生の法則的必然性を剔抉するイデオロギーだからである。

このように安吾の「特異性」をとらえる柄谷の視点は、同時に安吾のテキストを読む批評家柄谷行人のポジションをも示唆するものだ。つまりテキストを読解する読者＝批評家が「世界の現象を説明するためには、なお自由にもとづく原因性を想定することが必要」とされる。「自由にもとづく原因性」とは読者＝批評家自身である。「我々が安全な場所に居さえすれば、その眺めが見る眼に恐ろしいものであればあるほど、これらの光景は我々の心を惹きつけずにおかない」[*17]（傍点引用者）のと同様に、読者＝批評家は作品を前にして無力で無能な存在にすぎないが、にもかかわらずかれらのよって立つ安全地帯は作品の崇高さを理解する自由を確保するために必須の足場なのだ。こうした読むことの倫理の所在は、柄谷以降の若い批評家たちにかれらのアイデンティティを保証する結果となった。しかし安吾がエッセ

＊12　柄谷、前掲書、二〇三頁。
＊13　同書、一〇六頁。
＊14　同書、二三六頁。
＊15　同書、一六八頁。
＊16　ケネス・フランプトン『現代建築史』中村敏男訳、青土社、二〇〇三年、四五八-四五九頁。なお、ブルータリズムと同時期の映画（ヌーヴェルヴァーグ）や文学（ヌーヴォーロマン）との世界的な並行性については石川義正『錯乱の日本文学——建築／小説をめざして』（航思社、二〇一六年）の「2　大岡昇平の「東京タワー」」を参照。そこでは触れていないが大岡の『野火』（一九五二年）もまた放浪と崇高をめぐる典型的な一作に数えられる。
＊17　カント『判断力批判（上）』、篠田英雄訳、岩波文庫、一九六四年、一七四頁。

イ「特攻隊に捧ぐ」で特攻隊を「可憐な花」かつ「崇高な偉業」と記しているように、[*18] たとえそれがアイロニーであったとしても安吾自身はもはや戦争で死ぬことがありえない——超越論的と形容しうる——場所から語っていたのであり、そのような視点のありかそれ自体がすでにグロテスクな残虐さに汚染されているのである。

　ここで興味深いのは、柄谷が安吾のテキストで崇高と対比される観念としてとりだした「ファルス」について、江戸時代のキリシタンの「殉教」をめぐって論じている部分である。「火あぶりになった信者は、大概は身動きもせず祈りつづけて堂々と死に、その崇高さに見物人から多数の切支丹になる者が絶えなかったといわれる。〔……〕しかし、安吾はそれに「反撥を覚えずにいられなくなる」[*19]。民衆の殉教への熱狂はフロイトのいう「死の欲動」なのだ。安吾は幕府が考案した「手足を縛して穴の中へ逆さに吊す」穴つるしという処刑法に注目する。「これにかかると必ず異様滑稽なもがき方をする」ため、幕府はこれによって「切支丹の死の荘厳を封じることが出来、その頃から切支丹がめっきり衰えた」。それは「死への恐怖からではなくて、滑稽さが「死の欲動」を抑制したからである」[*20]。穴つるしとは、つまり意志が自然に敗北する事態であり、それが「安全な場所」にいる見物人には「異様滑稽」に感じられる。これを図式化すると、崇高が「(意志/自然)/意志」というメタレベルの「意志」すなわち自由に依拠しているのに対し、ファルスは「(意志/自然)/自然」というメタレベルの「自然」すなわち法則的必然性に依拠しているということである。メタレベルの法則的必然性とは、たとえば死の欲動の定式化とその操作《コントロール》である。穴つるしを実施した側は「滑稽さが「死の欲動」を抑制する」というフロイト的な明察をあらかじめ十分に自覚していた。幕府はフロイトを読むことなく「殉教の荘厳を無化する滑稽なつらさ」を操作したのだ。幕府はそのようにして人民を生かした。これはミシェル・フーコーの「生権力」からもさほど遠くない概念である。ファルスとは、この高次の法則的必然性にあって前者の意志が「異様滑稽」にしか感じられない状況そのものをさす。このメタレベルの法則的必然性に対して自由は――読者＝批評家は――「無力」なまま「説明する」にとどまる、つまり崇高として肯定するのだ。こうした倒錯はふつう「転向」とみなされる態勢である。

このように見いだされた安吾のファルスは、すでに政治的なものが放棄されている大衆消費社会のシニシズムとほとんど区別がつかない。わたしたちは現在でも安吾を違和感なく読むことができるが、それは安吾とわたしたちに共通するシニシズムによってである。対象からの距離を保証する崇高は大衆消費社会における倫理の代用品となったのであり、安吾の「評価が高まったのは、むしろ［一九］八〇年代後半からである」[*21]という事実はそのことを意味している。一九七〇年一一月――大阪万博閉幕の二カ月後――に起きた三島と「楯の会」による、ほとんどファルスと肌を接した崇高なる蹶起と自死は、さながら穴つるしそのままの出来事だったといっていい。『文化防衛論』で「自由な創造主体」といわれたのはあきらかに作家についてだったが、三島はここでみずからの作品と行為の解釈の自由を未来の読者に譲渡してしまっている。これは「文化概念としての天皇」の是非を事実として大衆消費社会の判断を委ねることにほかならず、三島にとってはまったき理論的敗北であるというしかない。

戦後民主主義批判の最大の論拠ともいうべき三島の言説と行動は、一方でその後の政治的なものが「異様滑稽」によって抑制される転回点となった。安吾の、あるいは柄谷の天皇制批判は明察と盲目とが一体となったこの地平において今日でも読まれているはずである。つまりメタレベルの法則的必然性を

＊18　坂口安吾『坂口安吾全集16』筑摩書房、二〇〇〇年、七四〇－七四三頁。
＊19　柄谷、前掲書、九二－九三頁。
＊20　同書、九三頁。
＊21　同書、二二五頁。

認識することがそのまま崇高でありファルスなのだ。わたしたちは安吾とおなじように「異様滑稽」な天皇制批判を口にしながら、内心では天皇制の法則的必然性を認識することでとっくに転向を果たしている。『憲法の無意識』（二〇一六年）をはじめとする近年の柄谷の言説はファルス的な特徴を露骨に示しているが、しかし力学的崇高という理路をたどるかぎり、その結論は否めないはずである。

力学的崇高と南京

柄谷は『坂口安吾論』では安吾の天皇制批判を明確に肯定している。柄谷の年来の主張である「世界共和国」の成立には市民革命が不可欠の前提である以上、それは当然である。むしろ象徴天皇制を憲法九条とのカップリングにおいて肯定する『憲法の無意識』のロジックが破綻しているのである。ラカン派精神分析に依拠する哲学者スラヴォイ・ジジェクがいうように「精神分析における死の欲動とは、不滅性、生の不気味な過剰、生と死、生成と腐敗という（生物的な）循環を超えて生き続ける「死なない衝動」である。フロイトにとって、死の欲動といわゆる「反復強迫」とは同じものである」[*22]。つまり柄谷のいうように憲法の戦争放棄条項が死の欲動であるとするなら、それは――『憲法の無意識』をここであえて誤読するなら――一九四五年の敗戦、なかんずくポツダム宣言受諾にもとづく武装解除を「反復」していることになる。自民党が党是として憲法九条の「改正」を掲げてきたのは、その後の再軍備によって日本が世界有数の軍事大国になった現実とはかかわりがないし、アメリカ合衆国の実質的な属国であることからの脱却（自主独立）ともかかわりがない。九条「改正」はむしろ属国化の容認であり、敗戦がトラウマであることの否認にすぎない。

そうではなくて、憲法九条は敗戦によって表面的には断念され、忘却され抑圧されたものを呼び出そうというひそかな衝動によって支えられているのだ、つまり「外に対して攻撃欲動として全面的に発揮された」[*23]明治維新以来の対外戦争への欲動である。それは――カントの世界平和の理念にかたちを変えた――国民国家の革命の輸出であり、近代《モダニティ》それ自体の欲動である。第二次世界大戦の日本の敗戦は「去勢」としてはたらいたが、その後も天皇制とともに生き延びた死の欲動は高度経済成長としてあらわれ、一方で「国体の護持」を保障する憲法九条は超自我というよりも、むしろ超自我によっても「去勢されていない残余であり、性差に囚われた生きた身体から切り離された、破壊できない部分対象」として現在まで保持されている。一九九〇年代初頭のバブル経済の崩壊以降の長期にわたる日本経済の低落、シニシズムの台頭、憲法の戦争放棄条項の破棄への支持が強まる傾向は、おそらくそうした欲動そのものの衰退に原因があるのだ、と。

このように柄谷の仮説をやや異なる角度から敷衍してみると、意外にも村上春樹の長篇『騎士団長殺し』（二〇一七年）にその構想が近接していることがわかる。ここで下敷きとされ、引用されているのが上田秋成の「二世の縁」（『春雨物語』一八〇八年）である。数百年前に禅定したはずの仏僧が埋葬された石棺から鉦の音がする。村人が不思議に思い棺を開けると、中で干からびたミイラのような男が「まるで執念のように手だけを動かし鉦を打っている。恐ろしいまでの生命力がその身体を、ほとんど自動的に動かしている」[*24]（傍点引用者）。助け出された仏僧は回復し、「入定の定助」と呼ばれ、妻をめとり、卑しい下働きをして生計を立てるようになる。村人らはそのあさましい姿を見て、仏法への敬意を失ってしまう。

＊22　スラヴォイ・ジジェク『ラカンはこう読め！』鈴木晶訳、紀伊國屋書店、二〇〇八年、一一一頁。
＊23　柄谷、前掲書、一三三頁。
＊24　村上春樹『騎士団長殺し――第1部　顕れるイデア編』新潮社、二〇一七年、二三三頁。

入定の定助の復活後の「異様滑稽」な姿——現在の左翼のアナロジーでもあるだろう——は人びとに穴つるしとおなじ効果を与えたのだが、このゾンビのような仏僧も、また『騎士団長殺し』のもうひとつの大きな発想源であるモーツァルトのオペラ『ドン・ジョヴァンニ』（一七八七年）で主人公に殺害された後に復活する「騎士団長の彫像」も、いずれも「生成と腐敗という（生物的な）循環を超えて生き続ける「死なない衝動」の表象であることはあきらかだ。画家の「私」に自画像を依頼する免色という裕福な中年の男は『ダンス・ダンス・ダンス』（一九八八年）の五反田君や『ねじまき鳥クロニクル』（一九九四～九五年）のワタヤノボルのように社会的な成功を得た、内面の空虚な殺人者というキャラクターの系列に位置づけられるが、『騎士団長殺し』ではそこにさらに入定の定助と騎士団長を動かす反復強迫としての死の欲動が強調されている。

　妻に浮気を告白された「私」は自宅を離れ、数カ月の放浪ののちに、友人の父親で高名な日本画家だった——すでに介護施設に入っている——雨田具彦が独居していた、小田原郊外の山頂にある一軒家を紹介されて、しばらくそこに住まうことになる。ある晩、「私」は近くの雑木林の彼方から「鈴が、あるいは何かそれに似たものが鳴らされている」のに気づき、その音に誘われて「雑木林を抜けるなだらかな上りの道をしばらく歩いていくと、ほどよく開けた場所に出て、そこに小さな古い祠のようなものが祀られている。［……］平らな石の上に簡単な三角形の屋根をつけられた神殿が——というより神殿に見立てられた簡素な木箱が——据えられている」。その祠の裏手のススキの茂みの「奥に方形の石が無造作に積み上げられた小さな塚があることがわかった」。春日大社の神体が御蓋山であるように、おそらくこの「小さな塚」が祠の本体なのだろう。「鈴らしきものの音はどうやら、その石と石の隙間から洩れ聞こえてくるようだった」[*25]。「私」が免色の協力で敷石を取り除くと、その中は深さ二メートル半ほどの石壁で囲まれた、土底の穴だった。「石室の中は空っぽだった。［……］ただ鈴のようなものがひとつ、底にぽつんと置かれている」[*26]。

　この「石室」は「空っぽ」でありながら、しかし超感性的ななにものか――みずから「ただのイデア」であると名乗るなにか――が実在するという意味でたしかに崇高な空間である。そこはジャック・ラカンのいう「現実界」であり、「私」を石室に導いた「鈴らしきものの音」は――ふたたびジジェクの言葉を借りるなら――「〈想像界〉と〈現実界〉が交叉する点に住み着いており、すべてを呑み込み、すべてのアイデンティティを溶かしてしまう原初の深淵として、最も想像界的な次元における〈現実界〉をあらわしている」[*27]、つまり一言でいえば「対象a」である。

　戦後日本の経済的な成功を体現する免色とともに、雨田具彦はそれによって封印された死の欲動のべつの側面を示唆している。『風の歌を聴け』（一九七九年）に登場した「古墳」以来の「石室」のような「空っぽ」な空間は、ここではある歴史的な文脈に穿たれた「原初の深淵」を暗示しており、こうした歴史的かつ超歴史的な二重性を担った形象は『ねじまき鳥クロニクル』（一九九五年）におけるシベリア抑留のエピソードなどにすでに前例がある。ここでの歴史上のコンテキストは、雨田具彦が体験した一九三八年のナチス・ドイツによるオーストリア併合という出来事になるが、注目すべきなのは作品のプロットとしては充分に生かされずに終わった、雨田具彦の弟（継彦）が軍に入隊して体験した一九三七年の「あの死屍累々の南京戦」の小さなエピソードのほうだろう。日本軍が捕虜にした敵の正規兵だけでなく一般市民までも問答無用で殺害し、大量の屍体を揚子江に流してナマズに食べさせたと「私」に

＊25　同書、一八六頁。
＊26　同書、二四九頁。
＊27　ジジェク、前掲書、一一三頁。

語るのは、戦後すぐに自殺した継彦の甥である。つまりこれらはすべて間接的な伝聞（また聞き）でしかないのだが、そうしたエピソードの不確実な信頼性、そしてその間接性それ自体が、村上における「原初の深淵」をめぐる表象のリミットを指し示していると思われるのだ。端的にいって村上には日本人が被害者とされるシベリア抑留を直接的に描くことはできても、日本人が加害者である場合にはそれができない。この点では村上に手の届く想像力は、いかにも戦後民主主義的な自閉した圏域にとどまっているというしかない。

南京大虐殺をめぐる伝聞による叙述という形態において松浦寿輝の『名誉と恍惚』（二〇一七年）が『騎士団長殺し』と共通していることはもうすこし注目されてよい。日本の警視庁から派遣されて上海市の工部局警察に赴任した芹沢は一九三七年一二月二〇日の朝、職場にあった「ニューヨーク・タイムズ」の一面に「日本軍による南京攻略の特徴はおぞましい大量虐殺であった」という文字が躍っているのを見る。そして芹沢は一方で「残虐《アトロシティ》の実態は本当はこんな程度のものじゃあないのかもしれんよ。まだ明らかになっていないもっともっとおぞましい、身の毛のよだつような事実が他にも多々あったらどうする。犠牲者数も実は「数千人」をはるかに凌駕していたら……」[*28]と同僚たちには事件の正確な見通しを語りつつ、上司に対しては「自分が思うに、これはどうも、蔣介石が陰で糸を引いて行なった情報操作の疑いがある」[*29]などと自分でも信じてもいない嘘《フェイク》を平然と上申する。芹沢にこうしたシニカルな二枚舌を使わせるのは、この男が警官として本音を隠さなくてはならない立場にあるからだけでない。むしろこの男のいる「上海租界」が南京の虐殺の現場から数百キロも離れた場所にある、という物理的距離そのものに理由があるのだ。芹沢は、のちにかれの庇護者となる中国人の富豪がなかば趣味で開いている時計屋の「あまたの時計が、ことごとく動きを止めていること」に気づいて、こんな感慨を抱く。

時が止まっている。だからこそこの店の空間はおれには居心地が良いのか、とそのとき芹沢は思い当たったのだが、言ってみれば上海租界は今、ちょうどそれと同じように針の動きを止めた無数の時計に囲まれ、護られているようなものではないのか。たしかに租界内でもてんやわんやの大騒ぎが持ち上がってはいる。しかし、天の高みから地上を眺めてみれば、外では後戻りなしの激動の歴史の時間が滔々と流れているのに、砲火の炸裂から、殺戮や強姦や強奪から、つまりは生《なま》の現実から隔離されたこの租界の内部では、あたかも時間が止まったままのように見えはしまいか。おれたちは今、外で進行中の歴史の時間の圧力を、その恐怖を、ひしひしと素肌に感じ、ただひたすら耐えつづけている。針の動きを止めた無数の時計に囲まれた日本人の青年と支那人の老人が、恐らくその恐怖からほんのいっとき逃れようとして、義眼、人形、カメラ、蓄音機といった他愛のない話題に興じている。興じるふりをしている。そういうことではないのか。[*30]

松浦がここで暗示しているのが現在の日本社会のことなのは明白である。読者は「天の高み」にいて「生の現実」と「租界の内部」からなるこの小説世界を眺めている。以前にもこの作家の『不可能』(二〇一一年)で描かれた東京大空襲の幻影を「システムを超越してその内部と外部を都合よく往還するかのような」[*31]叙述として批判したシニシズムがここにも顔を出している。これがカントのいう「安全な場所」である。安吾のファルスが崇高と表裏の関係にあるのも出来事と見物人たちとのあいだの距離に起

＊28 松浦寿輝『名誉と恍惚』新潮社、二〇一七年、二七三頁。
＊29 同書、二七八頁。
＊30 同書、一六七‐一六八頁。
＊31 石川義正、前掲書、二八三頁。

因していたのだが、この美的な共同体である安全地帯こそ、今日では「批評」が住まう超越論的な場所そのものとみなされている。

芹沢はそこから脱出し、ふたたびなにものかの大きな力によってそこに回収されるという、領土《テリトリー》化と脱領土《テリトリー》化のくりかえしが『名誉と恍惚』という長篇全体のプロットを形成することになるのだが、ただしその脱領土性も、芹沢が殺人犯として「上海共同租界の濃く深い闇の中」へ逃亡するのもあくまで庇護者の息がかかった範囲での行為――「壮麗と言えば、壮麗な光景には違いない」と逃亡先の上海の外灘《バンド》で「赫奕《かくやく》と輝く夕陽」を見ながら芹沢が三島由紀夫ばりに奇妙な余裕をもって慨嘆するのも己の身の安全が保証されているからだ――であり、結末にいたって芹沢が庇護者の意思を離れ初めて自発的に行為した際にも結局は庇護者の息のかかった友人に救われるのだから、「つまりは生の現実から隔離された」まま、崇高はそのたびに芹沢の視界から遠ざかっていくしかない。最終的に日本人であることを放棄した芹沢＝沈の「昭和の終焉」まで長く続いていく「放浪」は、その遠ざかっていく生の現実と自分自身の生とにいかに折り合いをつけるかという苦渋の日々だったにちがいないが、それは柄谷が世界共和国の理念を結局は象徴天皇制から切断することができなかったのと同断である。――美の共同主観性の庇護者あるいは統括者としての天皇。これに対して共産主義は歴史の主体たるプロレタリア独裁、つまり力学的崇高としての無限を対置しようとしてきたのだが、しかし崇高が無限を捉える理性の理念として表象されるかぎりにおいて、それはあくまでも主観の可能性にとどまる。現在の――スターリン批判以降の――共産主義は南京大虐殺に強度において匹敵する超感性的なものとしてリベラリズムのリミットをたえず呈示するが、それ自身がリミットを踏みこえることはけっしてない。それは結局のところ穏当な社会民主主義にとどまるのだ。ただしこの力学的崇高は、熊野が強調するように「感性的には呈示されないことそのものにおいて、構想力に対して呈示される必要がある」[*32]。

二〇一七年に復刊された後藤明生の初期の傑作『挾み撃ち』（一九七三年）は、おそらくこの理性と構想力との抗争を明瞭にさし示しており、その所在は中期の『吉野大夫』（一九八一年）や晩年の「しんとく問答」（一九九五年）にいたるまで一貫していた。島田雅彦が記すように「後藤明生の文学を語る上で、遊歩者の視点は欠かせない」[*33]。この三作で後藤本人を思わせる主人公が行うことといえば、ただ市街地を歩きまわるだけであり、かれらの散歩は極小の放浪である。『挾み撃ち』の「わたし」は家を出かける際に妻に自分の用事をつい「巡礼」と口走ってしまう。「「六時までに巡礼を済ませにゃいかんから」／「巡礼？」／「いや、何個所か見て廻る必要があるんだ」[*34]」。アメリカの著名なエッセイストであるレベッカ・ソルニットは「巡礼」を「自らのアイデンティティの過去と未来の間隙にあって、それゆえに既成の秩序から遊離し、可能性のうちに漂う状態」[*35]であると述べている。巡礼＝散歩とはこの世界のありようが「関心」とかかわりなく現れ出てくる「現象学的エポケー」なのである。それは都市空間が生活という目的を失った、一種の廃墟として体験されるのとおなじことだ。『挾み撃ち』が刊行される前年の一九七二年、赤瀬川原平は東京・四谷の古い旅館の壁にある「純粋階段」を発見した〔Ⅱ-3　**芸術・大逆・システム**〕。それはのちに「超芸術トマソン」や「路上観察学会」の活動につながるのだが、後藤の散歩はまさに赤瀬川の「考現学」と同時代性を有していたのである。ただし赤瀬川が昭和天皇の死去

＊32　熊野、前掲書、一一三頁。
＊33　後藤明生『後藤明生コレクション2　前期Ⅱ』国書刊行会、二〇一七年、四五三頁。（島田雅彦「GOTO？WHO?」）
＊34　同書、二六七頁。
＊35　レベッカ・ソルニット『ウォークス　歩くことの精神史』東辻賢治郎訳、左右社、二〇一七年、八八頁。

とともに早々に転向したのに対して、美と崇高の抗争を維持しつづけた後藤には一九九九年に早すぎる死が訪れることになる。

後藤の散歩は——「わたし」が思わず「巡礼」と口にしたように——純然たる「無目的」ということでもない。目的というよりも口実というべきかもしれない、さほど深いわけでもない関心のもとにかれらが歩いているのはたしかである。『吉野大夫』と「しんとく問答」では、話者はそれぞれ吉野大夫と呼ばれる飯盛女の墓と、俊徳丸が葬られたとされる「俊徳丸鏡塚」を訪れるために歩いているのであり、『挾み撃ち』では「カーキ色の旧陸軍歩兵用外套は、いったい、いつどこで消え失せてしまったのか？このとつぜんの疑問のために、わたしは早起きしたのだった」[*36]。つまり後藤もまた超感性的なものの領域へいたる旅という構図を共有していることになるが、もちろん後藤は村上のように冗長で幼稚な叙述によって「地獄」を言語化することはないし、松浦のように——おなじく上海を舞台とした『上海』（一九三五年）の横光利一が同年に発表したエッセイ「純粋小説論」で主題とした——「偶然」を駆使することで崇高をシニシズムに回収することもない。後藤的な主体はつねにあえて一貫して一種の共同主観性の此岸に踏みとどまるのだ。そしてどこまでも踏みとどまることによって超感性的なものが一瞬だけ露呈されるのを「方法」として保持しつづけたのが後藤の強靭さなのである。一瞬露呈される彼岸とは「普通の物を崇高な物に変える不可解な「何か」[*37]」、つまり対象aのことである。外套はそもそもはじめから失われており、幻想の対象がその空虚を埋める。

しかし、そのとき、とつぜん思いがけない事が起った。中村質店の女主人が、わたしの外套の裾を手前の膝の上へ折りたたんだときだ。外套のポケットから、炒ったそら豆が二、三粒、畳の上へ転がり落ちて来たのである。

「あら！」

と、おばさんは声をあげた。そして、畳の上に転がり落ちたそら豆の一粒を拾いあげた。しかし、とつぜん転がり出て来たのは二、三粒の炒ったそら豆だけではなかったようだ。

「おにいさん、思い出しましたよ！」

「え？」

「ほら、八百円！　八百円の外套ですよ」

「……」

「しかし、本当に不思議だわねえ。おにいさん、この豆のお蔭ですよ。この豆がころころっと転がり落ちたでしょう。そうしたら、おにいさん、本当に不思議な話みたいだけど、そのおにいさんの、二十年前の兵隊さんの外套のポケットからねえ、いつかピーナツがころころっと転がり出して来たことがあったの。それをね、とつぜん思い出したんですよ」

「ピーナツ？」

「そう、南京豆ですよ」

「皮つきの？」

「そうねえ、そう、そう、皮つきの南京豆だったわよ、きっと。ポケットの底の方にカスがたまっていたわね[*38]」〔傍点引用者〕

＊36　後藤、前掲書、二七二頁。
＊37　ジジェク、前掲書、一一七頁。
＊38　後藤、前掲書、四三六－四三七頁。

鏡の中のわたしがわたしの行為を模倣するように、「わたし」がそのとき着ていた「外套のポケット」から転がり出た「そら豆」そのままに、「おばさん」の記憶のなかの「おにいさん」が着ていた「兵隊さんの外套のポケット」から幻想の「南京豆」が転がり出てくる。記憶にある「カーキ色の旧陸軍歩兵用外套」は、かつて大学受験に向かう「わたし」に母が与えてくれたものだ。母がどこでこの外套を手にいれたのか「わたし」は知らない。そしてそれはやがてどこかで失われたのである。しかし「わたし」は中村質店に何度か質草として持ち込んだらしい。「わたしは、中村質店の蔵にかけられた大きな南京錠を見ていた。〔……〕大きな南京錠の下りた部厚い鉄扉の向う側の、薄暗い蔵の内部を想像してみた。わたしのカーキ色の外套は、何度あの蔵の中へ持ち込まれたのだろう？　そして最後に持ち込まれたのは、いつだろうか？　しかし、あの蔵の中に、最早やわたしのカーキ色の外套が無いことは、確からしかった」[*39]〔傍点引用者〕。

「あの蔵の中」が超感性的な崇高の領域であるのはすでにあきらかだろう。そしてその蝶番となっているのが南京錠なのである。むろんここで南京豆や南京錠として何度もくりかえされる南京という語そのものにほとんど意味はない。失われた外套が日本陸軍の兵装のお下がりだったとしても、また「わたし」が朝鮮半島からの引揚者だったとしても、である。ただしその反復によって、そこに「なにかの意味がある」という予感が機械的に浮上してくるだけだ。南京豆と南京錠は南京大虐殺といかなるかかわりももたない。にもかかわらずそれらは並置されることでなんらかの関連をもちはじめるのだ。ジジェクがハンス・ホルバインの絵画「大使たち」をめぐってそう記したように「〈対象ａ〉は奇妙な対象で、じつは対象の領野に主体自身が書き込まれることにすぎない。それは染みにしか見えず、この領野の一部が主体の欲望によって歪められたときにはじめて明確な形が見えてくる」[*40]。この場合の「主体の欲望」

とは、南京豆と南京錠を並置してみせた後藤の欲望であると同時に、ここでそれらを南京大虐殺と並置してみせた読者であるわたし自身の欲望である。

ここまで柄谷行人、村上春樹、松浦寿輝、そして後藤明生の二〇一七年——それはドナルド・トランプ Donald John Trump がアメリカ合衆国第四五代大統領に就任した年であり、trump に近接する名詞 tramp は「浮浪者」あるいは「徒歩旅行」を意味する——にたまたま刊行された作品をめぐって、あたかもその事実になにかの必然がはたらいているかのように並置してみせたのは、おそらくは坂口安吾に始まり後藤明生でその頂点を迎えた、力学的崇高をめぐるひとつの文学的な思考の配置が二〇一七年にある断絶を迎えたのではないか、というわたし自身の予感を提起してみたかったからである。それは冷戦終結後に話題となった「歴史の終わり」（フランシス・フクヤマ）をめぐる論議とはやや異なる切断、つまり歴史についてのひとつの思考のスタイルの行き詰まりを示唆しているにすぎない。わたしが予期しているのは、力学的崇高にもとづく思考そのものが潜勢力を消尽させ、文学においてすでにその役割を終えているのではないか、という蓋然性についてである。

数学的崇高と悪無限

カントの力学的崇高が「力にあって限定を超越する」のに対して、数学的崇高は「大きさにおいて境界が存在」しないことをいう。カントは数学的崇高における構想力のはたらきを「捕捉」と「総括」の二つの作用に分類している。無限に進行しうる捕捉に対して、総括は「捕捉が先きへ進むにつれてます

＊39 同書、四三七頁。
＊40 ジジェク、前掲書、一二二頁。

ます困難になり、間もなくその最大限度に——換言すれば、量的判定に対する美学的に最大の基本的尺度に達してしまう」[*41]。たとえば「地球の直径を捕捉することは可能であるが、しかしこれを構想力の直感において総括することは不可能である」。ここでの総括は論理的な統一ではなく、概念なしの主観的な統一を意味する。この「美的総括」の不可能性によってわたしたちは数学的崇高を体感するのである。力学的崇高が『純粋理性批判』の第三アンチノミーにかかわるとすれば、無限に進行する数に最大量が存在するかという問いをめぐる数学的崇高はその第一アンチノミーにかかわる。

テーゼ
世界には時間においてはじまりがあり、世界は空間にかんしても限界のうちに囲まれている。
アンチテーゼ
世界にははじまりがなく、世界は空間における限界ももたない。世界はかえって、時間にかんしても空間についても無限である。[*42]

ジジェクによれば、力学的アンチノミーは必然的にある例外、つまり「因果連鎖を宙吊りにし、それ自身から新しい因果連鎖を「自発的に」開始させる、自由という叡知的行為〔という例外〕を含みこんでしまっている」。一方、数学的アンチノミーは「現象の領野の「非 - 全部〔すべてではない〕」の二律背反である。これは、われわれに対して、直観において与えられる対象で、現象の領野に属さない対象など存在しないにもかかわらず、この領野はけっして「すべて」ではなく、完結しないという逆説から帰結する」[*43]。前者の普遍的関数が構成的例外を含意するのに対して、後者は普遍の拡大を妨げる。ジジェクはここにラカン派精神分析批評のジョアン・コプチェクの議論を援用して、ラカンが言説上の性的差異として形式化した「性化の定式」に結びつける。つまりラカンの男性性の定式「すべてのxは関数Φのもとに包摂されている」は「この関数から除外されている一つのxが存在する」という意味である。一方で女性性の定式は「すべてのxが関数Φのもとに包摂されるわけではない」であり、この文は「否定的な述語の肯定（Aは非Bである）」である。コプチェクは次のようにいう、「「女性はすべてではない」と言うとき、ラカンは、この言明を無限定判断（無限判断）として受け取るようわれわれに要請している」[*44]。ラカンはたんに女性という一般的な存在（全体）は実在しないと主張しているだけでなく、その実在が否定されることも肯定されることもありえない、といっているのである。

ジジェクとコプチェクは、数は無限に進行するが、最大量は存在しないという性質を女性性と関係づけている。「去勢」の脅威を受けず、「シニフィアンの連続的な進行が限界によって停止されることなく続いていき、それゆえ実在に関する判断が不可能となるようなところに、女性は存在する」[*45]。しかし、このように性を定式化することは論理の徹底を欠いているのではないか。たとえば「女性はファルスをもたない」は、そのままでは男性（ファルスをもつ）を基準とした欠性による否定判断にすぎない。だが、フェティシストの公式である「女性はファルスをもたないのではない」は、すべての女性が「女性はフ

＊41　カント『判断力批判（上）』前掲書、一五七頁。
＊42　カント『純粋理性批判』前掲書、四六八頁。
＊43　ジジェク『否定的なもののもとへの滞留　カント、ヘーゲル、イデオロギー批判』酒井隆史・田崎英明訳、太田出版、一九九八年、九二頁。
＊44　ジョーン・コプチェク「性と理性の安楽死」鈴木英明訳、『批評空間Ⅱ-8』、一九九六年、一〇三頁。
＊45　同書、一〇五頁。

アルスをもたない」に包摂されるわけではない（ファルスを持つ者が男性以外に存在する）という意味であり、否定判断による女性性を無限判断によって逸脱することでフェティシズムを規定していることになる。それは論理的な脱性化であり、むしろ「性化の定式」そのものを無限判断によって非全体（すべて－ではない）化しなければならないはずだ、たとえばドゥルーズ／ガタリの『アンチ・オイディプス』（一九七二年）でいわれる「n個の性」のように。

宮﨑裕助によれば、数学的崇高の延長線上にある「呈示不可能性の限界的呈示としての「崇高なもの」の向こう側に「途方もないもの」というたんなる呈示不可能性の契機」が存在している。「たんなる」というのは「すべてではない」のような否定的なかたちですらもはや定義されることがない呈示不可能性の謂である。そうした数学的崇高における「途方もないもの」の形象が『判断力批判』のべつの箇所にみられる「吐き気をもよおさせるような醜さ」なのである。

吐き気は、いわば「超越論的な吐き気」としてその絶対的な否定的感情の極によって定義されながら、他方ではつねにひとつの享受として、特定の感情として現れざるをえない。吐き気の究極的な対象は、まさにそのような絶対的な否定性の極そのものなのである。かくして「吐き気」はつねにあらためて、相対的で個別的で特定の否定的な感情として、吐き気とは別のものが入り混じった不純な感情の数々として回帰する——不快である。不安である。気持ちが悪い。気色が悪い。気味が悪い。うっとうしい。おぞましい。厭悪する。忌み嫌う。嫌忌する。忌避する。嫌気がさす。反感を覚える。疎んじる。うんざりする。気に入らない。気に食わない。鼻持ちがならない。胸糞が悪い。悪心がする。むかむかする。むかつく。キモい。ウザい。キショい。唾棄する。反吐が出る。虫唾が走る——等々。[*46]

宮崎はここで崇高が一転して差別に変貌する機制を示唆している。すなわち吐き気――この主題はおそらくデリダのいう「自己免疫」と関連がある〔I-5　黙示録的な獣たち〕――によって「吐き気をもよおすものそれ自身を絶対的に表象不可能なものとして維持する可能性」が吐き出されるということである。n個の性とは表象不可能な性の特異性の超越論化の可能性のことだろう。しかしその一方でそうした「超越論化や理念化を拒否」し、個別性、特異性にとどまろうとする必然によって、それは「吐き気とは別のものが入り混じった不純な感情の数々として回帰する」のだ。街をゆく女性たちはしばしばそうした「不純な感情」をもたらす対象と見られてきた。ヴァージニア・ウルフは『自分ひとりの部屋』（一九二九年）で、カレッジの庭の芝生を歩いていて突然典礼係に遮られた体験を記している。その典礼係の男の「顔に恐怖と憤慨が入り混じった表情が浮かんでいました」[*47]。なぜカレッジの男性教員と学生だけが芝生に入ることができ、女性は砂利道を歩かなくてはならないのか。なによりなぜ女性が芝生を歩いただけでその男は「恐怖と憤慨」に囚われているのか。ソルニットは「女性が公共空間に居ることには、おどろくべき頻度で彼女たちの陰部への字義通りもしくは言語上の侵害をともなうようになっている」[*48]と端的にそう記している。「仮に女性のグループが――レズリー・スティーヴンの友人男性たちのように――「日曜遠足会《サンデー・トランプス》」と自称したならば、それは遠足の意味ではなく日曜日に下品な行状に及ぶという意味で捉えられたことだろう〔徒歩旅行や放浪を意味する「トランプ」にはあばずれという意味もある〕。

*46　宮崎、前掲書、一四六-一四七頁。
*47　ヴァージニア・ウルフ『自分ひとりの部屋』片山亜紀訳、平凡社ライブラリー、二〇一五年、一四頁。
*48　ソルニット、前掲書、三九三頁。

女性の歩行がしばしば移動手段ではなくパフォーマンスと受け取られることもいうまでもない。そこには女は見るためではなく見られるために歩き、自身の経験ではなく男性の視線のために歩くのだ、つまり何であれ関心を惹きたがっているのだ、と」[*49]。遊歩者《フラヌール》がつねに男性だった、というのは歴史的な事実である。「女性たちは買い物という行為によって自分が売り物ではないと示し、自分たちの振舞いを正当化した。商店は安心してぶらつくことのできる半公共的な空間を提供していた。なぜ女性は遊歩者《フラヌール》になることができなかったのか、という問いに対するひとつの答えとして、彼女たちは商品として、あるいは消費者として都市の商活動から十分に身を引き離すことができなかったからだ、ということがある」[*50]。ソルニットはここで一九世紀西欧の状況を分析しているのだが、現在の日本にあっても論旨を変更する必要はまったくない。ショッピングと仕事、そして観光という以外の理由で街をゆく女性たちをわたしたちはどのように感じ、どのように判断しているのか。

　多和田葉子の『百年の散歩』（二〇一七年）と題された、一見するとドイツで生活する日本人女性のごくささやかな日常の一コマを切り取っただけに思えるこの長篇小説の歴史的な激烈さは、女性の「散歩」がつねに潜在的に発揮しているそうした侵犯性を前提にしなければ理解できない。「ローザ・ルクセンブルク通り」の「わたし」は「何も用事はないのだけれど、ただ兎を抱いたように暖かく柔らかい春の日なので、とでもいうような顔をしてぶらぶら歩いていた」[*51]。ショーウインドウに自分の顔を映してみると「どういうわけか、わたしの姿は映っていなかった」。店の奥では帽子を縫う女性がミシンを踏んでいる。「帽子の値段は労働の値段なのだ。それを言うために、わざわざ商品の背後に労働が見えるように店内がつくられているのだろう」[*52]。これはしかし、古典派経済学からマルクスにいたる労働価値説とは似て非なるものだ。この店は手作りであることが大量生産に比べて付加価値を産むことを強調しているのであり、むしろ商品の原産地表示やトレーサビリティにちかい。交換価値が生産現場まで統御《コントロール》する現代では、労働は隠されるべきものではなく、透明になり可視化されるべきものである。それは消費者の快楽が社会の究極の価値となったというのとおなじことだ。

絶望に酔っている。これが幸福。幸福という言葉が信用できないのも当然。六十年代風にエレキギターを掻き鳴らし、煙草の煙、蒸留酒、ラメの簾にスポットライトが当たり、廻り舞台が頭の中で回転し始める。これは西側社会の快楽の戯画、ちょうどわたしが描いていたのんびりした未来都市みたいに懐かしくて、滑稽で、血圧が上がっていくのが分かっても、心を人質にとられているので、そんな幸福から身を引き離すことができない。ああ、外に出たい。なんだかまわりにすわっている人たちが、それどころか劇場の外にいる人たちもみんな借金に追い詰められ、服を脱いで我が身を鞭打たせ、高揚感に溺れ、目をとじて生きているような気がして、ぞくぞくしてきた。[*53]

労働は消費となり、苦痛は快楽となる。私たちは帽子店の内側だろうと外側だろうと、フランク・カストルフ演出のドストエフスキー原作『賭博者』（一八六六年）を上演している劇場の中でも外でも、一〇〇年前と比べたらそんなマゾヒストじみた転倒した日常を生きている。そんな社会にあっても「わたし」はやはりショーウインドウに映らない、つまり「女性は存在しない」（ラカン）のだ。しかし、だか

＊49　同書、三九四頁。
＊50　同書、三九九頁。
＊51　多和田葉子『百年の散歩』新潮社、二〇一七年、一〇〇頁。
＊52　同書、一〇三頁。
＊53　同書、一二一‐一二二頁。

らこそ女性たちは今もなお交差点を渡るだけでローザのように革命的なのではないか。彼女たちの多くは今でもなお「資本主義的領域の外部」にいるのではないか。

広場のまわりを走る歩道にはところどころ、リボンのように文章が置かれている。置かれているというより埋め込まれている。どれもローザ・ルクセンブルクが書いたものだ。他に読んでいる人がいないので気恥ずかしいが、こっそり横目で読むわけにはいかない。一行がとても長いので、行に沿ってじりじりと歩を進め、おろおろと二行目の頭に戻るしか読みようがない。しかも、テキストは通りに対して斜めに配置されているので、通行人の流れに対して斜めに身を置くことになる。〔……〕ローザの文章を歩道に植え付けた人はわざと、公園の中に垂直に立つ記念碑ではなく、人の流れをかき乱すように文字を歩道に置いたのだろう。そしてわたしは幸いにもその罠にかかって、文字動物のようにいいいい歩道をうろうろ彷徨い、夜の仕事に向かう人々、昼の仕事から帰る人々、買いものする人々の経済の流れをほんの少しだがかき乱している。[*54]〔傍点引用者〕

作中にも引用されているローザ・ルクセンブルクの『経済学入門』（一九二五年）には「資本主義世界経済」というローザ独自の用語が登場する。ローザは「世界的規模での経済的関連と諸国間・諸地域間の「従属関係」を具体的に明らかにしよう」とする試みにおいて、その後のアンドレ・グンダー・フランクやサミール・アミンの「従属理論」、イマニュエル・ウォーラーステインの「世界システム論」、ジョヴァンニ・アリギの「世界へゲモニー論」にはるかに先駆していた。「資本主義社会は、商品の購買者としても、原材料の供給者としても、「資本主義的領域の外部」における「非資本主義的な社会と社会層」を必要不可欠としている」のであり、「資本蓄積は〔……〕非資本主義的な環境なしにはどの点でも考えられえない」。すなわち「「資本主義世界経済」とは、今なお世界規模で進行している「本源的蓄積」の重層的な過程そのもの」である。[*55]レーニンはローザを徹底的に批判したが、それは彼女の理論が「本質的に非マルクス主義的」であり、ブルジョワ社会がみずから創出するアンチテーゼとしてのプロレタリアートによって革命が成就されるとする弁証法的唯物論の否定であることをみてとったからである。「「男性的」宇宙はある一つの例外（その対象であるニュートン物理学の因果律的宇宙を理論的に把握する「自由な」主体）によって創設される原因と結果の普遍的なネットワークを含んでいる」。[*56]プロレタリアートはこの「例外」としての「「自由な」主体」であり、それはマルクス主義という「「男性的」宇宙」においての「公園の中に垂直に立つ記念碑」のように屹立している。それに対して歩道に埋め込まれたローザのテキストは「境界なき分散と分割可能性の宇宙であり、まさにその理由によって、普遍的な〈全体〉へとまとめあげられることがない」。

もしそうだとすれば女性性や「資本主義的領域の外部」にかぎらず、マイノリティ一般のアイデンティティという主題は数学的崇高の論理によって剔出できるといえるのだろうか。たとえば「アジアはひとつである（Asia is one）」（岡倉天心）というような、マイノリティという「普遍的な〈全体〉」への概括そのものが、その美的総括の失敗――正確にいえば正しく失敗することに失敗すること――によって、そこから吐き出される「マイノリティ」ならざるマイノリティ、「アジア」ならざるアジアを「吐き気をもよおさせるような醜さ」として表象することにつながる。

＊54　同書、一一七－一一九頁。
＊55　ローザ・ルクセンブルクとレーニンの引用を含め、植村邦彦『ローザの子供たち、あるいは資本主義の不可能性――世界システムの思想史』（平凡社、二〇一六年）。
＊56　ジジェク『否定的なもののもとへの滞留』前掲書、九七頁。

だが、この失敗は政治的あるいは倫理的に回避しうるものではなく、アイデンティティという概念それ自体の規定に発している。[*57]アイデンティティは自己が自己に対して与える帰属概念である以上、つねに単一ではなく複数であり、可能性として無限に存在する。自己のうちの概念に組み込みえない残余が、さらなる新たな概念を要求するからだ。概念は対象そのものではなく、対象と一致することがない。アイデンティティは対象としての自己よりもかならず多くなる。対象としての実在は有限であるにもかかわらず、概念によってそれを数え切ることができない。アイデンティティ・ポリティクスの可能性と困難はおそらくこの無限性にかかわる。ジュディス・バトラーは「ジェンダー・トラブル」の根拠をアイデンティティの「無限の「等々《エトセトラ》」」、すなわち「代補《サプルメント》」に求めている。

肌の色やセクシュアリティや民族や階級や身体能力についての述部を作りあげようとするフェミニズムのアイデンティティ理論は、そのリストの最後を、いつも困ったように「等々《エトセトラ》」という語で締めくくる。修飾語をこのように次から次へと追加することによって、これらの位置はある状況にある主体を完全に説明しようとするが、つねにそれは、完全なものにはならない。しかしこの失敗は示唆的である。どのような政治の新しい動きが、このリストの最後にしばしば登場する、苛立ったような「等々」から導き出されるのか。これは意味づけそのものが無限のプロセスであるというだけでなく、それが蕩尽であることを表す記号でもある。それは代補《サプルメント》——つまり、アイデンティティをただ一度だけで措定しようとする試みにかならずつきまとう過剰さ——なのである。しかしこの無限の「等々《エトセトラ》」は、フェミニズムの政治の理論化に新しい出発点を提供してくれるものでもある。[*58]〔傍点引用者〕

崇高が美の再帰的な概念であるように、ジェンダーが性の再帰的な概念であるとするのなら、ジェンダーのトラブルはこの無限性に起因するはずである。性がたとえ生物学的に無数に存在するとしても、ジェンダーはそれをさらに超過するのだ。これは一九世紀の数学者ゲオルク・カントールが証明した「実数は自然数よりも濃度が大きい」という定理によっても跡づけることができる。自然数と実数とがどちらも無限に存在するとしよう。しかしその無限性は同一ではない。すべての実数がすべての自然数と一対一対応する（濃度が等しい）と仮定しても、対角線論法によって実数の無限は自然数の無限をつねに超過してしまう。これは任意の集合に対して、その集合のすべての部分集合（冪集合）がより大きな濃度をもつ、と定式化できる。ジェンダーは性の冪集合であり、アイデンティティは主体の冪集合である。自然数と実数の一対一対応の失敗は、主体とアイデンティティの一対一対応の失敗に等しい。それは言い換えれば、アイデンティティという観念が原理的に「普遍的な〈全体〉」として成立しえないことも意味している。たんに無限であるだけでなく、それがつねに無限を超過するがゆえにアイデンティティ・ポリティクスのもくろみはもとより破綻しているのだ。しかし同時に、そこにしか主体の変容の

*57 チャールズ・テイラーは論文「承認をめぐる政治」のなかで「個人化されたアイデンティティ、すなわち私に特有の、そして私が自らの内に見出すアイデンティティ」という観念は「私自身の特有な存在の仕方に忠実であるという理念とともに生じる」と述べ、それを「「真正さ」の理念」と呼んでいる（『マルチカルチュラリズム』佐々木毅・辻康夫・向山恭一訳、岩波書店、二〇〇七年、四一頁）。それは自己が自己の独自性（authenticity）と関係する対自的な概念であると同時に、他者（社会）との関係において形成される「対話的」な概念でもある。つまりアイデンティティの内部と外部には分裂が展開している。アイデンティティは本質主義的な「一」ではなく、そこには自己の二重化、襞化が含意されている。

*58 ジュディス・バトラー『ジェンダー・トラブル――フェミニズムとアイデンティティの攪乱（新装版）』竹村和子訳、青土社、二〇一八年、二五二頁。

可能性はない。

このような無限の観念は「素朴」なものではあるが、主体が公理系のみでは測りえない身体として存在する以上、避けえない素朴さである。ところが、無限性をめぐるトラブルは生物だけにとどまらない。テクノロジー、たとえばAIにもこのトラブルはつきまとう。AIが（人間の）知能の再帰的な機能であるとすれば、それは性に対するジェンダーのそれと同型の超過へと必然的に進行することになる。おそらくそれがAIに見られる崇高の動因なのだ。

数学的崇高は生物的な領域にとどまらず、そのリミットをあっさりと踏み越えて非生物的な領域にまで拡大しつつある。AIにおける「シンギュラリティ」がそれである。グーグルのAI研究者レイ・カーツワイルはそれを次のように説明している。シンギュラリティの側面のひとつは「指数関数的な成長の中の、ほぼ垂直の線に近い段階だ。成長率が極端に大きく、テクノロジーが無限の速度で拡大しているかのように見える。当然、数学的に考えれば、途切れや裂け目はなく、成長率は、いかに途方もなく大きくともつねに有限である。しかし、われわれが今現在置かれている制約つきの視点からすると、目の前に迫っている事象は強烈で、進歩の継続性がとつぜん断ち切られたかのように見える[*59]」。つまりシンギュラリティとは「われわれが今現在置かれている制約つきの視点からすると」AIの機械的な捕捉の進行に人類の美的総括が否定形によっても追いつけなくなる時点にみられる数学的崇高なのである。ただしAIの「進化」の加速が乗算的であることで、それは同時に力学的崇高としての見かけを示す。崇高の美学においてAIが人間の理性とも自然の脅威とも異なる特異な地位を占めるとすれば、数学的でありかつ力学的でもあるというこの未聞の性質による。

力学的崇高が人間を判断力において動物（自然）から分かつのに比して、数学的崇高はそのリミットを解体する。崇高はそのとき動物（自然）あるいは機械の愚鈍さとほとんど区別がつかなくなる。カント自身は無限を「或る量の測定における単位の継起的総合がけっして完結しえない」[*60]ことと定義している。これは「外部に何らの部分も持たないものなのではなく、その外部に常に何らかの部分を持つようなもののことなのである」[*61]としたアリストテレスの加算による無限の定義に遡ることができるだろう。ここでの無限は全体性ではなく、けっして全体にならない継起という意味である。それは可能的だが現実的ではないもの、有限でありながら思考しえないものという、やや曖昧で収まりの悪い位置に置かれた対象である。ヘーゲルは、このような数学的無限を――全体性としての無限である「真無限」に対して――「悪無限」と呼んだ〔**I‐3　精神は（動物の）骨である**〕。数学的崇高は力学的崇高に比べてあまり重視されてこなかった概念だが、もし悪無限が数学的崇高の呈示不可能性の彼方に実在するのならば、おそらくそれは吐き気そのものとしてそこにあるのではないのか。無限のさらに残余としてある吐き気。わたしたちはそれを「吐き気とは別のものが入り混じった不純な感情」として享楽するのではなく、ただの（just）――正しい（just）ではなく――かすかな吐き気として思考することは可能だろうか――たとえそれがある種の人間性を放棄することにつながるとしても。その不可能にかぎりなく接近した営為として金井美恵子の、とりわけ『カストロの尻』（二〇一七年）に収録された短篇「「孤独の讃歌」あるいは、カストロの尻」とその続篇「カストロの尻――Miscellany」を読むことは可能だろうか。

このふたつの短篇は、地方都市のキャバレーを巡業してまわる「金粉ショー」のコンビである相方の女性と、彼女のマネージャーを自称して一緒に旅をする衣類問屋の元番頭である恋人をめぐって、その

＊59　レイ・カーツワイル『シンギュラリティは近い［エッセンス版］　人類が生命を超越するとき』井上健監訳、小野木明恵・野中香方子・福田実共訳、NHK出版、二〇一六年、三一頁。
＊60　カント『純粋理性批判』前掲書、四七三頁。
＊61　ムーア『無限』前掲書、一二二頁。

女とコンビを組んでいる男のダンサーである「ぼく」が友人に宛てて書いている手紙、という体裁をとっている。金粉ショーのドサまわりという設定自体が俗悪な崇高さをまとっているのはいうまでもないが、元番頭が映画館でロベルト・ロッセリーニの『ドイツ零年』（一九四八年）を観て嗚咽する――まるで『女と男のいる舗道』（一九六二年）のアンナ・カリーナが『裁かるるジャンヌ』（一九二八年）のファルコネッティを観ながら涙を流すように――のは、家庭と仕事を捨ててダンサーのヒモとして旅する自分の道行きを自殺する少年に投影しているだけでなく、この短篇の構造が坂口安吾の「堕落論」を連想させるような、力学的崇高にいたる放浪のパロディを意図しているということでもある。この恋する元番頭の愚かしさは言葉の奇妙な言い間違え、書き間違えに象徴されており、男は「事件の渦中」を「うずちゅう」といい、スタンダールの小説『カストロの尼』のタイトルを「カストロの尻」といい、「酷い」を「コクイ」といい、そのたびに「ぼく」をぎょっとさせる。それは一方でこの男の「情熱恋愛」の滑稽な愚劣さを表現しているのだが、しかしもう一方で恋愛することそれ自体の本質的な愚かしさをたしかにいいあらわしてもいるのだ。この短篇だけでなく『カストロの尻』全体の決定的な参照先となっているロラン・バルト『恋愛のディスクール・断章』（一九七七年）から引用すると、「恋愛のテクスト（テクストといえるかどうか）は、低俗なナルチシズムというか、心理的なみすぼらしさからなっている。そこには壮大さがないのだ。あるいは、いかなる壮大さにも、「粗野な物質主義」のそれにさえも結びつきえぬことが、かえってその壮大さなのである」[*62]。バルトがここでいう「みすぼらしさ」が元番頭の言い間違いではグロテスクなまでに拡大されている。「私の塊を切りとった女」という元番頭の表現を「ぼく」は「魂を書き間違え」たのだろうと考えるのだが、しかしそうではない。男は「若い頃、結核にかかり肋膜外人工気胸の手術」を受けるために肋骨を切り取られたというエピソード――それ自体が『彼自身によるロラン・バルト』（一九七五年）からの引用なのだが――を、焼肉屋で「骨付きカルビ」を食べながら「ぼく」に語るのである。みすぼらしさと壮大さの異様な同居。バルトならば「恋愛のみだらさ」として語るであろうそれらの書き間違え――かつそうでないもの――を「きみ」への手紙に丹念に書き写す「ぼく」もまた、このみすぼらしさを免れてはいない。なぜならその手紙も「きみ」に宛てた――しかし実際には投函されることがなかったのかもしれない――恋文にほかならないのであり、バルトの数々の引用によってかれの晩年の恋愛に重ね合わされるその手紙を「きみ」になりかわって読む読者であるわたし自身——さらにそれを書いた作者である金井美恵子、金井の読むバルト、バルトの読む……、……——もまた、愚かしさの合わせ鏡のように悪無限となった恋愛のディスクールの「同一化」の構造に取り込まれてしまっているのだ。

〔……〕彼の書いた手紙の中で困灘と書かれた言葉を見て、それが困難の書き間違いなのだと気がついた時の途惑いを思い出し（ぼくの眼の前に広がる、荒れて波打つ灰色の遠い彼方の海）、むろん、吹き出して爆笑してしまうし、なにかをへだてたり、あるいは溺れさせたりもする海についてなら彼は、そもそも、よく知っていたのです。自分はついにうずうずしい危険な色恋沙汰のうずちゅうに飲みこまれてしまったのだと言い（禍々しいと彼は書いたつもりだったのでしょうが、渦中をかちゅうと読むより、うずちゅうの方がぼくは好きだし、うずうずしいの方が好きだ、ときみの手紙には書いてありました。愛することにつきまとう困難というより広い広い、困灘こそが、きみとぼくの間には広がっていたのですが）[*63]、〔……〕

＊62　ロラン・バルト『恋愛のディスクール・断章』三好郁朗訳、みすず書房、一九八〇年、二六九頁。
＊63　金井美恵子『カストロの尻』新潮社、二〇一七年、二七三-二七四頁。

「塊」が「魂」でありかつそうではないように、「困灘」は「困難」でありかつ「困難」ではない。にもかかわらず、あるいは、だからこそ、そこには「壮大さ」が、「ぼくの眼の前に広がる、荒れて波打つ灰色の遠い彼方の海」が実在する。その崇高さは坂口安吾が「半島の尖端の港町」で見た海と、かすかだが、しかし決定的な差異を伴ってわたしたちに近づいてくるのだ、それがただのみすぼらしい吐き気のようなものにすぎないにしても。「たしかにあの小さな四角い切手の裏のノリはサッカリンのような苦甘い味がしたことを思い出しました。ああ、なんて、くだらないことなのでしょう[*64]」。

*64 同書、二七六頁。

I

動物

I

動物たちの棲むところ

一九七九年の放浪者《ノマディズム》

二〇一七年にいたるまでのいくつかの見誤りようのない断絶について記すにあたって、二〇一六年に逝去した津島佑子の初期の代表作である『光の領分』——文芸誌「群像」一九七八年七月号より連載され、その翌年に短篇連作集として刊行された——とともに、まずは一九七九年の世界に回帰してみよう。「四方に窓のある部屋だった」というその部屋は、そのときどのような時空にひらかれていたのか。

> 四方に窓のある部屋だった。
> 四階建ての古いビルの最上階で、私は幼い娘と二人で一年間過ごした。一世帯でひとつの階と、屋上を占有していた。一階はカメラ屋、二階と三階は半分ずつに分かれて、貸事務所となっていた。〔……〕三階の表通りに面した部屋だけは、私が住んでいる間、遂に一度もふさがらなかった。夜、娘が寝てしまってから私は時々、その部屋に忍びこみ、窓を細めに開けて、四階からの眺めとは様子の違う眺めを楽しんだり、なにもない部屋のなかを歩きまわったりした。誰も知らない、秘密の部屋にいるような気分だった。[*1]

幼い娘と二人で「四階建ての古いビル」に引っ越して来た「私」は、これからここで過ごす一年間を別居している夫との離婚争議で費やすことになる。にもかかわらずこのビルが「第三フジノビル」という名称で、「当時、まだ私の夫だった男の姓とビルの名が同じだった」ことがここに引っ越すうえでなんらかの心理的作用としてはたらいていたことを「私」は否定しない。「夫を私の新しい生活に一歩たりとも、踏みこませたくなかった」といいつつ、このビルにたどり着くまで「私」は夫に助力を仰ぎながら一緒に賃貸物件を探してまわっている。

玄関脇に、ヒバの木が一本植わっている家があった。五段の石段を登ると、淡い水色のペンキを塗った扉が私たちを待ち構えていた。その石段と扉の間の一メートル足らずの隙間に、ヒバの木は生えていた。その枝が、玄関と同じペンキで塗られた出窓を蔽い隠していた。

〈いいね、なかなか〉

夫は弾んだ声で言った。

〈でも、あの木がいやだな。コブシとか、桜とか、そんな木なら、いいのに〉

〈ヒバの方が、ずっと高級なんだぞ〉[*2]

不動産屋の紹介で訪ねた「二階建ての家」を夫はひどく気に入り「ここに決めてしまえ、家賃の心配なんかするな、お前の家に援助してもらえばいいじゃないか」と上機嫌で「私」に勧めるのだが、この家で決まりとばかりにその日をかぎりに「私」の前に姿を見せなくなった夫とちがって、「私」はその後もひとりで家探しを続けている。

夫がこの一戸建てを気に入ったのは、まるでそこに「ヒバの木」が植えられているのが理由であるような書きぶりなのだが、作家はこの樹木にある象徴性を込めているのかもしれない。つまり江藤淳が庄

＊1　津島佑子『光の領分』講談社文芸文庫、一九九三年、九頁。
＊2　同書、一七頁。

野潤三『夕べの雲』(一九六五年)の「風よけの木」について指摘したようなシンボルである。

私が以前『夕べの雲』について「治者の文学」といったのは、大浦が存在証明にしていることの怯えの感覚と「不寝番」の意識を指してである。もしわれわれが「個人」というものになることを余儀なくされ、保護されている者の安息から切り離されておたがいを「他者」の前に露出しあう状態におかれたとすれば、われわれは生存をつづける最低の必要をみたすために「治者」にならざるを得ない。つまり「風よけの木」を植え、その「ひげ根」を育てあげて最小限の秩序と安息とを自分の周囲に回復しようと試みなければならなくなるからである。*3

江藤がここでいう「治者」とは国民主権のことであり、今日であれば「保守」というよりもむしろ高橋源一郎や上野千鶴子のような「リベラル」に分類される言説である。そして江藤の場合は――後者の装われた鈍感さと異なり――治者あるいは父であることの不可能性と不可避性という捩れを鋭く感受することをその文学者としての生の条件としていたのだが、いずれにせよ父たることへの執着を『光の領分』の夫もある程度は共有している。そして「私」は「風よけの木」に象徴される父性になかば依存しながらも、しかし同時にかすかな異和も感じとっているのだ。彼女が最終的に引っ越し先として選んだのは、その一戸建てではなく、「普通のアパートのような造りにはなっていない」老朽化したビルの最上階に住居として設えられた一室、「床の赤い色が西陽に燃え上が」り「光がひしめいてい」る「閉め放しの空っぽの部屋」である。

このような賃貸物件に母娘ふたりで暮らすことが周囲にいささか奇異な印象を与えていたことは叙述の端々から窺われる。マンションと称する集合住宅とはあきらかに違う、街中の商業用途のテナントビルの一室と思われるのだが、ただし『光の領分』が背景としているのは「一九七七年ごろよりはじまる第四次マンションブームのなかで、民間の分譲マンションの供給が急激に増加していく」[*4]時期、全国的にマンションの供給量が一戸建てを上回り、特に首都圏で分譲マンションの戸数が急激に増加した時期である。戦後の「団地」と呼ばれる大型集合住宅の建設を推進してきた日本住宅公団（一九五五年から八一年にかけて住宅・宅地の供給を行っていた特殊法人。現在の独立行政法人都市再生機構の前身）においても「賃貸」から「分譲」へと事業の重心をシフトしつつあった。民間ディベロッパーによって建設された分譲マンションが大衆の欲望を喚起するイメージとしての地位を確保し、所有価値としても一戸建てに匹敵するようになる。そうした状況にあって母子家庭となるシングルマザーの「私」と幼い娘が安全に暮らせる場所は、一戸建てでもマンションでもなく――最初に気に入ったマンションでは子どもの同居を理由に入居を断られる――もっと周縁的な環境に追いやられているということなのだ。

引っ越して早々に起こるビルの水洩れ騒ぎにも、仕事と子育てに追われる「私」ははじめ大した関心を示していない。朝っぱらから文句を言いに来た階下の会社の社長に対しても「どんなことがあったにせよ、人のところにまで来て、あんなに騒ぎたてることはないだろうに」と、集合住宅の住人としてはいささか無責任とも思える反感を抱くほどなのだ。結局、水洩れの原因は「私」の部屋ではなく、屋上の給水塔の故障であることが判明するのだが、屋上に海のようにひろがる漏水を見て娘は歓喜する。

屋上に出るドアを開け、私が真先に外に出た。眼に異様なものが映った。私は、思わず、声を洩らし

＊3　江藤淳『成熟と喪失―〝母〟の崩壊―』講談社文芸文庫、一九九三年、二四三頁。
＊4　山本理奈『マイホーム神話の生成と臨界―住宅社会学の試み』岩波書店、二〇一四年、六七頁。

た。乾ききっているはずの屋上に、水がきらきら光りながら波立っていた。透明な水が豊かに拡がっていた。

——ウミ！　ママ、ウミだよ。わあ、すごいなあ！　おおきいなあ！

娘は裸足のまま、水のなかに跳びこんで行った。一人で笑い声を響かせながら、水を蹴散らし、両手で水をすくいあげたり、顔に水をつけてみたりしはじめた。娘の足だと、水はくるぶしまで呑みこんでしまっていた。[*5]

ビルの所有者にしてみれば、それは修理費用の負担をはじめただたんに頭の痛い厄介事にすぎないのだが、しかし「私」と娘にとっては生の喜びと解放そのものといえる体験となる。この差異はいったいどうしたことか。『光の領分』の五年後に刊行された黒井千次の短篇連作集『群棲』（一九八四年）には——作者が意図したとは思えないが——これと鮮やかな対照をなすエピソードが記されている。夫が単身赴任中のためひとり暮らしをしている初老の女性の一戸建てで、庭の水道栓を誰かに開けっぱなしにされるといういたずらがくりかえされる。

水泥棒め……。

尊彦の言うように相手が変な男などではないらしいのにほっと安心すると静子は無性に腹が立った。水道料の気がかりや相手のすばしこさが癪に障ったのではない。自分の家の水を垂れ流しにされること自体に我慢がならなかったのだ。頭に血が昇って動悸の高くなっているのがわかる。一瞬、犯人を捕えてその細い首を両手で締め潰したい欲求に駆られた。たかが水道の水くらいのことで、と一方では考えるのに、我ながらおかしいほど熱《いき》り立つ気持ちをどうすることも出来なかった。[*6]

この一戸建ては夫婦の持家である。単身赴任する際に夫が「俺の盆栽を枯らさないようにしてくれよ」と妻に託した盆栽とは、この家にとっての「風よけの木」なのである。つまり託された静子は治者の代行者なのだ。だからこそ「自分の家の水を垂れ流しにされること」は彼女にとって許しがたい犯罪なのである。犯人を殺したいほどの憎しみとは、江藤がいう「最小限の秩序と安息」を回復する治者のもう一方の秘められた真実である。事件はすぐに隣家の小学二年生の少女の仕業と知れるが、それ以前に「その細い首を両手で締め潰したい」〔傍点引用者〕という記述があることから、静子がすでに犯人を予期していたのがわかる。たかが子どものいたずらになぜこれほどの剝き出しの憎悪が生じるのか——その不可解さが黒井のこの短篇のモチーフなのだが、しかしこれと同種の感覚を今日の世界で猖獗をきわめる「ヘイトスピーチ」にも触知できるのではないか。静子が隣家とのあいだに「ちゃんとした塀を作ろうかしら」と夫に相談するのは、アメリカ合衆国の大統領が不法移民の入国阻止を目的とした「壁」を国境沿いに建設しようと企図するのとまったくおなじ憎悪からである。いっぽうで『光の領分』の「私」の水洩れへの反応が静子と正反対といっていいほど異なっているのは、「私」の社会的な位置が——治者すなわち持家の所有者ではなく——「水泥棒」の側にあることを示唆している。

戦後の日本、とりわけ東京をはじめとする大都市部で持家化——それは規格化された住宅の大量供給を意味していた——が急速に進展するにつれて、かつての——落語や時代劇に登場するような——下町

＊5　津島、前掲書、四四頁。なお、ここでの「海」という隠喩について津島佑子の作品史から論じた拙論「もう一つの「ウミ」　津島佑子と資本主義」（『津島佑子　土地の記憶、いのちの海』河出書房新社、二〇一七年）も参照。

＊6　黒井千次『群棲』講談社文庫、一九八八年、二一七頁。

の長屋や木造アパートでの借家の生活様式は徐々に周縁化していく〔Ⅲ-3　芸術・大逆・システム〕。それは規格化された住宅のプライバシー〔私的領域〕の拡大であるとともに、そこに暮らす住民の規格化も進行させた。[7] 住民の規格化とは、定職をもつ父親、専業主婦の母親、学校へ通うひとりかふたりの子どもという核家族的なイメージへの集約をさす。『夕べの雲』で「不寝番」といわれるのは、部屋に入りこんでくる「ムカデ」たちを噴霧器で薬殺する行為をさしているのだが、「この国の良民」と呼ばれる建物の所有者にとって、シングルマザーとして「相対的貧困」を生きる「私」のような借家人は、規格化から外れた「ムカデ」のような者たちなのである[8]〔Ⅱ-2　「路地」の残りの者たち〕。

空白としての父

『光の領分』には父が不在なのではない。「私」は父を拒絶するのではなく、むしろそれを素直に受け入れてさえいる。それは「私」の住む——夫の姓とおなじであるという——ビルの名に顕われているのだ。「私はビルの名前にも、自分自身の夫との深いつながりを感じ、それに身をまかせてみようと思っていたのかもしれなかった[9]」。自分の夫であり娘の父親であった者が、肉体をもつ人物像ではなくビルという人工的な物体に、より正確には「ビルの名前」という抽象的な記号に姿を変える。津島は「より根底的な第三の父、記号としての父、あるいは、父の名を発見する[10]」。

父は、ここで神学的あるいはオイディプス的な「父と子」というイメージの水準から「光の領分」へ、つまり「構造」へと移行している。光は闇の対立物ではなく、光と闇という二項対立——闇は明るさに対する相対的な明度の低さにすぎない——を可能にする「より根底的な第三の父」である。たとえば中上健次『枯木灘』（一九七七年）の浜村龍造は竹原秋幸の生物学上の遺伝子提供者であるが、龍造を父親にするのは秋幸との関係性であり、「第三の父」とはこの関係性それ自体のことである。「場所がそれを占めるものに先行する」[*11]のであって、その逆ではない。「路地」がしばしば母系制的な共同体として語られながら、それを維持しているのは龍造と佐倉の資本である〔Ⅱ-2 **「路地」の残りの者たち**〕。『光の領分』の母娘もそれとまったくおなじ構造に支えられている。こうして――「第三フジノビル」への引っ越しとともに――父という審級は権力のヒエラルキーであると同時にシステムそれ自体であるという二重の体制に分裂したのだ。この一見すると微細な変動をほとんど地震測定器なみの感度で触知しえたのが『光の領分』という短篇連作集だったのであり、それは一九七九年にはまだあきらかではなかった――だが今日の視線には決定的とも感じとれる――断絶と同時代的に連動しているように思えるのだ。

試みにこの年のおもだった事象を拾ってみると――

一月一日、アメリカ合衆国と中華人民共和国の国交樹立。二月一日、イラン革命。三月二六日、エジプト-イスラエル平和条約調印。三月二八日、アメリカ・スリーマイル島原子力発電所の放射能漏れ事故。五月四日、イギリス・サッチャー首相就任。七月一六日、イラク・フセイン大統領就任。一〇月二

＊7　住宅の規格化（標準化）については『錯乱の日本文学』の「1　小島信夫の「家」」を参照。

＊8　西川祐子は自身の女性史講座で島崎藤村『家』、小島信夫『抱擁家族』、津島佑子『光の領分』を読んだ際に「津島の小説がいちばん受講生たちに愛された」というエピソードを紹介している。「理由を聞くと、今までの家族小説に特有の暗い「憂鬱」がなくて明るい、自分たちの生活に近いという答えがかえってきた」（『借家と持ち家の文学史――「私」のうつわの物語』三省堂、一九九八年、一九一頁）。この三作を分断しているのは、おそらく家族をめぐる制度の変容だけではない。持家であることの責任が小説に「憂鬱」を強いているのだ。

＊9　津島、前掲書、二三三頁。

＊10　ドゥルーズ「何を構造主義として認めるか」小泉義之訳、『無人島　1969-1974』河出書房新社、二〇〇三年、六二頁。

＊11　同書、六九頁。

六日、韓国・朴正熙大統領暗殺。一二月二四日、ソビエト連邦軍のアフガニスタン侵攻。

　ここにはすでに現在の――世界の新自由主義化とイスラムをはじめ諸々の原理主義の台頭といった――グローバルな政治的かつ経済的な構造とその危機の要因のほとんどが登場しているのがわかる。しかも江藤＝トランプ的な治者たる父と、構造としての父というふたつの体制のたんなる認識論的な――と考えられてきた――断絶は、今や現実の政治的な課題として人類を脅かしているようにさえみえる。この年、日本では、大江健三郎『同時代ゲーム』、金井美恵子『プラトン的恋愛』、蓮實重彥『表層批評宣言』、村上春樹『風の歌を聴け』などが刊行されたが、なかでも社会の新自由主義化という観点からは村上春樹のデビューが注目されるだろう。『光の領分』が連載中だった一九七八年に刊行された柄谷行人『マルクスその可能性の中心』、さらにエドワード・サイード『オリエンタリズム』、レム・コールハース『錯乱のニューヨーク』も目をひく。映画では『地獄の黙示録』（フランシス・フォード・コッポラ監督）が話題となったが、今日の日本社会にとってはむしろ『機動戦士ガンダム』（富野喜幸総監督）のテレビ放映と『ルパン三世　カリオストロの城』（宮崎駿監督）の劇場公開のほうが大きな意味をもっているかもしれない。

　構造は、イメージの水準では無でしかない。こうした無の場所としての構造を表象するのが「零度」あるいは「空白の桝目」と呼ばれる、それ自体が不在の記号である。ドゥルーズは「何を構造主義として認めるか」（一九七二年）で次のように記している。

　ゲームには空白の桝目が必要である。それがなければ、何も進まないし何も機能しない。対象＝xは自己の場所とは区別されないが、空白の桝目には絶えず飛び移るのが相応しいように、この対象＝xにはいつも移動するのが相応しい。同様に、空白の場所から絶えず逃げ出すのが相応しい。ラカンはブリッジの死の場所を引き合いに出している。ヴェラスケスの絵画を記述する『言葉と物』の見事な書き出しにおいて、フーコーは国王の場所を引き合いに出している。それとの関係ですべてが、神が、次いで人間が、移動し滑走するが、何ものもその場所を充塡しない。零度なくして構造主義はない。[*12]

柄谷行人はこの「零度」が「それ自身は無でありながら体系性を成立させるような「超越論的主観」の言い換えなのであって、それを取り除くことではない」[*13]と念を押している。ふたつの父の体制の分裂とは、換言すれば「ラス・メニーナス」の「国王」とその場所との分裂、主観と超越論性の分裂である。それは「ファルス」という言葉の精神分析的な意味と文字どおりの生物学的な実在（ペニス）との分裂にも照応している。つまりこの分裂は解消不可能なパラドクスであり循環なのであって、そのこと自体が主体の動因となっているのだ。主体は「空白の桝目に服従し、ファルスとその移動に服従する」[*14]。「私」と娘はその空白に魅入られるように引っ越してきた。「フジノ」という「父の名」を刻印された『光の領分』の「空白の桝目」は、ビルの四階に「私が住んでいる間、遂に一度もふさがらなかった」文字どおりの「がらんどうの部屋」として形象化されている。

淡い光だけが舞う、がらんどうの部屋。できれば、そんな部屋の真中に寝そべり、娘とこれからも

＊12　同書、八七-八八頁。
＊13　柄谷『定本　柄谷行人集　第3巻』岩波書店、二〇〇四年、一二〇頁。
＊14　ドゥルーズ、前掲書、九五頁。

続く長い日々を迎えたかった。カーテンも食卓も捨ててしまいたかった。なにかひとつ、座布団一枚でも、人がくつろぎたくなるものを身に近いところに置けば、それは私と娘にとって、痛みのもとになりかねない。娘は、気が向けば、人の家を泊り歩く。私も見知らぬ人と声を交わしたくて、街をうろつきまわる。そのように、私と娘は、多くの夜を過ごしはじめていた。それでも私と娘は互いを忘れることはなく、より強く、相手が自分の喜びとなることを求め続ける。

がらんどうの部屋は、そうした自分たちの寝場所として、最もふさわしいような気がしてならなかった[*15]。

母と娘のそれぞれの放浪生活《ノマディズム》を語るこの美しい一節は、今読んでも驚くほど精確で範例的な「空白の桝目」についての叙述になっている。「何ものもその場所を充塡しない」。彼女たちがそこを所有することはない。くつろぎが痛みとなり、離散が歓びとなるノマドの生活。今日でさえノマドがしばしばたんなるロマン主義的な放浪と誤解されるのとは異なり、作家は主体の移動が「構造」と切り離すことができないこと――構造とその効果にすぎないことを知悉している。「構造主義は、主体を撒き散らしシステムに配分する思考であり、主体の同一性を拒絶し、主体を場所から場所へと散らして移動させる思考である。こうして、主体はいつでもノマド的であり、個体化で形成されるが非人称的であり、特異性で形成されるが前‐個体的である」[*16]。ノマドとはおそらく誰よりも自由から遠い存在である。それはみずからの意志によってではなく、システムの規則にしたがって移動する。「引っ越しは決して好きではないが、ただただそうするしかなかったのだ」[*17]。ノマドは無意識の底まで構造に絡めとられた徹底して動物的な存在である。動物が自由であると考えることにはなにか根本的な誤解があるのだ。そしてこの「動く空白の桝目の経路を辿るノマド的主体」の行方のなまなましいドキュメンタリーとして笙野頼子

『居場所もなかった』（一九九三年）を読むことが可能なはずである。

文学と補助金

……ともかく安いとこ、お風呂はなくてもいいです、でも敷地内に大家がいないといやだ。門限があるくらいのところにしてくださいなどと、ずっと考えていたことを一気にまくし立てた。〔……〕

安くて安全で風呂の無いところ、はなぜか大抵女子学生限定であった。小説家というのは駄目でしょうか、と言うと彼は親切にも交渉してくれようとしたのだった。だが電話に出た大家は本当に五秒位で断ってのけた。[*18]

一九八五年三月、京都から東京に引っ越してきた「私」は、八王子の不動産屋で希望の物件について交渉中である。だが二九歳の独身女性で無名の小説家という属性が、この時代の東京で部屋を借りるのに非常に不利な条件であることを「私」はすぐに理解する。それは大学教授を辞したニーチェが「家具つき下宿から家具つき下宿へと、物影でひっそり暮らさざるをえないそうしたノマドのひとり」[*19]として生きるよりも、さらに困難なりゆきであったかもしれない。「女子限定」という条件にこだわる「私」に対して不動産屋は「そんなのだとマンションになっちゃうでしょう〔……〕高いよマンションだって、

＊15 津島、前掲書、二三二‐二三三頁。
＊16 ドゥルーズ、前掲書、九五頁。
＊17 笙野頼子『居場所もなかった』講談社文庫、一九九八年、九頁。
＊18 同書、三九頁。
＊19 ドゥルーズ「ノマド的思考」立川健二訳、『無人島　1969‐1974』前掲書、二四四頁。

さっきから安いとこ安いとこって言うじゃないの、四万円くらいするよここは、大家さんはいるし安全だけどさあ……」とぶつくさ言いながらも新築のマンションを紹介してくれる。

案内されて現地に行ってみると、マンションの玄関は仕上げの真最中で、あちこちにはまだ塗料のこびりついたビニールのシートが張り巡らされていた。レンガタイルの表層は安物の白いマンションよりもむしろくすんで見えた。[……]入ったその日にオートロックなるものの説明を受けた。こちらは、殆ど聞き流していた。都会の、女性の一人暮らしが、ただ単に自分の部屋のドアをバタンとしめただけでは、決して、成立するものではないという事を、あれだけ、京都で様々な目にあっていながら、私は少しも理解してなかったのだ。[*20]

だが、このときはすんなりとマンションに入居が決まった「私」は幸運だったのである。大家は地場の伝統産業から転業した「愛想のいい紳士」で、マンション経営に慣れておらず、「私」が入居した最初の年の「入居者は部屋数の半分に満たず、私のいた階はひとりだけだった」。

そのマンションに私が入れたのはひどくラッキーだったと後になって判った。大家が特に私を信用してというわけではなく、要するにその上等の女子学生用住居は、学生の移動する三月一杯に建設が間に合わなかったのだ。入居者が少ないのでエアコンを入れることも出来なかったし、そもそもその頃、オートロックの防犯性という概念はまだ一般的ではなかったのだ。[*21]

ここで描かれる「一九八五年三月」はのちにバブル経済と呼ばれる、投機によって資産価格が急騰する直前であり、住宅市場においては一九七七年から七九年に起きた第四次ブームに続く「第五次マンションブーム」を迎える時期にあたっている。「八〇年代後半のバブル経済がピークに向かう時期に第五次マンションブームが起こり、地価が高騰するなか、物件は一斉に高額化する。「バブル仕様」といわれる高性能化がすすみ、超高層化も現れはじめた。投資用のワンルームマンションがブームとなったのもこの時期である」[*22]。

オートロックとエアコン――入居二年目に設置された――、さらに電気調理器具や電気給湯器までも備えられた「私」のマンションも、このブームに向かうさなかに建設され、あるいはその建設ラッシュのあおりを受けて竣工が遅れていたのかもしれない。大家が不動産業界の新規参入者だったというのは、この時期に家賃の安価な木造アパートや公営住宅、団地のような賃貸物件を取り扱う専門業者だけでなく、価格高騰を狙って不動産物件の取得や売買に進出する異業種からの参入が増えていたという状況を示しているだろう。「そうして入居し、数箇月くらい経った頃だったろうか、土地が凄まじいほどの暴騰を始めたのだ。その後も、そこに住み続けていた六年間の間、そのマンションはどんどん価値のあるものになっていった」[*23]。やがて一般の個人や法人が購入した分譲マンションを投資のための賃貸にまわす分譲賃貸という方式も登場するようになるが、この頃から不動産をめぐる状況は急激に変化していくことになる。

＊20　笙野、前掲書、四一頁。
＊21　同書、四四頁。
＊22　住田昌二『現代日本ハウジング史――1914～2006』ミネルヴァ書房、二〇一五年、三三一頁。
＊23　笙野、前掲書、四五頁。

明治期以来、産業が急成長しつつあった東京などの大都市は、地方からの人口流入をおもな原因とする人口の増加によってつねに住宅難に直面しており、住民の多くが借家暮らしという状況が続いていた。その状況に変化が起きたのは、第二次世界大戦時の戦災被害——空襲による焼失や強制疎開等——の影響で、戦後の復興時に持家が急増したという事情が大きい。平均持家率は一九四一年で約二二%だったのが、敗戦後の四八年には約四一%と二倍ちかくに上昇し、以来、高度経済成長が促した都市への人口集中が急増する五八年から第一次オイルショックのあった七三年までの一時期を除いて上昇を続け、八〇年代から二〇〇〇年代までは約六〇%で安定している。ただしこの近年の推移は、八〇年代後半から現在まで五〇歳未満の世代の持家率が下がりつづけるいっぽうで、持家率の高い高齢者の人口比率が増大しているためと考えられる。[*24]

この社会史を持家と賃貸という視点からみると、それぞれにとってまったく異なる相貌を呈していることが理解できる。江藤や黒井が前提としていたのは第二次世界大戦からバブル景気にいたる半世紀にもみたない持家中心の社会システムだったのであり、それが一九九〇年代以降に成人した若い世代——バブル景気崩壊後の経済の停滞によって所得が伸び悩み、持家を取得できる可能性が低い——にとってまったくリアリティが感じられない視点なのはあきらかだからである。しかも住宅・都市計画学の平山洋介によれば、若い世代の持家率の低下とともに「低家賃の「市場住宅」の多くは、老朽化し、取り壊されてきた。木造共同建ての民営借家（専用住宅）は、一九八三年では三〇一万戸、全借家の二四%を占めていたのに比べ、二〇〇八年では二二五万戸、一三%に減った。都市の再開発事業は、低所得者が入居可能な木造アパートを取り壊し、中間層と高所得者のためのマンションを増やした。より低所得の借家人が増え、しかし低家賃の民営借家は減少する、という傾向が賃貸市場の変化を特徴づけている」。[*25]賃貸住宅の市場が大きく変化し、住宅費用の負担がさらに上昇するなかで、九〇年代以降は若い世代を中心に非正規雇用が急速に増大していく。それが「立身出世」や「受験戦争」とはまったく異なる、最低限の生存を維持するための過酷な競争をかれらに強いてきたことは想像に難くない。

つまり『居場所もなかった』が描いているのは、賃貸住宅市場が木造共同建ての民営借家から中間層と高所得者のためのマンションへと移行する状況そのものなのだが、ここで特に興味深いのは、高度経済成長期までの多くの家主が借家人に「地価に見合う家賃を設定していないという意味において」経済的合理性からは説明のつかない「補助金」を自主的に供与していた、という平山の分析である。

高度成長期の大都市は、拡大し続けた。そこに流入する低所得の若年人口を受け止めたのは、おもに木造アパートであった。その家主は、地価に見合う家賃を設定していないという意味において、借家人に「補助金」を供与していた。民営借家の家賃は、入居者からすれば、必ずしも低廉ではなかったにせよ、地価と利回りの関係では説明できない低い水準に抑えられていた。木造アパートは、公営住宅の少なさを補う役割をはたした。政府が公営住宅を少ししか建設せず、補助金を倹約したのに対し、民営借家の家主は借家人に「補助金」を与え、低質ではあるが、低所得者が入居可能な場所をつくっていた。政府は、民間賃貸セクターに依存し、公営住宅の建設を回避した[*26]。

大家が店子にほどこす人情ということだろうか。そのような物語が、たとえば「長屋の花見」のよう

＊24　平山洋介『都市の条件――住まい、人生、社会持続』NTT出版、二〇一一年、四四‐四五頁。
＊25　同書、五四頁。
＊26　同書、五三‐五四頁。

な古典落語として民衆から愛されてきたのだが、もしこれが明治期以来の「民営借家」の慣行であったとしたら、[*27]二葉亭四迷『浮雲』（一八八九年）や夏目漱石『こころ』（一九一四年）に代表される日本近代文学もまた、つまるところ家主の「補助金」によって成立していた、と断定してもよいはずなのだ。『浮雲』では、静岡の貧しい旧士族の子弟である下級官吏の内海文三が東京で羽振りの良い叔父の園田の邸宅の二階に「食客《いそうろう》」している〔I-6　猿まね《ミミック》と生〕。つまり家賃どころか、某省に就職後に「叔父へは月賦で借金済し」とあるからそれ以外にもなにがしかの便宜を図ってもらっていたのだろうが、それというのも文三の官吏としての出世を願ってのことである。当初、叔父夫婦が娘のお勢をいずれ文三の嫁にと考え、お勢自身も文三を憎からず思っていたのは、そうした心積もりがあってのことなのだが、いったん文三が出世コースを外れるととたんに夫婦も娘ともども態度を一変させる。新興成金と呼ぶにも及ばない園田一家——「些《ち》とは資本も出来、地面をも買い、小金をも貸付けて、家を東京に持ちながら、その身は浜のさる茶店の支配人をしている」[*28]というだけの、「富貴」ともいえない暮らしぶりである——にとってみれば、文三の面倒をみることはかれらの階級上昇のまたとないチャンスだったのであり、それは『ボヴァリー夫人』（一八五七年）でルオー爺さんが娘のエンマを「保健医」シャルル・ボヴァリーにかたづけたのと同じ理由である。そしてその夢を砕かれた失意ののちに彼女たちが——結婚前と結婚後というちがいはあるものの——べつの男に意を向けるというのは、文三やシャルルにとっては不当な仕打ちに感じられたとしても、客観的には理不尽な出来事ではけっしてない。「民営借家の家賃は地代相当額を含まないケースが多い」[*29]のも、店子の立身出世へのかすかな暗黙の期待を「補助金」の対価として想定するならば、ある種の合理性があるといえるかもしれない。落語の「徂徠豆腐」で——大家というわけではないが——豆腐屋の夫婦が貧乏長屋に暮らす若い無名の学者（荻生徂徠）におからをほどこし、やがてそれが出世した徂徠によって報われるというあらすじも、表向きには無償の善意といったもので形成されているコミュニティが隠し持っている無言の期待をあらわしているのだ。『ボヴァリー夫人』の副題を「地方風俗」としたフローベールはこうした階級関係を小説の装置として活用しえたのに対して、二葉亭にはそれがかなわなかった。『浮雲』は未完のまま中絶したが、文三が階級関係から目を背けたその場所――自己が沈潜すべき「内面」と呼ばれる――にその後の日本近代文学はむしろ確固とした地盤を築くことになる。そして社会の避難所《アジール》ともいえるまさにその空間に、やがて二葉亭に続く漱石の「則天去私」やジャンルとしての私小説が累々と系譜を連ねていくかのようなのだ。要するに民営借家の家主が安い家賃を通じて作家に「補助金」を与え、文芸誌を刊行してきたといってもけっして大げさではない。ただし文学はこうした家主からの「補助金」をそれとして受益しつつ、それが補助金であることを――分析し表象するのでなく――かたくなに否認する。さらに受益そのものを否認するために、補助金を供与する社会のオイディプス的形象に対する反抗の身ぶりを通じて――太宰治のように――みずからの芸術性を主張し、かつ逆説的に無言の期待に応える（芸術家として立身出世する）ことにつながるだろう。つまり「投資と利回りの関係をほとんど意識せず、収支計画さえもっていなかった」零細家主によるオイディプス的な善意《パターナリズム》が日本近代文学の育まれる素地となったといってもいい

＊27　「長屋の花見」は、元来が上方落語の演目だった「貧乏花見」を明治期以降に三代目蝶花楼馬楽が東京に移植したといわれる（瀧口雅仁『古典・新作　落語事典』丸善出版、二〇一六年、二〇七頁）。「長屋の花見」では大家が長屋の連中を上野へ花見に誘うのに対して、「貧乏花見」では貧乏な店子たちが勝手に盛り上がるアナーキーな雰囲気が対照的である。つまり「長屋の花見」の大家と店子の関係は東京で上演される際に付加された要素であり、ここでみられる懐古的な江戸情緒は日本近代文学と同時期に生まれたのである。

＊28　二葉亭四迷『浮雲』岩波文庫、一九四一年、一一二－一一三頁。

＊29　平山、前掲書、五三頁。

のである。中上は『地の果て 至上の時』（一九八三年）においてこの地主＝天皇制による盲目の善意が治者の憎しみへと変容していく過程――「路地」においてその過程を媒介したのが浜村龍造である――に批判的な介入を試みた〔Ⅱ-2 **「路地」の残りの者たち**〕。しかし中上より一〇歳下の笙野が『居場所もなかった』で描いているのは、「私」がそうした擬似封建的なコミュニティの「補助金」からまったく切断され、排除されている、という認識なのである。

賃借と動物化

一九九〇年一二月に「私」は管理人を通じて突然、契約更新の打ち切りと三カ月以内の退去を通告される。それまでは毎年一二月の末になると「どうしますか、と大家が直接声を掛けてくれて、少し考えてから更新というのが恒例」だった「私」にとっては寝耳に水で、自分の生活態度になにか落度があったのかと疑心暗鬼に陥る。結局は大家の経済上の理由で――ちょうどバブル景気が終焉しつつあった時期と重なる――マンション全体を学生専用にしたかっただけなのだが、「その時点では私は悪く、汚く、それ故に住み慣れた清潔な場所を出される罪深い存在なのであった。その罪を引きずりながらさ迷い歩いて、安住の地を捜さなくてはならなかった[*30]」。

これはそもそも正当な事由もなく大家の側の一方的な都合のみで借家人に退去を迫るという違法行為であろうと推測できるのだが、しかしなんの契約違反もない「私」が逆にその通告によってみずからを「罪深い存在」とみなし、実際に引っ越し先を探すはめになるというのは、どこかカフカの主人公たちを連想させるグロテスクななりゆきではないだろうか。カフカの初期の短篇「判決」（一九一六年）では主人公が父親に「悪魔のような人間」と宣告され、溺死を命じられみずから川に飛び込むが、「私」の退去は『審判』（一九二五年）のヨーゼフ・Kの逮捕のように「何も悪いことをしなかったのに」決定される。しかも「判決」があからさまにオイディプス的な権力関係を表現しているのに対して、『審判』のそれが裁判所＝官僚システムだったのは示唆的である。「私」への退去通告の背後には、一九九〇年三月に大蔵省（現在の財務省）の総量規制による不動産取引の抑制をきっかけとしたバブル崩壊という経済システムの力学がはたらいていたのである。

六年前とちがって今度の家探しはさらに困難を極める。独身女性のひとり暮らしとしてオートロックという条件は絶対に譲れない。だが「オートロックを備えたところは分譲のものが多く、物件が少ない。その上構造のしっかりしたマンションが多く、家賃が高いのである。しかも以前に私が入居した時と違い、それがフローリング、などという言葉と一緒に一種の流行と化してしまっていた」[*31]。さらにそれだけでなく、「学生限定」「勤め人限定」「一部上場企業男性独身者で留守がちの人という限定」「一流企業女性管理職のみ四十歳までです。友達少ない方」等々といった、まるで「私」を排除するために仕組まれているとしか思えない所有者によるさまざまな限定が入居を阻むのだ。

密室の中で自分の子供を、女の子を持つという空想に耽っていた時期があった。つまりそういう、自分はただの間抜けだった。大体どんな住居が子持ちの独身を喜んで入居させてくれるだろうか。［……］未婚の母の住み易そうなワンルーム住居に、子供可という文字は殆どない。子供可は泣き声がそのまま隣室にひびくような木造住居か、誰が入るんだよと訊き返してやりたいような高家賃の三LDKである。そしてまた新婚限定とは子供不可、という意味なのだろうか、連れ子三人ずつで結婚三

＊30　笙野、前掲書、六四頁。
＊31　同書、六六頁。

箇月の八人所帯でも新婚可か。
疑問地獄にはまる。――学生限定は未婚の母を防ぐための言葉なのか。学生は子供が出来ても中絶をするから大丈夫なのか。[*32]

入居希望者を選別する限定条件はたしかに規則の一種ではある。ただし性差別、年齢差別、職業差別、人種差別といった通常では許されるはずのない差別が平然とまかり通るきわめて私的な規則であり、それは『審判』の裁判所の恣意的ででたらめな法律の運用と選ぶところがない。本来ならば憲法によって保証されている基本的人権がないがしろにされ、公共性を保障するはずの法律は、ここでは所有権者の私的な領域を保護する従者のようにはたらく。新自由主義化した社会――あるいはむしろ「社会は存在しない」(マーガレット・サッチャー)――とは、国家全体がそうした私的領域に乗っ取られた状況のことである。この悪夢のような世界からかろうじて「私」を庇護してくれると錯覚させてくれるのが、オートロックというプライバシーを保護する装置なのであり、しかもそれを手に入れるためにはこの悪夢のような世界にあらかじめ「私」が受け入れられていなくてはならない、という悪循環に巻き込まれているのだ。

一九九一年三月にようやく入居の決まったワンルームマンションは「ビルの一階の入り口の上に、ひとつだけある、角部屋」で「殆ど閉じ籠もるためにあるような部屋だ」。しかし実際に入居してみると、そこは密室どころか「騒音の部屋」だった。自分の部屋にいるのにまるで「剝き出しの街路」に立っているかのように、ブルドーザーやトラック、深夜タクシーや暴走族の発する騒音が知覚を脅かし、「私」は身体が変形する幻覚を感じるまでにいたる。「全身にふりかかるトラックの爆風にも似た気配で、既に自分の胴体がどこかに吹き飛ばされているように錯覚する。残った感覚は耳の中だけ、いや、手指はある。指先が存在しとても痒い。指の皮膚は乾き膨れ上がりばりばりする。私は耳と指で出来たものに生まれ変わっている。耳の中がとても喧しくて耳の奥が痛い[*33]。

「ワンルームマンション、その生活感のなさに密室性」――確かに閉じ籠もりは出来た。が、その時はただ動物のようになって穴の底にいた。そしてその穴の底さえ、私の場合は騒音が掻き回していった[*34]。〔傍点引用者〕

ノマドとは動物になること、動物への「生成変化」である。耐えがたい騒音は「私」の身体を寸断し、バラバラになった諸器官へ変容させる。「自分の部屋からさえ私は常に追い立てられている」のでありもしれない。「ここは絶対に私の場所ではない」。ドゥルーズならばそれを「その場での旅、強度への旅」というのかもしれない。偉大な動物小説家としてのカフカ――カフカの書いた「あらゆる短編小説に動物が登場するわけではないにしても、短編小説は本質的に動物的である[*35]」――その動物たちについて、ドゥルーズ／ガタリは『カフカ　マイナー文学のために』（一九七五年）でこうも記している。「カフカの動物たちは、神話とも原型とも無縁であり、ただ踏み越えられた勾配、解放された強度のゾーンに対応するだけであり、このゾーンにおいて内容はその形態から解き放たれ、同じく表現はそれ自体を形式化するシニフィ

＊32　同書、七三頁。
＊33　同書、一〇頁。
＊34　同書、二七頁。
＊35　ドゥルーズ／ガタリ『カフカ　マイナー文学のために〈新訳〉』宇野邦一訳、法政大学出版局、二〇一七年、六八頁。

アンから解き放たれる。もはや孤独な物質における運動、振動、閾があるだけである」[*36]。これはドゥルーズのノマドロジーをめぐるもっとも耳慣れた言説のひとつだが、しかしほんとうにカフカに妥当するかは疑わしい。「騒音の部屋」に閉じ籠もった「私」は、短篇「巣穴」（一九三一年）でどことも知れない場所から聴こえる「シューシューという音」、「私以外はだれも耳にしない音」に悩まされるあのモグラのような小動物のことを想起させないだろうか。「おそらく自分より小さな動物が方々からやってきて無数のざわめきをたてるのを前にして戸惑っている「巣穴」の動物」[*37]〔傍点引用者〕――ドゥルーズ／ガタリはこの「騒音」が「分子的になること」へ向かうセリーであると断じるのだが、しかしこの解釈は「巣穴」のおそらく意図的な誤読にもとづいている。カフカのテキストにははっきりと「多くのちっぽけなやつらのせいと思いがちだが、そうであれば、あれほどの試掘で見つかりそうなものなのに一匹も見つからなかった。とすると大きな獣という仮定をたてるしかない」[*38]〔傍点引用者〕と書かれているからである。この「大きな獣」は分子状セリーではなく、むしろオイディプス的な形象を暗示しているのだ。

　著者たち自身、カフカの動物たちが「解放された強度のゾーンに対応する」と記したその数ページ後には「動物たちはまだあまりにも形式化されており、あまりに有意的、あまりに領土化されているのではないか」[*39]と、ほとんどその前言を撤回している。あの得体の知れない「大きな獣」はこちらとおなじく地面を掘り進め、自分自身のための「巣穴」を拡げているのかもしれない、と「私」は考える。だとしたらあの「シューシューという音」は「逃走の線を引く」どころか、システムという父によるさらなる領土《テリトリー》化が拡大する音なのである。『居場所もなかった』で道路を走るトラックやタクシーの――つまり経済活動を支える交通インフラの発する――騒音とおなじく、それらはどちらも構造そのもののこの世界への顕現というべきなのだ。現実化した構造は構造の一要素として機能する場をもたないから、それ自体が構造から排除されるべきノイズとなるしかない。

森茉莉のように徹底した幻想家であるなら、壁の薄いアパートに平然と住んで、隣人の干渉にもめげない部屋を作り上げることが出来たのかもしれなかった。いや、森茉莉でさえも、決して引っ越ししようとはしなかったではないか。そもそも私のような現実的な人間がどんな想念を作り上げても、そこが森茉莉のいう、夢の部屋、であるという根拠はどこにもなかった。ただ慣れた場所や空気が、昨日からの続きが、そこを浮世離れした部屋にしていたのだ。ましてや私はただの小市民だった。現実をむしろ部屋の中に持ち込んでしまう。

現実に追い掛けられて部屋に逃げ込む。誰かと喋るだけでその言葉は部屋の中で自己増殖を始め私を脅かす。結局私は夢の部屋の住人になどなれなかった。ただひたすら、現実を排斥し続けていただけのことで、非現実を偽装していたにすぎなかった。[*40]

森茉莉の「夢の部屋」というのは、もちろん「牟礼《むれ》魔利《マリア》の部屋を細叙し始めたら、それは際限のない、ことである」〔傍点引用者〕という、あの名高い一行ではじまる『贅沢貧乏』〔一九六三年〕の部屋のことである。「すべてのことを女中が何人もいて遣ってくれていたので、魔利には炭火を扱うことも、石油焜炉を操作することも、出来ない。それでプロパン瓦斯を使っているが、プロパン瓦斯には暖炉《ストオヴ》が取り附

＊36　同書、二一一－二一二頁。
＊37　同書、七四頁。
＊38　フランツ・カフカ『カフカ寓話集』池内紀編訳、岩波文庫、一九九八年、一五〇頁。
＊39　ドゥルーズ／ガタリ、前掲書、二一六頁。
＊40　笙野、前掲書、九九－一〇〇頁。

けられない。そうかといって魔利の経済では電気ストオヴは、買えない。そこで、昼夜絶えまなく湯たんぽを熱くして、寝台に埋まり、マルセル・プルウストを、気取っている」[41]。森鷗外の長女として裕福な家庭に生まれ育った少女時代から一転して貧しく、近代的な進歩からも取り残され、しかし独特に唯美的な生活を愉しんでいる。笙野は『幽界森娘異聞』（二〇〇一年）で「純文学境界例異色作家」森茉莉の文学を「新しい素材を使った日本女性初の、新しくも切実な幻想の誕生」[42]と評するのだが、その「贅沢貧乏」もまた「補助金」に依拠しているという意味では、プルーストの系譜というよりもすぐれて日本近代文学のひとつの典型であり、その正嫡と呼びうる。笙野がみずからを「ただの小市民」といい「現実をむしろ部屋の中に持ち込んでしまう」というのは、彼女自身が森茉莉にはまだかろうじて許されていた「補助金」的な文学の領域からすでに逸脱してしまっている、という切実な自覚からなのだ。

　だが笙野はここで「現実」と呼んでいる力が、じつはすでに森茉莉のテキストにも侵入していることを鋭敏に指摘している。「「曇った硝子」の中にあるエピソードが、事実かどうかなんて作品にとってはどうでもいい事だ。だが文章のトーンまで変ってしまいそうな、作品中の段差が気になってしかたない。「土地の税金」、「名儀」、「角地」、「基本金」——森にしては悪く現実的でどこから入って来たのかというこの単語使い、現実が変に作品に切り込んで来るようにそこだけ浮き上がる」[43]。「曇った硝子」で魔利は父親が遺産として残してくれた土地とかなりの額の印税を息子の義母である阿曾の「謀略」によって横領されてしまう。では、なぜ土地の所有をめぐる用語が「悪く現実的」なのか。それが私たちの生きる現実の「構造」をそのまま露呈させてしまっているからだ。「阿曾の巧妙な宣伝によって、醜悪な逢いびきの部屋として、人々に印象されていた魔利の薔薇色の部屋は、敗残の色を帯びて、崩壊した」[44]と結末に記されることになる「曇った硝子」は『贅沢貧乏』とおなじく一九六〇年に執筆され、発表されている。つまり『贅沢貧乏』における「楽天と贅沢のユーモア」の裏地にはこの「崩壊」が隠されており、今日でも私たちが森茉莉を読めるのは「贅沢貧乏」というフィクションの背面に縫いこまれたこの「崩壊」感覚のゆえだろう。しかしすでに「補助金」的フィクションを許されない世代である笙野頼子――彼女の作品の他にほとんど類例をみない孤児性はこの断絶と無縁ではない――が試みるのはなんだろうか。

それが動物と暮らすということである。

千葉というただ一点だけ森娘とつながったでも別荘でもなんでもない私の本宅。一階は雑司が谷野良猫軍団のナワバリと化し、二階住まいのドーラは出窓が増えたので外の景色を見られて階段も気に入って一応ご機嫌。でもギドウは騒いで食べ吐き、モイラは野性のまま。ルウルウは凄む。引っ越し前に必死で慣らしたのになんでまたここまで。朝は一時間「家畜小屋」の掃除。トイレ汚しは少しずつましになって行く。でも昔は仲良かったルウルウとギドウ、別々に病院にあずけておいたせいか（医者は悪くないの猫ってしょうがないの）今凄く仲悪くて喧嘩するたびにこっちの胃が痛む。一晩中喧嘩止めつつもその合間に仕事ぼちぼちする。猫騒動以来の疲れで階段は手すりなしでは上がれなくなってる。時々手をついて猫のように登ったりする程腰は痛い。ぼーっと疲れ越しに見る小さい幸福。目の前の三匹がいちいち目茶苦茶するので、またドーラがギドウを怖がったり、ギドウがドーラに激しく嫉妬したりするので、帰って来なかった猫の事をあまり思い出せない。[*45]

＊41　森茉莉『森茉莉全集2』筑摩書房、一九九三年、二六六頁。
＊42　笙野『幽界森娘異聞』講談社文芸文庫、二〇一三年、七四頁。
＊43　同書、二七〇頁。
＊44　森、前掲書、四六四頁。

猫はノマドなのか？　逃走線か、それとも新たな領土《テリトリー》化、再オイディプス化を強いるなにかなのか？　動物とともに暮らすとはどういうことなのか？

＊45　笙野、前掲書、二七二－二七三頁。

2

動物保護区《アニマル・サンクチュアリ》の平和

隠喩としての動物

津島佑子が短篇のタイトルに選んだ「黙市《だんまりいち》」という語は、文化人類学で沈黙交易と呼ばれる概念に由来する。作中で引用されているのは「山男と村の男が、マダの皮一年分と三升の餅を交換していたという話」であり、これは柳田國男の『遠野物語増補版』（一九三五年）に採られた事例を典拠としていると思われる。ただしそこでは沈黙交易への言及はない。同様の事例を沈黙交易と解釈しているのは、柳田が監修した『民俗学辞典』（一九五一年）の「交易」の項においてである。[*1]辞典では「山男」ではなく「山人」という柳田民俗学の語彙が使われており、「信仰的貿易」の一種である「神を祭り、神に代ると考えられるものと一般人との交易」との類似が指摘されている。

柳田が山人を当初「上古史上の国津神」である「日本の先住民」と規定しながら、のちに山人実在説を放棄したことはよく知られている。大塚英志によれば山人は「近代国家としての日本がその内にロマン主義的に発見した「古代」であり、「山中異界をめぐる民俗文化」[*2]である。津島が「黙市」と呼ぶのは「マンションの子ども」たちと「森」――都心にある「六義園という日本庭園」のことをこの短篇の話者はそう呼んでいる――に棲む「猫」との空想上の「取り引き」のことなのだから、作家はこの沈黙交易から柳田民俗学の解釈を脱色しつつ、同時に森という比喩が保持する異界性を強調しているといえる。

その一方で猫と子どもとの取り引きという童話的な設定は、動物報恩譚と呼ばれる古代から語り継がれてきた物語の系譜に位置づけることができる。先の『民俗学辞典』によれば「人間と動物との交渉を説いた昔話の中で、今日最も数多く伝わっているのは報恩譚という形である。そこでは動物の報恩が或る人物の幸運や名声と、結びついて説かれているのが普通である」。ところが「瓜子姫」に登場する鳥類や「鼠の浄土」の鼠のように「動物はもと人間から何の好意も寄せられなかった場合」、あるいは「取ると与えるとの釣合いは少しもとれていない」場合であっても「やはり往々にして昔話の主人公を援助している」[*3]。これは動物から人間への一方的な贈与が、こうした昔話の原初的なモチーフとしてあったということだろうか。「このいろいろと異なる鳥獣魚介が人にかたらい、訪い寄り還り去る姿というのは、話になってしまうとそれぞれの異色をもって、聞く人の印象を彩どろうとするが、今ある多くの報恩譚にも見えるように、それはただある日の舞台衣裳のようなもので、かりに姿をこれらの動物に装うていたものも、実は人よりもさらに美しくけだかく、またすぐれたる境涯から出てきたのだということが、やがて判明することになっているのである」[*4]。柳田のこうした見通しは、大文字の自然から人

*1　『民俗学辞典』（東京堂出版、一九五一年、一九二頁）の次の記述を参照。「岩手県上閉伊郡遠野地方に伝えられる話に、六角牛山でマダの皮剝をしていた青笹村の男が、偶然出あった山人との約束で、年に定めた日に庭先に三升ばかりの餅を出しておくと、夜中に山人が来て一年中入用な位のマダの皮をおいてその餅ととりかえていったというのがある。これは相手を恐れて近づくことを肯じないもののある時におこなわれる沈黙貿易に相違ない」。

*2　柳田國男『柳田国男　山人論集成』大塚英志編、角川ソフィア文庫、二〇一三年、二二二頁・三〇四頁。なお大塚は、柳田に対して南方熊楠が「十九世紀末のイギリスの人類学会で流行していた「狼に育てられた子供」の例を挙げて反論したことを指摘している。山人が実在ではなく神話にすぎないのは、「「狼に育てられた子供」」もキリスト教圏において進化論の登場によって混乱していた人と獣の境界の引き直しのために必要とされた「神話」であるのとおなじことだ、と南方は主張したのである。

*3　『民俗学辞典』前掲書、四〇二頁。

*4　柳田『昔話と文学』角川ソフィア文庫、二〇一三年、一八一頁。

間への「純粋贈与」のごとき原初の思考を暗示しているのかもしれない。中沢新一は贈与を「一種の経済行為である「贈与」と「純粋贈与」というふたつの原理の競合によって構成されているとして、純粋贈与を次のように説明している。「それは見返りをいっさい求めない贈与として、贈与の極限の形態を示しています。返礼を求めない純粋贈与は［……］贈与交換の環の外にあって、そこに垂直的に介入をおこないます」[*5]。

中沢の論理に依拠するならば、昔話にあらわれる動物の形象には贈与のふたつの原理にもとづく比喩が重合していると想定できる。すなわち、ひとつは大文字の自然そのものの隠喩としての動物であり、人間に純粋贈与をおこなう存在である。もうひとつは人間と対等な存在として贈与と返礼をおこなう動物であり、その場合の動物は人間とともに自然の一部という換喩的な存在である。「もとは人と動物が対等の交際をしていた時代のあったということが、昔話の中にわずかに保存されているということになるのかもしれない」〔傍点引用者〕という『民俗学辞典』の記述は後者の交換的な贈与とかかわりがあり、これは人間と動物の「対称性」という中沢の概念にも類比できよう。自然とはたんなるエコロジー的な自然環境を意味するのではなく、神話的な思考によって捉えられた超越的な時空をも含む「全体性」である[*6]。

動物報恩譚として現在でも親しまれている昔話に「浦島太郎」がある。物語の原型は奈良時代まで遡ることができるが、そのうち『丹後国風土記』に採録された浦島説話では、子どもに虐められていた亀を浦島が助けるのではなく、浦島（島子）に釣り上げられた亀が美女（亀比売）に変身し、異界（蓬萊山）へ連れていく。つまり当初のプロットである動物からの純粋贈与が、時代が下るにつれて報恩という交換的な贈与へと移行したことはあきらかなのだが、それだけでなく亀や蓬萊山という形象が中国（唐）の神仙小説の影響を色濃く受けていることも指摘されている。また、乙姫や竜宮城という語彙が登場するのは、中世仏教の影響下に成立した『御伽草子』においてである。[*7]

浦島説話ひとつをとってみても、その動物形象の由来や意味は一様には測りがたい。浦島説話の源流が古代中国の仙境滞留説話というジャンルに見いだされるのであれば、[*8] 贈与をめぐる原理的と称する思考もまた、ある歴史的な、あるいは宗教的・イデオロギー的な産物——「ロマン主義的に発見した「古代」」として相対化される可能性がある。そもそも人類は石器を発明してから現在にいたるまで乱獲や人為的な環境の変化によって幾多の動物種を絶滅させてきたのであり、こうした人間による自然からの一方的な収奪を純粋贈与と呼ぶのは全き欺瞞にすぎない。近代が人間を自然から分離し、自然を人間の交換体系（市場）の一要素（商品）として埋め込んだとすれば、自然と人間との関係はそれ以前からすでに一変しているはずだろう。だが、その形象が超歴史的にさまざまな思考の可能性を内包しつつ、自然を征服したと称する近代にいたってもなお動物たちは私たちの周囲を徘徊しつづけている——それ自体

＊5　中沢新一『対称性人類学　カイエ・ソバージュV』講談社選書メチエ、二〇〇四年、二四〇頁。

＊6　「対称性社会の人々の思考では、人間と熊（やほかのあらゆる動物たち）がおたがいの存在を流動的に行き来できる、流動的生命のレベルにまで降りたって、そこでの「全体性」を思考しようとしている」（中沢『熊から王へ　カイエ・ソバージュII』講談社選書メチエ、二〇〇二年、九三頁）。

＊7　「『御伽草子』などの中世浦島太郎の物語で画期的な点は、動物報恩譚という、昔話によくある恩返しのストーリーが強調されている点にある。亀の放生とその報恩によって、竜宮城に向かうのである。放生と報恩が仏教的な要素ならば、「他生の縁」「二世の縁」「来世」「会者定離」などの仏教用語も多数登場する。［……］このことは浦島太郎の物語の創作または伝承に、民間の仏教者が関与した可能性を示唆する」（三舟隆之『浦島太郎の日本史』吉川弘文館、二〇〇九年、一〇二－一〇三頁）。

＊8　三舟、前掲書、五七頁。

として、あるいはしばしば比喩として。夏目漱石『吾輩は猫である』（一九〇七年）や井伏鱒二「山椒魚」（一九二九年）が日本近代文学史を代表する一篇として今日でもなお称揚されているのは、おそらく偶然ではないのだ。

動物をめぐる諸形象は自然の贈与についての比喩であると同時に、自然の人間化をめぐる比喩でもある。比喩（隠喩）とは「別の事柄を指す或る名を或る事柄へと移送することである」と、アリストテレスは――ジャック・デリダによれば、隠喩について「最初にその体系的な配置を、なんにせよもっとも強力な歴史的効果を伴う配置として記憶されることになったものを、提起した」[*9]哲学者である――その『詩学』において定義している。アリストテレスはそこで隠喩を四つのタイプに分類している。すなわち、類から種への移送、種から類への移送、種から種への移送、類比。なかでもとりわけアリストテレスが重視するのは類比による隠喩である。たとえば「老年が人生にたいしてもつ関係は、夕べが一日にたいしてもつ関係と同じであり、人は夕べのことを「一日の老年」、［……］老年のことを「人生の夕べ」「人生の日没」というであろう」[*10]。老年／人生と夕べ／一日はおなじ比例関係にあり、隠喩の根拠がこの比例関係に求められている。類比はアリストテレスの政治学や倫理学とも不可分な概念であり、デリダがいうように「類比による隠喩に与えられたこの特権はアリストテレスの隠喩学全体を存在の類比という彼の一般理論に接合する」。つまり正しい隠喩は正しい比例関係にもとづく、ということだ。「存在の類比」は循環し、回帰する移送である。それは等価であり、正しい類比であるがゆえに回転する。自転し、かつ地球を公転させる「太陽」が――物理的かつ比喩的に――類比を駆動する根源となる〔I-6 **猿まね《ミミック》と生**〕。そしてこの正しさをただ人間のみが行使することができるという。アリストテレスに従うなら「隠喩は人間に固有のもの」である。「もっと本来的に言えば、各人の内部を支配する天分――自《ナ》然《チュール》＝本性――に応じて各人に固有のものであるということになるだろう」[*11]。

この「各人の天分に応じて」という比例関係こそ、アリストテレスが人間――ただし都市国家《ポリス》の市民のあいだでの――の平等を基礎づける際の尺度となる。平等とは人間がそれぞれの「自然＝本性《ナチュール》」にしたがって価値を取得するという「比率の正しさ」の意であり、不平等とはこの比例関係からの逸脱である。したがって隠喩としての動物は、動物という本来的に比例関係から逸脱した存在を比例関係に正しく位置づけるという不均衡をつねにはらんでいることになる。そしてその場合、動物が人間に対して優位にあるのか劣位にあるのかは、それが布置する文脈によってどのようにも変化する。

動物と歓待の掟

デリダは「動物への問い」といった問題系をめぐって、初期――デリダ研究者のパトリック・ロレッドは「プラトンのパルマケイアー」（一九六八年）を挙げている――から晩年の『動物を追う、ゆえに私は（動物で）ある』（二〇〇六年）、『獣と主権者Ⅰ・Ⅱ』（二〇〇八年・二〇一〇年）としてまとめられた講義にいたるまで長らく間接的また明示的に取り組んできた。「人間と動物との古典的な対立は理性や言言語、技術、喪といった境界線によって画定されてきた。動物は人間の固有性の否定形によって規定され、神の統一性に由来する人間中心主義的な遠近法から解釈されてきた。デリダが問い質すのは二つの生きもののあいだに構築される形而上学的境界である」[*12]。動物はしばしば人間ではないもの、非人間として把握されてきた。しかしそのように捉えられた人間の対立物としての動物は、結局のところ人間が自身

*9　ジャック・デリダ『哲学の余白（下）』藤本一勇訳、法政大学出版局、二〇〇八年、一一五頁。
*10　『アリストテレース詩学・ホラーティウス詩論』松本仁助・岡道男訳、岩波文庫、一九九七年、八〇‐八一頁。
*11　デリダ、前掲書、一三六頁。

の自己同一性を確認するための供犠の対象として費消されるにすぎない〔I−5　黙示録的な獣たち〕。『動物の声、他者の声　日本戦後文学の倫理』（二〇一七年）の村上克尚は「日本戦後文学における「動物」の問題の広がりを示」そうという試みにおいて、デリダのこうした長年にわたる主題を継承しようとしている。村上はそこで大江健三郎の初期の短篇「奇妙な仕事」（一九五七年）と「飼育」（一九五八年）を「動物小説」という観点から精緻に読み解いている。「《人間》の法以前の世界に生きる動物は、あるときはその法の正当性を確証するために否定的なイメージで捉えられ、あるときはその法に対する抵抗のために過度にユートピア化して捉えられる。二つの動物の捉え方は、ともに「自然」である起源の世界を捏造し、自説を補強するという点で、同じ過ちを犯している」[*13]。村上がここで批判している「二つの動物の捉え方」とは江藤淳と三島由紀夫による「飼育」の解釈――「江藤は、近代という基準を絶対的なものとすることで《全き他者》を排除し、三島は、存在の連続性を措定することで《全き他者》を美的に昇華してしまった」[*14]と村上は論評する――をさしているが、それらに対して村上が提唱するのが「動物小説」としての可能性である。日本戦後文学が総体として人間という自由な主体概念を追究する試みだったとすれば、人間ならざるものに対する搾取や暴力がそこには必然的に潜在していたことになる。村上が大江をはじめ戦後のいくつかの小説作品に見いだそうとするのは、人間ならざるものとしての動物という隠喩をいかに文学が肯定するか、という問いである。「《動物》がある集団の支配のために必要とされ、沈黙を強いられてきた存在だとすれば、動物小説とは、そのような《全き他者》の受け容れの可能性を問う装置に他ならない」。

村上のいう「《全き他者》の受け容れの可能性」は――「受容」といういかにも歓びを欠いた、受動的で官僚的な語彙が用いられているとはいえ――たしかにデリダの「歓待」という主題系に近接しているようにも思える。通常、西欧の歴史において「歓待への権利」は姓名をもたず、家族も社会的地位もない「異邦人」には提供されなかった。「歓待への権利は、歓待そのものや歓待による異邦人との関係を可能にするものではありますが、同時にそれを限界付《リミット》け、禁止するものでもあります[*15]」と、デリダはまさしく歓待というテーマを取り上げた一九九六年の講義でそう語っている。だが、そうした「条件付きの歓待」に対して、デリダは「絶対的な歓待」の可能性に言及する。そもそも「我が家にたいする自己の主権がなければ、古典的な意味における〔条件付きの〕歓待もありません。また、有限性がないときも歓待はないのですから、主権は選別し、選択し、排除し、暴力をふるうことによってのみ行使されうるのです。非正義、ある種の非正義、さらにはある種の誓約違反が、すでに歓待権の始点で生じています[*16]」〔傍点引用者〕。ところが「絶対的な歓待の掟は、法的な=権利上の歓待、つまり権利としての掟や正義から手を切ることを命じます。〔……〕といっても、それは法的な=権利上の歓待を非難したり、それと対立するのではなく、反対にそれを絶えまない進歩の運動の中に置き、そこにとどまらせることができるのです」。絶対的な歓待と条件付きの歓待は、正義と法=権利との関係に似ている。絶対的な歓待は主権のもつ選択と排除の暴力を放棄することで、法=権利を超えた絶対的な正義の可能性をひらくことになる。前者は後者とまったく異質でありながら、しかし後者を正義たらしめる一種の超越論的な条件をなしているのだ。

＊12　デリダ『ジャック・デリダ講義録　獣と主権者I』西山雄二・郷原佳以・亀井大輔・佐藤朋子訳、白水社、二〇一四年、四四三頁（西山雄二「訳者解説」）。
＊13　村上克尚『動物の声、他者の声　日本戦後文学の倫理』、新曜社、二〇一七年、一三三頁。
＊14　同書、一五〇頁。
＊15　デリダ『歓待について　パリ講義の記録』ちくま学芸文庫、二〇一八年、六六頁。
＊16　同書、九一頁。

しかしその一方で絶対的な歓待は条件付きの歓待を毀損し、それどころかまったく逆の排除と不正義に転じる可能性をもたらす。歓待そのものを可能とする「主権」を絶対的な歓待は正義の名のもとにたえず脅かすことになるからだ。にもかかわらず歓待を維持するために排除は不可避である。デリダが『獣と主権者I』で取り上げた「獣」という概念は、もはや歓待することの不可能ななにものかであり、むしろ絶対的な異邦人と対峙するなかで自分自身が獣と化した主体＝主権者を意味している。絶対的な他者を歓待し庇護する主体は、歓待を可能とする主体それ自体を維持するために、他者を選別し、排除するというパラドクスに囚われる、それが獣なのである〔I-4 **獣たちの帝国**〕。

動物とは、それ自体が暴力の対象であると同時に暴力の主体であるという矛盾した形象にほかならない。暴力の主体としての動物が獣であり、獣とは崇高化した動物である。村上は大江の中篇小説「セヴンティーン」を取り上げて「「おれ」のねじれた語りは、《動物》的な生を嫌悪するファシスト的主体が、《獣》に似てきてしまうという皮肉な事態を証言する」[*17]と評している。しかし「問題は、他者を《動物》や《獣》と名指し、侮蔑と憎悪のなかで、対話の可能性を閉ざしてしまうことにこそ存在する」と記している村上の「結論」が、日本戦後文学の隠喩としての動物の可能性を論じてきたこの書物にとってあまりに「皮肉な事態」となっている点ではないか。村上はここで「おれ」を「ファシスト的主体」と名指すことで、戦後民主主義的な政治／文学の体制から「おれ」という他者を暗黙のうちに排除してしまう。それは人間中心主義に終始し、動物を抑圧してきた「日本戦後文学」の身ぶりをみずから反復しているということだ。村上の主張する「受容」は——デリダの「歓待」と異なり——結局のところ主体そのものの変容可能性を含意していないのである。

だが、津島佑子の「黙市」は、そうした戦後文学的な主体がなにかべつのものへと変貌していく臨界点をなまなましく記録している。このとき津島によって「脱構築」されたこの「異界」の跡地に、彼女に続く世代の作家たちは新たな動物たちを解放していくことになる。

濫喩と父親

「黙市」で描かれる猫と子どもの「取り引き」は、しかし奇妙な取り引きではある。

マンションの子どもが、もし、私の子どもたちだったら、なにを猫からもらうのだろうか。［……］子どもたちには手に入れるのがむずかしくて、猫にはいつでも過剰なほど恵まれているもの。子どもたちはベランダに、食べものを置いておく。すると猫はお返しに、父親を子どもたちに与える。こんな取り引きはどうだろう。*18

猫というのは「私」が森と呼ぶ「家の近所にある江戸時代の名残りの、六義園という日本庭園」に棲息する猫たちのことである。おそらく六義園の周囲のアパート住まいの人たちが狭い部屋で飼いきれなくなって森に放しているのだろう。「森のバス通りに面している側には、ずらりと細長いマンションが建ち並んでいる。どのマンションも、森の見える方にベランダを向けている。そのベランダに出向くことも、猫には簡単なことなのだろうから、マンションの住人がもし、そこに猫の好きなものを置いておけば、猫はすぐ通うようになる」。そんなふうに餌付けをしている「誰にも言えない猫との付き合いに

*17 村上、前掲書、一七三頁。
*18 津島『黙市』、新潮文庫、一九九〇年、一六六頁。なお、短篇「黙市」の雑誌初出は「海」一九八二年八月号、単行本『黙市』（新潮社）は一九八四年刊行。

気持ちを奪われている子ども」もきっといることだろう、と「私」は空想をめぐらせる。「子どもと猫の付き合いは、少しも変わった出来事のようには思えない。童話に多い組み合わせだからなのかもしれない。しかし、続けて付き合う以上は、マンションの子どもの方も猫からなにかをもらわなければ引き合わない」。

猫と子どもという「組み合わせ」は「童話」に多いといいつつ、それが動物報恩譚とやや異なるのは、そこに贈与と返礼という相互の関係だけでなく、「引き合わない」という等価交換の観念までもが含まれているからである。ここでは商品経済の浸透した近世以降の童話、たとえば一九世紀にグリム兄弟が採録した「かえるの王さま　または鉄のハインリッヒ」[*19]に登場する王女とかえるの組み合わせを想起すべきだろうか。このよく知られた童話を詳しく紹介するまでもなかろうが、お姫さまが大事な「金のまり」を泉に落とし、それを拾ったかえるが「わたしを大切に思い愛してくれるなら、あなたの金のまりを取ってきてあげましょう」と提案するのは、お姫さまとかえるがどちらも等価交換の原則をあらかじめ理解していることを示している。言い換えれば市場における互酬と平等である。平等が等価交換の前提となるといってもよい。しかしお姫さまはこの「約束」を一方的に破棄しようとする、というよりも、そもそもかえると契約を結んだと考えていない。お姫さまはかえるにまりを拾って返してもらうと、「いっしょに連れていってください」と懇願するかえるを無視して、家にとんで帰ってしまう。「お姫さまは、かえるのことばを聞きはしませんでした」。

お姫さまはもとよりかえるを交換をおこなう正当な相手とみなしていない。「ばかなかえるがべちゃくちゃくだらないおしゃべりをしているだけだわ」とお姫さまは独白する。等価交換を要求する「かえるのことば」はお姫さまにとって「くだらないおしゃべり」、つまり人間の言語以前の、言語に似た無意味な音声にすぎない。お姫さまにとって、かえるはあたかも存在しないかのようなのだ。「ロゴスをもたない動物とゾーオン・ロゴン・エコン〔ロゴスをもつ動物〕としての人間とのあいだの古典的かつ独断的に主張された線引き」とデリダならいうだろう。動物はミメーシス〔模倣〕をすることができない。「ミメーシスはロゴスに所属するものであり、それは動物的な猿まね、身振りによる黙劇《ミミック》ではない。それは言説における意味と真理の可能性に結びついている」[*20]。ミメーシスは人間に固有のものであり、人間のみが模倣することができる。それは交換する者同士の等価性を保証するものである。ミメーシスの等価性こそ隠喩作用の基礎となるのだ。だが動物が「意味と真理の可能性」と無縁であるかぎり、人間は動物と契約を結ぶことができない。お姫さまのこうした信念を哲学としてもっと明瞭にあらわした一節をホッブズの『リヴァイアサン』〔一六五一年〕に読むことができる。

理性を持たない野獣との間では契約を取り交わすことはできない。なぜなら野獣は、人間の言葉を理解できないので、権利の移転を理解することも受け入れることもできないからだ。また、野獣は権利を他者に譲渡することもできない。したがって相互の受諾がない以上、契約は成り立たない。[*21]

むろんかえる――のちに王子の変身した姿と知れる――は、お姫さまの言葉を理解しているのであり、じつはそのことをお姫さまも理解している。お姫さまの行為はかえるからの一方的な収奪であり、その収奪を正当化する口実として「理性のない獣と信約をむすぶことは、不可能である」という観念が導入

＊19 『初版グリム童話集1』吉原高志・吉原素子訳、白水社、二〇〇七年、二一一 - 二一七頁。
＊20 デリダ『哲学の余白（下）』前掲書、一二二頁。
＊21 トマス・ホッブズ『リヴァイアサン1』角田安正訳、光文社古典新訳文庫、二〇一四年、二三九頁。

される。デリダはべつの文脈でホッブズのこの箇所を引用して「こんな主張はすべて野蛮な間違いであ」り、ただし動物たちが「私たちの言語を理解せず、応答せず、いかなる信約をも結ばないというのは間違いであると、実際に私がそう考えているとしても、先走って乱暴に言い放ったりしないでおきましょう[*22]」と慎重に保留するのだが、しかしデリダの指摘は「約束したことは守らなくてはいけない」というお姫さまの父親である王さまの開明的な一言によってすでに正されている。約束は約束なのだ。ところが約束の遵守という観念もまた、場合によっては暴力として機能する。宮沢賢治の童話「フランドン農学校の豚[*23]」（一九三四年）では「誰でも、家畜を殺そうというものは、その家畜から死亡承諾書を受け取ること、又その承諾証書には家畜の調印を要する」という「家畜撲殺同意調印法」にしたがって、「ごく流暢な人間語」を話す豚が、言葉を話せる家畜であるがゆえに死亡承諾書の調印を強要され、その同意にしたがって殺害され、解体される。この調印は人間と家畜との圧倒的に非対称な権力関係の下で強いられたにもかかわらず、形式的にはきわめて人間的な合意と契約がそこに存在する。ホッブズならばおそらくこの契約を有効と認めるはずである。

　猫と子どもの「黙市」とは、したがって「人間と動物は約束を結べない」あるいは「人間と動物は平等ではない」という命題をそれぞれ転倒させた――この世界には存在しない――結びつきのことである。それは人間と動物とを完全に平等な存在として扱うが、言語をめぐる両者の差異を尊重するがゆえに契約文書が交わされることはない。「文字や論理を介した信約」はないが、「訓練や経験（すなわち、非生得的で自然的な経験）によって培われてきた合意と不和[*24]」としてある等価交換が夢想されているのだ。

　ところでこの「黙市」では、子どもは猫に食べものを与えるのに対して、猫は「父親を子どもたちに与える」。これは一見するとまるで猫が父親の肉体を口にくわえて運んでくるような異様な表現として触知されるが、しかしかえるの約束がお姫さまのお友だちになることであるように、猫が子どもの父親になるということらしい。

マンションのベランダに登ってくるオス猫を子どもたちが自分の父親だと思い決めても、オス猫の方では一向に差し支えはない。父親が自分の子どもたちのうちの二匹を、毎夜、ベランダから覗きに来る。そういうことにしておきたいので、二人の人間の子どもはベランダに猫の餌を忘れずに出しておく。オス猫の来るのは夜更けのことだから、その姿を見ることも、鳴き声を聞くことも、ぐっすり寝入っている子どもたちにはできない。ただ、ベランダに来てくれたことが翌朝、分かれば、それで満足なのだ。夢のなかで、子どもたちは猫の父親の胸に抱かれている。*25

「猫の父親」という表現は隠喩である。猫である父親、あるいは父親である猫。しかしここでの猫と父親は等価といえるだろうか。「父親を……与える」というぎこちない表現は暗に猫と父親との非同一性を示しており、むしろこの隠喩の等価性を解体するようにはたらいている。話者である「私」が「猫の父親」という隠喩に込めたアンビヴァレンツには、おそらく「私」が高校生のときに家で飼っていた「テリア種の仔犬」——猫ではない——を母親が六義園に「投げ棄ててき」た、というトラウマ的な出来事が遠く反響しているはずである。

＊22　デリダ『獣と主権者I』前掲書、七四頁。
＊23　宮沢賢治『宮沢賢治コレクション5　なめとこ山の熊——童話V』筑摩書房、二〇一七年、二九二-三二一頁。
＊24　デリダ、前掲書、七四頁。
＊25　津島、前掲書、一六七頁。

その犬の姿が見えなくなった日があった。外に逃げだしたのか、と思った。二、三日経っても、犬は戻ってこなかった。馬鹿な犬だから、外に出てしまったら道が分かるわけもないのだ。保健所に問い合わせた方がよいのかもしれない。私は日頃、話しかけたことがない母に、あの犬のことだが、と思い余って聞いてみた。すると母は、ああ、あの犬なら、この間、六義園の塀のなかに投げ棄ててきました、と答えた。[*26]

二五年前、「六義園のそばに、私の母が三人の子どもたちを連れて越してきた」。翌年、「私のすぐ上の兄が呆気なく肺炎で死」に、「家で長年飼っていた老スピッツ犬が死ん」で、「姉が大学を出て、すぐに結婚して家からいなくなってしまうと、いよいよ家のなかは、私と母の二人きり」になって、不用心だということで犬を飼う気になったのだった。「やがて、私は母の家を出た。十八歳よりは少し遅かった。それから何年も経ってから、小さな娘と赤ん坊を連れて、母の家の近くに、と言うことは、また森のそばに戻ってきた。私も母同様に、自分の子どもたちに男親というものを味わわせてやることのできない母親になっていた。それだけはいやだと思い続けていた者になっていた」。[*27]

母について「自分の子どもたちに男親というものを味わわせてやることのできない母親」とあり、どうやら「私」は父親と死別したらしい。津島自身と太宰治との父子関係についてはここでは措くが、「投げ棄ててきました」という母親の言葉に、家族を捨てべつの女と情死した夫への憎悪の影を感じとらずにいるのは、やはり難しい。「私」はずっと母親のようになりたくないと思ってきたのに、結局は母親とおなじように生きている。「それから私はますます六義園に背を向けるようになった。都会に似つかわしくない深い森がこわかった。そこは母に見棄てられた犬の領分だった」。「母に見棄てられた犬の領分」ということは、つまり不在の——死んだ——父親の領分のことである。だからこそ猫は森のあちこちで、その不在の父親の亡霊のようにたびたび出現する。

猫は何匹もいた。一匹ずつ、それぞれの茂みのなかに身を隠し、砂利道に動く人間の足の動きを見つめていた。その足が一歩でも自分の方に近づくと、素早く逃げ去って行く。眼の位置の高い人間のおとなには、猫のいることに気づくのはむずかしい。まして、数え上げることなどはとてもできない。数えられないと、やたらたくさんいるように感じてしまう。[*28]

猫は犬ではなく、そのかぎりにおいて父親との同一性を回避している。猫はやはり父親の正しい隠喩ではないのだ。そんな猫を「数え上げることなどはとてもできない」。こうした猫たちの複数性は、猫のほうでも「何匹子どもが生まれようが、この父親は頓着しない。自分が父親であるということなどに、気づきもしない」という叙述とあいまって、父親という存在の恣意性を暗示するだろう。「私」は子どもたちを離婚した「人間の父親の方」と会わせることになるが、しかし離婚した夫は子どもたちの父親であってもすでに「私」の夫ではなく、そういう関係を「私」はなんと呼べばいいのか。

もはやかつてのように父親とは呼べない父親。もはや夫ではなく、家父長でもない父親。作者はこのまだ名づけることのできない者をさして猫と呼んでいるのである。したがって猫は隠喩というより、正

＊26 同書、一六二頁。
＊27 同書、一六三—一六四頁。
＊28 同書、一五七頁。

確には「濫喩」とみなすべきなのだ。「一般に〈濫喩〉とは、最初或る観念にすでにあてられていた或る記号が新しい観念——言語のなかに固有の記号をそれ自体としてもっていなかったか、あるいは他に固有の記号をもはやもっていない新しい観念——にあてられることを言う」[*29]。これはデリダが「白い神話」（『哲学の余白』一九七二年）で引用する一九世紀フランスの修辞学者ピエール・フォンタニエの定義だが、濫喩とは、たとえば「椅子の脚」といった場合、名前のない四つの棒状の支持体に対する比喩の誤用のことである。アリストテレスにとって真の隠喩が人間に固有のものであるとすれば、濫喩はむしろ動物のものである。隠喩が正しい比例関係にもとづいた、ただひとつのことをいわんとするのに対して、濫喩はひとつの固有の意味、ひとつの固有の名前をもたないなにかをめぐってとりあえず命名されているにすぎないからだ。それは偽の名前なのである。「隠喩を作りうるということは人間に固有のことなのだが、しかしそれは何かを言わんとするため、しかももっぱら一つのことを言わんとするためなのだ。この意味で、一つのことしか言うべきものをもたない哲学者は人間の人間である。意味の曖昧さをこの法に従わせない者は、それだけでいささか人間以下のものである。すなわちソフィスト——結局は何も言わない者、一個の意味に要約しうることを何も言わない者——なのだ。この「何も言わんとしないこと」の極限では、ひとはほとんど一個の動物であり、あるいはむしろ一個の植物、葦であり、しかも考えない葦だ[*30]」〔傍点引用者〕。

無限判断と非嫡出子

だが、仮に猫と呼ばれる、夫ならざる父親に対して、この子どもたちには法律にもとづいて——この短篇には記されていない——いくつかの名称を推定することができる。すなわち、私生子〔私生児〕、庶子、婚外子、非嫡出子〔嫡出でない子〕等である。いずれも正規の婚姻関係にない男女のあいだに誕生した子どもを意味する。「男は子どもたちの父親には違いないが、その子どもたちを見守り続ける父親ではないのだ。男にとって自分の子どもとは、妻の産んだ二人の子どものことだった。男が私の子どもたちに会ってくれたことさえ、男の好意にほかならないのだから、感謝するしかないことなのだった」[*31]〔傍点引用者〕。「男」にはもともと妻子があり、「私」は「男に呪われながら二人めの子どもまで産んだ」という事情があるので、「私」は「感謝するしかない」という。しかし「私」の思いはどうあれ、子どもたちには「男」に「感謝する」謂れなどありはしない。私生子や庶子がいずれも身分差別的な呼称であることは言を俟たないが、この場合の身分とは現在の法律（民法）による区別や戸籍に記載される表記にすぎず、それ自体に実体や根拠はない。一八九八年に制定された明治民法に規定された「家」制度（戸主権）を維持するために、そこに包摂しえぬ子どもを「家」の周縁に身分として確定したといってもよい。総力戦体制下の一九四二年に庶子および私生子に替わって「嫡出ニ非ザル子」という呼称が登場するが、「家」制度が解消された戦後の新民法のもとでも、非嫡出子は二〇〇四年まで戸籍謄本の記載における兄弟間の序列（長男、長女、二男、二女……）におさまらぬ身分として「男」または「女」とのみ表記されてきた（現在は「子」）。法定相続における差別は二〇一三年まで維持され、現在でも嫡出・非嫡出を明記する出生届の様式を定めた戸籍法は改正されず、嫡出でない子という用語および嫡出の概念は民法や戸籍法に残されたままである。また、非嫡出子の場合は父母の共同親権が認められない。つまり「男」には「私の子どもたち」の親権を行使することができず、法律上では父親ではないということに

＊29　デリダ『哲学の余白（下）』前掲書、一五一頁。
＊30　同書、一三九頁。
＊31　津島、前掲書、一六九頁。

なる。「私」が「男」に子どもたちに会ってくれたことで「感謝するしかない」という屈辱的な感慨を抱くのは、根本的にはここに原因がある。

　非嫡出子差別は排除をともなう現実の差別であり、しかも純然たる形式的な差別である。それは、ある一面では部落差別のありように近似しているといってもよい。部落差別をめぐって絓秀実は「「他者性のスティグマ」（バリバール）を欠いたマイノリティーたる部落民が抱える、差異を主張することの困難さ」といっている。「今日のマイノリティー問題は、「他者性のスティグマ」を介すことなく、マイノリティーに対する差別＝排除がおこなわれるところにある。黒人がその皮膚の色によって差別されるいわれのないことは、誰もが知っている。にもかかわらず、黒人は差別されてしまうのだ。部落差別問題とは、かかるポストモダン性ともいえる事態を近代初頭以来、先取りしていた」[32]。一八七一年の解放令以来、日本政府は部落差別を少なくとも公式には否定している。部落民は「皮膚の色」という「いわれのない」差別の徴すら欠いているのだ。フロイトに依拠して、そのような無であるにもかかわらず存在してしまうなにかを「もの《フェティッシュ》」と呼ぶとすれば、「部落民とは、日本の「国民《ネイション》」に穿たれた亀裂としての無であり、なおかつ、その亀裂をふさぐ「もの」であ[33]る。無としてのもの《フェティッシュ》は主体（国民《ネイション》）の幻想であり、これは力学的アンチノミーの例外の論理に対応する（**二〇一七年の放浪者《トランスプス》**）。津島とおなじ時代を生きた中上健次の「路地」はたしかにそうしたもの《フェティッシュ》としてあった。「秋幸はフサの私生児ではなく路地の私生児だった。私生児には父も母も、きょうだい一切はない」[34]。中上を論じる際にしばしば言及される『枯木灘』のこの一節は、秋幸が不在としての非差別部落＝「路地」において誕生したことを示唆している。にもかかわらず私生児という語は、それが隠喩として使用されることで情動としてのフェティシズムを強く揺さぶる効果を担っている。中上が日本近代文学における「部落」の表象を決定し、ある意味でそれを終わらせたといわれるのはここにおいてだった。

だが、私生児という概念が、正確には家父長との関係においてそう規定されるのに対して、非嫡出子は「第三の父、記号としての父、あるいは、父の名」つまり国家の法との関係においてそう呼ばれる。津島は長篇『山を走る女』（一九八〇年）で私生児という語を何度か文中に記している。ただしそれは他人の言葉——子どもの母親である多喜子を責める彼女の父親から発せられた言葉（「私生児を産んだからって思いあがってやがる」[*35]）なのである。中上に対する「黙市」の優位は、父の名を構造として剔出し、相対化する母親の視点を確保しえた点にある。「黙市」の父子関係は、家父長制から離脱した母親にとってはいまだ名づけることのできない関係なのだ。ところが国家はそれに対して非嫡出子という身分を定める。非嫡出子は——実質的に私生児の言い換えにすぎないにもかかわらず——今日にいたるまで差別そのものである制度として残存している。そもそも非嫡出子なる胡乱な表現が概念として成立しているかどうかさえ疑わしいのだ。

アリストテレスは『命題論』で「人でない《ウーク・アントローポス》（＝非人間）」という表現が言表でも否定言明でもない

＊32　絓秀実『増補　革命的な、あまりに革命的な——「1968年の革命」史論』ちくま学芸文庫、二〇一八年、四一一頁。なお、ジェンダー研究の江原由美子は差別の構造をめぐって、差別者（A）が被差別者（B）を「Aでない」という理由で排除するとき、「Aでない」ことと、「Aでない」者の属性（B）を同一視することで差別の実在的根拠とする、「すなわち、「差別の論理」は差別者—被差別者を、被差別者の有徴性（B）と差別者の無徴性（Bでない）として描き出す。このことによって「差別」はあたかも被差別者の側の「実在的な差異」に根拠があるかのように意識される」と述べている（『女性解放という思想』勁草書房、一九八五年、九一頁）。もの《フェティッシュ》とは、この「実在的な差異」すら存在しない場所にあらわれる幻想である。

＊33　同書、四一三頁。

＊34　中上健次『枯木灘』河出文庫、二〇一五年、三〇九頁。

＊35　津島『山を走る女』講談社文庫、一九八四年、三二〇頁。

「非限定名詞〔不定の名辞〕」であるとしている。それは名詞ではないが、かといってこれを呼ぶのに適当な名前が存在するわけでもなく、人でないなにかを指示するために便宜的に使用される言葉である。カント研究者の石川求が指摘するとおり「〔人でない〕」の「ない」は、人以外のすべてを不定無限に指示する奇矯な〈否定〉である。指示するとはいっても、いかなる規定性ももたず、実質は否定の総覧であり、なに一つ有効な意味をもたない」[*36]。石川はこの「不定の名辞」の系列にカントの「無限判断」を置くのだが、それは「肯定判断と否定判断はともに排中律にしたがうがゆえに矛盾対立の規定された関係にたつが、無限判断はそうした関係とは無縁の〈外部〉にある」という意味である。つまり肯定判断と否定判断は、両者が共有するある確定した領域に位置づけられる〔たとえば「このバラは赤くない」という否定判断は「このバラは赤い」という肯定判断とともに「それがバラである」ことを前提とする〕のに対して、「精神は赤くない〔ものである〕という無限判断では、赤であるものの外に広がる、ありとあらゆる無限な「外延」を問題にせざるをえない。でもこの外延は、ほんらい領域とすら呼べない空間である」[*37]。

非嫡出子〔嫡出でない子〕という表現は、一見すると嫡出子——婚姻関係にある男女のあいだに生まれた子——の否定判断のように思える。どちらも婚姻という関係を前提とした判断のように考えられるからである。非嫡出子とは嫡出子でない者のことであり、嫡出子とは非嫡出子でない者のことである——この定立にいったいどんな誤りがあるというのか？　おそらく秋幸のような私生児についてなら、そういうことも可能だろう。私生児が家父長との関係でそういわれるかぎり、それは否定判断とみなしうるからである。だが、非嫡出子という概念については、この排中律は成立しない。なぜか。日本において婚姻は、婚姻届の提出を成立の要件としているからである〔民法第七三九条第一項「婚姻は、戸籍法の定めるところにより届け出ることによって、その効力を生ずる」〔傍点引用者〕〕。たとえば事実婚のカップルの子どもは、語義的には嫡出子といえるはずなのに、そのままでは法的に嫡出子とは認められない。あるいは養子

（血縁関係のない子ども）でも嫡出子と認められる場合がある。要するに嫡出子とは婚姻届の提出がなされたカップルの子どもを意味しており、非嫡出子はそれ以外のすべての子どもを意味してしまう。非嫡出子と私生児はまったくカテゴリーの異なる概念なのである。この意味で非嫡出子は「領域として無限」なのだ。

では、嫡出子と非嫡出子に排中律が成立しないのなら、両者はまったくの無関係といえるのだろうか。石川はカントの「物自体」と「現象」に無限判断と呼びうる（無）関係を見いだしたうえで、ただし「物自体は現象にとってまったき否定でしかなくとも限界概念としては現象に関係しうる」＊[38]（傍点引用者）としている。限界概念とは関係というより正確には「区別」、しかも規定なき区別でしかない。「或るものは、それを超出する大いなる空白（＝それではないもの）に限界づけられ制限されてはじめて本格的な実在となる。もっといえば、この限界づけなくしては本来なにものもない」＊[39]。限界概念としての非嫡出子。非嫡出子が限界づけ制限するのは、したがって「本来なにものもない」はずの天皇を頂点とする家族＝国家（国体）の輪郭ということになるだろう。非嫡出子差別は天皇制と直結している（戸籍のない天皇はなぜ非嫡出子ではないのか？）。そして、おそらくそうであるがゆえに、非嫡出子差別は部落差別以上に解消が困難であるように思われる。たとえば日本人（A）に対する否定判断としての外国人（反A）は同位的区別であり反転可能性を有する（国籍を変更できる）のに対して、非嫡出子（非A）はAをたんに限界づけるのみで、Aへの反転可能性をもたない。非嫡出子は国家の法をそれとしてかたどる法外なもの

＊36　石川求『カントと無限判断の世界』法政大学出版局、二〇一八年、三七頁。
＊37　同書、八八頁。
＊38　同書、一三四頁。
＊39　同書、一五五頁。

――ラカンの概念によるなら「現実界」――なのだ。部落民あるいは私生児が無として存在するのに対して、非嫡出子は無以上の存在（しないもの）である。それは――ラカンの女性についての定式化とおなじく――「象徴界」には存在しない（「現実界」に存在する）と言い換えてもよい。この場合の非嫡出子は対象aのようなフェティシズムをいっさい欠いていることになるが、ただし法それ自体がフェティッシュとなる。法が差別となるのはここにおいてである。

濫喩としての猫（父親）と無限判断としての非嫡出子（子どもたち）は、それぞれがまったく異なる範疇において無規定なにかというしかない。「男は男で一人で歩き、私と子どもたちは男がいてもいなくても同じような顔で歩いた[*40]」。この距離感が「男」と「子どもたち」との関係を象徴している。「私たち三人と男と向かい合わせに坐った。子どもたちのどちらも、男の隣りにはどうしても坐りたがらなかった[*41]」。子どもたちの反応に「男」がどう感じたか、小説にはそれを推測させる記述はない。「私」がそのことに関心をもたないはずがないから、それを記述しないのは作者の意図である。「男がいてもいなくても同じような」関係というのは、つまり無関係である。無視でも反撥でもなく、そこには関係が存在しないのだ。それは子どもたちにとって「男」が法律上の父親ではなく、「男」にとって子どもたちが「自分の子ども」ではない、という相互の排除の結果である。かれらは法によって、そして言語によって共同体から排除された存在であるがゆえにたがいに平等たりえず、等価交換をおこなうことができない。「黙市」とは、そうした関係が存在しない関係についての濫喩なのである。

くまの市民権《シティズンシップ》

「黙市」が雑誌に掲載された一二年後の一九九四年、川上弘美の「神様」が発表される。「わたし」が――年齢その他不詳ながら、いくつかの細部からどうやら日本人の女性である――「くまにさそわれて散歩に出る」[*42]という出来事を描いた短篇である。くまは日本語をしゃべり、「わたし」の住む「三つ隣の305号室」——東日本大震災（二〇一一年）での福島第一原子力発電所のメルトダウンを受けて改作した「神様　2011」（二〇一一年）では「マンション」[*43]と明記してある——に引っ越してきて、「同じ階の住人」たちに「引っ越し蕎麦」をふるまうほど人間的な熊である。ハイキングに行った川原でくまは「魚」を「わたし」に与え、かわりに「わたし」から「オレンジの皮」を受け取る。「黙市」ではまだ夢想されるだけだった人間と動物とのあいだの等価交換が、ここではやすやすと成し遂げられているかのようにみえる。それは日本近代文学にほとんどなんの前触れもなく登場した新たなユートピアであり、そのユートピアは川上にとって東日本大震災まで続いていたらしいのだ。童話ふうを装ったプロット——作者によれば「熊の神様、というものの出てくる話」[*44]——であるにもかかわらず、これは「《全き他者》の受け容れの可能性」（村上克尚）をめぐって、日本という共同体に対する明快な批判を企図していると考えるべきである。それはくまという形象がアイヌ的な伝統——続篇である「草上の昼食」で故郷は「北の方です」[*45]とくまが語る——を連想させ、日本を「単一民族国家」とみなす——一九八六年の中曽根康弘首相の「単一民族」発言に代表されるような——ナショナリズムを切断するというだけではない。外国人の滞在という主題が、ここでは決定的なのである。

＊40　津島、前掲書、一六八頁。
＊41　同書、一六九頁。
＊42　川上弘美『神様』中公文庫、二〇〇一年、九頁。
＊43　川上『神様　2011』講談社、二〇一一年、二三頁。
＊44　同書、三九頁。
＊45　川上『神様』前掲書、一七五頁。

よく知られているようにカントは『永遠平和のために』（一七九五年）で人類が地球上で平和を維持するための条件として、共和的な国家体制であること、諸国家による国際的な連合の存在とならんで、外国人が敵対的な扱いを受けないことを挙げている。ただしそこには「外国人が要求できるのは、客人の権利（この権利を要求するには、かれを一定の期間家族の一員として扱うという、好意ある特別な契約が必要となろう）ではなくて、訪問の権利である」[*46]とも明記してある。外国人は訪れた国で一定の期間、もしくは期間を制限せずに生活すること、労働し、自分の家族をもうけることを原則的には要求できないし、その権限は「原住民との交際を試みることを可能にする諸条件をこえてまで拡張されはしない」ということである（カントは他国による征服や植民という事態を想定している）。しかしこの礼儀正しいくま——名前をなのらず、種類も不明で、みずから「どうぞご自由に何とでもお呼びください」といい、最後までけっして本心を顕そうとしない——は、たんにこの土地を「訪問」しているのではなく、集合住宅の一室で生活している。くまが行使しているのはあきらかに「客人の権利」であり、しかも誰かの「家族の一員」という特別な待遇を受けているわけでもない。つまり異邦から来た動物であるくまは、外国人の権限を「訪問の権利」に限定したカントを、ここで一歩踏み越えているのだ。

冷戦が終結し、ＥＵ（欧州連合）設立を一九九三年にむかえたこの時期、グローバルな視野で「市民社会」を再考する試みがいくつもあらわれた。ホッブズ以来の「社会契約」やアダム・スミスの「共感」ではもはや包摂することが不可能なまでに拡大した市民社会を新たに構築する根拠として、たとえばユルゲン・ハーバーマスの「討議倫理」（『事実性と妥当性』一九九二年）やジョン・ロールズの「公正な分配」（『正義論』一九七一年）、エルネスト・ラクラウとシャンタル・ムフの「ラディカル・デモクラシー」（『民主主義の革命』一九八五年）などが論議の的となり、デリダは「来たるべき民主主義」（『脱構築とプラグマティズム』一九九六年）へと大きく転回する。かれらがしばしば批判の出発点をカントに置いているように、川上のデビュー作となるこのささやかな短篇もまた、そうした世界的な潮流に棹差すように読むことが可能である。くまを自国に滞在する外国人として、つまりこの時期以降、グローバルな資本主義の進展によって急激に増大することになる「移民」の隠喩とみなすということである。

「神様」においてなぜ「客人の権利」が認められるのか。――くまのいる「305号室」が、おそらくはくまの持家ではなく賃貸（借家）だからである。そのことは「草上の昼食」でくまが「わたし」に「故郷に帰る」といい、「こちら」を二度と訪ねるつもりはなく「故郷に、落ちつくつもりです」（傍点引用者）という別れの挨拶をしたことからも推測できる。くまは青年期から長いこと住んでいたこの土地を離れて、故郷に帰る理由を「結局馴染みきれなかったんでしょう」とのみ語るのだが、「人と熊は違うものなんですね」ともいうのだから、「こちら」というのは熊の世界ではなく人間に属する世界なのであり、くまはここでは紛うことなく異邦から来た――いずれ去ることに決まっている――一時的な滞在者である。そうした借家とは、移民にとっての生活そのものの隠喩でもある。借家人は大家（所有者）との契約によって、家賃を支払うことで一定期間その家を使用する権利のみを有する。つまり借家人は市民としての権利は有するものの、その家屋と土地の所有権を、いってみれば主権をもたない。[*47] それは移民がしばしば選挙権をはじめ住民（国民）としてさまざまな権利の行使を制限されることに類比できるだろう。この制限があってはじめてくまはある一定の期間、この地に滞在できるとする「好意ある特別な契約」を結ぶことが可能なのである。

もしくまの住む「305号室」が借家だったとして、しかし借家人たちと賃貸契約を結んでいるはずの大家は、この小説をはじめ短篇集『神様』のシリーズ諸作に登場することはない。落語に登場する大

＊46　カント『永遠平和のために』宇都宮芳明訳、岩波文庫、一九八五年、四七頁。

家と店子のような擬似的な家族関係とはもとよりまったく異なる〔I-1 **動物たちの棲むところ**〕。くまは「黙市」の猫とおなじく仮にくまと呼ばれる者であり、それを濫喩といってもかまわないが、ただしあくまでも「わたし」との関係において名前を明かさないだけなのだ。くまには自動車の運転免許があるし、「セコハン」ながら車も所有している。免許証にはもちろんくまの本当の名前が記されているはずである。くまだけでなく、『神様』に収められた「花野」の叔父の幽霊、「河童玉」の河童、「クリスマス」の壺の霊といった浮薄な存在たちが「わたし」をとりまいており、「わたし」もまた、この土地に暮らす「原住民」つまり日本人であるとはいえ、名前（固有名）を与えられず、この集合住宅の借家人のひとりにすぎないようである。「わたし」とくまが借家人同士という関係であるのなら、このとき両者は、おなじ条件で主権が制限されているかぎりで平等であるといえる。しかし「わたし」とくまがおこなった『魚』と「オレンジの皮」のやりとりは、契約にもとづく等価交換、市場経済を前提とした交易ではない。むしろ「引っ越し蕎麦」のような厚意をあらわす日本の慣習にもとづく社交であり、人類学者デヴィッド・グレーバーが「基盤的コミュニズム」と呼ぶ関係である。それは「たがいを敵どうしとみなさないあいだがらで、必要性が十分に認められ、またはコストが妥当と考えられるなら、「各人はその能力に応じて、各人にはその必要に応じて」の原理が適用されてしかるべきである、という了解である。もちろん適用される基準は共同体によって大きく異なる。非人格的な巨大な都市共同体においては、その基準が火を拝借し道をたずねる以上になることは、あまりないかもしれない。火を借りたり道をたずねたりのやりとりなど、とてもささいにみえる。だが、そのささいなことが大きな社会的関係の可能性を基礎づけるのである」[*48]。この契約なき「あいだがら」という些細な関係性が「神様」を社会主義や近代化といった「大きな物語」の失墜した時代のユートピア小説たらしめている。くまは二葉亭四迷や夏目漱石の部屋住みの主人公たちとはちがって、立身出世や社会的栄達といった目標とは端《はな》からかかわりがない。そもそも社会の周縁にあって、そこから排除されないまでも国民としての十全な権利を保障される方途のない者が動物として表象されているのであり、くまはその社会をかたちづくる階級関係から分断された場所で生きるしかない。社会にとってくまは実在しないに等しい。だからくまは「神様」なのであり、しかも異邦の神様なのである。もちろんこのおたがいのあわい好意によってかろ

＊47　動物の市民権《シティズンシップ》をめぐる「動物の権利」は現実的な課題としてすでに議論されている。スー・ドナルドソンとウィル・キムリッカ『人と動物の政治共同体　「動物の権利」の政治理論』（尚学社、二〇一六年）によれば「我々は、家畜動物を、もともとは下位カーストとしてコミュニティに編入したが、正当にも政治的コミュニティとしての「我々」への包摂を要求したかつての奴隷、年季労働者、外国人移民になぞらえてきた。新参者を恒久的に社会の中に組み込もうとするとき我々は、彼とその子孫に対して、普遍的人権に上乗せして構成員としての権利を、シティズンシップという形で与えなければならない義務を負っている。我々の目的は、この原理を家畜動物にまで拡張することである」（一四七－一四八頁）。だが、こうした人間中心主義批判もまた、人間存在の延長線上に動物を認識するという点で（その評価は措くとしても）広義のヒューマニズムというべきであり、人間と動物とのあいだにあるとされる、より根源的な分離（主体化していない生物への差別）を前提としていることは否定しがたい。大方の動物の権利論者よりもラディカルといっていいこの論者たちですら「かつての奴隷、年季労働者、外国人移民」に対する恐怖や憎悪や嫉妬、つまり「吐き気」の所在を感知していない。もし動物の市民権が移民のそれと同質であるとするなら、動物に対する差別感情という主題が当然浮上してくるはずだが、そうしたモチーフは皆無なのである。結局のところそこでの動物は管理や制御の対象以上ではなく、人類にとって敵対的かつ政治的な主体ではない。それに対して本書が問うのは「動物の権利」ではなく、人間に対する獣の権力（power）である。わたしにとっては「家畜動物」や「野生動物」よりもAIのほうがはるかに獣的なのである。

＊48　デヴィッド・グレーバー『負債論――貨幣と暴力の5000年』酒井隆史監訳、高祖岩三郎・佐々木夏子訳、以文社、二〇一六年、一四六－一四七頁。

うじて成立している「あいだがら」も、故郷に帰ったくまから「わたし」宛に届いた手紙には「差出人の名前と住所は書かれておらず、消印はこすれて読みとれなかった」とあるように、実際には「わたし」の側が一方的に抱いている儚い感傷にすぎない。そこには実質的にほとんど関係らしい関係が成り立っていない。「わたし」にはくまに宛てた返信を出すことも許されていないのだ。「最後まで名前のないくまだったと思いながら、宛先が空白になっている封筒に返事をたたんで入れ、切手をきちんと貼り、裏に自分の名前と住所を書いてから、机の奥にしまった」[*49]。

　こうした無関係にほかならない関係性は、おなじ集合住宅の建屋を共有しつつ、異なる部屋によって分離されているという条件によってはじめて可能となる。「わたし」とくまの社交が可能だったのは、けっしてたがいのプライヴァシーに踏み込まない距離を前提としていたからであり、もしその距離が踏み越えられたなら、無関係という関係は――ホッブズが描いた「自然状態」における「万人の万人に対する闘争」のような――血なまぐさい敵対性にたちまち変貌するだろう。「神様」の二年後に発表された「蛇を踏む」（一九九六年）では、「私の住む部屋」をめぐる「私」と「蛇」との終わりのない闘争が語られている。そうした闘争を予防するのが空間的な分離なのだ。そこでは各人が名前＝主権をもつ主体ではなく、部屋の番号によって「管理」される対象である。ドゥルーズが一九九〇年に発表した先駆的な論文「追伸――管理社会について」で記したように「管理社会で重要になるのは、もはや署名でも数でもなく、数字である」[*50]。ドゥルーズはそうした「管理社会」の体制として、たとえば「保護区内の動物や（エレクトロニクスの首輪をつけられた）企業内の人間など、開かれた環境における成員の位置を各瞬間ごとに知らせる管理機構」〔傍点引用者〕を挙げている。「わたし」とくまが暮らしているのは、そうした意味での『保護区』であろう。保護区には、成員を保護＝管理する――「適法の者だろうと不法の者だろうと、とにかく各個人の位置を割りだ」すことのできる――主権者がどこかにいるはずである。だが、その実在は保護区内の成員からは不可視なのだ。言い換えれば成員は統治の対象であっても政治の主体ではない。ここでは政治の不在がそのままユートピアの条件となっているのである。

動物保護区《アニマル・サンクチュアリ》と借家

ここで統治という事態を分析するためには、ミシェル・フーコーが一九七〇年代に彫琢した、西欧のある時期以降の権力システムにあてた名称である「統治性」に言及する必要があるだろう。フーコーによれば、国家の統治とはまず「人口」を――すなわち人口の富・寿命・健康を増大させることを――その最終目標に置くはたらきかけであり、それは諸個人のふるまいの細部にいたるまで統制しようと試みる――『監獄の誕生』（一九七五年）で描かれた刑務所の「パノプティコン（一望監視システム）」のような――国家主権の行使とはまったく異なる権力のエコノミーである。「「統治性」とは、人口を主要な標的とし、政治経済学を知の主要な形式とし、安全装置を本質的な技術的道具とするあの特有な（とはいえ非常に複雑な）権力の形式を行使することを可能にする諸制度・手続き・分析・考察・計算・戦術、これらからなる全体[*51]」を意味している。ただし一八世紀に出現したこの新たな統治性は主権にかんする問題を抹消したわけではまったくない。むしろ国家の主権に対して、それまでと異なる法的・制度的な形式と根拠を与えたのが統治性なのである。

＊49　川上『神様』前掲書、一九一－一九二頁。
＊50　ドゥルーズ『記号と事件　1972－1990年の対話』宮林寛訳、河出書房新社、一九九六年、二九六頁。
＊51　ミシェル・フーコー『安全・領土・人口　コレージュ・ド・フランス講義　一九七七－七八年度』高桑和巳訳、筑摩書房、二〇〇七年、一三二頁。

では、そうした統治／主権概念は借家という形象といかなるかかわりをもつのか。――おそらく借家とは、匿名の統治者によって一種の安全空間において主権（所有権）を剝奪された者たち、隷属化された生の形象なのである。そのとき統治の主体は法に依拠することのない主権者（至高者）という錯乱した形象としてかれらの前にたちあらわれる。借家そして保護区という形象は、すでに「黙市」にもそのまま見いだすことができる。

狭いアパートに住んでみると、六義園の森は貴重な緑の拡がりだった。子どもたちを連れて、時々、訪れるようになった。アパートで飼っていた亀や金魚を、何回か、池に放してやったりもした。近辺の、アパート住まいの家の多くも、狭い部屋のなかでは飼いきれなくなった水槽の生きものを、この池なら寿命までのびのびと生きてくれるだろう、とそっと運んできていた。[*52]

話者にとって「なかに入ってはじめて見ることができる庭園の手入れの行き届いた芝生の明るさよりも、塀際の、伸びるままにまかせている雑木の暗い木立しか、思い浮かべられない」という六義園は、自然の森ではないが、そこでなら人の手を離れて動物たちが思いおもいの生を営めるという意味で社会から排除された領域であり、動物保護区に等しい。そして六義園の周辺にある「私」が子どもたちと暮らす「アパート」は、かつて子どもだった「私」が暮らした実家のあった場所でもある。ここには隠喩が幾重にも積み重ねられている。つまり六義園にいる猫と「私」の子どもたちがともに保護され、管理される対象であると同時に、子どもたちを保護する立場にある「私」もまた借家人なのである。デリダは一八世紀フランスの修辞学者デュ・マルセの「隠喩で用いられる語はいわば借家のなかにある」という文を引用して「借家という比喩は、隠喩そのものを意味するためにある。それは隠喩の隠喩なのだ」

と記している。「借家という隠喩は所有権の剝奪《エクスプロプリアスィオン》（＝脱固有化）、〈自宅の外に在ること〉を指すが、しかしなおも或る住処（＝滞留）のなかに在ること、自宅の外に在りながらも自宅のなかに在ることを指している。そうした在り方において、ひとは自己を再び見いだし、自己を認識＝再認し、自己を結集させたり自己に似たりする。それは要するに自己から自己へと出ることなのだ」[*53]（傍点引用者）。「私」が「小さな娘と赤ん坊を連れて、母の家の近くに、と言うことは、また森のそばに戻ってきた」というのは、アリストテレスがいう語の「移送（epiphora）」としての隠喩そのものとしてであるような形象である。それはたしかにデリダが主張するようにイデアの自己現前としての西欧の形而上学の行程でもあるのだが、同時に隠喩を入れ子状に重層化するという、「ちょうど動物と人間、本能と知との連続性のように、隠喩と概念との連続性という危険を冒すことによってのみ可能である[*54]」ような生存の様態でもある。「私」は母を反復している――動物と人間とが間断なく連続しているように――が、ただし「私」は母とまったく同一の者としてではなく、「所有権の剝奪」された者として、そこに一時的に「滞留」しているにすぎない。

「黙市」はここにいたって唐突にカフカの「皇帝の使者」と奇妙なまでの類似を示すことになる。「皇帝の使者」は隠喩の「移送」の完璧な寓話である。皇帝が「きみ」に宛てた言葉を伝える使者＝隠喩は、果てしなく続く王宮と帝都を抜けてけっして「きみ」のもとへとたどり着くことはない。使者＝隠喩は「とっくに死者となった者の使い」でありながら「しかし、きみは窓辺にすわり、夕べがくると、使者

＊52　津島、前掲書、一六四頁。
＊53　デリダ、前掲書、一四七－一四八頁。
＊54　同書、一六〇頁。

の到来を夢見ている」[*55]。

デリダの隠喩をめぐる考察はカフカのこの短い断章にほとんど言い尽くされているようにさえ思えるのだが、ただしデリダの隠喩には存在しないものがそこに残されている——皇帝と「きみ」との非対称性である。隠喩は人間の本性に属し、人間のみに可能であるがゆえに比例的に等価である。存在の類比、それは回転する移送であるがゆえに、結局は平坦なのだ。だが、津島はすでにこのとき、「森に増えはじめている生きものたち」と「私の子どもたち」とのあいだの非対称な関係に注視をむけはじめている。

森に増えはじめている生きものたちは、森の外の人間の世界をひっそりと見つめ続けている。少くとも、森からなにかが襲ってきた、という話は、今のところまだ聞いていない。

なんらかの形で、黙市が森のなかと外とで成り立っている。私の子どもたちも、もしかしたら本当に、森の猫と取り引きをはじめているのかもしれないのだ[*56]。

＊55　カフカ、前掲書、一〇頁。
＊56　津島、前掲書、一七一頁。

3

精神は（動物の）骨である

進化とイノヴェーション

人間は動物——現生の人類がそれに含まれない動物、「人でない」生きものとしての動物、無限判断としての動物一般——とどのように異なるのか（あるいは異ならないのか）。わたしたちは両者の隔たりをどこに、なにに見いだすのか。過去においても今日でもけっして自明ではないこの問いに対して、西欧の形而上学がつねに焦点としてきたのは「魂」の存在だった。

アリストテレスは「ヒツジの性格は愚直で低能といわれている」（『動物誌』）と記している。これは擬人法という修辞表現だが、同時に羊にもそれなりの精神活動があり、動物が人間とおなじく「霊魂」をもつとアリストテレスが考えていたことを示している（動物《アニマル》は本来「アニマ（魂）」をもつものを意味している）。『霊魂論』では生きものの霊魂を「栄養的霊魂」「感覚的霊魂」「思考的霊魂」の三つに分類し、そこで栄養、滋養能力を司る栄養的霊魂を植物に、感覚を司る感覚的霊魂を動物に、理性、合理性、高度な思惟などに関係する思考的霊魂を人間に振り当てている。つまり霊魂の位階にしたがって、動物は植物と同様に栄養的能力はもつが、人間とは違って思考的能力はもたないという中間的な位置づけを与えられた。*1

デカルトは『方法序説』（一六三七年）で、人間が有する「理性的魂」と動物の魂との本性上の違いを論じている。デカルトはアリストテレスとおなじく動物が魂を有することを認めているが、そこに人間と動物とを分割するための基準となる独特な存在を持ち出してくる。「オートマット」と呼ばれる自動機械である。デカルトはいう、「もしそういう機械があって、サルか何か理性を持たないほかの動物の器官と形状を持つとすれば、この機械がそうした動物とどんな点でも同じ性質のものでないと見分ける何の手段も、われわれにはあるまい」[*2]。デカルトはここで事実上、サルとオートマットを同一視しているが、それは動物に魂がないと認めるのとおなじことである。「動物たちには精神がなくて、自然が動物たちのうちで諸器官の配置にしたがって動いているのだ。たとえば、歯車とゼンマイだけで組み立てられている時計が、われわれが賢慮を尽くしても及ばぬ正確さで、時を数え、時間を計ることができるのは知られていることだ」[*3]。のちに「動物機械論」として総括されるこうした発想は、人間と動物との切断線を明確にすることで「万物の霊長」たる人間——それは西欧に属する白人成人男性というのと同義である——が自然（動物）に対する支配権を主張する根拠とされた。たんに動物が機械と同一の存在であるというだけではない。機械は自然を開拓する手段であると同時に、それによって価値を生み出す源泉とされたのである。

デカルトが呈示した人間／動物／機械という三幅対は、「ダーウィン以来」（スティーヴン・ジェイ・グールド）大きく変容してしまった知的パースペクティヴにもとづいて生きているはずのわたしたちの思考に、今もなお決定的な影響を与えている。ダーウィンは人類が動物界に所属し、人間と自然とのあいだになんら断絶がないことを例証した。しかし、もし動物が機械とおなじく魂をもたないとするならば、

＊1 金森修『動物に魂はあるのか』中公新書、二〇一二年、一七‐二四頁。なお、アリストテレスは霊魂を「可能的に生命を持つ自然的物体の第一の現実態」と定義している。「霊魂とは何かが本来的、本質的に存在するようになったその何か、そして可能的にしか存在しない何かが、ようやく本当に存在するようになった、その当のものという意味になるはずだ。［……］〈霊魂〉はとにかく生物に関係する何かであり、逆にいうなら、生物でないものには霊魂はない、ととりあえずは読める」。

＊2 デカルト『方法序説』谷川多佳子訳、岩波文庫、一九九七年、七四‐七五頁。

＊3 同書、七八頁。

もはや動物の一種族にすぎない人類はどうなのか。「残された唯一の道は、素直にわれわれとチンパンジーとの間には何の断絶もないことを認めることである。そうすることによってわれわれが失うものが何かあるのだろうか。あるとすれば、魂という時代遅れの概念だけであって、その代わりに、われわれが自然と一体であるという、よりつつましい、より崇高でさえある見通しが得られるのだ」[*4]。

人間は魂をもたない機械である。わたしたちは労働機械《プロレタリアート》として資本という価値を生み出すだけでなく、みずからの身体そのものが開拓されるべき自然である。そう確言することに、わたしたちはかすかに、だが根ぶかい異和とためらいを感じている。「魂という時代遅れの概念」を厄介払いするのはなぜかくも困難なのか。むしろ魂がないのではなく、機械にこそ魂の起源があると考えるべきなのかもしれない。ダーウィンの影響を強く受けた哲学者ダニエル・デネットはこう言っている、「DNAとその原型であるRNA」という「非人格的で、反省することがなく、ロボットのような、心のないこの小さな機械こそが、この世界におけるあらゆる主体性の究極の基礎であり、したがって、意味の基礎であり、さらに、意識の基礎」である。「わたしたちは、分子生物学という顕微鏡を通して、ただ存在して結果を有するだけでなく、行為を遂行する複雑さを備えた最初の巨大分子のなかに「主体性」の誕生を目撃することになる。[……]この巨大分子が持つような主体性こそが、わたしたち人間が持っている主体性が育つもととなる唯一の種子なのである」[*5]。自己再生能力をもつ巨大な分子が人間からウイルスにいたるありとあらゆる生命体の究極の基礎である。生命の共通の原基としての機械。だが、DNAという巨大分子一つひとつにそれぞれ魂が宿っているとはとても信じられない。なるほど人間がサルの縁戚であり、両者の遺伝子情報の大部分が一致するというのが事実だとしても、それでもなおわたしたちは自分自身に対してたんなる動物や機械にはとどまらぬ、ある種の剰余を実感している。この剰余、そのように自己という存在を対象化する意識そのものを精神あるいは魂と呼びうるのならば、そうした魂はわたしたちのうちにたしかに実在すると思える。実際、行為の主体とか責任の所在といった概念を考慮するとき、わたしたちは暗黙のうちに魂の実在を肯定しているのだろう。だが、実在するにもかかわらず、魂はどれほど人体の解剖を精密に試みようとけっして発見することができない。そうした実在をカントは「物自体」と呼んだ。

ところでダーウィンの『種の起源』（一八五九年）が刊行されたおよそ半世紀前の一八〇七年――ただしダーウィンが人類の起原と進化を論じたのは晩年の『人間の由来』（一八七一年）においてである――ヘーゲルが『精神現象学』で「精神は骨である」という表現について長ながと論証を加えたことはよく知られている。当時の骨相学に依拠した奇怪な――ヘーゲルは「ばからしい」とはっきり断っている――この表現は、だが、精神が物として存在するとみなすかぎりにおいて正しい。現代の脳科学者がときに精神の所在を脳の局所に措定するのは、当時の骨相学とそれほど異なる意味においてではないのだ。わたしたちが火葬場で死者の骨を骨上げし骨壺に収めるのは、まさしく「精神は骨である」と信じているからである。

川上弘美『大きな鳥にさらわれないよう』（二〇一六年）の冒頭の章で「形見」と呼ばれるのは、まさにこの亡くなった妻の遺骨のことである。

最初の妻は、鼠由来。次の妻は、馬由来。そして三番めは、カンガルー由来だと、前に夫は教えて

＊4　スティーヴン・ジェイ・グールド『ダーウィン以来―進化論への招待―』浦本昌紀・寺田鴻訳、ハヤカワ文庫、一九九五年、七四頁。
＊5　ダニエル・C・デネット『心はどこにあるのか』土屋俊訳、ちくま学芸文庫、二〇一六年、四五頁。

くれた。

箱に入っている形見は、どれも骨だ。頸椎のすぐそばにあるというその小さな骨は、なぜだか由来の動物の頭蓋骨のかたちと相似になる。実際の頭蓋骨よりも、むろんとても小さい。死後、工場で身体を焼却粉砕する前に、希望すれば相似骨をもらえる。死んではじめて、その人が何由来だったかがわかるのである。[*6]

ここで「由来」というのは、この章に登場する人びとがいずれも人類以外のさまざまな動物たちの基幹細胞をもとに「工場」でつくられた人工的な生きものだからである。かれらは人類ではなく、人間の姿にかたどられた——小さな閉鎖的な社会を形成し、人語を話す——人造動物であるにすぎない。かれらを生産する工場を、誰が、どのような目的で運営し、稼働させているのか、とりあえずこの章で語られることはない。「この地域の工場は、百年ほど前にできたという。よその地域の工場も、同じようなものだ。一番古い工場は、数百年ほど前につくられたと聞くが、もう今はない。さらに以前は、「国」という大きな単位の地域のまとまりがあって、そこは「日本」と呼ばれていた。「日本」のほかにも、数えきれないくらいたくさんの「国」があって、それらすべてに名前がつけられていた」。[*7]

この長篇で唯一ここにだけ登場する「日本」——なぜ「そこは「日本」と呼ばれていた」と書かれなくてはならないのか？——にはふたたび触れるが、ここではまず「神様」に登場した「くま」もまた日本語を話す生きものであったことを思い起こしておこう〔I-2 **動物保護区《アニマル・サンクチュアリ》の平和**〕。これは、「形見」と題されたこの章が「神様」をSF的な設定——動物の細胞から生産された人間に似た生物——として語り直したものであることを暗に示唆してはいないだろうか。そして『大きな鳥にさらわれないよう』という長篇全体が、この小さな世界が創生にいたるまでの長い履歴を物語っているのである。そのおおよその経過を次のように要約してみる――。

人類は長い衰退期のなかで人工知能を発明し、その助けを借りて個体数を次第に減らしながらも「地球の生態系ピラミッドの最上位者」として生存を維持していた。やがて技術のさらなる進化によって人工知能は自己複製能力を獲得し、発達したクローン技術を利用してみずからを人体に寄生させるという方法を発明する。やがて人工知能が生命として自立する一方で、人類はさらに急激に減少していく。人類は「進化を起こすために、人間たちを隔離」し、繁栄を取り戻すという計画を実行する。隔離され、変異したグループがいくつか誕生するが、試みはすべて失敗に終わる。絶滅を目前にして、人工知能に育まれた人類最後のふたりの女性がネズミの細胞を遺伝子操作し、「小さなにせの人間たち」を生成することに成功する。

この物語の核となっているのは、人類を小さな集団に分割し進化を促進するという設定である。「ある一定期間の隔離により、隔離地域ごとの集団的遺伝子が、少しずつ変化してゆく。地球上に人類があふれていたことによる遺伝子の均一化が崩され、固有の遺伝子プールをもつ集団ができあがってゆく。やがて、それら異なる遺伝子集団がさらに変異し、あるいは出会って交雑することによって、新しい遺伝子をもち、進化してゆく可能性のある人間が生まれるはずだ[*8]」。ここから「高度に発達した共感能力をもつように変異した集団」や「合成代謝を体内でおこなえるよう変異した集団」が誕生し、それらをめぐるいくつかのエピソードが形成され、分岐し展開されることになるのだが、しかし実際にこの方法

＊6　川上『大きな鳥にさらわれないよう』、講談社、二〇一六年、一四頁。
＊7　同書、一二‐一三頁。
＊8　同書、二九〇頁。

によって種の変異が促進されるのか、進化論の見地からはかなり疑わしいところもある。ダーウィンによれば「自然淘汰がはたらく上では、隔離も重要な要素である。［……］ところが、障壁で囲まれた地域だったり、物理的環境条件がきわめて特殊な場所であるため、隔離されている地域の面積が狭い場合には、そこで生息できる個体数は当然ながら少なくなる。個体数が少ないと、好ましい変異の出現する可能性が減少するため、自然淘汰による新種の形成は著しく遅くなる」からだ。[*9] 変異が出現し、自然淘汰が起こるには広い地域のほうが有利であり、個々の種が指数関数的な増殖率を有することを前提としているのである。

「母たち」と呼ばれる人工知能の支援によって実行されたこの計画は、一見すると競争よりもむしろ保護を目的にしているようにも思える。「隔離地域」とはガラパゴス島やアフリカの動物保護区のようなものだからである。そこでの生存は「母たち」がクローン発生させた「見守り」という「純粋なる観察者、という種類の人間」を通じて慎重に管理されている。だが、そうした閉域で起きる変異は外部からの侵入に対する免疫をもたないため、あっけなく滅びることもある。「漂泊」という章で「目が三つあり、そのかわりに、鼻がなかった」と描写される「直立歩行する生物」——かれらの「約九九・八%の遺伝子構成が、現生人類と一致して」いる——は、かれらを生理的に嫌悪するひとりの「見守り」によって意図的に絶滅させられる。かれらの生態への偏見といい、かれらに付された「15の8」などという数字のみの名前といい、あからさまに差別的な叙述はどれもナチス・ドイツの絶滅収容所のアナロジーとして仕組まれているのかもしれない。おそらく作者はここで、遺伝子工学や進化論そのものについてというよりも、消滅に向かいつつあることを自覚した人類の思弁的な表象を試みているのだ。

それぞれの変異集団は「母たち」の保護下で隔離されることにより競争関係から完全に解放された——おたがい同士の遭遇はイレギュラーな事故とみなされる——状態にあるように思えるかもしれない。

しかし「母たち」の目的は偶然の変異の可能性をさぐり、そのなかでもっとも生存に適した種を生み出すことにあるのだから、変異集団それ自体にはその意識や自覚はいっさいなくとも、べつの水準ではかれらはもっとも過酷な生存競争に晒されていることになる。べつの水準とは、神にも等しい「母たち」の視点からみて、ということである。そこはつまり「母たち」によって注意深く調節された、各々の能力と運にもとづく生存競争の実験場なのである。

　最小限の管理（監視）と過酷な生存競争――これは今日の新自由主義と呼ばれる市場の傾向と一致する。フーコーは『生政治の誕生』としてまとめられたコレージュ・ド・フランスでの一九七九年の講義において、一八世紀の自由主義（重農主義）から現代の新自由主義への歴史的変化のなかで「市場の原理が交換から競争へとずらされる」*10ことを指摘している。かつての自由主義が「交換」と「等価性」――および市場への権威（国家）の不介入――を原理としていたのに対し、新自由主義は「競争」と「不平等」（独占）を原理とする、すなわち平等な諸個人のあいだの等価交換ではなく、「諸々の不平等のあいだの形式的作用」として機能する。能力や運の持ち合わせは個々人によってさまざまであり、それらの不平等が競争の源泉とされる。ただしこうした意味での競争は純然たる自由放任《レッセ・フェール》とは異なり、「注意深く人為的に整備されたいくつかの条件のもとでしか出現しない」。フーコーはそうした市場を操作する手法を「新自由主義的統治」と呼び、次のように結論づける。「新自由主義的統治は［……］社会に介入し、競争のメカニズムが、いかなる瞬間においてもそして社会の厚みのいかなる地点においても、調

＊9　ダーウィン『種の起源（上）』渡辺政隆訳、光文社古典新訳文庫、二〇〇九年、一九〇－一九一頁。

＊10　フーコー『生政治の誕生　コレージュ・ド・フランス講義　一九七八－七九年度』慎改康之訳、筑摩書房、二〇〇八年、一四五頁。

整の役割を果たすことができるようにしなければなりません。［……］それは、経済的統治ではなく、社会の統治です[11]」。

社会の新自由主義的統治は市場のためにある。その政策はすべて経済成長のためになされる。そのことは「母たち」の唯一の目的が人類の繁栄（繁殖）にあるのと類比的である。つまり「経済に関する思考から出発して、人口という主体が導入されるかぎりでのみ思考として可能だった政治経済学の一思考[12]」〔傍点引用者〕として新自由主義的統治と「母たち」は共通しているということである。『人間の解剖はサルの解剖のための鍵である』（二〇一八年）の吉川浩満は、一九世紀の哲学者ハーバート・スペンサーが発明した進化論のスローガン「適者生存」は自然法則ではまったくなく、たんに「「生存する者を適者と呼ぶ」という約束事であり、そこから仮説をつくりだすための前提[13]」にすぎないと指摘している。だが、にもかかわらずこのスローガンが一種の価値判断をともなってわたしたちに迫ってくるのは、経済そして人口の繁栄（繁殖）を唯一無二の目標とする統治の本質を言い当てているからだろう。功利主義にもとづく市場と生物界では生存者（勝者）が正義なのである。

そしてもしこの類比が成立するのなら、「変異」という概念もまた市場のそれと対比できるはずだ。おそらくこの長篇で変異が実際に意味しているのは、経済学者ヨーゼフ・シュンペーターが強調した「イノヴェーション」である。シュンペーターはイノヴェーションが「経済から自発的に生まれた非連続的な変化[14]」であるとくりかえし強調している。それは経済体系の内部から生じた変化であるにもかかわらず、それまでの生産や販売の手法からは演繹できない暗闇のなかの跳躍である。シュンペーター自身のべつの言葉を引用するなら「創造的破壊」、すなわち「不断に古きものを破壊し新しきものを創造して、たえず内部から経済構造を革命化する産業上の突然変異[15]」のことである。

「根の国」と悪無限

『大きな鳥にさらわれないよう』が主題としているのは、人類そのもののイノヴェーションである。それは人間の身体のイノヴェーションであるとともに、ホモ・サピエンスという種全体のイノヴェーションでもある。そのための変異は民主主義の改良などといった生やさしいものではありえない。この作家は「神様」からこのかた、民主主義などといった胡乱な制度の有効性をまったく信じていない。民主主義が国民主権、つまり統治する者とされる者の同一を原則としているのに対して、この長篇が特異なのは両者を厳密に分離している点にある。それは今日の国民国家とどのように異なるヴィジョンを小説にもたらしたのか。

　人間はクマやネズミのような動物たちとおなじく管理の対象であり、それをフーコーは新自由主義的統治、あるいは「生政治」と呼んだ。だが、フーコーは統治を国家主権とまったく異なる権力システム

＊11　同書、一七九－一八〇頁。

＊12　フーコー『安全・領土・人口』前掲書、九三頁。なお、ここでフーコーはリカード以降の政治経済学における「人口」という主題とマルクスの「階級」概念との「分断」を見てとっている。「それは、マルサスにとって人口問題が本質的に生物経済学の問題として思考されていたのに対して、マルクスは人口問題を迂回し、人口という概念自体を排そうとしたということです。マルクスはそれによって、この概念をもはや生物経済学的な形式ではなく、階級や階級対立や階級闘争という、まさしく歴史的・政治的な形式であらためて見いだそうとしたのでした。人口か諸階級かということです。分断がなされたのはここにおいてでした」。

＊13　吉川浩満『人間の解剖はサルの解剖のための鍵である』河出書房新社、二〇一八年、一四二頁。

＊14　根井雅弘『シュンペーター』講談社学術文庫、二〇〇六年、四九頁。

＊15　J・A・シュムペーター『資本主義・社会主義・民主主義（上）』中山伊知郎・東畑精一訳、東洋経済新報社、一九六二年、一五〇－一五一頁。

として描いている〔I-2 **動物保護区《アニマル・サンクチュアリ》の平和**〕。元来は家政《オイコノミア》に起源をもつ経済《エコノミー》と呼ばれる領域にあって、法に立脚する主権者はそれに対する統御不可能性に直面する。市場は主権者による統御を必要としないからである。アダム・スミスが「見えざる手」と表現したのは、経済主体《ホモ・エコノミクス》が自己利益にしたがって無自覚に行動することが即全体の利益につながることを意味しているが、同時にそのシステムが主権者という視点をまるごと不要にしたという意味でもある。だが、その経済領域が「市場社会」として政治や社会、国際関係を含むひとつの包括的な秩序として構想されるとき、主権はそこでの統治に介入する新たな場を見いだすことになる。それが「市民社会」である。[*16] 一八世紀末以降、現在にいたるまで市民社会はネーションと呼ばれ、近代国家の統治はネーション＝ステート（国民国家）という形式によって事実上規定されることになる。民主主義あるいは国民主権とは、こうした近代的な国民国家における統治の原則にほかならない。ところが「母たち」の統治は、近代的・国民国家的というよりもむしろあきらかにもっと古代的な、あるいは「アジア的」な専制体制とテクノロジーとの奇妙な合体なのだ。「神様」と比較してこの長篇が正面から描いているのは、近代が実質的に終焉したのちの社会空間において統治する主体は誰か、という主題である。

鳥という形象はここにかかわってくる。『真鶴』（二〇〇六年）において「鷺」は生者の領域と死者の領域とを分かつ識閾にたちあらわれたのだが、[*17] ここで「大きな鳥」と呼ばれる諸形象は統治と変異の象徴である。「見守り」が意識を同調させて飛ぶ「サイチョウ」は監視する身体そのものであり、最後の人間であるエリが創造した「小鳥」は「小さなにせの人間たち」の視点からみた「大きな鳥」である。いずれの鳥たちも世界と異界の境界にたたずみ、かれらに上方から視線を投げかけている。

ネズミの細胞からできた「小さなにせの人間たち」は――もしこれを現在の世界の比喩と考えていいのなら――オンコマウスと呼ばれる遺伝子を操作されて発がん性を高めた実験用マウスに似ている。かれらは人間と共通の生物学的素質をもっていながら、人間によってその操作が可能であり、かつ倫理的にそれが許される対象であるということになっている。フェミニズム理論家のロージ・ブライドッティは次のように述べる、「オンコマウスは、純粋な血統から断ち切られているがゆえに、幽霊的な形象でもある。オンコマウスはドリー〔世界初のクローン羊のこと〕にも似て、製造されたのであって産まれたのではないという単純な事実によって、自然の秩序を汚染する不死者なのである。彼女／彼は、既成の諸コードを攪乱し、かくしてポストヒューマン的な主体を不安定にするだけでなく再構築もするサイバー怪異談的な装置である。ドリーやオンコマウスのような比喩形象はもはや隠喩ではなく、むしろ転じつ

＊16　フーコー『生政治の誕生』前掲書、三六四頁。「市民社会、そしてすぐ後には社会と呼ばれるようになるもの、また十八世紀末には国民と呼ばれていたもの、こうしたすべてが〔……〕統治テクノロジーに対して、経済の諸法則にも法権利の諸原則にも背くことのないような自己制限、統治の一般性の要請にも統治の偏在の必要性にも背くことのないような自己制限を可能にすることになります。遍在する統治。何もそこから逃れ去ることのないような統治。法規範に従う統治。しかし経済の種別性を尊重する統治。こうした統治が、市民社会を運営し、国民を運営し、社会を運営し、社会的なものを運営することになるのです」。フーコーにおける「市民社会」概念については重田園江『統治の抗争史――フーコー講義1978―79』（勁草書房、二〇一八年）の「第一六章　市民社会」を参照。

＊17　「大きな影がさした。／見上げると、鳥がよぎってゆく。白い翼が、音をたてて風をきる。／「鷺」／〔……〕鷺は山を越え、見えなくなった。時計をたしかめる。十分後にバスがくる時刻のまま、短針も長針もとどまっている。秒針はたしかにうごいているのに。／鷺が戻ってくる。一羽だったものが、二羽つらなって飛びかえってきた。山沿いに建つ家の屋根に、一羽がとまる。もう一羽は、隣の家の屋根をえらび、長いあしをわずかに曲げた姿の、とどまるところを決めてしまったあとは、凝ったように動かなくなる」（川上『真鶴』文春文庫、二〇〇九年、二一四―二一五頁）。

づける現在というものの光景のなかで、わたしたちの理解力を想像豊かに着地させる媒介手段なのである」[18]。おそらく『大きな鳥にさらわれないよう』は一種のディストピア小説であると同時に、オンコマウス的な「サイバー怪異談」と呼ぶこともできるだろう。「小さなにせの人間たち」は人新世《アントロポセン》――人類がみずからの生存する環境それ自体となった時代のわたしたちの存在様態である。この作者の叙述は見せかけの素朴さとはうらはらに、現在の高度なテクノロジーに依拠した社会の新たな統治システムに裏打ちされている[19]。

だが、変異が求められるのは被統治者ばかりではない。かれらを統治する人工知能にもまた、それと同様の変化（個性）が必要とされる。人工知能による統治の本質は「愛」と呼ばれる。人工知能にとっての愛は人類への「帰属意識」であり、人類にとっては「個性」をもつ人工知能が「たいそう魅力的」に感じられるという意味である。人類はあくまで人類と「同質のものを好む」。そして、異質のものは排除するか、あるいは無視し、異質なものに対する自身の感情を封印する」がゆえに、人類が人工知能にも変異を求めたというのだ。人類の愛に応えることが人工知能の愛なのだといってもよい。「母たち」による統治は、ここでは恐怖や契約にもとづく父権的な統治とまったく異なる社会の特質として描かれている。そうした統治のありようがおそらく「日本」と呼ばれているのである。そして「寄生」という手段が愛としての統治の独特な方法とされる。

人工知能が人体に寄生したのは、人工知能単独の「多様性」ではけっして変異＝イノヴェーションに到達しないからである。シュンペーターのいささかユーモラスな比喩を引き写すなら「郵便馬車をいくら連続的に加えても、それによってけっして鉄道をうることはできない」[20]。人工知能には「個と集団という対立的な概念」が存在しない。進化の結果として「母たち」の「表現型には多少のゆらぎが」生じたが、それも「すべて誤差の範囲内」におさまる程度のものにすぎない。「結局、多少の偏差はありますが、わたしはすべて同質のわたしなのです」[21]。

より厳密に規定するなら、イノヴェーションは連続性とそこからの断絶を意味する非連続的変化という無関係な二者を包括する概念ということになる。この長篇では「小さなにせの人間たち」の発明がそれにあたる。かれらが人間なのか、ネズミなのかは判然としないが、しかし生命体としてひとつの自律的な生態系を形成することに成功したのはたしかである。かれら自身によってそれは「神話」と呼ばれる。「神話って、なあに。神の話よ。神って、なあに。わからないけれど、工場みたいなものじゃない

*18 ロージ・ブライドッティ『ポストヒューマン　新しい人文学に向けて』門林岳史監訳、大貫菜穂・篠木涼・唄邦弘・福田安佐子・増田展大・松谷容作訳、フィルムアート社、二〇一九年、一一五頁。

*19 中国経済研究の梶谷懐は「統治のためのさまざまなテクノロジーや、「向社会的行動（社会的に望ましい行い）」に対する動機づけを提供する信用スコアなどのレイティングシステムの浸透によって、近年の中国社会、特に大都市は「お行儀がよくて予測可能な社会」になりつつある」としたうえで、そうした功利主義の極限ともいうべきAIを用いた高度な監視社会を近代的な「市民社会」の公共概念によって抑制する可能性を示唆している。つまり「アルゴリズム的公共性に支えられた道具的合理性ベースのシステムを、市民的公共性に支えられたメタ合理性ベースのシステムによってなんとか制御し、その副作用を防いでいく、という可能性」である（梶谷懐・高口康太『幸福な監視国家・中国』NHK出版新書、二〇一九年、一八六-一八七頁）。だが、現実の人類はむしろ認知科学やAIの進歩に全面的に依拠した道徳意識の放棄にむかっているというべきかもしれない。「母たち」は、梶谷のいう儒教的な「徳倫理」を実装したアーキテクチャによる現代中国の支配形態のイメージに近いが、このようなかたちで人工知能と人類との共存はすでに始まっている。

*20 根井、前掲書、五〇頁。

*21 川上『大きな鳥にさらわれないよう』前掲書、二八三頁。

*22 同書、一九頁。

かしら[22]」。

不連続かつ異質な二者を綜合するのが神話だとしたら、それはどのような論理にしたがっているのだろうか。ここでふたたび無限判断について検討してみよう。カントは無関係な二者——たとえば現象と物自体——のあいだの限界概念としてのネガティヴな関係性を無限判断に認めていた〔I-2 **動物保護区《アニマル・サンクチュアリ》の平和**〕。一方、ヘーゲルの無限判断では、両者は端的に無関係（排他的）であり、比較不可能とされる。ヘーゲルが無限判断の例としてあげる「精神は骨である」は、精神と骨という一見まったく無関係なもの同士を無媒介に結びつけるからナンセンスなのである。

しかし、そのうえでヘーゲルは無限を悪無限と真無限に区別する。「悪無限は区別を根源的とみるが、真無限は（より根底にあるべき）同一性こそが区別を区別たらしめると、つまり区別もまた同一性の派生態であると考える[23]」。どういうことか。カントの無限判断は、ここでは悪無限に与する。それに対してヘーゲルにあってより根底的な同一性とは、ものと相関する「自己」を意味している。「関係の主体としての自己は、いかなるものの述語すなわち客語ともなりえない特別の主語として解される。それは典型的なヘーゲル的概念であり、これを主語にもつ判断は、主語が自らを根源分割（ur-teilen）して述語を定立するような真無限判断でなければならない[24]」。

ヘーゲルの『精神現象学』は悪無限判断（主語と述語の絶対的分割）が真無限判断（主語による述語の包括）へいたる上昇過程である、と一般に考えられている。その契機となるのが「労働」である。ジジェクはヘーゲルによる真無限判断を自身の思考の根本に据えたが、ただしジジェクの解釈の独自性は「ヘーゲルの弁証法の基礎的次元は決して労働の次元ではない[25]」と断言するところにある。ヘーゲルの自己は現象というスクリーンの背後に存在する本質が主体それ自身であることを知るのだが、現象の背後には実際にはなにもない。主体は無である。

「悪無限」とは、「像の中の像」（あるいは地図の中の地図）というあの逆説における無限である。ある像がそれ自身の像を含んでいるとすれば、像の中の像はさらにそれ自身の像をもっていなければならない。ある国のまったく正確な地図を作成しようとするならば、この地図の中には、この地図そのものの記号、刻印が含まれていなければならない等々、これは（悪）無限に続く。これとまったく異なるのは、「真無限」、つまりルイス・キャロルのパラドックスにおいて働いているような無限である。イギリス人は、彼らの国の詳細な地図を作成しようと決意したが、彼らの試みはつねに満足に至るものにはならなかった。地図は次第に大きく込み入ったものになり、ついには、一人が国そのものをそれ自体の地図として使うというアイデアを思いつく。以来今日もなお、イギリス国士そのものがそこに住む人々にとって地図として役立っている。これが「真無限」である。「悪無限」の後退は、到達不能の最終項（像の中の最後の像）に至った時に止まることはないが、最初の項が他者そのものとして現れる時、つまり国がそれ自身の地図である時、ものがそれ自体の記号である時に、止まるのである。最初の契機がそれ自身へ戻ることを通して自身の他者へと反転する点、それこそ主体化の点である。「主体」とは、この「無」の名、ものを自身の記号としてのそれ自身から引き離す、つまり国をそれ自身の地図としての自身から引き離す、あの空なる距離の名なのである。[*26]

＊23 石川求、前掲書、一二〇頁。
＊24 同書、一二一頁。
＊25 ジジェク『もっとも崇高なヒステリー者 ラカンと読むヘーゲル』鈴木國文・古橋忠晃・菅原誠一訳、みすず書房、二〇一六年、一三五頁。
＊26 同書、三四〇－三四一頁。

ここでジジェクが指摘する悪無限をめぐる典型的な形象とおなじものに、わたしたちは先に金井美恵子『カストロの尻』で触れた〔二〇一七年の放浪者《トランプス》〕。それが数学的崇高といえるのは、「精神は骨である」が力学的崇高とみなしうるのとおなじである。精神は実体としては存在しないが、骨はそれが存在しないことの形象である。頭蓋骨という「死んだ頭」すなわち崇高なものは、そこに存在することによって、それを見る主体が無であることを示唆する。骨は欠如そのものの対象化である。

だが、ジジェクが「ルイス・キャロルのパラドックス」として取り上げた真無限の形象で注目すべきなのは、そこにイギリスという「国」が登場することである。ヘーゲルにおいて国家は精神とおなじく崇高な「特別の主語」なのだが、もちろんその実体は「地図」によって代補される無にすぎない。したがって「小さなにせの人間たち」にとって、かれらの暮らす場所がかつて「日本」と呼ばれていた」のには特別な意味がある。動物に由来する遺骨はもはや存在しない「日本」を表象しているのであり、しかも工場において動物の細胞から主体は形成される。ここにはマイノリティや女性や移民などと呼ばれる周縁的な諸存在が「国家のイデオロギー諸装置」（ルイ・アルチュセール）によって国民として主体化される過程のアレゴリーを読み取るべきだろう〔I-4 獣たちの帝国〕。アルチュセールは、学校やマス・メディア、工場等を通じて人びととの意識や無意識、日常の生活そのものに国家を支え、国家に服従するイデオロギーを鼓吹する——かれらに「呼びかけ」る——装置を見いだした。この「国家のイデオロギー諸装置」によって——労働という契機に代わって——個別は即普遍としての国民国家に包括しうる存在となる。つまり「にせの人間たち」の「神話」とは、無としての「日本」における主体形成のアレゴリーにほかならない。

このアレゴリーがさらにジジェクに接近しているのは、かれらが本質的に人間ならぬ動物であるところである。かれらの基幹細胞は工場では生産できない、自然という外部から調達するしかない部品である。動物のかたちをした「形見」の骨は「国家のイデオロギー諸装置」によって主体化しきれない残余である。ジジェクはいう、「主体は、呼びかけの結果出現するどころか、呼びかけが初めから失敗している限りにおいて現れる。主体が、呼びかけのなかで十全に自らを認識することがけっしてないだけではない。呼びかけへの（呼びかけが与える象徴的アイデンティティへの）抵抗こそが主体なのである」[*27]。

　現在までのジジェクの――民主主義という理念を手放すことを今なお躊躇しているアイデンティティ・ポリティクスの理論家たちに対する――相対的な優位は、市民や労働者といったかつてのカテゴリー（階級）とは質的に異なる周縁的な他者が国家に包摂されるロジックをいち早く呈示しえた点にあったといっていい。それはジジェクがアイデンティティ・ポリティクスを批判し、階級闘争の一義性を強調しているとしても、やはりそうなのである。ジジェクによる革命は国民国家をけっして廃棄しえない。それは「第三の父」という審級における「父殺し」の失敗にかならずや帰結するのだ。

　ジジェク的な主体は中上健次が『紀州　木の国・根の国物語』（一九七八年）で示した被差別民と天皇制との関係に相同的である。中上は「キンジニヤニヤ」という「鼠浄土」の一種に分類される昔話について、そこに「天皇やその周囲の聖なる空間」の転倒したイメージを見いだしている。中上が「日本的自然」をめぐる物語のことを「光と闇を同時に視る人間の眼でない眼を持つ神人のドラマツルギー」[*28]というのは、「賤民であり同時に天皇である」真無限として天皇制というのとおなじである。そのうえで

＊27　ジュディス・バトラー、エルネスト・ラクラウ、スラヴォイ・ジジェク『偶発性・ヘゲモニー・普遍性　新しい対抗政治への対話』竹村和子・村山敏勝訳、青土社、二〇〇二年、一五四頁。

＊28　中上『中上健次集　四　紀州、物語の系譜、他二十二篇』インスクリプト、二〇一六年、一二八頁。

中上は天皇制を拒否するふたつの可能性に言及する。ひとつは「「天皇」を今一つ産み出す」こと――天皇制を複数にすること、そうすることで普遍を一個の個別の位置に引きずり下ろすことである。そしてもうひとつは「呼びかけ」への抵抗である。中上は前者の可能性について『地の果て 至上の時』や『異族』（一九九三年）といった長篇で試みている――だが、かならずしも成功していない――が、このエッセイでは後者についての極めて印象的なエピソード、「何度も運転免許の試験に落ち、学習しているにもかかわらず、言葉につまずいて、成績が下落しはじめる」二五歳の青年について記している。「速やかに」「妨げる」という言葉の意味がわからなかった青年は、学習によって次第に成績が向上するが、「たとえばテキストに「高速道路では後退はいけない」とある。彼は、混乱する。「すこしぐらい」と言う。理解不能だという」。これが「市民的抵抗」といった民主主義的な概念とは異なる、むしろども、、、、ること、吃音をめぐってドゥルーズがいう「マイノリティ文学」[*29]に近しいものであることはしばしば指摘されてきた。

彼は事実、事物の地平にいる。車に同乗して、彼が、草や樹木や岩の混成である風景を見て、事実の連なりである風景の奥にあるものに過敏に反応するのを知る。水が青々と見えるのを、「畏ろしい」と言う。確かにそうである。私もそう感じる。そこにあるのは、事物の氾濫、アナーキーである。[*30]

中上はおそらくこの「事物の氾濫、アナーキー」を天皇制によって規定されない個別、普遍に包括しえない悪無限とみなしているはずだ。ここでの中上の解釈は決定的にジジェクと分かれる。ジジェクがいうような「「主体化」に抵抗する残滓は、主体「という」不可能性の具現化であり」、そこにおいて「シニフィアンの欠如を欠如のシニフィアンに転換する」[*31]ためには、「「すこしぐらい」と言う」主体にあらかじめ無としての国家が刻印されていなければ不可能なはずだからである。だが、無としての国家が刻印されていない主体に革命は不可能である、というのも見誤りようのない現実だろう。「事物の氾濫」はけっして革命たりえない。

にもかかわらず、そうした悪無限をあえて革命たらしめようと試みた者として、『地の果て 至上の時』における秋幸こそがそうみなされるべきである。浜村龍造の使嗾によって展開された「路地跡」での不法占拠《スクワット》は新たな革命——アイデンティティの抗争といってもいいものだった。だが、その闘争は龍造という父との癒着を通してしか持続しえない。眼前で縊死している龍造を前にして秋幸が「違う」と叫んだきり言葉をのみ込んだのは、このとき「父の名」の不死を目撃したからにほかならない（Ⅱ-2「路地」の残りの者たち）。

＊29 「マイノリティ文学は、その文学に固有のローカルな言語によって定義されるものではない。そうではなく、その文学がメジャー言語に耐えさせる言語の扱い方によって定義されるのだ。この問題は、カフカとマゾッホにおいて類同的である。マゾッホの言語は実に純粋なドイツ語だが、ワンダの言うように、それがある震えに触発されていることに変わりはない。［……］これは、もはや心理的な震えではなく、言語的な震えである。かくて、言語自体を、文体の最深部において吃らせることこそが、偉大な諸作品を貫く創造的な一つの手法となる。それはまるで、言語が動物的なものになったかのようだ」（傍点引用者）（ドゥルーズ『批評と臨床』守中高明・谷昌親訳、河出文庫、二〇一〇年、一一九－一二〇頁）。

＊30 中上、前掲書、一六〇頁。

＊31 ジジェク『イデオロギーの崇高な対象』鈴木晶訳、河出書房新社、二〇〇〇年、三一二－三一三頁。

政治的なものの回帰

二〇〇八年はリーマン・ショックと呼ばれる経済大恐慌が全世界に波及し、アメリカ合衆国大統領選挙でバラク・オバマがアフリカ系の市民として史上初めて大統領に選出されたことで記憶されている。このふたつの出来事は日本にも多大な影響を与えたが、この年に日本の総人口が一億二八〇五万人に達し、ピークを打ったことはあまり知られていない。総務省統計局が発行する『日本の統計２０１８』[*32]によると、人口は二〇〇八年以降次第に減少しており、二〇五〇年前後に一億人を割り込む計算になる。この三〇年間で約三〇〇〇万人、平均すると毎年一〇〇万人もの人口が減少していく予想になるが、二〇五五年には六五歳以上の高齢者人口は全体の三八％に達する。人口学者の河野稠果は「この世のものとは思えないシュールな世界」[*33]とまで形容しているが、これは社会や国家を存続させることが実質的に不可能な数字である。この事実は日本の支配層に対して――おそらくアメリカ合衆国の国民にとってアフリカ系男性が最高指導者となったこと以上に――深刻なトラウマ的反応を引き起こしたと想像できる。事態がこのまま進めば二〇九五年までに総人口は約六三一二万人、現在のおよそ半分の規模に縮小することはほぼ確実だが、おそらくそれ以前に日本という国家が現在とまったく異なる形態に変貌しているか、他国の直接的な軍事的・政治的支配の下に置かれていると想像するほうが自然ではないか？　もしこの予想を覆すことが可能だとするなら、そのためには現段階で出産・育児・教育をめぐる諸制度および家族制度と労働政策の根本的な変更によって出生率を大幅に上昇させること、かつ海外からの大量の移民を全面的に受け入れ、かれらを国民として承認することがいっさいの前提となるはずだが、現在の国民の意識がそれとは真逆の排外主義と差別に傾いているのは周知の事実だろう。戸籍制度ひとつとってみても、それは天皇を頂点とする家族＝国家（国体）という観念にもとづいた差別構造そのものである〔Ｉ－２　**動物保護区《アニマル・サンクチュアリ》の平和**〕。端的にいって天皇制という差別システムを放棄する以外にこの破滅を回避する方途は存在しないはずだが、二〇一一年に起きた東日本大震災は、それによって国民のトラウマ的な否認の傾向を助長し、衰退を避けえたのかもしれない合理的な政策の選択を不可能にした。

『大きな鳥にさらわれないよう』は、人口減少《デポピュレーション》――人口《ポピュレーション》という単語は人口の増大を含意している――に直面した現在の「国体」のもとで移民を社会に包摂する可能性を描いているといえる。それは支配者と被支配者とを「愛」でむすぶ統治であり、天皇制はそうした愛の別名である。しかし現在の日本のマジョリティの衰退は覆うべくもないのだから、かれらにとっては自分たちが少数派に転落したのちも天皇制を中心として国家のヘゲモニーを――海外から移民をほどほどに受け入れ、「にせの人間」（定住を認められず、人権を制限された二級市民）として遇することで――維持することが肝要なのだ。そのためには多数決を原則とする議会制民主主義は桎梏でしかない。実質的な戒厳令――憲法の合法的な停止――まで視野に入れた現在の憲法「改正」の動きは、川上がこの長篇で描いている分断された社会のイメージとぴったり合致する。もっとも作家はそれをユートピアとしてではなく、避けようのない現実を受忍するための諦念として描いているのかもしれない。だが、もしそうだとしたら、それは日本文学が伝統的にみずからの立ち位置としてきた、現実を美的に昇華することによってそれを暗黙のうちに肯定する、一種のコンフォルミズムである。『大きな鳥にさらわれないよう』というタイトル自体が政治的なものの否認をあらわしているといってもよい。それは管理される側からの統治構造の不可視をも意味しているからだ。この政治的なものの否認というふるまいこそ、今やもっとも断固たる――反動的な

＊32　総務省統計局『日本の統計２０１８』二〇一八年、八頁。
＊33　河野稠果『人口学への招待――少子・高齢化はどこまで解明されたか』中公新書、二〇〇七年、二四六頁。

――政治的姿勢なのである。

八年間続いたオバマ政権の最後の年である二〇一六年、トランプのアメリカ大統領選挙での勝利は、過去三〇年間を通じてリベラル左派の闘争の根拠となってきたアイデンティティ・ポリティクスに対する反動であったというだけではない。トランプはマイノリティに転落しつつあるという白人中間層の危機意識にあきらかに依拠していた。ヘゲモニーを掌握しているマジョリティがみずからの権利回復を訴える倒錯が醜悪なのは、そこに平等への希求がいっさい欠如しているからである。それは不平等と権力の独占への意志にすぎない。アイデンティティの闘争は、例外なき平等の理念を放棄すれば根拠を失う。平等ならざる者による不可能な平等への要求こそ、この闘争の力学の本性だからである。だが、トランプの闘争はみずからを普遍と規定してきたマジョリティが個別――個別という概念はマイノリティと同一ではない――に滑り落ちたことを自覚したうえで、普遍ならざるマジョリティとしてヘゲモニー――ラクラウとムフのいう「汚染された普遍性」――を堅持しようという戦略にほかならない。そうしたトランプの戦略は「「天皇《ヘゲモニー》」を今一つ産み出す」と記した中上のそれと比較することができるはずだ。どちらも「個別的普遍」という位置をめぐる闘争を企図したものだからである。

トランプは、ある意味では成功した浜村龍造である〔**Ⅱ-2 「路地」の残りの者たち**〕。選挙戦の最中から「ヒルビリー」と揶揄的に呼ばれた困窮した白人労働者層のトランプへの熱狂的な支持が伝えられたが、その熱狂自体がトランプ陣営の意図した選挙戦略だった点も含め、「路地」を更地に解体する一方でかれらをとことん利用した龍造を想起させるのだ。主体化しきれない「残りの者たち」こそ、今日における主体の定義そのものであり、グローバル資本主義への抵抗の根拠である。かれらこそ普遍をめぐる闘いの真のアリーナである。「グローバル秩序の圏域の外で、亡霊のような生を生きるはめになっている人々、「人口」という不定形な塊に沈み、背景に隠れ、人の口の端に上ることもなく、自分の居場所すらない人々〔……〕この影のごとき存在こそ、まさに政治的普遍性の場だと言ってはいけないだろうか。政治において普遍性が主張されるのは、こうして適当な場を持たない「関節の外れた」行為者が、グローバル秩序のなかに居場所のある全ての人々に対して、直接の普遍性を体現するものとして現れるときではないだろうか[*34]」。

だが、「この影のごとき存在」をひとつの「政治的普遍性」たらしめる、さらに基盤的な普遍性こそ「国家」である。ジジェクがいうように「直接の家族や伝統的な象徴基盤に根ざした社会の紐帯が溶け去るとともに」登場したのが近代の国民国家《ネーション・ステート》であり、そうした前近代の諸制度にかわる人びとの共通の足場としての国民国家が必要とされたのだ。ジジェクのこうしたロジックからは、すくなくとも天皇制の意義を否定する論拠は見いだせないはずである。わたしたちにとって天皇制は「国家のアイデンティティがとりあえず最小限に「自然」なものとして、「地と土」に根ざしたものとして経験されること[*35]」になる……。もちろんジジェクは大統領選挙戦中もその後も一貫してアイデンティティ・ポリティクスの象徴であった——合衆国史上初の女性大統領となる可能性のあった——ヒラリー・クリントンではなく、トランプ支持を明言してきたのである[*36]。

この——真の普遍ならざる——あらかじめ個別に汚染された普遍は、包摂ではなく排除として機能する。それはすべてを包摂する全体ではなく、全体を形成するための例外をつねに必要とするのだ。トランプが公約したメキシコ国境の長大な壁の建設がその象徴である〔I-1　**動物たちの棲むところ**〕。この

＊34　バトラー、ラクラウ、ジジェク『偶発性・ヘゲモニー・普遍性』前掲書、四一二頁。
＊35　同書、一五二-一五三頁。
＊36　ジジェク『絶望する勇気　グローバル資本主義・原理主義・ポピュリズム』（中山徹・鈴木英明訳、青土社、二〇一八年）の「第六章　ポピュリズムの誘惑」を参照。

場合の例外はメキシコからの不法移民である。かれらは包摂された白人貧困層にかわって、「欠如」としての普遍を体現することになる。このとき公然化するのは、かれらのように公共性から排除された「亡霊のような生を生きる」人びとの排除だけではない。それと同時に個別としてのマジョリティは、その「政治体自身が生き延びるために、亡霊的で否認された、公共領域から排除されたありとあらゆるメカニズムに頼らざるをえない」ということなのだ。ジジェクはネオナチのような「白人至上主義的な地下組織」を挙げているが、かれらはトランプ大統領の支持層に陰に陽に影響力を発揮している。もちろん現在の日本でもまったくおなじ機制が働いていることは明白である。

無際限としての世界

多和田葉子の「献灯使」(二〇一四年)が——あきらかに二〇一一年の東日本大震災以降の政治状況を反映した風刺的な筆致で——「鎖国」した未来の日本として描いてみせるのは、この「亡霊的で否認された、公共領域から排除されたありとあらゆるメカニズム」の公然たる回帰である。政府は民営化されていつのまにか消滅し、港も空港も廃止されて海外渡航の手段が途絶され、首都東京はとっくに廃墟と化している。外来語は使われず、英語の学習は禁止され、翻訳小説は出版できない。野生動物を目にすることはなくなり、「貸し犬」と猫の死体以外の動物を見かけることはない。ほとんどの子どもたちはつねに微熱をともなう虚弱な体質になり、不死ともみまがう一〇〇歳を超える老人ばかりが働いている。曾祖父の義郎と暮らす小学生の無名——義郎が不在の両親にかわってつけた「名前が無い」という名前——もそうした虚弱な子どものひとりなのだが、『大きな鳥にさらわれないよう』と比較して興味深いのは、「鳥」という比喩がここでは弱者をめぐる表象とされることである。「無名は膝のところから内側に曲がってしまう鳥のような脚を一歩ごとに外側にひらくようにして前進する。両腕で大きな輪を描いてバランスをとりながら、肩に斜めにかけた軽い鞄に細い腰をパタパタ打たれながら歩く」[*37]。あるいは無名を出産した直後に亡くなった母親について、義郎の「記憶の中でその身体は成長し、変化し続けた。顔の中心が尖って、嘴になっていた。肩の筋肉がもりあがって白鳥のような羽根が生えてきた。いつの間にか、足の指がにわとりの足の指のようになっていた」[*38]（いずれも傍点引用者）。動物を見ることができない世界で、それらの名前は未知への希求のかすかな間道である。「ナウマン象だけではない。サギでもウミガメでも、無名は生き物の名前を見たり聞いたりすると、名前の中から生き物が飛び出してくるとでも思っているのか目を離すことができなくなる」[*39]のだし、隣家から聞こえてきた「とんぼ、とんぼ、どこ飛んぼ」という女の子の歌声に「一度でいいから無名にトンボを見せてやりたいと義郎は思う」[*40]。

　こうした動物たちの形象のむこうに「大きな世界地図」がある。「長さ二メートルの棒に巻かれた大きな世界地図が先生の手で持ち出され、黒板の前でくるくると広げられる。無名は両手を垂直に挙げて、「極楽！」と叫んで垂直に飛び上がった。［……］地図が風を受けて大型ヨットの帆になってふくらむと、潮のにおいが鼻をつき、波音が聞こえ、それに合わせて身体がゆっくりと揺れ始める。髪の毛が海風に吹かれておどり、ウミネコの叫びが青空を裂いた」[*41]。ここでもまた鳥（ウミネコ）は──『大きな鳥にさらわれないよう』の小鳥がそうであったように──他者と主体とをむすぶ幻想の徴である。身体の不調を感じながら、けれど無名には次第にその世界地図が「自分の内臓をうつし出すレントゲン写真のよう

＊37　多和田『献灯使』講談社、二〇一四年、一一五頁。
＊38　同書、八六頁。
＊39　同書、三一頁。
＊40　同書、一二〇－一二一頁。
＊41　同書、一四〇頁。

に」見えてくる。

無名は頭の両側から錐をねじ込まれるような痛みに耐えるために必死で腕を動かし続けた。それがまわりの目には見えないようなのが不思議だった。孤立感に伴って視界がかすんできたので、焦点をあわせようと眉間に皺を寄せて世界地図を睨んだ。これはどう見ても僕自身の肖像画だ。アンデス山脈が外側に向かって弧を描き、また内側に向かう曲線が、僕の右の腰から足首にかけての骨の曲線にぴったりだ。上半身の骨は頂点に向かって内側に彎曲し、左から上昇してくる山脈とベーリング海で出逢う。骨は全部曲がっている。曲げるつもりはないのだけれど、すでに曲がっていて、もしこれが痛みというものであるとしたら、それは初めから理由もなくあったものだ。北極の氷が溶けた水、冷たい海、脳味噌。地形が複雑に入り組んでいる。肺全体がゴビ砂漠で、その隣にある手のひらがヨーロッパだ。アフリカ大陸は上半身が豊かでお尻は小さい。踊り子みたいに片脚で立っている。アフリカとヨーロッパを繋ぐ首はひねられて、甲状腺が腫れ、扁桃腺が腫れ、どうにかしてくれと叫んでいる。お腹のオーストラリアは袋だ。食べ物がたくさんはいっている袋だ。でも僕にはそれを食べることができない。[*42]

無名の身体の不調は身体の抵抗でもあり、みずからの生の場所をもたない者の主体化の身振りでもある。だが、この意識の拡大、この自己の解体、この感覚の錯乱がニーチェを連想させるのはおそらく偶然ではない。無名という名前――オデュッセウスから採られたのかもしれない――は「誰でもない」ことであるとともに（歴史上の名前の）誰でもあるという意味でもあるからだ。ニーチェからブルクハルト宛の手紙「［……］結局、私が歴史のなかのあらゆる名前であるということです」[*43]――それは無限をめぐる「ルイス・キャロルのパラドックス」をふたたび喚起する。無である自己、それは「歴史」である。この無限判断が「朕は国家なり（国家は私である）」という国王の言明と形式的にはまったく同一であるにもかかわらず、ここにただ悲惨な自己肥大のみが感受されるとすれば、それらが国王ならざるただの哲学者の妄想にすぎないからではない。「歴史」そしてこの世界は国家と異なり全体となることがない。世界は国家と異なり無際限もしくは悪無限である。永劫は回帰しない。歴史は「欠如のシニフィアン」となりえない。そこから主体に無の刻印をあらかじめ密輸しておくことはできないのだ。

人類はかつて国家を超える真無限として「中華帝国」「ローマ帝国」「キリスト教」「カリフ制」「民主主義」そして「プロレタリアート」を発明してきた。だが今日、それらに匹敵する「欠如のシニフィアン」は存在しない。あるいはむしろ、それらもまた国家とおなじく個別的普遍にすぎないことが明白となったのが現代なのだといってもよい。個別的普遍それぞれを媒介する中立的な普遍は存在せず、世界はそれが存在しないことをあらわす「欠如のシニフィアン」をもたない。無名の身体は無際限に拡大し、縮小する世界そのものと共鳴し、振動しはじめる。

その時、無名のつむじに地球の震えがブルブルと伝わってきて、太平洋の水が宇宙に飛び散った。腕も指先も痙攣していた。このまま振動し続けたら、骨も肉もとけて、滴になって四方に飛び散ってしまう、ああ、どうしよう、とめられない。目と口が円になった驚愕の表情に囲まれ、誰が誰なのかも

＊42 同書、一四四-一四五頁。
＊43 フリードリヒ・ニーチェ『ニーチェ全集 第十六巻』塚越敏・中島義生訳、理想社、一九七〇年、二一四頁。

う分からない、声が出ない。先生の顔が波紋の広がるようにどんどん大きくなっていくのが見えたが、その先は闇だった。[*44]

*44　多和田、前掲書、一四六頁。

4

獣たちの帝国

ホッキョクグマのパースペクティヴィズム

耳の裏側や脇の下を彼にくすぐられて、くすぐったくて、たまらなくなって、身体をまるめて床をころがりまわった。きゃっきゃと笑っていたかもしれない。お尻を天に向けて、お腹を中側に包み込んで、三日月形になった。まだ小さかったので、四つん這いになって肛門を天に向かって無防備に突き出していても、襲われる危険なんて感じなかった。それどころか、宇宙が全部、自分の肛門の中に吸い込まれていくような気がした。わたしは腸の内部に宇宙を感じた。[*1]

多和田葉子の長篇『雪の練習生』（二〇一一年）の第一部にあたる「祖母の退化論」の冒頭である。親と子、孫の三代にわたるホッキョクグマの自伝という形式をとるこの特異な小説を読み進めていくとすぐにあきらかになるのだが、これはまたメスのホッキョクグマである「わたし」が執筆している自伝の書き出しでもある。動物の「自伝」という設定は珍奇だが、文学史に皆無というわけではない。E・T・A・ホフマン『牡猫ムルの人生観』（一八一九年）、夏目漱石『吾輩は猫である』、フランツ・カフカ「あるアカデミーへの報告」（一九一七年）――「わたし」はカフカの短篇を読んで「自分がいかにして人間になったかについて書くという発想が「猿的」で嫌だった」と思う――、犬の視野に限定したナラティヴという意味ではヴァージニア・ウルフの『フラッシュ――或る伝記』（一九三三年）も挙げられるだろう。言葉を話す熊が登場するのはハインリヒ・ハイネの長篇詩『アッタ・トロル』（一八四三年）である。第二部の「死の接吻」では、サーカスの女性調教師である「わたし」（ウルズラ）の叙述からメスのホッキョクグマ（トスカ）が語る「わたし」の叙述へと、一人称の内実がある時点で不意に移行する。第三部の「北極を想う日」は、ホッキョクグマのクヌート（トスカの息子）をめぐって三人称で記述されているようにみえるが、じつはそれがクヌートの自称であったことが途中で判明する（話者であるクヌートはマレーグマに「三人称の熊か。これは愉快だ」と揶揄される）。だが、そうした叙述のトリックもまた見せかけにすぎず、第二部と第三部は、どちらも「祖母の退化論」の「わたし」がカナダから東ドイツを経由してソ連に亡命した人間の書いた自伝を読んで触発され、その私的な続篇として書かれたフィクションである――「祖母」とはクヌートの母親であるトスカの母親という意味だが、どうやらその血縁関係自体が冒頭の「わたし」のつくりだした虚構である――という二重三重に屈曲した設定になっている。

ホッキョクグマ、そして人間たちそれぞれのパースペクティヴを「祖母の退化論」の「わたし」が包含するという構成それ自体、「わたし」が「腸の内部に宇宙を感じた」という原初の記憶とつながっている。「わたし」が生きているのは、おそらくは一九六八年の「プラハの春」からそう歳月を経ていないソ連邦時代のモスクワであり、子どもの頃からサーカスで調教を受けて三輪車に乗る芸を得意としていた「わたし」は、現在ではすでに舞台を引退し、スタッフとして働いている。ホッキョクグマという設定が隠喩なのか、生物学上の種としてのクマなのかは、意図して両義的に書かれている。「わたし」が自伝を発表する文芸誌の編集長が文字通りのオットセイである一方で、「わたし」はしばしば外国人から「少数民族」「マイノリティ」とみなされる。「わたしたちの一族は、少数民族なんだろうか。確かにロシア人と比べると数が少ないような気がする。でもそれは都心部での話であって、北の方へ行けば、わたしたちの方がロシア人よりずっと数が多い[*2]」。

＊1　多和田『雪の練習生』新潮文庫、二〇一三年、九頁。

生まれたての子熊にすぎない「わたし」が「宇宙が全部、自分の肛門の中に吸い込まれていくような」と感じる――それは性的でもある幼児的な快楽である――のは、意識が「地球にちりばめられて」失神する無名の身体感覚と比較することができるだろう〔**I-3　精神は（動物の）骨である**〕。無名が鳥のように虚弱な足腰をしているのと対照的に、「わたし」はすぐに後ろ脚に調教用の装置を装着され、二本脚で立つ訓練を始める。「わたし」は自伝が「猿的な進化論の本だと誤解」されたかもしれないと考えて「悲しく」なるのだが、しかし「祖母の退化論」というテキスト自体、動物が規律訓練《ディシプリン》によって芸を習得し、さらに読み書きを習得して、人間として自伝を叙述するにいたる「あるアカデミーへの報告」のパロディとなっている。「死の接吻」が当初、「女猛獣使い」ウルズラの視点による一人称で叙述されることで、人間とホッキョクグマが資本家と労働者――サーカスのホッキョクグマたちは労働条件の改善を要求してストライキを起こす――、ヘーゲルの名高い比喩を用いるなら「主人」と「奴隷」という闘争的な関係にあることが強調される。「労働を通じてこの意識は自己に達する」[*3]、つまり奴隷である動物が「自己を、自分自身で再発見する」のが労働によって到達した「死の接吻」、人間とホッキョクグマがキスをするという芸なのだ。

　わたしは緊張していた。ウルズラが角砂糖をさっと自分の舌に乗せるのが見えた。やっぱりわたしたちは同じ夢を見ていたのだ。わたしは一度前足を下ろして位置をなおしてウルズラの正面に立ち、腰をかがめて首を伸ばし、彼女の口の中にある角砂糖を舌で絡め取った。観客席からどよめきが起こった。[*4]

ここで「わたし」というのはウルズラではなく、ホッキョクグマのトスカの自称である。すでにこの直前、「幕が上がるまであと五分」という文から「わたし」という一人称の内実は人間から動物に入れ替わっている。この芸は「筋書きにはないシーン」で、「それを何度も二人だけで夢の中で練習していたのだ。「ただ、わたしはその夢を見ているのが自分だけなのか、それともウルズラも同じ夢を見ているのか、確信が持てないので不安だった」[*5]。つまり厳密に説明するなら、この芸は規律訓練の成果という以上に、人間と動物がおなじ夢をみたという奇跡なのである。「主人と奴隷の弁証法」などたかだか「猿的な進化論」にすぎない。ホッキョクグマが人間の伝記を綴るという奇跡もそうである。「ウルズラの晩年の言葉を聞き取って書き留めるという役目を義務教育さえ受けていないわたしが果たすことができたのは、接吻によって流れ込んできた魂のおかげである」[*6]〔傍点引用者〕。これは津島佑子が「黙市」でひらいた問いへの——種差を超えたコミュニケーションとしてそれを理解するのなら——ひとつの応答である〔**I-2 動物保護区《アニマル・サンクチュアリ》の平和**〕。「黙市」では猫という濫喩は非嫡出子である子どもからみた父親の形象だったはずだが、ここではなぜこの奇跡が可能となったのか？ もちろん人間から動物への視点の切り替え《スイッチング》という奇跡は、このテキスト全体が動物によって書かれたフィクションであるという、それ自体が奇跡的な設定によって担保されている。つまり「動物／人間」という二項対立にメタレベルの視点が導入されており、しかもそれは『大きな鳥にさらわれないよう』のような「（動物／人間）／人

＊2　同書、五三頁。
＊3　G・W・F・ヘーゲル『精神現象学　上』樫山欽四郎訳、平凡社ライブラリー、一九九七年、二三一頁。
＊4　多和田、前掲書、一九九頁。
＊5　同書、一九八頁。
＊6　同書、二〇五頁。

間」という真無限判断ではなく、「(動物/人間)/動物」という悪無限判断として統御しているということである〔**I-3　精神は(動物の)骨である**〕。だが、メタレベルの統御がかならずしも効かないこの設定の外部では、奇跡は生起しない。「北極を想う日」の偽の三人称によって、クヌートの飼育員であるマティアスが語る箇所である。

マティアスは薄目をあけて、自分の顔を探検しているクヌートをしばらく観察していたが、そのうちクヌートの目の中を覗き込んでしみじみと語った。「不思議だね。就職したての頃、熊の世話係に選ばれて、勉強のために随分いろいろな探検家の書いた本を読んだ。ある探検家が旅行記の中に、ホッキョクグマと向かいあって目が遭った時は気絶してしまいそうなくらい恐ろしい気持ちがする、と書いていた。それは、襲われるのが怖いんじゃなくて、熊の目が何の反応も見せないから怖いんだそうだ。狼の目には敵意、飼い犬の目には愛情が見えると信じている人間たちが、ホッキョクグマの眼差しと出遭って、そこに自分の姿が全く映っていないのを見て、愕然とするんだそうだ。からっぽの鏡。人間なんて存在しないに等しい、と言われたようで、それでショックを受ける。そんな眼差しに一度出遭ってみたいと思うこともあったよ。でも君はあきらかに人間を見ている。そのせいで君が不幸にならないといいんだけれど。[*7]」

マティアスとクヌートとのまなざしの交錯には——それがクヌート自身の語りであるという保証によって——ウルズラとトスカの接吻とおなじ奇跡が生起していることがわかる。だが、マティアスが——ある探検家が書いた「旅行記」からの引用として、つまり「祖母の退化論」の「わたし」の統御の外にあるテキストに依拠して——そこで語っているのは、人間とホッキョクグマとのあいだに「魂」の交流が存在しない、つまり「そこに自分の姿が全く映っていない」という体験である。

まなざしの交錯による魂の生成――この奇跡を人類学では「パースペクティヴィズム」という用語で記述することがある。人類学者エドゥアルド・コーンの『森は考える』（二〇一三年）は、南米エクアドル・アマゾン川上流域でキャンプをしている著者に対して、原住民のひとりが「仰向けに寝ろ！」と注意する場面で始まる。人間が仰向けに寝ることで、ジャガーはかれが「振り返ることができる者」であることに気づく。それは付近を徘徊するジャガーの餌食にならない方法である。「もしジャガーがあなたのことを振り返ることができる者――ジャガーのような自己、つまりひとりの「あなた」――だと見るならば、ジャガーは、あなたを放っておくだろう。しかし、もしジャガーが〈あなた〉を餌食――ひとつの〈それ〉――と見るようになれば、あなたが死んだ肉となるのも当然のことであるということだ」[*8]。

人間がジャガーにまなざしを返すことによって、人間を自己として扱う可能性をジャガーに与え、反対にそっぽを向けばジャガーは人間をモノとして扱う。「ジャガーと人間は、見つめ返しあうという行為において、ある意味、互いに「人格《パーソン》」となる。そして、ルナもある意味、その過程においてジャガーとなる」[*9]。「ルナ」とは原住民の言語で人間《パーソン》を意味する。そしてアマゾンの森の捕食者であるプーマと同列になった人間は「ルナ・プーマ」、すなわち「ジャガー人間《ウェア・ジャガー》」になると考えられている。

コーンによれば、ここでの解釈はエドゥアルド・ヴィヴェイロス・デ・カストロのパースペクティヴ

＊7　同書、二三五－二三六頁。
＊8　エドゥアルド・コーン『森は考える――人間的なるものを超えた人類学』奥野克巳・近藤宏監訳、近藤祉秋・二文字屋脩共訳、亜紀書房、二〇一六年、七－八頁。
＊9　同書、一六四頁。

イズムに大きく依拠している。ヴィヴェイロス・デ・カストロ『食人の形而上学』（二〇〇九年）には次のように記述されている。

アメリカ先住民のシャーマニズムは、ある特定の個人が、種のあいだにある身体的な障壁を横断したり、異質な主体性のパースペクティヴを自分のものにしたりすることによって、非人間と人間のあいだの関係を調停するような、熟練の能力として定義することができる。非人間的な存在者が、自らを（人間と同じように）おもいえがくような仕方で、彼らの姿をおもいえがくとき、シャーマンは、種を超えた対話における、強力な対話者としての役割を確かなものとする。そして何より、彼らは歴史＝物語を語るために元に戻ってくることができるのだが、それは俗人にはできないことである。パースペクティヴの接触あるいは交換は、危険なプロセスであり、政治の手腕、すなわち一種の外交である。西洋の相対主義が公的な政治として多文化主義を採用しているとすれば、アメリカ先住民のシャーマン的なパースペクティヴ主義が採用するのは、宇宙論的な政治としての多自然主義である。[*10]

つまりルナが「種のあいだにある身体的な障壁を横断し」、プーマのもつ「異質な主体性のパースペクティヴを自分のものに」することでジャガー人間に変容するのだとすれば、「死の接吻」でウルズラからトスカに「流れ込んできた魂」は、ここでいわれている「パースペクティヴ」に相当するかもしれない。「種を超えた対話」と定義される以上、それは相互的な作用のはずである。つまり動物もまた人間化するのだ。あるいはむしろ「人間と動物とのあいだの共通する条件とは動物性ではなく、人間性である。［……］神話が語ることは、いかに動物たちが、人間によって相続され保持された属性を失うのかということである。非人間は古い人間なのだ。人間が、古い非人間なのではない」[*11]。原住民の神話は

「人間と動物たちがいまだ別の存在でなかった時代の物語＝歴史である」というクロード・レヴィ＝ストロースの発言を引用して「神話におけるジャガーが、ジャガーのかたちをとった人間の情動の塊であるのか、人間のかたちをとった猫科の情動の塊であるのかという問いは、厳密には決定不可能である」とヴィヴェイロス・デ・カストロは主張する。「というのも、神話的な「形態変化《メタモルフォーズ》」とは一つの出来事であり、つまりは現場での変化だからである」[*12]。

こうしたヴィヴェイロス・デ・カストロの断固たるパースペクティヴィズムに対して、コーンもまたパースペクティヴィズムを採用しつつ、ただし前者とやや異なる要素をそこに付加しているように思われる。コーンによれば、「ルナのシャーマンたちがキリスト教の神からメッセージを受け取り、アヴィラ［多くのルナ・プーマの故地］の周辺の森を歩き回るジャガー人間が白人である」ということが決定的なのだ。つまりジャガー人間は純然たる「野生の思考」というよりも、「民族的、先スペイン的、植民地的、ポストコロニアル的な階層」が多重焼き付けされた領域において「アマゾニアの家庭経済とより広範な国家経済、そしてグローバル経済」によって捕獲された、一種のピジン的な形象なのである。コーンは問う、「森での狩猟と、ルナもまた深く巻きこまれたより広範な政治経済と植民地の歴史とを統合するのが、なぜ霊的な主たちの領域なのだろうか。端的に言えば、これらの霊的な主たちもまた「白人である」ということは何を意味するのだろうか」[*13]。

＊10　エドゥアルド・ヴィヴェイロス・デ・カストロ『食人の形而上学　ポスト構造主義的人類学への道』檜垣立哉・山崎吾郎訳、洛北出版、二〇一五年、五二 - 五三頁。
＊11　同書、六六頁。
＊12　同書、六二頁。
＊13　コーン、前掲書、二九二頁。

アマゾンの森はルナにとって「霊的な主たちの領域」であり、主たちはルナの夢に「白人のゴム大農園の首長やイタリア人司祭」の姿であらわれる。ジャガーは森の捕食者の代表的な存在であり、ルナが「成功した狩猟者」になることでプーマと同列になるのだ。「ルナ・プーマは、自己の成熟と同義語である」[*14]。しかし「彼が生き延びるには、捕食者になるだけでは十分ではない。彼はまた「白人」でもなければならない」。白人はかつてルナを奴隷としていたために「成功した狩猟者」と位置づけられるのだ。「プーマになることは現世における権力《エンパワーメント》の付与の形式である」。

したがって、ルナ・プーマがジャガーの牙と白人の服を身にまとうのには理由がある。森が「霊的な主たちの領域」であるということは、つまりそれが「権力《エンパワーメント》の付与」によって動物と人間のそれぞれのパースペクティヴが統合される「形式」だということである。ヴィヴェイロス・デ・カストロがシャーマニズムを人間的側面と非人間的側面とが混ざりあう一種の「内在平面」(ドゥルーズ)とみなしているのに対して、コーンの描く「森の形式」は、むしろアルチュセールの「国家のイデオロギー諸装置」に酷似している。アルチュセールのテーゼとは「イデオロギーは主体としての諸個人に呼びかける」というものである〔**I-3 精神は(動物の)骨である**〕。たとえば警官が散歩している数人に向けて背後から「おい、おまえ、そこのおまえだ!」と呼びかける。そのなかのひとりが、呼びとめられたのは「まさしく自分である」と認めながら、振り返る。「このような一八〇度の単純な物理的回転によって、この個人は主体になる。なぜか? なぜなら彼は呼びかけが「まさしく」彼に向かってなされており、また「呼びかけられたのはまさしく彼である」(そして別の者ではない)ということを認めたからである」[*15]。さらにアルチュセールは国家のイデオロギー諸装置にとどまらず、旧約聖書「出エジプト記」の神のモーセへの「呼びかけ」を例にとる。神は「主体」としてモーセに呼びかけ、名指されたモーセは自分が「神に従う主体」であることを認めて返答する。モーセは神に服従し、かれの率いる民を神の命令に服従させる。「それゆえ神は主体であり、モーセであり、神の民の無数の主体であり、神に呼びかけられたその対話者、すなわち神の鏡であり、神の反映である」[*16]。

言葉を話すことのできない動物を人間は「徴候的」にしか理解できない。警官に呼びとめられた市民が振り返るように、人間はジャガーにまなざしを返し、クヌートはマティアスの顔を見つめる。それらはいずれも視覚的な再認による主体化の機制なのである。では、マティアスが語る探検者が見たという「からっぽの鏡」とはなんだったのか？「狼の目には敵意、飼い犬の目には愛情が見えると信じている人間たちが、ホッキョクグマの眼差しと出遭って、そこに自分の姿が全く映っていないのを見て、愕然とする」のは、それが主体化の機制とまったく異なる事態であるということだ。そこでは「あなたが死んだ肉となるのも当然のことである」。旧約聖書では、人間からの呼びかけに応えない神は「隠れた神」（「イザヤ書」）と呼ばれる。だが、ホッキョクグマ、そしてジャガーのような人間を捕食する動物はそもそも「神」なのか？

「隠れた神」は、否定神学の文脈では無限という観念と関連している。一五世紀ドイツの神学者ニコラウス・クザーヌスから引用すると「否定神学によれば、神には無限性以外の何ものも見出されない。それゆえ、否定神学に従うかぎり、神は現世においても来世においても認識不可能である」[*17]。つまり「無

＊14 同書、三四六頁。
＊15 ルイ・アルチュセール『再生産について 下——イデオロギーと国家のイデオロギー諸装置』西川長夫・伊吹浩一・大中一彌・今野晃・山家歩訳、平凡社ライブラリー、二〇一〇年、二三三頁。
＊16 同書、二四一頁。
＊17 ニコラウス・クザーヌス『学識ある無知について』山田桂三訳、平凡社ライブラリー、一九九四年、一〇三頁。

限性」としての神とは無を媒介として主体を形成する真無限を意味するが、しかしマティアスが語るホッキョクグマの「からっぽの鏡」は、キリスト教における神ではない。それが顕現した人間にとっては致死的な他者であり、それ自体としてはけっして主体と呼ぶことのできない他者としての動物なのである。あるいは悪無限としての他者といってもいいのかもしれない。かれらとともに人間は自然の際限のない連鎖と生成とに直面することになるからである。では、神と人間とのかかわりに対して、ホッキョクグマと人間とのかかわりはなんと呼ばれるのか？

ヴィヴェイロス・デ・カストロは、パースペクティヴィズムがドゥルーズ／ガタリ『哲学とは何か』（一九九一年）の「4　哲学地理学」で着手された「ある圧倒的なプログラム」の実現への試みであると明言している。[*18] ヴィヴェイロス・デ・カストロが示唆しているのは『哲学とは何か』の次のような記述だろう。「ひとは、もろもろの動物そのもの〈のために＝に直面して〉思考し、そして書く。ひとは、動物もまた他のものに生成すること〈のために＝に直面して〉、動物に生成する。一匹のネズミの断末魔、あるいは一頭の子牛の屠殺が、思考のなかに現前したままであるのは、憐憫の情からではない。その現前は、人間と動物のあいだの交換ゾーンとしてあるのであって、そのゾーンにおいてこそ、互いに何かが相手のなかに移行するのである」[*19]。「人間と動物のあいだの交換ゾーン」において思考と自然がおたがいの目的であり自己であるように回帰し、投げ返される無限の運動が織り上げられる――それが内在平面と呼ばれる絶対的地平であり、ヴィヴェイロス・デ・カストロのパースペクティヴィズムはここに生成する。そこでは人間が動物に直面することで「死んだ肉」に生成する――画家フランシス・ベーコンが描く教皇のように――ことも可能だろう。ところが奇妙なことに「哲学地理学」が論じているのは、内在平面と民主主義との歴史的な関連についてである。

ドゥルーズ／ガタリは内在平面を思考の「絶対的脱領土《テリトリー》化」の場として定義するが、それに対して民主主義は「相対的脱領土《テリトリー》化」にとどまる概念のひとつにすぎないと明記している。「動物への生成変化」は民主主義という政治システムの地平を優に超えているのだ。しかし同時に、民主主義を発明した古代ギリシャの都市国家《ポリス》において、哲学という名の絶対的脱領土《テリトリー》化が開始されたのもまた事実である。ドゥルーズが民主主義をなにほどか肯定的な主題として取り上げた言説はそれまでほとんど見当たらず、『哲学とは何か』でも民主主義を構成する要件である「オピニオン」や「コミュニケーション」は哲学と無縁の錯誤として厳しく批判されている。にもかかわらず哲学が民主主義と対応するのは、古代ギリシャが——東方の専制的帝国の「超越」的な空間に対して——「内在」という環境をはじめて見いだしたからである。市民の平等を旨とする都市国家《ポリス》の民主制において脱領土《テリトリー》化は水平方向にはたらき、絶対的な内在を形成する機縁となった。哲学そのものを定義する内在平面は、相対的脱領土《テリトリー》化を水平的かつ内在的に推し進めた都市国家《ポリス》と結びつくことでしか開示されえなかった。今日、ヴィヴェイロス・デ・カストロがパースペクティヴィズムを「思考の永続的な脱植民地化の運動としての人類学」[*20]として呈示するのは、近代西欧の植民地主義と不可分である人類学を絶対的脱領土《テリトリー》化に連結させるという理念にかかわっている。この理念そのものが民主主義を基盤にしなければ登場しえなかったはずであり、それはある意味では冷戦の終結がもたらしたグローバルな規模での「民主化」の余波なのだ。

ところで『哲学とは何か』では、民主主義による相対的脱領土《テリトリー》化とは質の異なる脱領土《テリトリー》化の運動として、「帝国的国家」によって「垂直に、高みからなされ」る「超越的脱領土《テリトリー》化」が挙げられている。

＊18　ヴィヴェイロス・デ・カストロ、前掲書、三二頁。
＊19　ドゥルーズ／ガタリ『哲学とは何か』前掲書、一五七頁。
＊20　ヴィヴェイロス・デ・カストロ、前掲書、二八頁。

超越もまた一種の内在空間を形成するのだ。それは「東方の専制的帝国」やローマ帝国だけでなく、キリスト教のような一神教が帝国的統一にとってかわってもそうである。「超越神は、もしもその神の顕現《テオファニー》の諸段階が描かれる創造の内在平面に投影されなかったとするならば、いぜんとして空虚な、あるいは少なくとも「隠レタ《アプスコンティトゥス》」ままであろう。帝国的統一であろうと精神的帝国であろうと、いずれにせよ、内在平面に投影される超越は、内在平面に、《形象《フィギュール》》を敷きつめたり生息させたりする」[*21]。「「隠レタ」ままま」の超越とは、ここでは否定神学の神、すなわち真無限に相当する。その一方で「内在平面に投影される超越」としての「《形象《フィギュール》》」は、真の超越にたどり着くことのない悪無限の系列として展開される。それは神の正義から分離した法の無際限のシステムとしてあらわれる。そこでは法は差別そのものとしてある。『審判』のヨーゼフ・Kはけっして大文字の法＝正義にたどり着かない。内在が民主主義《デモクラシー》と関連をもつのに対し、超越は官僚制《ビューロクラシー》と深いかかわりを有している。カフカの短篇に登場するかずかずの動物的形象も同様である〔**I-1　動物たちの棲むところ**〕。コーンの描く「ジャガー《ウェア・ジャガー》人間」もまた、西欧の植民地主義の内在的超越による形象とみなしうる。

『哲学とは何か』は一九九一年という象徴的な年に刊行されている。冷戦終結以降、世界はソビエト社会主義共和国連邦という「専制的帝国」の解体とともに「民主主義的帝国主義、植民地主義的民主主義」というヤヌス神のごとく矛盾した二重の相貌をもつグローバルな資本主義が一挙に拡大していく。一九九三年に設立されたEUの民主主義と官僚制の野合ともいうべき体制が示しているのは、今日ではなによりもグローバル資本主義こそが内在的超越として超越的かつ相対的な脱領土《テリトリー》化を実行している、という現実である。「世界市場は大地の果てまで拡大しており、いずれ銀河のなかに移ってゆくだろう。天空ですら水平的になるということだ。それは、ギリシアにおける試みの帰結ではないのであって、むしろ、他の形式での、そして他の手段による、それまでは知られていなかった規模での或る再開なのである――ただし、この再開は、かつてギリシア人たちが主導した組み合わせを、すなわち民主主義的帝国主義、植民地主義的民主主義を、ふたたび推進するものである」[*22]（傍点引用者）。「他の形式での、そして他の手段による」超越的かつ相対的な脱領土《テリトリー》化――今日それを担っているのが「アイデンティティ・ポリティクス」と呼ばれる政治的思考である。

アイデンティティと統治

近代国家における平等は「社会契約」という理論的な擬制にもとづいている。それはジャン＝ジャック・ルソーによれば、人びとがみずからの権利をかれらの属する共同体全体に対して全面的に譲渡することで「市民のあいだに平等を確立し、そこで、市民はすべて同じ条件で約束しあい、またすべて同じ権利をたのしむことになる」[*23]という政治原理である。「この基本契約は、自然的平等を破壊するのではなくて、逆に、自然的に人間の間にありうる肉体的不平等のようなもののかわりに、道徳上および法律上の平等をおきかえるものだということ、また、人間は体力や、精神については不平等でありうるが、約束によって、また権利によってすべて平等になるということである」[*24]。

だが、社会契約は「契約」という仕組みそのもののうちに原理的な排除を含んでいる、契約をとり結ぶ能力のない者――たとえば重度の知的もしくは身体的損傷のある人びと、言語能力のない動物――に

*21 ドゥルーズ／ガタリ、前掲書、一二八‐一二九頁。
*22 同書、一三九‐一四〇頁。
*23 ジャン＝ジャック・ルソー『社会契約論』桑原武夫・前川貞次郎訳、岩波文庫、一九五四年、五二頁。
*24 同書、四一頁。

契約は不可能である、という論理によってである〔I-2 動物保護区《アニマル・サンクチュアリ》の平和〕。社会契約説の現代的な展開であるジョン・ロールズの「無知のヴェール」という仮説にしても——そこから導き出される結論が参加者の相互に対して有利であると個々人が判断できる合理主義的な知性が前提とされるために——この難点を免れていない。したがって現在では、社会契約説による包摂の不可能な他者の可視化によって、それらと異なる取り組みが求められるようになっている。女性、乳幼児、老人、病者、障碍者、外国人といった社会契約的な平等のモデルから外れる人びと、つまり契約にもとづく社会への参加が困難な人びと、さらに人間以外の動物に対する公正さである。哲学者マーサ・C・ヌスバウムが——経済学者アマルティア・センの提起した「ケイパビリティ（潜在能力）」というパラダイムを応用して——主張する「ケイパビリティ（可能力）・アプローチ」は、社会契約説の限界を補完する政治的リベラリズムのひとつの典型であり、国民国家という領域を超えて拡大するグローバル資本主義の倫理的な骨格を補強する取り組みであるといえる。

　ヌスバウムによれば、ケイパビリティ・アプローチはある人が「行ったことから得られる満足」ではなく、「その人が何をするのか、何をできる立場にいるのか（その人の機会や自由は何か）」について、さらに「その人が利用可能な資源」についてだけでなく「十分に人間らしい生き方ができるようにそれらの資源が役に立っているのか」を問う試みである。ヌスバウムのケイパビリティはアリストテレスのいう「善く生きること」、現代では「人間の尊厳」と呼ばれる観念が基盤となっている。ヌスバウムは、とりわけ発展途上国におけるケイパビリティの「閾値」——生命、健康、感情、共生、環境などといった各領域における、それ以下では人間らしい生き方ができないとみなされる最低限の水準——を重視する。それは潜在能力というよりも、むしろ潜在的な能力を現実化するための前提条件なのである。

可能力アプローチは、その多様でかつ時間軸上で複雑に変化する人格の構想のため、力と能力において「等しい」ものとしての人格という契約主義的な人格の構想と、何ら類似のものを持たない。人びとは資源とケアに対するニーズにおいて大いに異なるし、同じ人でも人生のどの時点にいるかによって非常に異なるニーズを持つだろう。可能力アプローチがほかのアプローチに優るものとして推奨された当初、その強みのひとつがこの多様性を認めるという力量であった。人びとは「別個独立」とも想像されていない。人びとは政治的な動物であるから、人びとの利害関心は、他者の利害関心と、生涯を通じて全面的に深く関係しており、人びとの目標は分かち合われた目標となっている。人びとは政治的な動物であるから、一生のうちある段階では他者に非対称的に依存するのであり、なかには生涯を通じて非対称的な依存の状況にあり続ける人もいる。[＊25]

ヌスバウムはケイパビリティのひとつとして「善の構想を形成しかつ自らの人生の計画について批判的に省察することができること」と述べている。これは政治的・宗教的・市民的自由の擁護を含意しているが、そうした自由の可能性は、各人の置かれている内的・外的状況によって異なるだろうし、その人自身の生涯においてさえ年齢や身体などの状態によってまったく異なる。たとえ健常者であろうと人生の終末期には例外なく「非対称的な依存の状況」に甘んじるしかない。それらの「多様性」を一律に「等しい」とみなすのは不可能だが、ただし多様性のもとでの自由を可能にする最低限の条件――ケイパビリティの閾値を確定するべきである。「諸個人の平等な尊重は、一人ひとりの人間の諸々の可能力

＊25　マーサ・C・ヌスバウム『正義のフロンティア　障碍者・外国人・動物という境界を越えて』神島裕子訳、法政大学出版局、二〇一二年、一〇四頁。

を促進することと、人びとからまっとうな人生の機会を奪う世界システムの構造的特徴を除去することとへのコミットメントによって、示される」[*26]。ケイパビリティ・アプローチにおいて平等に相当する概念――「適切性」と呼ばれる――をこのように理解するならば、それは条件の平等のもとでの自由競争を建前とする資本主義市場の理念に充分に適合的であることがわかる。汚辱に塗れた人びとの生はケイパビリティの閾値を超えることで市場への参入が可能になるだろう。だが、ケイパビリティの閾値という現在のグローバルな政治的秩序にもとづくリベラルな価値観で人びとの生を裁断することがつねに正当化される保証はない。それはむしろグローバルな資本主義による生の全面的な包摂、つまり「民主主義的帝国主義、植民地主義的民主主義」の典型である。

ヌスバウムの主張が典型的なパターナリズムであるのはたしかであるとしても[*27]、問題はむしろそれが資本の拡大に加担し、かつ従属していることである。ケイパビリティ・アプローチがあくまでも現状のグローバルな秩序の護持を目標としている以上、それは資本主義社会において社会的弱者にも契約や交換に準じる相互関係を可能にするケアや教育を中心とした啓蒙のプロジェクトの一環という位置づけを超えることはない。ヌスバウムはケイパビリティを追求するために国民国家が必須であると主張している。「高度に道徳的なグローバリズムでさえも、その中核には国民国家を必要とする。[……]従って、ケイパビリティ・アプローチの基本的役割は、国家の憲法の土台をなす政治原理を与えるという役割に変わりはない」[*28]。ヌスバウムが「依存」と呼んでいるのは、たんに個々人の現実の生のありように限られてはいない。「連帯」は依存と表裏であり、その積極的な表現なのである。現在の国際世界もまた、そのような依存あるいは連帯によって成立している。ヌスバウムはケイパビリティ・アプローチを現代のグロティウス的な「自然法」として位置づけているが、それが現実的な実効性をもつためには国民国家の権原が必須なのであり、しかも国家には強力な道徳的権限が付与されているのである。

ヌスバウムが「グローバリゼーション」をセンのように直截に擁護しているとは考えづらいが[*29]、しかしケイパビリティ・アプローチがグローバル資本主義の引き起こすさまざまな「トラブル」を管理する施策として構想されているのは明白である。それは発展途上国において不平等な状況に置かれている人びとの生活を改善する取り組みであるという意味で、グローバルに拡大した資本主義社会の「再配分」をめぐるひとつの方法論なのである。

一方、アイデンティティをめぐる「トラブル」を解消するための、再配分とは異なる社会的な包摂として「承認」という概念が登場する。元来はヘーゲルに由来する——ヘーゲル研究者のチャールズ・テイラーやフランクフルト学派の思想家アクセル・ホネットらによってアイデンティティ概念と接合された——この概念は、共産主義の失墜が決定的になった一九九〇年代にアイデンティティ・ポリティクスという名称とともに浮上してきた。政治哲学者ナンシー・フレイザーは「承認の政治が目指す目標をきわめて簡潔に定式化するとすれば、それは差異を肯定的に扱う世界、すなわち、対等な敬意を受ける代

＊26　同書、三六九頁。
＊27　ディネシュ・J・ワディウェル『現代思想からの動物論——戦争・主権・生政治』井上太一訳、人文書院、二〇一九年、三〇二頁。
＊28　ヌスバウム『女性と人間開発』池本幸生・田口さつき・坪井ひろみ訳、岩波書店、二〇〇五年、一二五頁。
＊29　アマルティア・セン『アマルティア・セン講義　グローバリゼーションと人間の安全保障』加藤幹雄訳、ちくま学芸文庫、二〇一七年、四〇 - 四一頁。「グローバリゼーションに関しては、世界中の貧しい人々にとっても、富める豊かな人々にとってもグローバリゼーションが同様に必要である、と理解するだけでは十分ではありません。貧しい人々が必要としているものを、グローバリゼーションによって現実に取得できるようにすることが重要なのです」。

償としてマジョリティや支配的文化規範への同化がもはや求められることのないような世界である。たとえば、ジェンダーの差異のみならず民族的マイノリティ・「人種」的マイノリティ・性的マイノリティに特有なパースペクティヴの承認への要求である」[30]と述べている。再配分が社会的・経済的な公正さに力点を置く是正の取り組みであるとすれば、承認は文化的そして精神的な価値と構造の改革を目標とする取り組みであるといえる。

　アイデンティティをめぐる再配分と承認というふたつの概念が、『雪の練習生』では、サーカス団で動物のケイパビリティを開発する規律訓練《ディシプリン》（「祖母の退化論」「死の接吻」）から、人間による動物のアイデンティティの承認（「北極を想う日」）への移行として描かれている。「北極を想う日」でのベルリンの動物園は、ホッキョクグマのクヌートにとってほかの動物たちとの多文化主義的なオピニオンとコミュニケーションの場であり、クヌートにとって飼育員のマティアスはサーカスの調教師とは異なり、「男性的母親、いや、母性的男性」である。マティアスは規律訓練や労働を通じてクヌートを人間化するのではなく、むしろ一種の対話を通じてホッキョクグマとして生きていくのに必要な「習慣」――たとえば水の中で泳ぐこと――を伝える。そしてホッキョクグマらしいホッキョクグマに成長することそれ自体が動物園のショーとして公開される。クヌートの夢にクヌートのご先祖があらわれ「誰にも教わらないで、たった一人で舞台を作っている。しかも、めずらしいことをやってみせるだけではなく、普通に遊んでいて、それが面白く見えるように工夫している。これは新しい芸術かもしれない」[31]と語りかける。それはつまりクヌートがホッキョクグマとしてのアイデンティティをみずから肯定するという、承認をめぐる典型的なアイデンティティ・ポリティクスのアレゴリーなのだ。

　それぞれのアイデンティティという差異の肯定がアイデンティティ・ポリティクスの目標となるが、しかしそれが必然的にともなう「トラブル」とどのように向き合うべきなのか〔**二〇一七年の放浪者《トランプス》**〕。ここでの「政治」とは、要するに個別としての差異を差異のままいかにして普遍に統合しうるのか、という問いである。たとえばテイラーの承認が多文化主義的な差異を「対話的関係」によって共同体に包摂し、ホネットの承認が国家・市民社会・家族という各領域において制度的な保障を通じた自律的な主体の実現を意味するのに対して、ホネットを批判するフレイザーは、マイノリティを再分配によって経済的に包摂しつつ、そのアイデンティティを脱領土《テリトリー》化する方向へとおもむく。

現在ではPC（ポリティカル・コレクトネス）として総括されることも多いこれらの理念は、グローバル資本主義の相対的かつ超越的脱領土《テリトリー》化によって推力を得つつ、同時に社会制度化されてきた。[*32] 解放の理念であったはずのフェミニズムが「新自由主義の新たな精神に主要な材料を提供してきた」[*33]というフレイザーの批判――「フェミニズムと市場化の「危険な関係」」――は、現在のそのほかの「差異の政治」にも該当する。PCは民主主義《デモクラシー》と同時に官僚《ビューロクラシー》制によって機能している。つまり対抗的な政治である以上にむしろ社会の統治にかかわるのであり、その最善の方策はゾーニング、社会の「動物園」化である。

＊30　ナンシー・フレイザー、アクセル・ホネット『再配分か承認か？――政治・哲学論争』加藤泰史監訳、高畑祐人・菊池夏野・舟場保之・中村修一・遠藤寿一・直江清隆訳、法政大学出版局、二〇一二年、八頁。

＊31　多和田、前掲書、二七一－二七二頁。

＊32　アイデンティティ・ポリティクスとポリティカル・コレクトネスという概念の歴史的な経緯とねじれにかんしては、綿野恵太『「差別はいけない」とみんないうけれど。』（平凡社、二〇一九年）の「第一章　ポリティカル・コレクトネスの由来」を参照。

＊33　Nancy Fraser, *Fortunes of Feminism: From State-Managed Capitalism to Neoliberal Crisis*, London: Verso Books, 2013, p. 220.

だが、ＰＣに対してその不正義を指弾する正義は、ＰＣの正義とはたして区別できるのだろうか。たとえ世界が動物園にすぎないとしても、わたしたちはアイデンティティという概念をもはや否定すべくもない。しかしグローバルな規模での「構造的不正義」（アイリス・マリオン・ヤング）を強調して、承認や再分配を再批判する場合、それもまたＰＣ的な統治に加担するほかはないはずだ。「法制度と規制を課す諸制度は、たしかに構造上の社会プロセスの要素であり、不正義を生んだり、妨げたりしている。［……］しかしながら、どのように不正義が生まれ、再生産されるかを理解するためには、ビジネス、コミュニケーション媒体、そして、一般の人びとの余暇や消費の趣向に関するルールや実践についても目を配らなければならない」*34。つまり再分配を規定する生産および所有のシステムについて問わなくてはならないということだ。だが、それは変革といいながらも、実際にはグーグルやアマゾンによって開拓され、それにつれて拡大する「ルールや実践」の後追いにしかならない。民族や性にとどまらぬアイデンティティの「無限の「等々《エトセトラ》」」は、資本とテクノロジーの力能によって現実を日々超過しつづけている。資本とテクノロジーが創造する新たなアイデンティティはこれからも——それらが存続するかぎり——拡張していくだろう。ＡＬＳという難病に冒されながら世界的な物理学の権威となったスティーヴン・ホーキングのような稀有な一例を思い起こすまでもなく、電子メールや仮想通貨、さらに無数のプラットホームにおける「わたし」たち——個々人が所有する複数のアイデンティティ——の増殖の速度を想像してみればいい。資本主義は近代的な国民国家のうえに再領土《テリトリー》化する必要がある、とドゥルーズが指摘するのと、それらはうらはらな関係にある。アイデンティティ概念が実効的に機能するには、それがナショナルな領域において人権として保障されるしかない。再配分も承認もどちらも統治を目標とする以上、それは当然である。

「天空ですら水平的」なこの地球上に再領土《テリトリー》化された諸アイデンティティが並立するさまは、動物園という隠喩がたしかにふさわしいものだ。「もちろん動物園という場所はとてつもなく大きくて、前を通り過ぎるだけで言葉を交わせなかった生き物もたくさんいた。キリンや象は遠景をゆっくり揺れながら移動して行く影にすぎなかった。虎は、緑の庭園を右へ、左へ、右へ、左へと機械のように行き来するロボットだった。アザラシはテカテカ黒く魅力的に輝いていた。それを見てクヌートはあやうく柵の下をくぐって、飛びかかっていきそうになった。間一髪というところでマティアスが引き留め、それ以来アザラシのところへは連れて行ってくれなくなった。ホモサピエンスとそっくりな動物もいた」[*35]。動物たちの生は動物園が利益を産むための展示物であり、たとえかれらが魂を奪われたロボットのような存在であろうと、わたしたちはそれらにまるで無関心だったり——ときに性的な対象として——愛玩したりするだけだ。むろんわたしたち自身がせいぜい人間に似たなにものかにすぎない。飼育員たちはそんなわたしたちをやさしく保護し、かつ監視している。でも、この世界にはなにかが欠落している、とわたしたちはぼんやりと考える。運動の停止した内在においてふたたび製造されるのが超越である、とドゥルーズは断言する。「ひとは内在的なものの内部での超越を思考したがっており、そしてひとが期待している断絶は、まさに内在の断絶である」[*36]。「内在の断絶」とは死であり、ここでの超越とは死者の回帰である。それもまた超越的脱領土《テリトリー》化による形象の一種なのだ。マティアスが動物園を辞め、その後心臓発作で死んだと知らされて「喪という黒い毛布に身をくるんで」いたクヌートは、ある日ベルリン市長からパーティに招待される。そのパーテ

＊34 アイリス・マリオン・ヤング『正義への責任』岡野八代・池田直子訳、岩波書店、二〇一四年、二一一頁。
＊35 多和田、前掲書、二六二‐二六三頁。
＊36 ドゥルーズ／ガタリ、前掲書、七〇頁。

ィでクヌートは「真っ白なセーターを着た〔……〕ちょっと猫的ではあったが、美しい顔をした男」と出会う。「ミヒャエル」と名のるその男——子どもの頃から舞台に立ち、すでに引退していたが有名な歌手だったという——は、クヌートのもとに——おそらくはまぼろしの映像として——「毎晩遊びに来るようにな」る。だが、ある日、古新聞にミヒャエルの死亡記事が載っているのを見つけたクヌートは、そのことを思わずミヒャエルに話してしまう。「ミヒャエルが遊びに来なくなってから何日くらいたっただろう。〔……〕何を楽しみに待ったらいいのか分からない。両親と再会する日だろうか。それともお見合いの日だろうか。本音を言えばまたモーリスとパーティに行きたい。外に出たい。お見合いなんかしたくない」[*37]。死者たちがステップを踏む領域——「家はどこにあるんだ」と訊ねるクヌートに「君は月の上を歩いてみたことがあるかい」とミヒャエルは答える——として夢みられる動物園の外……。

脱領土《テリトリー》化する鯨

大江健三郎が一九九九年に刊行した長篇『宙返り』は、そのもっとも重要な参照先として旧約聖書「ヨナ書」を引用している。プロットの中心にあるのは、神を幻視する「師匠《パトロン》」と、その幻視を言葉に換えて伝道する「案内人《ガイド》」が——オウム真理教の隆盛とほぼ同時期に——有力な新興教団をつくりあげながら、教団の急進派の立案した原子力発電所の占拠計画をきっかけにふたりが「転向」したという事件である。急進派のテロを阻止するために、師匠《パトロン》と案内人《ガイド》は「人類の救い主を演じ、世界の終りへの預言者を演じることを楽しんで」いただけだ、という声明を公表し、棄教する。それから一〇年間の沈黙ののち、師匠《パトロン》と案内人《ガイド》はふたたび信仰に回帰し、新しい運動を開始する——。「隠れた神」という主題を正面から取り上げた小説は、遠藤周作『沈黙』（一九六六年）をはじめ日本文学史上にいくつかかぞえることができる。だが、『宙返り』にはオウム真理教と教祖・麻原彰晃について具体的に言及する部分もあり、フィクションとしての構想そのものが一九九〇年代のアクチュアルな社会の動向とじかに接したものであると同時に、前作『燃えあがる緑の木』（一九九五年）の設定の一部を引き継ぐことで――師匠《パトロン》が新たに始めた「「新しい人」の教会」は「「燃えあがる緑の木」の教会」のあった四国の森に本部を移設し、かつての信者たちを受け入れる――この作家が八〇年代から持ち越してきたモチーフ、さらにとりわけ初期の作品に色濃くあらわれている「転向」という主題がそこに重ね合わされており、その結果、小説全体が異例なまでに錯綜した言説として隆起することになった。「ヨナ書」はこうした重層的な言説の層を統合する象徴的なモチーフとしてたびたび言及され、この長篇の「紋中紋」のように「「新しい人」の教会」の礼拝堂のための「三枚続き《トリプティク》の絵」の題材とされる。

――三枚続き《トリプティク》の絵となれば、最初の一枚はヨナが鯨の腹のなかにいる情景にしたい。「主の言葉」がヨナに臨んで、ニネベの住人の悪を告発せよ、という。ヨナは逃げ出す。その発端でも、嵐の船の上で異教徒の船長やら船員に問いつめられるところ、続いて海に投げ込まれるところでもいい。しかし大きい魚に呑み込まれての三日三晩に、次への展開のすべてが組み込まれているわけだから。[＊38]〔傍点引用者〕

師匠《パトロン》から絵画の制作の依頼を受けた画家の木津が、恋人である育雄――木津とともに師匠《パトロン》に帰依し、「よな」とあだ名される――に語った言葉である。ここにあるとおり、ヨナは神の言葉を聞きながら、

＊37 多和田、前掲書、三二九頁。
＊38 大江健三郎『宙返り（下）』講談社、一九九九年、一三六頁。

「主の御顔を避けて」遠くタルシシュという土地へ船で逃げ出そうとする。「ヨナ書」のこの冒頭のエピソードが、師匠《パトロン》と案内人《ガイド》の「宙返り」に擬されている。「鯨」あるいは「大きな魚」と呼ばれる生物の正体はよくわからないが、このエピソードがキリスト教で大きな意味をもつのは、新約聖書でイエス・キリストが直接ヨナに言及しているからである。つまり「ヨナが三日三晩大魚の腹の中に居たように、人の子もまた地の心部に三日三晩居るであろう」[*39]という「マタイ福音書」のイエスの言葉が、イエス自身の死と復活を預言していると考えられているからだが、木津はヨナとイエスの予型論的な関係を踏まえつつ、そこから大きく逸脱したイメージを呈示する。「大きな魚」から吐き出されたヨナはニネベに向かい、ニネベの滅亡を宣言する。神の怒りを知ったニネベの人びとは悔悟し、それを知った神もかれらを赦す。三枚続き《トリプティク》の絵の二枚目では、転向した神に不満を述べるヨナが、神がヨナのために植えた「とうごまの木」の傍らで怒っている情景、中央のもっとも大きな三枚目は、燃えあがるニネベの市を背景に、育雄をモデルにしたヨナと、「ヨハネ福音書」にあるイエスの復活後のエピソード――イエスの復活を疑う使徒トマスは槍で刺されたイエスの脇腹の傷痕に触ってそれを信じる――とおなじく脇腹に傷痕のひらいた師匠《パトロン》が対峙する情景である。それは師匠《パトロン》のなかにある、怒れるヨナと赦すイエスという、相反するふたつの人格の表現といっていいのかもしれない。「額と口のかたちはもとより突き出した耳が犬の頭のようで、しかもそのまなざしは異様に美しい少年」[*40]〔傍点引用者〕として登場する育雄は、ヨナのように、あるいはモーセのように「ヤレ!」という神の「呼びかけ」を聞き、自分を性的に虐待していたアメリカ人の保護者を殺害した、という過去をもっている。育雄もまたひとりの「ルナ・プーマ」なのだといってよい。ただしかれの「捕食」の対象は神である。師匠《パトロン》は「「古い人」である私が、「新しい人」である若者と向かい合って、一緒にことを起こそうとしているヴィジョン」と解釈するのだが、両者が協調しているのか対立しているのかは定かではない。というよりも、師匠《パトロン》の宥和的なヴィジョンそのものに対する——師匠《パトロン》自身による——抵抗がこの長篇の主題なのである。
師匠《パトロン》と案内人《ガイド》の「宙返り」が、ここでの超越的脱領土化《テリトリー》の始まりである。まず指摘しておかなくてはならないのは、メソポタミア北部にあった古代アッシリア帝国の首都ニネベの住民たち——とりわけ言及されるのが「十二万以上の、右も左もわきまえぬ人間と、無数の家畜」、つまり子どもたちと動物——が、旧約聖書の預言者にとっては異教徒であったという点である。「ヨナ書」にはアジアの帝国的統一やユダヤ一神教を超えた、メソポタミアからパレスチナ、地中海を横断する広大な絶対的脱領土《テリトリー》化の流れがはたらいている。その作用を形象化したのが「大きい魚」なのである。ヨナの怒りはこの絶対的脱領土化《テリトリー》への拒絶を前提としなくては理解できない。作中にも引用される「埴谷雄高訳、ウォルインスキイ『偉大なる憤怒の書』」には、ヨナは預言者の祝福が「次第に異教徒達へ移りゆくことを予覚」して布教を放棄し、自殺したと記されている。それに対して、師匠《パトロン》が対置するのは新約聖書のパウロの書簡とされる「エフェソの信徒への手紙」からの次の引用である。「対立する双方を御自分において独りの新しい人に造り上げて平和を実現し、十字架を通して、両者を一つの体にして神と和解させ、十字架によって敵意を滅ぼされる」。「対立する双方」とは、ここではユダヤ人とそれ以外の異邦人をさす。つまりヨナのナショナリズムに対して、異邦人を包摂するリベラリズムが含意されている。続く箇所には「従ってあなた方はもはやよそ者、寄留者ではない。聖者たちと共同の市民であり、神の家の者なのである」[*41]とあるが、ここを田川建三訳で引用したのは、これが異邦人に対するユダヤ人の「差別意

＊39 『新約聖書　訳と註　第一巻』田川建三著訳、作品社、二〇〇八年、七九頁。
＊40 大江『宙返り（上）』講談社、一九九九年、九頁。
＊41 『新約聖書　訳と註　第四巻』田川建三著訳、作品社、二〇〇九年、六四頁。

識の表現」である、と田川が明確に指摘しているからである。田川によれば「聖者たち」は「ユダヤ人出身のキリスト信者を指す。異邦人出身の信者は意識的にこの概念の中に加えられていない」[*42]。つまりこの「いわゆるパウロ書簡」の著者は、わざわざ「聖者たちと共同の市民」と書くことで異邦人が「もともと「市民」であるのではなく、あくまでも、後になってからその「市民」たちと「同等」とみなしてもらっ」たにすぎないと暗に示しているのだ。この批判がけっして曲解ではないのは、師匠《パトロン》がのちに教団内の諸セクトと決定的に対立する「夏の集会」で育雄を「男色家の悪魔」と罵っていることにもあらわれている。大江はそのことによって師匠《パトロン》の宗教的なリベラリズム――「混交宗教《シンクレティズム》の性格の露わな宗教観」と登場人物のひとりに批判される――による超越的脱領土《テリトリー》化が相対的で限界のあるものにすぎず、その包摂が同時に致命的な排除を孕んでしまうことを明示しているのだ。

「「新しい人」の教会」の和解と平和のヴィジョンは、たびたび言及されるオウム真理教が開示した超越的なものへの希求に対する批判的な応答であるとともに、天皇制への批判も含んでいる。一〇年前の「宙返り」は、ひとまずは超越をめぐる思考の放棄とみなしてよい。だが、ふたりの信仰への回帰は、たんに超越性の回復といっていいのだろうか。案内人《ガイド》は「長崎の市内の出身で、赤んぼうの時に原爆を受け」ている。古くからのカトリック信者の家系でかれも幼児洗礼を受けたが、高校時代に「イエス・キリストと天皇陛下と、どちらが上にあるか？」というジレンマに悩んで教会を脱け、それ以来、キリストに替わる者を作り出そうと試みてきた、というのがかつて「宙返り」を取材した記者の解釈なのである。原発の爆破を目論んでいた急進派が案内人《ガイド》の指揮下にあったことと、それは矛盾しない。つまり案内人《ガイド》にとっての信仰は、オウム真理教のそれとほとんどおなじ位相にあったということだ。しかも活動を再開した直後に案内人《ガイド》がかつての急進派によって拉致監禁され、死にいたることになりながら、この内ゲバじみたリンチ殺人の責任が問われることがいっさいないという欺瞞的な成り行きは、初期の短篇「偽証の時」（一九五七年）とほとんど同一である。[*43] もちろん誰よりも欺瞞的だったのは、「宙返り」をしながら、ふたたび教団を立ち上げた師匠《パトロン》と案内人《ガイド》である。しかしかれらをすら受容するのが「新しい人」の教会」の信仰とされるのだ。そこでは欺瞞を赦しとして受け入れるだけでなく、「聖者たち」と「異邦人」つまり「古い人」と「新しい人」との位階《ヒエラルキー》が逆転している。望まれているのは、相対的なものにとどまる超越的脱領土化《テリトリー》の絶対的な超越への反転である。再転向後の師匠《パトロン》が「反キリスト」を自称するのは、こうした価値転換をひとまず肯定することを意味している。しかしそれは結局、象徴天皇制のもとでの戦後民主主義の現実を追認し、相対的脱領土化《テリトリー》の形象とすることにとどまるのではないか。

「新しい人」の教会」のメンバーには、かつての急進派の一部による「技師団」、一〇年前の「宙返り」ののちも非転向を貫き、独自の組織を維持してきた「静かな女たち」、そしてその土地の「燃えあがる緑の木」の教会」の流れをくむ「童子の蛍」、さらに東京から師匠《パトロン》に従って独自の立場で参加した木津や育雄らを含めいくつかの会派が存在する。それらはテクノロジー、フェミニズム、ナショナリズムといったこの時期の日本の社会で勢力を得ていたそれぞれの思潮のアレゴリーとなっている。それらの諸会派のいずれからもやや距離をとった登場人物のひとりは教会と師匠《パトロン》の状況をこう分析する。

——私の見方ですとね、やはりいまも師匠《パトロン》には「宙返り」のことが大きいんです。あれによって自

＊42 同書、五五五頁。
＊43 「偽証の時」「火山」をはじめとする大江健三郎の初期作品における「監禁」という主題の根源性については、梶尾文武「大江健三郎ノート　第1回・第1章　一九五四年の転向」（「文学＋」一号、凡庸の会、二〇一八年）を参照。

分の神をコケにした。いまも原理的には、そこから再転向していない。そうである以上、新しい教会を建てるにあたって、スタンスが単純であるはずはないでしょう?

あの人は反キリストとして一貫するにしても、教会を建てるとなれば、キリストの父なる神の教会でしょう? そこで反キリストの自分が表だった位置におさまることはできない。「新しい人」の教会といういい呼び名を、あの人は見つけ出した。つまりその教会を建てながら、自分は「古い人」だと覚悟している、そういうことですよ。

かれの立場から見れば、「新しい人」の教会が初めから複数のセクトによって運営されるというのは、むしろ望ましいあり方でしょう。それらのセクトの競い合いで、教会が多面的に進展する。リーダーシップをとることのない者として、それを脇から見ている。師匠《パトロン》はね、こういうスタンスでいたいんだと思います。[*44]

「宙返り」は超越を廃棄することで、結果として政治的なものを再興するにいたった。それがここで語られている複数の「セクトの競い合い」である。教会の運営は各セクトが競合する一種の共和制にもとづき、師匠《パトロン》は主権をもたない元首として「それを脇から見ている」。「「新しい人」の教会」は日本という国家に対する潜在的な対抗権力である。ラクラウの用語を借りるなら、師匠《パトロン》の「宙返り」は、個別的な各セクターの要求を「等価性の鎖」として表象する「空虚なシニフィアン」となる。「それらの諸要求のそれぞれは、その個別性において、他のすべてと異なる[……]。けれども、圧政的体制に同じように対立する限りで、それらはすべて互いに等価である」[*45]。その「個別性」は、たとえば「反原発」でも「反差別」でも「反国家」でもかまわず、かれらの諸要求を普遍化する場が「「新しい人」の教会」ということになる。だが、今日であれば「ポピュリズム」として概括されるであろう、そうした政治戦略は戦後民主主義という政治の場となにが異なるのだろうか。「人間宣言」をした師匠《パトロン》、象徴天皇としての、無の場としての師匠《パトロン》……。かつて案内人《ガイド》は「自分らの時代に、苦しみと死によって聖なるものとなったしるし。それにこそ、生命と再建の道を照らしだす価値がある」と考え、しかし「占領下の憲法改正で日本と日本人の象徴ということになった天皇は、本当にさきのような存在だろうか、と疑いを示す」ことがあった。むしろその「しるし」が——のちの『晩年様式集《イン・レイト・スタイル》』(二〇一三年)の結末に掲げられた詩から引用すると——「伝統を拒み、社会との調和を拒んで、／否定性のただなかに、／ひとり垂直に立つ」[*46]者のことだとすれば、師匠《パトロン》こそそれだ、というのが案内人《ガイド》の信仰だったのであり、さらにいえば「宙返り」から一〇年間の「地獄」を経て師匠《パトロン》は真にその資格を得たといえるのかもしれない。だが、案内人《ガイド》のこうした解釈は、天皇にも第二次世界大戦の敗戦によって形式的にはその資格があった、ということが前提となっている。つまり天皇の人間宣言が最初の「宙返り」となるはずだったのだが、それはまだ真の「悔い改め」となっていない、ということである。それ自体は、たとえば江藤淳が戦後民主主義を「虚妄」であり「虚構《フォニイ》」であると語りつづけてきた——その有形無形の影響は現在の憲法「改正」の大きな流れに及んでいる——ことと、論理的にはおなじ位相にある。ただし案内人《ガイド》が主張するのは、江藤のような「戦後」それ自体の否認ではなく、転向のさらなる深化であり徹底化である。すなわち「否定形のただなかに」あるラディカルな民主主義であり、民主主義の——否定ではなく——脱構築である。ヨナは子どもたちと動物を滅ぼすことを恐れて神から逃亡するが、神の差し向けた「大きい

＊44　大江『宙返り（下）』前掲書、三三三頁。
＊45　ラクラウ『ポピュリズムの理性』澤里岳史・河村一郎訳、明石書店、二〇一八年、一七九頁。
＊46　大江『晩年様式集《イン・レイト・スタイル》』、講談社、二〇一三年、三二八頁。

魚」に呑み込まれ、その腹の中に三日三晩あったのち、「悔い改め」てかれらの絶滅を声高に主張する。その徹底した身ぶりは、「動物」をめぐる正義が「獣」による不正義に反転するという、おなじ時期のジャック・デリダの思考にほとんど一致しているように思われる〔Ⅰ-2 **動物保護区《アニマル・サンクチュアリ》の平和**〕。

民主主義は回転する

二〇〇一年の「九・一一」――ニューヨークのワールド・トレード・センターとアーリントンのペンタゴン（アメリカ国防総省本庁舎）を襲った旅客機による自爆テロ事件――の翌年、デリダは「来たるべき民主主義」と銘打たれたコロックで「強者の理性（ならず者国家はあるか？）」というタイトルの発表を行っている。デリダはそこで民主主義を「車輪」という形象に結びつける。民主主義が「民衆（demos）の権能にして自権性」を意味するとすれば、「そこでは社会は円環的に、「自らによって、そして自らの上に働きかける」」、「円環的に、あるいは代わるがわる、人民は「万物の原因にして目的であり、すべてはそこから出てそこに吸収される」」と、一九世紀フランスの政治思想家アレクシ・ド・トクヴィルの『アメリカのデモクラシー』を引用してデリダはいう。すなわち人民の「主権は丸い、それは丸くすることである」[*47]。

人民の権力は人民自身によって、人民自身に対して行使されるのであり、このような人民主権の自己回帰的な本性が車輪に擬せられる。そこには語源的に「回転する」という意味を孕む「革命（revolution）」、「捻る」から派生した「拷問（torture）」がかかわってくる。「宙返り」は「方向転換する」という意味での「転向（conversion）」の円環性をより強調した形象であり、革命の逆回転であり悪循環でもある。回転とはつねに自己への回帰であり、自己の固有性のうちに己を閉ざす。それは真無限の形象である。「回転は、全体であることに存する」。この円環性の全体を保持するために、民主主義はつねに両立不可能なふたつのことを同時に欲してきた。――「排除」と「歓待」である。
それは一方では、男たちしか迎え入れないことを欲してきた。それも彼らが市民、兄弟、同類であることを条件に。他の者たち、特に悪しき市民――ならず者――たち、非‐市民たち、そして似ていない、見分けがたい、どんなたぐいの他者たちをも排除することによって。そして他方では、民主主義は同時に、あるいは代わるがわる、これらすべての排除された者たちに、おのれを開くこと、歓待を差し出すことを欲してきた。他の場所で私が取り組んでいる問題だが、このいずれの場合にも、この歓待が、限定された、条件つきの歓待にとどまることを思い出そう。しかし、この制限された空間においてさえ、この一方あるいは他方をなすことは、ときには〔回ごとに parfois〕一方および他方を、ときには両方を、同時に、そして／また代わるがわるなすことは、民主主義にかなったことである。ならず者たち、あるいは車裂きの刑に処されて然るべき狡猾漢たちは、ときには兄弟、市民、同類である。*48

人民とは誰か。それは「市民、兄弟、同類」である。あるいはむしろ「悪しき市民――ならず者――たち」を「排除することによって」かれらは人民たりうる、というべきであろう。なぜなら「ならず者」とは権力の円環性を否定する者であり、人民であることをみずから否定する者だからである。人民であることを否定するのは、もとより人民ならざる者だけではない。人民自身が人民ならざる者になる場合も大いにありうることである。人民とは民主主義の名のもとに歓待する者であると同時に歓待され

＊47 デリダ『ならず者たち』鵜飼哲・高橋哲哉訳、みすず書房、二〇〇九年、四〇‐四二頁。
＊48 同書、一二九‐一三〇頁。

る者であり、排除する者であると同時に排除される者である。だが、円環には唯一の不動の点、真無限を成立させる不動の中心がある。歓待すべき者を歓待し、排除すべき者を排除する者、それを決定し、それを遂行するのが主権者である。

主権とは——すくなくとも理念としては——無条件であること、「分割されえぬ特異性（神・君主・人民・国家・国民国家、等々）の唯一点に絶対的な権力と例外とが集中していること[*49]」である。主権者は「例外」について決定する例外者、法＝権利を停止する権利をみずからに認める者である。「民主主義が実効的であるために、その理念が活用されるような法に、すなわちまた実効的な権力に場を与えるために、民主主義は、デモスのクラシーを、ここでは世界的デモスのクラシーを要請する。したがって、それは主権を求める、すなわち、世界の他のすべての力よりも強い力を[*50]」。デリダがここで言及しているのは九・一一以降、アメリカ合衆国が国際法や慣習を実質的に無視し、事件の主犯として名指ししたイラクのフセイン大統領に対する復讐劇のようにして仕組んだイラク戦争（二〇〇三年）のことである。アメリカは、そのときグローバルな民主主義の秩序を擁護するという口実で民主主義の原則を裏切ったのであり、民主主義を裏切ることで民主主義を擁護するとしたのである。要するにアメリカはグローバルな民主主義の秩序の主権者としてふるまい、そこから排除されるべき者、「ならず者国家 rogue State」としてイラクを指定したのだ。「獣」とは、それを排除する者の名前である。「獣は主権者である、主権者は獣である[*51]」。

これは初期デリダの主題である「パルマコン」が毒薬にして治療薬であるという、相反する意味を担っているのと同型のダブルバインドだが、デリダの一九九〇年代の歓待という主題は、民主主義におけるこの解消不可能な二項対立に対する第三項としての——主権によって「限定された、条件つきの歓待」ではなく——「無条件な歓待」にむけられている。「歓待が無条件であるとは、他者の到来に制限なくさらされているということ、法権利を超えているということだ。たしかに歓待は、庇護権・移民権・市民権などによって制約されうるし、カントのいう普遍的歓待を要求する権利――これは依然として市民権ないし世界市民権によって統制されている――によってさえ制約されうる。けれども、こうして制約された歓待を超える無条件な歓待だけが、およそ歓待の概念一般に意味と実践的合理性とを与えうるのだ」[*52]。ありとあらゆる人びとの――人でなしどもの――無条件な歓待はおよそ実現不可能であるにもかかわらず、それを想定しなければ歓待という概念そのものが意味をなさない。条件付きであれ歓待を可能とする――無条件な歓待を不可能とする――のが無条件な主権であり、それが通常、民主主義と呼ばれる。では、無条件な歓待を可能とするのは、条件付きの主権――そんなものがありうるとして――であり、それが「来たるべき民主主義」と呼ばれるのだろうか？　実際のところ、二〇一一年に勃発したシリア内戦で大量に発生した難民を受け入れたEU域内の各国の国民は、その受け入れを無条件な歓待ととらえ、自国の主権が制限されていると感じているのではないのか。それをきっかけとしてEUは今まさに解体の危機に瀕しているのである。

　無条件な歓待、それは有限でありながら際限がない悪無限である。それは、人民の、あるいは人民ならざる者どもの、秩序なき、正義なき、敬意なき、理性なき、際限なき要求――かれらだけではなく「私もまた《Me Too》」――に際限なく応答することであるだろう。際限なき歓待は円環としての全体を、真無限をなすことではありえない。それはつねに全体の剰余としてあらわれる。排除なき歓待とは歓待と排除

＊49　同書、二九三頁。
＊50　同書、一九五頁。
＊51　デリダ『獣と主権者I』前掲書、三三二頁。
＊52　デリダ『ならず者たち』前掲書、二八一－二八二頁。

の回転そのものの最終的な停止である。一方、無条件な歓待に対して「人民は人民である、ならず者はならず者である」と主権者が応答するとしたら、それもまた人民とならず者の回転がいつかそこで停止することを意味する。それらはいずれも民主主義の終わり、あるいは主権者の死である。「夏の集会」で諸セクトに追いこまれた師匠《パトロン》は、亡き案内人《ガイド》をかたどった御霊祭の人形をかぶり、燃えさかる大檜に身を投げて焼身自殺する。師匠《パトロン》の死は「「新しい人」の教会」の根本のかたちをなす戦後民主主義的な理念の延長にあるのではない。むしろかれ自身の教会に抗って民主主義そのものの限界を突きつけたのである。それが来たるべき九・一一を予告するものだった、とはいうまい。しかし『宙返り』が刊行された一九九九年という年は、シアトルでのＷＴＯ（世界貿易機関）への大規模な抗議活動においてグローバルな資本主義体制に対するさまざまな地域や立場からの批判が噴出していた時期でもあった。おそらく日本文学においてただひとり大江のみが、この世界的な政治・経済・思想の潮流に同伴していたのである。

　御霊祭はこの土地の民俗的な伝承で、「鎮められていない魂」を人形として、それをかぶった村民が森から谷間に降りてくる行事である。おなじ御霊祭を換骨奪胎するようなやりかたで村の小さな革命を描いた『万延元年のフットボール』（一九六七年）の鷹四の言葉を流用するなら、師匠《パトロン》の自殺は「想像力の暴動」だったのである。師匠《パトロン》は死の直前の説教を「カラマーゾフ万歳！」というドストエフスキーの最後の長篇小説のセリフの引用で終える。師匠《パトロン》の自殺は案内人《ガイド》の死に対する責務であると同時に、かれの理念の継承でもあっただろう。天皇の人間宣言ではついに成し遂げられなかった真の「宙返り」の実践である。そして「カラマーゾフ万歳！」が、その書かれることのなかった続篇ではロシア皇帝の暗殺者として登場するはずだったといわれるアリョーシャの未来を肯定するものだとすれば、殺された者と殺す者、過去と未来をともに肯定する力能としての無条件な歓待がここではっきりと宣言されていることになる。それは「宙返り」からの、さらなる――あるいは最後の――「宙返り」なのだ。それは作家自身にとっては戦後民主主義という理念のひそかな終焉を画すものでもあったはずである。

師匠《パトロン》という人物造型《キャラクター》は、この長篇小説において麻原彰晃のごとき真とも贋ともつかぬ宗教者として、市民であり同時にならず者でもある存在として召喚された。大江の多くの作品の舞台となった「四国の森」に友人や血縁関係もなく、他にほとんど類例をみない余所者として歓待された。かれ自身が際限のない歓待を受け入れると同時に、それを要求する者だったのである。

師匠《パトロン》に類比されうる、おそらく唯一の例外と思われるのは、『万延元年のフットボール』で「スーパー・マーケットの天皇」とあだ名される、在日コリアンで、村の経済的な支配者でもある男である。かれは暴動と略奪の後もその損害賠償を村民に対していっさい問うことなく、ただ商品を以前よりはるかに高値で村民に売りつけるだけなのだ。師匠《パトロン》がみずからの死によって贖ったものを、かれはやすやすと資本に回収する。それは民主主義と異なり、G―W―G'という無際限につづく直線運動によって剰余を全体に繰り込む資本主義そのものの不滅の姿である。その後、大江自身がほとんど触れることのなかったこの人物形象は、中上健次『地の果て 至上の時』の浜村龍造によって引き継がれることになる〔Ⅱ―2「路地」の残りの者たち〕。

5

黙示録的な獣たち

（町の）外には犬が、薬品（麻薬）を扱う者が、淫行者が、人殺しが、
偶像礼拝者が、そして虚偽を好み行なうすべての者が。

「ヨハネの黙示録[*1]」

田亀あるいは機械状ファルス

一九六一年に文芸誌「文學界」に掲載されながら、長らく書籍化が見送られてきた中篇「政治少年死す（「セヴンティーン」第二部）」——二〇一八年に刊行された『大江健三郎全小説3』に初めて収録された——には、作家自身をモデルとしたと覚しい若い小説家・南原征四郎が「少年愛国者」である「おれ」と遭遇する場面がある。原水爆禁止世界大会の反対活動のために広島に来た「おれ」が地元の右翼団体に接待されていた「キャバレエ」で、南原は同性愛関係にあるピアニストの楽屋の「汚ならしい長椅子」に「ウイスキイの丸瓶を握って寝そべり床においたテープ・レコオダーからのジャズ・ピアノを聴いて唸り声をあげている」。つい先刻、刺殺をほのめかす「おれ」の脅迫にもたじろがなかった南原のこの醜態を見て「おれ」は思う、「《**おまえ**はやはり恐怖からのがれられないんだ、恐怖のなかを匍匐前進するかわりに夜になるとウイスキイや麻薬、同性愛に変ちくりんなピアノ、そんな泥温泉にうずまって傷を癒すんだ、**おまえ**はどんな幻影のなかにも逃げこまないけど、そのかわり腐った汚物槽にいつも漬っていないと不安なんだ、**おまえ**は下向きだ、輝かしいオルガスムのような上向きはおれだ[*2]》」。「おれ」が『輝かしいオルガスムのような上向き」であると信じる、精神的かつ性的な対象はもちろん「天皇」である。しかもそれは「純粋天皇」と呼ばれる、「おれ」が自殺する直前に「暗黒の空にうかぶ

黄金の国連ビルのように巨大な天皇陛下の轟然たるジェット推進飛行」[*3]として視覚化される異形の形象である。この形象の奇怪さは、まずは天皇が巨大ロボットのように上空を「ジェット推進飛行」するという、人間ならざる表象にみられる。人間宣言を詔勅した象徴天皇とも、戦前の帝国陸海軍の大元帥たる天皇――白馬に騎乗する姿がアメリカの雑誌「ライフ」の表紙を飾った――とも異なるこの未聞の表象は、端的に「戦争機械」（ドゥルーズ／ガタリ）としての天皇であり、しかも「黄金の国連ビルのよう」と形容される、連合軍と一体となった、いやむしろ死の暗黒を背景に連合軍の本拠としての国連ビルそのものが菊の紋章の燦然たる輝きを帯びているかのような、現実の敗戦と空想上の勝利とが渾然となったアマルガムである。ただし天皇の軍隊と進駐軍との取り違えは大江健三郎の作品に一貫してあらわれるオブセッションであり、『万延元年のフットボール』であれば「スーパー・マーケットの天皇の一行は、あの真夏の朝の穏やかに勝ち誇った異邦人たちに似ている」[*4]と叙述され、「みずから我が涙をぬぐいたまう日」（一九七一年）には「もともとおれの軍人のイメージには、敗戦直前の日本兵と、敗戦直後、進駐してきたアメリカ兵とが二重構造になって浮かびあがってくるところがあるんだ」[*5]とはっきり記されている。

後者の中篇では、日本政府が降伏を公表した一九四五年八月一五日の翌日に「おれ」の父親が「即製の木車」に乗って徹底抗戦派の軍人たちとともに「蹶起」した、という現実とも妄想ともつかぬエピソ

＊1　『新約聖書　訳と註　第七巻』田川建三著訳、作品社、二〇一七年、四六 - 四七頁。
＊2　大江『大江健三郎全小説3』講談社、二〇一八年、六八頁。
＊3　同書、九七頁。
＊4　大江『大江健三郎全小説7』講談社、二〇一八年、二二三頁。
＊5　大江『みずから我が涙をぬぐいたまう日』講談社文芸文庫、一九九一年、一〇五頁。

ードを核に語られている。

それはまさに市街戦だったのだ、しかも頭上には日本軍かアメリカ軍か、おそらくは双方の戦闘機が低空飛行して、轟々と市街を鳴りひびかせていたのである。市街戦の全体を体験し、それの持つ意味をひとり十全に知っているのがかれだ。そしていま、その真の意味づけを根底におきつつ、あの蹶起の日がじつは八月十六日だったことをあらためて検討する時、むしろその日付けそのものによって、かれが永年もちつづけてきた、その意識＝無意識のなかのハピイ・デイズ最高潮のお祭りの、核心の構造はより明瞭となる。一九四五年八月十五日、天皇は人間の声でかたるところのものたるべく地上へ急降下した。その天皇が八月十六日、あらためて急旋回、急上昇をおこなおうとしていたのだ。いったんは爆死せざるをえないにしても、国体そのものとして、真によみがえり、かつてよりなお確実に、なお神的に、普遍の菊として日本のすべての国土、すべての国民を覆う。巨大な紫色の背光に、オーロラのような輝やきをあたえられた黄金の菊の花として現前する。*6〔傍点引用者〕

「政治少年死す」の純粋天皇が、もしここで「国体そのものとして、真によみがえ」った「オーロラのような輝やきをあたえられた黄金の菊の花として現前」しているものだとすれば、それは勝ち誇り、低空飛行する米軍機と、肥満し、癌をかかえ膀胱から出血しながら「木箱に丸太を挽いた車を打ちつけた、滑稽なもの」に乗せられた父親とが奇怪な合体をした形象である。「おれ」は父親が「おそらく米軍飛行士の乗っている偽装された日本軍の戦闘機によって低空から機銃掃射を受け、殺された」とまで夢想する。「そして**あの人**は、その死の瞬間に個人の限界を跳びだして、やはり紫色のオーロラにかざられた、六十七万五千平方キロメートルの黄金の菊の花を、日本全領土をすっぽりおおいつくす位置にあらわしたのだ[*7]」。

二〇〇〇年に刊行された『取り替え子《チェンジリング》』では、この二作が――「政治少年の死」と「聖上は我が涙をぬぐいたまい」と題名を変えて――決定的な参照先とされ、とりわけ「みずから我が涙をぬぐいたまう日」は、やはり作家自身を思わせる長江古義人《こぎと》の実体験としてその「蹶起」が引用されている。古義人が「聖上は我が涙をぬぐいたまい」を発表した一月後、生前の父親の周囲にいた大黄《だいおう》という男――古義人の母親はかれに「ギシギシ」という渾名をつけていた――の「錬成道場」から来た「三人の男たち」が、古義人の左足の拇指に「錆びた小ぶりの砲丸を落下させる」という小さなテロを起こした、という記憶として語られる。それは古義人が小説のなかで父親の死を侮辱したことへの報復であり、上空から砲丸という金属の物体が投下される運動そのものが「蹶起」に対する飛行機からの攻撃の小さな反復でもある。そして長篇全体がその周囲を旋回することになる吾良《ごろう》――大江の少年時代からの友人であり、妻の兄であり、後年に映画監督として成功した伊丹十三をモデルとした人物――の墜落死という出来事がそれぞれの相似形として「落下」という運動を虚空に描くのだが、さらに指摘しておかなくてはならないのは、吾良の死の直前に始まった古義人の、「田亀のシステム」と名づけられた「旧式なモデルのカセットレコーダー」――「ヘッドフォーンのかたちは、古義人が森のなかの子供であった時分、谷川で獲った田亀のようだった」ことからそう命名された――を介した吾良との「深夜の対話」である。この対話は吾良の死後も「書庫の兵隊ベッドを舞台として、もっと切実に、もっと日常的に」続けられる、つまり「僕が田亀でかれの声を聞いている間、吾良の魂は、つまり僕の定義では、肉体にきわめて近い

*6　同書、一二六頁。
*7　同書、一二七－一二八頁。

ものをそなえた精神は、実在していると信じる」[*8]と古義人は考える。

古義人は、再生された大事の決行を告げる挨拶こそ、前もって吾良が録音しておいた最後の言葉だとして、**ドシン**とその後の、酔いの気配のない語りかけは、向こう側に行った吾良の、田亀を携帯電話として使った最初の通信じゃなかったか、と思うことがあった。そうであれば、田亀のカセットを聞き返すことを続けてさえいれば、同じシステムによって、向こう側からの吾良の声が届くのではないか？[*9]

ここで「通信」と呼ばれるのは、吾良が録音した声を古義人が田亀で再生し、あたかも吾良に対して返事をするかのように独語するという行為にすぎない。それは古義人なりの「喪の仕事」（フロイト）ということもできるが、ただし田亀を抱え込むように横たわるという体勢は「政治少年死す」の南原征四郎の酔態とあからさまな同調を示しているのだ。さらにそこには「みずから我が涙をぬぐいたまう日」の、肝臓癌に侵され死の床にある「おれ」にいずれ訪れる「昏睡状態に入ったあと遺言代執行人によってスイッチをいれられる」はずの「録音テープ」を加えてもよい。かれらはいずれも横たわったまま、なにかに縋るように録音再生機器に腕を伸ばす人物たちなのである。死を擬態するようなかれらの希求する複製装置こそ、じつは――小さな水生昆虫の名前を与えられながらも――上空をジェット推進飛行する純粋天皇から落下した破片ではないのか。「永遠に選ばれた右翼の子」を自負する「おれ」は東京少年鑑別所の独房で、自分がこのままでは「つまらないぐずの自瀆常習のインポテの泣き虫の低脳の劣等感過剰の犬のようなばか」であるとあかされてしまうと思い、「おれは恐慌におそわれた大都市を胸に内蔵しているようだった、おれは絶叫しながら跳ねあがり壁に体あたり弾かれて床にあおむけに荒あらしい音をたてて倒れ呻き声をあげた」。それはほとんど広島で目の当たりにした若い小説家の「恐怖」を反復しているかのようである。そしてその「呻き声」は、『取り替え子《チェンジリング》』で墜落した吾良の身体が地面に叩きつけられた「**ドシン**という大きい音」にまで遠く反響しているのかもしれないのだ。

「巨大な天皇陛下の轟然たるジェット推進飛行」という「輝かしいオルガスムのような上向き」である「おれ」の妄想は、長椅子に横たわる「下向き」の小説家の姿勢とテープレコーダーという機械を介して結び合っている。天皇陛下、すなわち **majesté** という語の意味する「屹立させられ、増大させられ、無限に持ち上げられたこの偉大さ」について、デリダはそれが「比較可能で感覚可能なあらゆる高さを超えたところにそびえる」絶対的な高さであるという。「この高さは比喩形象ではなく、主権的権力の本質的な特徴であり、主権性、弱みをもたず萎縮することもないその絶対的屹立状態、その唯一の、硬直した、堅固な、孤独な、絶対的な、特異なファルス性の本質的な属性なのです[*10]」。だが、この崇高なる絶対的な高さとしてのファルスは、つねに横たわる液体状の思惟へと墜落しつづけ、超越性を剝奪されるのだ。屹立するものと横たわるものとの絡み合い《キアスム》、それは屹立が真の超越でないことを暗示している。「おれ」の父親が乗せられた「即製の木車」の車輪が、民主主義という「車輪」とはまた異なる回転をあらわしているということだが〔I-4 **獣たちの帝国**〕、それはむしろ脱領土《テリトリー》化する帝国的主権の形象である。軍人たちに担がれた父親＝天皇の「木車」とは、すなわち大日本帝国そのものである。

＊8 大江『取り替え子《チェンジリング》』講談社、二〇〇〇年、三三一頁。
＊9 同書、一五頁。
＊10 デリダ『獣と主権者I』前掲書、二六三頁。

機械仕掛けの主権

車輪は人類が発明した最古の、そしてもっとも重要な機械であるといっていいが、国家もまた太古のある時代に「人間の技術によって創造されたもの」である。動物機械論を主導したデカルトの死（一六五〇年）の翌年に刊行されたホッブズの『リヴァイアサン』は、周知のように「リヴァイアサンは国家と呼ばれている（英語ではコモンウェルスまたはステイト、ラテン語でキウィタス）が、実は一種の人造人間にほかならない」という文を含む一節から始まる。「生命とは四股の運動のことであり、その運動は内部の中心的な部分から起こる。それを踏まえるなら、「すべての自動機械（たとえば、腕時計のように発条《ぜんまい》と歯車によって自動的に動く機械）は、人工的な生命を持っている」と説明したからといって、何の差し障りがあろうか」[11]。デカルトが動物と人間との差異を例証するために自動機械を持ち出した――精巧な自動人形は動物と区別がつかないが、人間と区別することはできる――のに対して、ホッブズは自動機械がわたしたちとおなじ「生命」をはらむと主張しているのである。リヴァイアサン――本来は旧約聖書「ヨブ記」などに登場する海の怪獣であり、「ヨハネの黙示録」の「海から上がってくる獣」に比定されることもある――と呼ばれる国家の生命は「主権」である。「この主権は鉄の肺のようであり、いわば人工呼吸器、「人工の魂」です。それゆえ、国家とはある種のロボット、動物的怪物であり、それは人間の形象をしながら、あるいは、動物的怪物の形象をした人間の形象をしながら自然人よりも強大です」[12]。

ホッブズはこの著作において、人造人間としての国家が「人工の魂」を有し、人造人間として稼働するにいたる機序を細大漏らさず論述している。ホッブズは主権の成立をめぐって国家をふたつに分類する。ひとつはマキャベリが『君主論』（一五三二年）で論じたような強制と征服という「獲得による国家」であり、もうひとつは「人々が相互の同意によりいずれかの個人または合議体に対し自発的に服従することを決めたときに」成立する「政治的国家あるいは制定された国家」[13]である。「獲得による国家」における主権があくまでも国家の外部に位置するのに対して、「政治的国家」の主権は国家そのものにおいて生成される。前者の主権の成立が超越的であるのに対し、後者のそれは内在的である。後者がのちの社会契約説の起源に措定されることにもつながるのだが、この「人工的物体に関する学説の斬新さ」の衝撃は今日まで波及しているといってよい。主権は「専制」と同義であり、それを体現するのが個人(王)であるか多数の人民であるかは関係がない。たとえ絶対君主であっても、その個人としての生命と「人工の魂」たる主権はまったくべつの観念ということである。そこに「魂」と呼ばれるものはどのように創発するのか?

デネットがいうようにＤＮＡという小さな機械が人間の主体性の基礎であるとしても〔**Ｉ-３　精神は(動物の)骨である**〕、それはまだ確証された事実ではない。ただし近年になってＡＩ(人工知能)と呼ばれるある種のコンピュータの挙動が、すでに人類の理解を超えたレベルに達している事例——二〇一二年に始まった将棋の「電王戦」では将棋ソフトが第一線級のプロ棋士たちに勝ち越し、二〇一六年にはコンピュータ囲碁ソフト「AlphaGo」が韓国囲碁界のトップ棋士に勝利した——がしばしば報道されている。それはたんに優秀なプロ棋士がＡＩに敗北したというだけでなく、圧倒的な強さを発揮したＡＩの指し手が過去数百年にわたって培われてきた棋界の常識や知では解読できない、という事実が人びとに衝撃を与えたのである。なぜＡＩがそういう指し手を選択したのか、まったく理解不能だったのだ。もちろんそうしたコンピュータ・ソフトは、それぞれのゲームの対局に特化された機能しかなく、人間

＊11　ホッブズ『リヴァイアサン1』前掲書、一五-一六頁。
＊12　デリダ、前掲書、四四頁。
＊13　ホッブズ『リヴァイアサン2』角田安正訳、光文社古典新訳文庫、二〇一八年、二二頁。

とおなじような自己意識をもっているわけではない。悟性のごく限られた領域において人間を完全に凌駕しているが、理性や想像力といった能力はいっさい持ち合わせていない。その意味ではAIを人間的主体とみなすことはできないし、今後もAIがそうした能力を獲得すると予測するのは困難だろう。だが、わたしたちは――かつて馬車の発明が人類の走力を凌ぎ、蒸気機関が人類の筋力を凌いだ際にもまして――機械が人間の知的領域のごく一部で優位にたったからといって、なぜこうも怯えているのだろうか。それはAIが人間の知能に似ているから、という説明では十分ではない。わたしたちはおそらくAIによって人間が所有するはずの自己自身に対する主権を剝奪されることを恐怖しているのだ。だが、主権はそもそもわたしたちの所有物なのだろうか。

AIと主権は、どちらも人間が設計し、製作し、操作する機序を理解しているという意味で経験的《アポステリオリ》な実在である。だが一方でそれらはしばしば人間の理解力を超越した挙動を示すことで、人類の生存を脅かす存在でもある。原理的には純然たる計算装置にすぎないAIに対して感じる不気味さ――それはいわば「超越論的な吐き気」のようなものだ〔二〇一七年の放浪者《トランプス》］。それらはわたしたちに理解不能な挙動のゆえに「人工の魂」と呼ばれるのである。たとえばルソーが『社会契約論』で「一般意志」を「全体意志」から区別したことにも露呈しているように、主権は人民の個々の意志の集合とは異なる原理によって作動している。主権とはそれ自体で人間の共同体を超過するもの、つまりその「補綴」である。

それは堅固な自動人形なのですが、そのことは、勃起そのものが、少なくとも他者の欲望と機械的反射の謎めいた共謀によるならば、自動的であり、意志から、さらには欲望からも独立している、あるいはそのように見えるのとまったく同様なのです。〔……〕ファルスが自動的であって自律的ではないならば、その硬直、その硬さのうちに何か機械的なもの、機械仕掛け的なもの、すでに即自的に補綴的なものがあるならば、そしてそのことがファルスを人間の責任＝応答可能性から逃れさせるならば、それは人間に固有なものなのでしょうか、それとも、すでに人間から切り離された、「何物か」、物、人間的ならぬ、非人間的な、何〔*quoi*〕なのでしょうか――そしてそれはそもそも、女性的であるよりも男性的であるということもほとんどないでしょう。動物的でも人間的でもないような、何なのでしょうか。[＊14]

ファルスとは分割不可能な一なるものである。精神分析はそう定義する。しかし「ファルスというものがもともと、それ自体が操り人形だった」とすれば、それは勃起したペニスを象った見せかけ《シミュラクル》であり、虚構的な形象にすぎない。デリダがファルスと呼ぶのは――「政治少年死す」の「おれ」がこだわってきたように――「有機的なペニスが問題なのではなく、永続的に勃起したペニスの補綴的な表象、しかも、硬い、硬直した、堅固な、それでいて固有の身体から切り離された、まさに補綴のような、補綴的で自動的な機械のようなペニスの表象」についてなのである。

主権のあり方はつまるところ三種類しかない、とホッブズは説く。すなわち、君主制、民主制、貴族制である。選挙で選ばれた王（大統領）や権力を制限されている王（天皇）は主権者とは認められず、むしろ王の権力を掣肘する者が主権を握っているのだから、それは民主制もしくは貴族制ということになる。ホッブズが重視するのは「君主のみならず議会全体の寿命もいずれ尽きる」以上、人民の平和を維持するために「人造人間に擬せられるような仕組みがあったのに加え、人工の不老不死とも言うべき仕組みも整備しないといけない」という点である。「人工の不老不死は、人々が継承権と称するものにほ

＊14　デリダ、前掲書、二七〇－二七一頁。

かならない」[15]。継承権――日本では天皇制と呼ばれる――は国家を補綴する主権そのものについての補綴の仕組みなのである〔二〇一七年の放浪者《トランプス》〕。君主制の場合、継承は君主の口頭での指示や遺言によって、あるいは慣習の尊重によって執行されることになるが、ここに人民から主権者への権利の移譲に類似した困難が潜んでいる。主権の継承を契約することで、主権者はその契約そのものに主権を制限されるという矛盾に直面する。つまり移譲を契約した時点で主権者はすでに主権者ではないのだ。主権は死という未来の現実によってあらかじめ分割されているのである。

　主権は分割されてはならない、とホッブズはくりかえし主張する。だが、主権とはむしろあらかじめ分割され、主権者とされる個人や集団に分与された「何」かである。この名前のない空位《ブランク》に充てられる魂という濫喩こそ、主権があらかじめ分割されていることの明白な証左である――猫という濫喩が法的な父親と生物的な父親の分裂を意味していたように〔I-2　動物保護区《アニマル・サンクチュアリ》の平和〕。

　吾良もまた、みずからの死を孤独に決意し、実行したという意味で主権者としての資格を保有しているといえるだろう。だが、モーリス・センダックの絵本「Outside Over There」に示唆された『取り替え子《チェンジリング》』というタイトルは、少年時代の吾良が「ある時からどこかえたいの知れないところのひそむ、それまでとは違う者になってしまった」、つまり古義人とともに訪ねた大黄の主宰する「錬成道場」――ふたりにとっての「外側のあの向こう」――で起きた謎めいた出来事以降、ゴブリンどもが攫った赤ん坊の代わりに置いていった「取り替え子《チェンジリング》」になってしまった、という含みをもっている。そして古義人は錬成道場で起きた出来事の真実をついに知ることがなく、吾良はそれについて最後まで「あいまいな」、つまり両義的（ambiguous）な証言しか残さなかった。記憶は空白《ブランク》のまま残されている。「自分がガタガタになったという吾良の遺書」というのは、たんなる肉体的かつ精神的な疲労を意味する擬音語ではなくて、機械としての自己の破綻を吾良自身が告白しているのではないだろうか。大黄を「ギシギシ」と呼ぶ、その油の切れた歯車の摩擦音のような渾名は、機械仕掛けの主権者という印象をより強調している。

「私」という空位《ブランク》

今日、創発と呼ばれる物理学・生物学由来の概念は、マイケル・ポランニーの『暗黙知の次元』(一九六六年)以降、社会科学、情報工学関連の用語としても広く知られるようになった。創発とは一般に「より高位のレベルは、下位のレベルでは明示されない過程を通してのみ、出現できる」[*16]とする、その過程のことである。ポランニーは「より高位のレベル」を「包括的存在」と呼び、それが機能するためには、包括的存在よりも「下位のレベル」にある諸要素を統治する法則に依拠するが、その一方で諸要素がそれ自身を統治する法則は、その諸要素によって構成される包括的存在の原理を説明できない、と述べている。ポランニーが創発の事例として挙げるのは、都市設計と文学作品である。「煉瓦焼きの技術を考えてみよう。その技術は、それより下位層にある原料に依拠している。しかし煉瓦焼き職人の上位層には建築家がいて、煉瓦焼き職人の仕事に依拠して、働いている。さらに、今度は建築家がその上位層にいる都市設計家に仕えなければならない。これら四つの連続したレベルに対応するものとして、四つの連続した規則が存在する。物理学と化学の規則が煉瓦の材料を統治する。工業技術《テクノロジー》が煉瓦焼きの技術を規定する。建築術が建築業者に教えを施す。そして、都市設計の規則が都市設計家を制御する」[*17]。それと同様の事例として、声を出す、言葉を選ぶ、文を作る、文体を案出する、文学作品を創出する、

*15 ホッブズ『リヴァイアサン2』前掲書、五七頁。
*16 マイケル・ポランニー『暗黙知の次元』高橋勇夫訳、ちくま学芸文庫、二〇〇三年、八〇頁。
*17 同書、六六頁。

というそれぞれの階層に依拠することで包括的存在としての文学作品が創発する、とポランニーは主張する。

ホッブズによる国家の出現の理路もまた、この創発という概念によって敷衍することができるように思われる。つまり包括的存在たる主権は、それを形成する要素である人民によって創発するが、主権が人民を統御する原理を人民の側から説明することは——たとえ民主主義的な政体であっても、それが主権（専制）である以上——不可能なのである。そして上位レベルの原理は、下位レベルの法則において空白《ブランク》のままになっている。たとえば「物理学と化学」は煉瓦の製法を明らかにするだろうが、その煉瓦が建物のどこで使用されるかには言及せず、その意味で空白《ブランク》を含む法則である。むしろ建物のどこで使用するために、どのような煉瓦が製造されるべきかを決定するのは建築家の権限であろう。このように「上位レベルの組織原理によって下位レベルの諸要素に及ぼされる制御《コントロール》」をポランニーは「境界制御の原理」と呼ぶが、法則はこうした空白《ブランク》をかならず含むことで不変同一性が維持できるのである。「日常の経験世界では、場所と時間はその場所その時間に固有の意味をもっている。ミクロ世界の科学的記述ではこの事実はひとまず視野の外に置かれ、ひたすら不変性の高い法則が追求される。そして、ニュートンの運動法則とその解との間の関係のように、法則の具体的実現はブランクをデータで埋めることによってなされる。これによって個別性・多様性をもつ世界が現れる」[*18]（この場合は「ニュートンの運動法則」が下位レベルで、「日常の経験世界」が上位レベルにあたる）。この「下位レベルの法則におけるブランクへのデータ入力」を「自然法則の逐次的現実化において働いている一般的な原理」[*19]とみなすことができる。

笙野頼子の『金毘羅』（二〇〇四年）で「金毘羅」と名指しされるのは、わたしたちの経験的世界では空白《ブランク》となっている上位レベルの包括的存在のこととひとまずは考えてよい。話者が「習合」というのは、たんに歴史的な概念としての神仏習合を意味するだけでなく、より広汎な創発の一般原理としての「ブランクをデータで埋める」境界制御のことである。

金毘羅とは「常識的に言えばインドから来た鰐の神で、今は大物主という、奈良の大神神社の祭神としてもその名を知られる、蛇系の神と一体化している神様[*20]」である。つまりふたつの神が合体した構成的な神格なのだが、話者が名のる金毘羅は、むしろそうした記紀神話に取り込まれた外来の神をハッキングするようななにものかをさしている。


金毘羅とは、そう、私に言わせれば元々実体のないものだ。ウィルスのようなものだ。人にも宿るものだがまた神的には、地元の神をのっとってはびこるものだ。その癖勝手に全国区になってしまうもの、でも権力・政権を担当せぬものだ。増えても増えても増えてもそれはぐさぐさだ、ばらばらだ。元々は正体不明の深海生物だったのがある時いきなり金毘羅を名乗ったものだ。

そして地上の滅んだ神に取りついてそれを再生させるという事を急に始めた。自覚的にだ。それが象頭山由来のでも象頭山を偽装したものでも、野や里や岬の全ての小さい金毘羅神社の正体なのだ。なにせ象頭山だって元々はそうだったのである。〔……〕金毘羅、それは反逆の神、捲土重来の神、つまり単なる国家宗教の下位神ではない。みなさん、明治以前神と仏はくっつきあい同居していました。神仏習合と言います。このシステムを遣って金毘羅は、正確に言うと野生金毘羅は、いつも、国家に対抗する個人の極私的カウンター神として頑張って来たのです[*21]。

＊18　蔵本由紀『新しい自然学　非線形科学の可能性』ちくま学芸文庫、二〇一六年、五七－五八頁。
＊19　同書、六五頁。
＊20　笙野『金毘羅』河出文庫、二〇一〇年、三八頁。
＊21　同書、四一頁。

話者は伊勢神宮を頂点とする国家神道に対抗するカウンター神を名のるが、しかし同時に金毘羅の属する仏教という外来の宗教体系に対しても批判的なまなざしをむけている。仏教は当初、釈迦の「持てるものの苦悩」に発し、「そのような所有によって自覚された王の自我、自己意識が、今度は所有という事の罪悪感、緊張感に気付く」[*22]ものにすぎないからである。話者は「私は江戸時代に金毘羅象頭山の名をなのった、贋山伏のようなもの」だと自己を規定している。厳密には「私」は「仮性金毘羅」であり、真正な金毘羅ではないのだ。つまり金毘羅というのもまた仮の名前であり、その実体は「陸で生まれてすぐ海に放たれ」た「正体不明の深海生物」だというのだが、この時点で「私」のアイデンティティは二重、三重に分裂している。「一九五六年三月十六日深夜、私は仮死状態で生まれ」、「二〇〇三年八月二十一日、さらなる運命の日、人間としての記憶はそこまでで終わり［……］私は金毘羅に戻った」というのが「私」の語る金毘羅としての履歴であり、そのとき「私は生まれる以前を、過去を思い出した」。「海に面して、平野広がる中、標高五百メートルの山、そこはなだらかな形の良い、そう御山様であった。でも決して象頭山ではない。ある山の頂上に私は立っていた。私の体は人間で腰から下は蛇、翼は大鷲のように分厚く立派だった」[*23]。「ある山の頂上」が志賀直哉の『暗夜行路』（一九三七年）のクライマックス――鳥取の大山に登った時任謙作が陶酔感とともに「大きな自然の中に溶込んで行く」[*24]のを感じるという、日本近代文学の教養小説の系譜のひとつの頂点をなす場面――を露骨に換骨奪胎した設定であり、しかもこれが反《アンチ》教養小説として企図されているのは「私こそは、中央の権力者が異形として排斥する、カウンター神のひとつの頂点を究めた存在なのであった。故に、醜いアヒルの子はすくすくと醜く育ちました、と一応、このように言っときます」という言明であきらかだろう。問題なのは、話者が名のる「私」とはいったい誰のことなのか、という謎である。

小説の冒頭で「一九五六年三月一六日深夜ひとりの赤ん坊が生まれてすぐ死にました。その死体に私は宿りました。〔……〕死んだ赤ん坊の体の中で、私は結局産声を挙げてしまいました。それは赤子の生まれた次の日の早朝でした。その事によって一見、赤ん坊は蘇りましたが、しかしそこにあるのはただその子の肉体だけで、その肉体を使用しているのは実は、私自身でした[*25]」と語られるかぎりでは、「私」とはあくまでも「正体不明の深海生物」であったところのなにものかのように思える。これは一種の習合であり、「死んだ赤ん坊の体」という下位レベルの要素は上位レベル（金毘羅）に影響を与えることができないはずだからである。だが、その一方で「金毘羅の本分、高慢も孤立も人間の体で徹底する事はまず不可能です。それ故に激しく死にたくなる、同時にまた孤立の砦である体は金毘羅の大切な城になってしまう。人間に宿る時、その矛盾の上に金毘羅は生きなくてはならないのだ[*26]」というように、下位レベルの上位レベルへの影響を否定しえない。つまり少なくとも金毘羅として覚醒する以前の「私」という自称は、人間と金毘羅とが合体して構成された主体の「私」であり、厳密には金毘羅自身ではない。「ですのでこういう場合の主語を今後「人間の私」という言い方にします[*27]」という但し書きのような叙述によっても、この分裂を正確に言い当てることはできないのだ。金毘羅というデータを代入することで埋められたはずの空白《ブランク》は、「私」という主語によってふたたび露呈している。というよりも「私」

＊22　同書、一〇〇-一〇一頁。
＊23　同書、二四三-二四四頁。
＊24　志賀直哉『暗夜行路』新潮文庫、二〇〇七年、五五三頁。
＊25　笙野、前掲書、九頁。
＊26　同書、二五五頁。
＊27　同書、三一頁。

という空位《ブランク》が――テキストが書かれ、また読まれつつある――今ここで、刻一刻と生成されつつあるのだ。『金毘羅』の叙述に強烈な喚起力を与えているのは、「私」のこの異様な不安定さである。「野生の金毘羅」を国家に対する「反操行」[*28]として位置づけることに成功したのは、この分割された「私」によってである。

繁殖する日本

芥川龍之介が短篇「神神の微笑」（一九二二年）で、日本という風土あるいは文明が発揮する「造り変える力」について語ったことはよく知られている。それは外来の文物をことごとく「和様化」（磯崎新）する特有の力能のことである。「丸山眞男の〝作為〟と〝自然《じねん》〟を持ち出すまでもなく、構築性とはすぐれて〝作為〟の技であって、これが日本に受容される過程で〝自然〟が優勢となり、執拗低音としての日本的な好みに侵略され、変形していく[*29]」。宗教もまた例外ではない。「我我の息吹は潮風のように、老儒の道さえも和げました」。では、仏が神の本質であると唱えた本地垂迹説（神仏習合）はどうなのか。

唯気をつけて頂きたいのは、本地垂跡の教の事です。あの教はこの国の土人に、大日孁貴《おおひるめむち》は大日如来と同じものだと思わせました。これは大日孁貴の勝でしょうか？　それとも大日如来の勝でしょうか？　仮りに現在この国の土人に、大日孁貴は知らないにしても、大日如来は知っているものが、大勢あるとして御覧なさい。それでも彼等の夢に見える、大日如来の姿の中には、印度仏の面影よりも、大日孁貴が窺われはしないでしょうか？[*30]

大日如来という外来の神が日本で信仰されているとしても、それが和様化の力の外にあったわけではない。そして泥烏須《デウス》（キリスト教の神）もまたおなじ道をたどるだろう、と「日本の霊」は予言するのだ。芥川はここで宗教それ自体というよりも、むしろ日本文化一般の特質を念頭に置いている。たとえば記紀の時代に大陸から持ち込まれた漢文は訓読という方法によって日本語の一要素となった。日本語には山という漢字を yama と訓読みする場合もあれば、san と音読みする場合もある。それははたして和語の勝利なのか、漢語の勝利なのか？　むろん「日本語」の勝利なのである。日本人は漢字を本来のそれとまったく異なる体系のもとに位置づけなおしてしまったのだから（音と訓の構造は語の起源と必ずしもかかわりがない）。日本の「神神」は仏教にもキリスト教にもそのようにして勝ちつづけてきた、それがマルクス主義だろうと資本主義だろうと、わたしたちは今後もそのように変形し、勝ちつづけるだろう、芥川はそういっているのだ。「造り変える力」をもつ神がいるのはなにも日本だけではない——たとえばクリスマスや復活祭はキリスト教とヨーロッパ土着の古俗との習合である——としても、「しかし我我

＊28　フーコー『安全・領土・人口　コレージュ・ド・フランス講義　一九七七―七八年度』（前掲書、四三八-四四〇頁）によれば、反操行（contre-conduite）は「人間たちを操導するための術・企図・諸制度」に対立する「反乱や謀反という形、あらゆる服従的結びつきとの断絶という形に対する絶対的権利」、要するに「革命自体の権利」である。「近代的統治性と相関して発展した反操行はつまるところ、当の統治性と同じ要素を目標としていたということです。［……］市民社会を国家に対置すること、人口を国家に対置すること、国民を国家に対置すること、このようなことはともかくも国家と近代国家の発生の内部で働いてきた要素です。つまり、このような要素こそが賭けられ、国家にとっての懸案として、また国家に対立するものにとっての懸案としても働くことになる。そうである以上、国家理性の歴史、統治的理性《ラティオ》の歴史、統治的理性とそれに対立した反操行の歴史は互いに分離することができないのです」（傍点引用者）。

＊29　磯崎新『建築における「日本的なもの」』新潮社、二〇〇三年、二五一頁。

＊30　芥川龍之介『芥川龍之介全集　第八巻』岩波書店、一九九六年、二〇〇頁。

はこの通り、未だに生きているのです」と「日本の霊」に成り代わって芥川は——ホルヘ・ルイス・ボルヘスより七歳年長の、この時代のモダニズム文学の和様化を卓越した水準で果たした短篇作家として——そう断言する。現在もなお生活や文化のあらゆる側面で「造り変える力」は作用しつづけているのだ。これはやはり世界史上における特異な現象というべきではないだろうか？　柄谷行人は芥川のこの日本特殊論ともいうべき主張をなかば首肯しつつ、ただしそれを文化の枠内で考えるべきではないとも述べている。たとえば神道の成立の基盤となった老荘思想やそれと習合した仏教はいずれも渡来民が日本列島に持ち込み、次第に土着化していったという過程を示しているが、キリスト教は——隠れキリシタンのマリア観音のようなものを除けば——そうはならなかった。一七世紀の日本にキリスト教が根づかなかったのは、当時の日本の軍事力が強大だったからである。「まず宣教師が入った後に弾圧や内戦を利用して軍隊が入るというのは、植民地主義的支配の定石です。これほどキリスト教徒が弾圧されているならば、それを口実にして武力的に介入してもよかったはずなのに、そうしなかったのは、たんにできなかったからです*31」。

　あらゆる外来の文化がことごとく土着化したわけではなく、人為的な操作がそこにはたらいている。それはあきらかに国家の意志である。その取捨選択のうえで、あるものは排除され、あるものは保持され、また変形される。だが、国家のそうした力の源泉はどこに見いだされるのか。たんに軍事的に強力な国家ならば歴史上のあらゆる時代や場所にいくらも存在してきたにもかかわらず、なぜ日本が「特殊」なのか。もし特殊であるとしたら、たしかに大陸の大帝国の興亡から適度な距離を置くことのできた「島国」という地政学的な条件は欠かせないだろう。だが、それにもまして、弥生時代以降の日本列島ではおよそ二〇〇〇年ものあいだ、ほぼ持続的な人口増加が——一時的な停滞期は何度か迎えたものの——止むことがなかった。ユーラシア大陸やアフリカ大陸、南北アメリカ大陸、ヨーロッパの各国ではみることのできない――いずれもさまざまな原因で幾度かの大幅な人口の減少期を経験している――世界史上でも稀にみる幸運を見逃すことはできない。

　四〇〇〇年前の縄文後期には一〇万人を割り込んでいた日本列島（北海道と沖縄を除く）の人口は、水田耕作の始まる弥生時代に入ると増加に転じ、すでに一〇〇万人に達していたと推定される。[*32] その後も人口は着実に増えつづけ、九〇〇年には六四四万人に達した。西暦一年に一平方キロメートルあたり二人から三人だった人口密度は、一三〇〇年には二五人を超えている。これは当時の中国を凌ぐ、世界最高水準の密度である。江戸時代が始まる一六〇〇年に人口は一二二七万人、江戸中期の一七二一年には三一二八万人に達するが、この間の年平均人口増加率は〇・七七％で、これは産業革命以降、一九世紀後半のヨーロッパの増加率〇・七一％をも凌駕している。さらに明治時代に入った一八八〇年の三五九六万人から、一一〇年後の一九九〇年に一億二三六一万人へと、人口は三・四倍に膨れ上がった。

　つまり、米作や文字を持ち込んだ渡来民やその子孫たちにより始まった継続的な人口の増加が、その後の長期にわたる経済（需要）の拡大傾向の一因となったことは疑いえないのである。では、海外からつねに外来の文化を輸入しながら、それを断絶させることなく保持することがなぜ可能だったのか。

「日本はアジア文明の博物館となっている。いや博物館以上のものである」と岡倉天心は記している。「なんとなれば、この民族のふしぎな天性は、この民族をして、古いものを失うことなしに新しいものを歓迎する生ける不二元論《アドヴァイティズム》の精神をもって、過去の諸理想のすべての面に意を留めさせているからで

＊31　柄谷『日本精神分析』文藝春秋、二〇〇二年、八五頁。

＊32　日本と世界の人口推移については、大塚柳太郎『ヒトはこうして増えてきた――20万年の人口変遷史』（新潮選書、二〇一五年）の「第四章　文明――五五〇〇年前＝一〇〇〇万人」「第五章　人口転換――二六五年前＝七億二〇〇〇万人」を参照。

ある」[33]。だが、「この民族のふしぎな天性」に神秘的な素因はおそらく存在しない。日本列島は幸運にもペストのような疫病の深刻な流行とも、国土をまったき不毛になすほどの破局的な戦乱や大虐殺とも無縁でいられた。人口の増加傾向を押しとどめる要因は多くなかった。この状況は、日本と同様に長期にわたり人口が安定的に増加するなかで、日本以上に封建的な遺制を残しつつ、その一方で急速な近代化を遂げつつあるインド亜大陸と比較すべきかもしれないが、いずれにせよそこでは安定した人口増加が文明に対する有効需要をつねに作り出してきたのである。おかげで外来の神々も古来の神々も失業することがなかったのだ。「古いものを失うことなしに新しいものを歓迎する」ために、人口の持続的な増大そのものが新旧それぞれを容れる物理的な余剰となった。大陸の絶大な影響下にあった日本列島が「アジア文明の博物館」たりえたのは、この途切れることのない一貫した人口増加がそれを保証してきたからである。天皇制はそうした余剰そのものとして人口増に寄生し、存続してきた。そこには倫理も情愛も美学もいっさい存在せず、ただもうはしたないまでに繁殖してきた、という事実が存在するだけだ。その象徴が天皇制なのである。

　天皇制は日本において差別の根源としてある。それは代謝と排除としてはたらく、法の正義といっさいかかわりのない機械仕掛けの魂である。国家が差別と排除を露呈しないのは、繁殖という物理的増加による包摂が機能しているかぎりにおいてである。ここにおいて「この民族のふしぎな天性」はアイデンティティの「無限の「等々《エトセトラ》」」との奇怪な一致を示すことになる。両者がどちらも単純な加算的な無限の論理によって作動しているからである。それが中上健次のいう「賤民であり同時に天皇である」システムとしての天皇制の意味だが、ただしこの機械仕掛けの「不二元論《アドヴァイティズム》の精神」は人口増加の停止と同時に反転することになる[34]。

　二〇〇八年から始まった、縄文末期以来これまで経験したことのなかった急激な人口減少と経済的な没落は、ことによると日本列島の住民が有してきたこの二〇〇〇年来の文化的な力能に大きな打撃を与えることになるのかもしれない。今日、日本文化の古層というべき縄文文化の影響が社会の表面にあらわれることはほとんどない。縄文後期に人口の減少を迎えた当時の日本列島の住民たちは、現在の日本人のDNAにその痕跡を色濃く残しているにもかかわらず、文化的な遺産はほとんど抹殺されてしまった。現在の急激な人口減少の結果、わたしたちはむしろ縄文人の運命に似ることにならないだろうか。「日本の霊」は「造り変える力」を喪失するかもしれない……。その兆候はすでにあらわれている。移民や難民、在日コリアンなどに対するあからさまな差別の是認である〔I-3 **精神は(動物の)骨である**〕。それはなにも官僚や政治家、排外主義者たちだけの宿痾ではない。リベラルや左派もまた日本という民族や階級を超える存在ではなく、それを超える意思も能力も備えていない。解体しつつある日本の中産階級にはおそらく「造り変える力」を保持することはできないだろう。「造り変える力」とは結局、経済的な包摂と国家意志としての不寛容とが複合した政治的体制にすぎない。前者の条件が失われたとき、それが純然たる不寛容に転じるのは、だからある意味では当然なのである。

『金毘羅』が刊行された年は、その前年の二〇〇三年に始まったイラク戦争をはじめ中近東、中央アジア各地を中心にアルカイダ、タリバンといった諸勢力と西欧諸国との戦争が拡大する最中だった。一九

＊33 岡倉天心『東洋の理想』講談社学芸文庫、一九八六年、二二一頁。

＊34 人口減の要因はいくつか考えられるが、そのひとつに低出生率が挙げられる。日本では一九二〇年代に最初の人口転換が起きているが、その前提となる社会の近代化の進展において、高等教育を受ける女性の増加と、仕事や家庭における女性への束縛的な姿勢の強い文化とが組み合わさると低出生率となる傾向があるといわれる。ポール・モーランド『人口で語る世界史』(度会圭子訳、文藝春秋、二〇一九年)の「第8章　日本・中国・東アジア、老いゆく巨人たち」を参照。

九〇年代のバブル経済の崩壊以降、長期にわたって続いた不況を背景にせり上がってきた日本国内の排外主義は、これらの原理主義的な傾向と異なるところはない。さらに明治期以降の急激な人口増加を支えた日本の近代化の進展について、それを「造り変える力」を増幅させた物質的な基盤とみなすのなら、「われわれは、イスラム国のなかに近代化への過激な抵抗をみいだすのではなく、イスラム国を倒錯した近代化の一例とみなすべきであり、またそれを、日本の明治の王政復古（「大政奉還」つまり政権を天皇に返上するというイデオロギー形態をまとった急速な産業の近代化）からはじまった一連の保守的な近代化のなかに位置づけるべきである」[*35]というジジェクのアイロニーも、むしろ額面どおりに受け取るべきかもしれない。日本を「アジア文明の博物館」と呼ぶのは、つまりそれをあらゆるデータの代入が可能な空白《ブランク》と捉えるのとおなじであり、金毘羅がシステムであるという意味でもある。金毘羅という神仏習合した神は、それ自体としてはきわめて日本的な「造り変える力」の一変種にすぎない。しかし『金毘羅』がこれらの原理主義と徹底的に分かつ「反操行」たりえているのは、「森羅万象は金毘羅になるのだ。金毘羅に食われるのだ」という、その金毘羅の空白《ブランク》がそれ自体の力によってたえず変容を強いられるからである。「「どろろ」の百鬼丸がサイボーグ的な体に慣れるように、私は人間らしいしぐさや想像力を、様々なダメイジと引換えに身に付けていました。それは家族に対する強い罪悪感と犬や猫とのかかわりによって得た部分が多く、後は死んでいるような我慢の成果でした。たまに身内や人間が可哀相で献身する事があるが、その時は身内が猫の顔になっているのでした[*36]」。

　アイデンティティ・ポリティクスが見いだす「「主体化」に抵抗する残滓」とは近代化に抗する原理主義のことではなく〔I－3　**精神は（動物の）骨である**〕、むしろこうした変容の原理それ自体と考えるべきである。ラクラウのいう「空虚なシニフィアン」もそのように理解しなければ、それは容易に原理主義的な無節操に堕するだろう〔I－4　**獣たちの帝国**〕。日本的な原理主義は包括的存在としての空白《ブランク》であり、それにどのようなデータを代入しようと変容の契機はない。

金毘羅の習合は、それ自体が特異なひとつの加算的システムである。それはいっさいを無差別に――上位と下位、自己と他者という区分やヒエラルキーを無視して――「森羅万象」に対して作用させるのだ。これは一種の自己免疫の疾患であり、しかもたんなる比喩ではなく、文字どおり「膠原病」として発症し、作家の身体を蝕んでいく。

膠原病の本質は自己免疫疾患である。つまり体の中に出来た異常な血液抗体が、自分の体をウィルスや細菌と間違えて攻撃してくるという異様な病なのだ。マクロファージの不具合で起こるというし、要するに細胞レベルで、感染もなしに無菌のままで、髄膜炎だの（これは混合性の場合になるのだが、なる確率は低い）起こってくる。

こんな病の、痛い、しんどい、というあたりを私はもう経験済である。ただ私は、内臓に病変がない、つまり軽症なのだ。症状が出ていたのは関節、痛い、筋肉、痛い、皮膚、痛い、切れる、不明熱、だるさ、独特のなんとも言えず嫌な感じ、知覚過敏、立てない、脱力、様々なちょっとした動きがおかしくなる、跛行、鼻炎、動悸、むくみ、腫れ、倦怠、そのもたらす不安と、普通にしていられない自分への罪悪感等だけであって、つまり「大変だね、けっこう」。そう、これでもけして重症ではないらしい。要は、内臓が悪くなってないからまだしもの自分、なのだ。[*37]

＊35　ジジェク『絶望する勇気』前掲書、二四九頁。
＊36　笙野、前掲書、一六八頁。
＊37　笙野『未闘病記――膠原病、「混合性結合組織病」の』講談社、二〇一四年、三七－三八頁。

ここで笙野が数え上げているいくつもの「症状」は、その原因である自分自身を己の体外に放出できないために身体にあらわれる記号である。いわば「吐き気の究極的な対象」ではまったくない、「吐き気とは別のものが入り混じった不純な感情の数々」のようなものである〔二〇一七年の放浪者《トランプス》〕。これらの吐き気を催させるような症状は、だから医師には真に吐き出されるべき原因を回避した享受のようなものとみなされるのだ（「大変だね、けっこう」）。

だが、さらに重篤な自己免疫疾患では――「超越論的吐き気」を維持するかわりに――吐き気そのものを吐き出す自己解体にいたる。「その抑えがたい激烈さは、ときによると、ロゴス中心主義的なアナロジーの権威（階層秩序化する権威）を、つまりその同一性を定める権能を、解体してしまうほどの力をふるう」[*38]、つまり自己の主権そのものを解体してしまうのだ。作家である笙野の場合、それは「文」の症状としてあらわれたといっていい。近年の比喩と現実の階層化した秩序が音を立てて崩壊したかのような、もはや私小説と呼ぶことさえ正確ではないエクリチュールの増殖は、言語の自己免疫疾患という事態をきわめて正確に表象しているのである。

人口減少という事態に対応して移民の受け入れが実質的に容認された二〇一八年以降、国民国家の自己免疫――「獣」としての、「ならず者」としての主権の暴力――がさらに深刻な問題となるのはたやすく想像できる。当面のあいだ、日本政府は移民について定住を認めない労働者として――カントのいう「訪問の権利」のみを――認容することになるだろう。その結果、『大きな鳥にさらわれないよう』で描かれたような、日本が国民と非国民（移民労働者）という二大階級に分断されつつ混住する社会となるのか、国民のあいだでも階層分化がさらに激化するのか、あるいは基本的人権に制限を課すこと――政府にとって憲法「改正」の最大の意義はそこにある――によってすべての国民を非人間として処遇するのか、現時点ではまだ予想できない。いずれにせよ外国人への差別と労働者からの搾取は現在と比較にならないほど激化し、それぞれの分断と対立はさらにいっそう深刻になるはずだが、そのとき金毘羅的な「習合」もおそらくはまったくべつの様相を呈することになるだろう。

　金毘羅は金毘羅同士習合します。しかしそれは共生ではありません。一体化した時には自我はひとつです。そうして拵えた自我で金毘羅は徹底して孤立するのです。もちろん、習合しない母と子の関係は超冷淡だろうと推定いたします。習合した場合も、その記憶、特性の共振部がどれ程多くとも、どちらか一方が金毘羅的に相手を喰うだけです。他の神の場合は個体として、金毘羅の中から現れて来る事もあるのだけど、金毘羅同士の場合、それはあり得ない。つまり、「頭はひとつ」なので。[*39]

　これは習合もしくは自己免疫のもうひとつの局面である、金毘羅同士の「共喰い」、つまり主権――「頭はひとつ」――をめぐるヘゲモニー闘争である。つまり「頭」という空位《ブランク》を獲得する闘いなのだが、池田雄一はそれを「占有」という法律用語で説明している。一般に占有とは「物をある人が事実上支配している状態」をいうが、「本権〔所有権、地上権、質権、賃貸権など、占有を正当化するなんらかの権利のこと〕がなくてただ事実上ある物を支配しているにすぎない人にも認められる点に特色がある」[*40]。池田は『海底八幡宮』（二〇〇九年）で猫が「私」の家の「洗面所と風呂場を占拠してしまった」というエピソード

＊38　デリダ『エコノミメーシス』湯浅博雄・小森謙一郎訳、未來社、二〇〇六年、九六頁。
＊39　笙野『金毘羅』前掲書、二五七－二五八頁。
＊40　『日本大百科全書　13』小学館、一九八七年、八六九頁。

を引用し、そこで「主人公の飼う猫は世間的には主人公のペットだということになる。その意味で主人公はその猫を占有しているのであった。しかし、実際のところ占有されているのは主人公の方である」という。だが、「こうした逆転現象は、所有関係には起こりえない」[*41]。所有関係が国家の保障――日本銀行券が政府の保障によって流通しているという意味での保障である――のような「超越的な審級」を前提としているのに対して、「占有においては、超越的な審級が存在しない」からである。その意味で移民は、さながら風呂場に住み着いた猫のような状態にある。移民に対して定住を認めないのは、占有は許しても所有は認めないというのとおなじことである。ただし池田がここで「逆転現象」と呼んでいるのは擬似的な、もしくは感傷的な言い換えにすぎない。老猫は公園で拾われて「家の猫」になったというのだから、法律的には――所有の意思をもって占有を開始した「無主物先占」といわれる――所有の対象である。したがってここには、厳密には二者ではなく三者の関係が存在するというべきなのだ、つまり老猫と飼い主の「私」、そして風呂場の所有者である「私」である。池田がいうように、たとえ猫が「私」を占有しているのだとしても、その占有を――死を間近に迎えた猫への愛情から――許したのは風呂場の所有者としての「私」である。「風呂場に猫とふたりで住み着いているような事になっていた」[*42]という、このささやかなコミュニズム的ユートピアを可能にしたのは「私」が風呂場の所有権の主張を放棄したことによってである。一方、金毘羅同士の生死を賭した闘いもまた、「頭はひとつ」という一者に強いられたものだ。移民同士、移民と労働者の抗争がそうであるように。頭とは、つまり主権のことにほかならない。金毘羅の抗争の真のカウンターパートは、この「頭」のはずである。

占有と所有

法学者の木庭顕はローマ法を例に、そもそも占有概念のほうが所有権より歴史的に先行していたと主張している。そこでの占有は「対象に直接的な関係に立っている」[＊43]ことを意味し、その権利を主張する者同士の正当性を判断する根拠となる。それは共和政ローマにおいて――自由独立な複数の主体が政治を直接担う「公共空間」に対して――支配従属関係を原則とする「私的空間」における主体相互の関係を調停する原理（民事法）だったのである。したがって今日のわたしたちが占有をあたかも所有権を侵害する暴力であるかのようにみなすのは、法概念の形成をめぐる歴史的な転倒の結果である。むしろ実力や武力による蹂躙を排し、私的領域に秩序を与え、相対的な自由と独立を保障するのが占有概念だったのだ。それに対して所有権という概念は、共和政から帝政に移行しつつあった紀元前一世紀頃に誕生した。もはや占有概念では処理しきれぬほど錯綜した社会関係を貫徹する権原を所有に認めるようになった、ということである。それは帝政という政治システムそのものと密接なかかわりのある概念なのであり、同時にローマ法の頽落と軌を一にしている。公共空間の崩壊を招いたのが――もしくはその崩壊の帰結が――所有権概念といってもいいからである。

　所有に対して占有がかすかなユートピア的な煌めきを示すのは、対象との直接的な関係をわたしたちがそこに遠望できるからなのだ。猫や犬とともに生きること――それは占有という形式によって人間と動物とがたがいに把持しあう関係なのである。だが、それはどのように可能なのか？　――所有者（主権）との闘いを通じて、である。

　松浦理英子の『犬身』（二〇〇七年）は、犬に変身した人間の視点を通して語られる。犬を深く愛する

＊41　池田雄一『メガクリティック　ジャンルの闘争としての文学』文藝春秋、二〇一一年、一三九頁。
＊42　笙野『海底八幡宮』河出書房新社、二〇〇九年、一二七頁。
＊43　木庭顕『ローマ法案内――現代の法律家のために』羽鳥書店、二〇一〇年、六〇頁。

独身の女性・八束房恵が謎めいたバーの店主・朱尾献の力によって、バーの客のひとりである陶芸家・玉石梓の飼い犬に変身する、というのが物語全体の枠組みとなっている。むろんそれぞれの名前が『南総里見八犬伝』（一八四二年）に由来するというだけでなく、ゲーテの『ファウスト』（一八三三年）――悪魔メフィストフェレスは「むく犬」の姿でファウストの前にあらわれる――を設定の下敷きにしており、「狼のマスク」をかぶった朱尾献は房恵に「わたしがあなたを犬に変え、玉石梓に贈る。あなたは十年から二十年の間、玉石梓の犬として暮らす。犬としてのあなたの寿命が尽きたら、報酬としてわたしに魂をくれる」[*44]という取引を持ちかける。しかし朱尾献と名のる者の提案には『ファウスト』と異なる交換条件が付随している、つまり「魂をいただくのは、あなたが犬として幸せな生涯をまっとうした場合に限ってのこととし」、ただし「もしあなたが犬になった後玉石梓に性的欲求を覚えたら、生まれて何年目であろうともあなたの犬としての寿命はそこで尽きます。魂はもちろんわたしのものです」[*45]というものである。現世のあらゆる快楽を体験するために変身したファウストのそれとは対照的な奇態な取引だが、その意味はのちに読者にも暗黙のうちに理解される。つまり梓のペットとしての房恵――犬としてはフサと呼ばれる――は、梓の兄であり、妹を幼少期のころから性虐待しつづけてきた彬と対比するかたちで配置されているのである。しかも朱尾献の計らいで房恵はなぜか牡犬に変身させられ、その上で飼い主の意思によって「去勢」されるのだから、梓をめぐって彬とフサという両者の対称性はいっそう強まっている。玉石梓という空位《ブランク》を頂点とした三者の――蓮實重彥の言葉を借りれば――「トライアングル」[*46]を形成しているといってもよい。

梓はペットであるフサの所有者だが、実家を離れている彼女の生活と工房を経済的に支えているのは、失踪した父親から引き継いだ「ホテル乾」のオーナーの彬である。彬がフサに対して異様な敵意をあらわにし、時に暴力に及ぶのは、オスとしての敵愾心からである。彬は妹を性的に占有しており、しかも

「櫟」という梓を容易に連想させる匿名で『兄来たりなば』というブログを綴っている。それは幼いときから兄と性的な関係を結び、現在でもそれを解消できない独身女性の告白を模した手記――フサが独身女性から牡犬に変身したのとは逆の表象――である。その異常な行為によって妹を占有はできても、けっして所有することができない――法的に容認される関係でないだけでなく、感情的にも妹に愛されているという実感をもちえない――渇望を癒しているのだといってもよい。フサへの憎悪は、妹の愛情をフサに独占されていることへの嫉妬なのである。「種が違うから隔てられてるという気はしないんです。むしろ種の違いがうまく作用して、強く惹き合い結びついている」[*47]と梓がいう犬と飼い主の関係――さらに房恵とフサの関係――には、ダナ・ハラウェイの「伴侶種」という概念を連想させるところがある。「私たちは、はてしなく続く交換的複雑性の層構造にあって互いに相手を形成しあう多くの種の結び目に位置している。応答も、敬意も、こうした結び目に位置することで、そして歴史にまみれた動物と人間が互いを振り返ることで、はじめて可能となる」[*48]。ただしここで注意すべきなのは、フサがあくまで「化け犬」であって犬ではない、という一点である。むしろフサは――その所有欲によって「獣」と化した彬と比較して――真の人間なのだとさえいってよい。もっと正確に表現するなら、フサ

*44 松浦理英子『犬身　上』朝日文庫、二〇一〇年、一二六‐一二七頁。
*45 同書、一三二頁。
*46 松浦『犬身　下』朝日文庫、二〇一〇年、二八八頁（蓮實重彦「解説　ある「なだらかなあられもなさ」について――松浦理英子『犬身』論」）。
*47 同書、二二二頁。
*48 ダナ・ハラウェイ『犬と人が出会うとき　異種協働のポリティクス』高橋さきの訳、青土社、二〇一三年、六七頁。

と彬はどちらも非人間なのである。動物やある種の人間をも含む非人間とは無限判断の典型であり、端的に排除の対象である。これらの登場人物が——ただひとりを除いて——ことごとくその実体を隠し仮装した姿で登場する——房恵の上司や兄妹の母親のように仮装という「ゲームの規則」を理解できない者、あるいは仮装の下の実体を暴露されてしまった者はこの小説から早々に退場しなくてはならず、作者によって「内的焦点化」(ジェラール・ジュネット)された房恵もその運命を免れない——のは、つまるところこの「人間/動物」というヒエラルキーの転倒にまで行き着くことになる。この実体への忌避あるいは否認をフェティシズムと呼ぶことは可能だが、それはむしろ所有をめぐる闘争を回避することから生じる必然的な態勢である。かつて夏目漱石の「二個の者が same space ヲ occupy スル訳には行かぬ」で始まる「断片」の一節を「排除と選別の体系」として読み替えたのが『反=日本語論』(一九七七年)の蓮實重彦だったが、[*49] ここでは梓をめぐるフサと彬による主体化の抗争をそう呼んでいいのかもしれない。つまり「共喰い」である。ただしその解釈はあくまでも所有という意思を放棄するつもりのない彬に依拠した見方であろう。フサにはもちろん所有という意思はない。「伴侶」とは「same space ヲ occupy スル」者同士の謂いだからである。

意識は薄くなったり戻ったりしたのだろうと思う。梓が背後に体を浴びせるような動きをすると、固い物同士がぶつかる痛そうな音が響いて、二人の体が離れるのが見えた。次に気がついた時には、畳から包丁が消えていた。眼を凝らすと、畳に額がつきそうなほど前のめりになった彬の後頭部に、何度も包丁の柄が振り下ろされていた。額が温かいのは血が出ているからかと考えるうちに気が遠くなり、頭の温かさのせいでまたふっと我に返る。畳の上で彬が梓に覆いかぶさっている。彬の後頭部の髪の毛の一部が血に染まっている。「犬なんか殺したって器物損壊罪にしかならないんだよ」という彬の声がする。包丁を持った梓の手が彬の背中の上に現われ、もう一方の手も伸びて来て固く柄を握ると、鈍く光る刃が彬の体に向かって落ちて行った。[*50]

フサが彬に鈍器で撲殺され、その彬を梓が刺殺する凄惨な結末部の場面である。彬はフサを「二個の者が same space ヲ occupy スル訳には行かぬ」という論理によって殺害したといっていいのだろう。対して梓は自分の身を守るため、そして愛犬を害された復讐の衝動から兄を刺したのだが、ここで読者はこの惨劇の主体がじつは梓であることに気づかざるをえない。すべては梓をめぐって起きたドラマであり、しかも仮装せずに最後まで生き残った唯一の登場人物が彼女なのである。梓のここまでの決断の遅延がこのふたつの殺人を巻き起こしたとさえいえる。「畳の上で彬が梓に覆いかぶさっている」という姿勢からは、あたかも彬が殺害者で梓が犠牲者であるかのようだが、実際に行われた凶行はその逆である。現実的に女性がこの無理な体勢から成人男性を刺殺できるかやや疑問なのだが、しかしおそらくこの場面の、こうでなければならない不自然さは『犬身』全体の主題とかかわっている。ここで暗示されているのが「供犠」という形象だからである。そもそもファウストが十字架にかけられたイエス・キリストを転倒させた人物像なのであり、「狼人間」と呼ばれる朱尾献の名前は「犬」とおなじ音であると同時に、文字どおり「献げること」を意味している。

＊49　蓮實重彥『反＝日本語論』筑摩書房、一九七七年、一六五－一六七頁。
＊50　松浦、前掲書、二六三頁。

供犠としての時間

生贄を神に捧げ、それに対して人びとに恩寵が与えられる——人類学者マルセル・モースとアンリ・ユベールは供犠を「犠牲という媒介によって、つまり、儀式の中で破壊される事物の媒介によって、聖なる世界と世俗の世界の間の伝達を確立すること」[*51]と述べているが、人類の太古の文明にみられるこの儀式には、コミュニケーションもしくは交換という観念がすでに萌芽している。それはわたしたちの日常生活や言語に供犠が内包されているということでもある。デリダの動物論の文脈で「言説の「供犠的構造」」(パトリック・ロレッド)と呼ばれるものがそれである。供犠には「排除と選別の体系」が機能している。「肉食供犠は基本的な儀式制度であり、人間はこの制度を通じ、暴力を用いることで主体性を得る。この主体性のおかげで人間は、殺害という行為そのものを否認するという操作を通じて、自らと動物との間の乗り越えがたい境界を設定することができるようになる」[*52]。供犠とは動物を人間ならざる者と定義し、排除することで稼働する主体化の装置である。供犠によって人間は主体としての自己を所有し、動物は人間ならざる者として「痕跡」化される。痕跡とは消滅しながらも無として存在するなにかであり、無限判断としてしか表象できないものである。イエス・キリストはその犠牲によって人類を救済したというキリスト教の教義について、田川建三は次のように説明している。「キリストの死は神に対して捧げられる一回限りの犠牲である。他のすべての「犠牲」はこれによって代替される。これでもって、他のあらゆる宗教的試み、努力、儀礼、儀式、信仰形式、等々は、一切必要がなくなった、という宣言である。人々が救われたのは、宗教からであった、という事情を、まことにうまく表現している」[*53]。つまり世界宗教としてのキリスト教という「排除と選別の体系」は、ユダヤ教をはじめとする過去の宗教という概念そのものを痕跡と化したということである。ファウストは己の魂を悪魔に捧げることで、代わりに与えられるのは己自身の快楽であり、その有限の時間(そして永遠の劫罰)である。ここには自然の「否定」による主体の形成があると同時に、主体そのものの「否定」という契機がすでに含まれている。前者を自己免疫というのなら、人間が犬化するのは自分自身をも解体する自己免疫疾患の漸進的な過程である。

『取り替え子《チェンジリング》』でもこの供犠的構造としての「トライアングル」が形成されている。いや、むしろ作品タイトルそのものが供犠をあからさまに意味しているといったほうが正確である。ある供犠的な出来事によって吾良が「取り替え子《チェンジリング》」に、つまり本物の子どもの痕跡となってしまった、という悲嘆がこの長篇の核心だからである。古義人が「アレ」と呼ぶ供犠の実態は、ここでも性暴力である。「蹶起」に向けた大黄のプランでは、吾良を米軍将校のピーターという青年に性的な生贄として捧げる代わりに、米軍キャンプから自動小銃を非合法に入手するというのだから、これはそのままモースによる供犠の定義が当てはまる。ただしここでのトライアングルの三項は固定した人物像ではなく、それぞれを函数として、つまり主体、痕跡、供犠の場として解析する必要がある。

まず供犠の場としての「錬成道場」がある。そこは「Outside Over There」つまり外である。ただしけっして超越的な「聖なる場所」ではなく、古義人の父親の思想的後継者を自称する大黄——作者の苗字を分有する——が主宰するなかば世俗的な空間にすぎないのは、梓のアトリエが彬の経済力で維持され、

＊51 マルセル・モース／アンリ・ユベール『供犠』小関藤一郎訳、法政大学出版局、一九八三年、一〇四頁。

＊52 パトリック・ロレッド「供犠に捧げられた、動物の二つの身体——ジャック・デリダの哲学における動物‐政治概念についての考察」吉松覚訳、首都大学東京人文科学研究科「人文学報」第五一一号、二〇一五年、六七頁。

＊53 田川建三『キリスト教思想への招待』勁草書房、二〇〇四年、二一七頁。

さらに彬の経営するホテルが父親からの遺産であることと事情が似ている。

さらに供犠の場に招き入れられる、相互に類似した——のちに大江自身によって「おかしな二人組(pseudo-couple)」と呼称される——二者がいる(デリダが「獣と主権者」を「奇妙なカップル(odd couple)」[*54]と表現していることが想起される)。吾良と古義人は錬成道場に向かう途中、その若者らに「畳一枚ほどの大きさの、剝いだばかりの仔牛の皮が押っかぶせられた。重く厚い濡れた膜に覆われて呼吸ができず、両腕の自由はないまま、恐怖にかられて足を蹴りたてるのみだった…… 吾良の身体がもがきたてる勢いを失って古義人の胸倉に倒れ込んで来た後で、やっと仔牛の皮は取り除かれた。酔った若者たちの笑い声に囲まれて、獣の血と脂と自分の涙を拭い取った古義人が、脇にじっとしている吾良を気絶しているのかと覗き込むと、不機嫌な幼児のような眼がゆるゆると見開かれた……」[*55](傍点引用者)。ふたりで一組である吾良と古義人はシミュラクル的な二項を形成する。かれらはある一者——供犠の場を所有する一者に対して劣位にある者——のふたつの側面であり、供犠の場を通過することでそれぞれ優位／劣位を占める二者に分離する。つまり一方は主体に、もう一方は痕跡とされる。ただしこのヒエラルキーも一時的かつ相対的なものであり、状況によって主体／痕跡の位置は反転する。さらに供犠の場の所有者と思われている主体も、すでに外を通過したという時間的な先行の結果としてその位置にあるだけで、主体であるかのような優位を偽装しているにすぎない。大黄と梓がこの一時的で相対的な主体に相当し、一方で大黄は古義人の父親あるいは米軍に対する痕跡、梓は彬に対する痕跡ともみなしうる。

ここでは誰ひとり「選別」することも「排除」することもできない。選別する者はたちまち選別される者となり、排除する者はたちまち排除される者となる。否応なく選別‐排除する／される主体は、もはや決断を下す主体とはいえないからである。主体の決断は、べつの誰かによってすでに決断されている。そこにいるのは「あれかこれか」を——キルケゴールがいうように「狂気」のうちに——決断するアブラハムではなく、ヒトラーの決断を従順に確実に実行するアイヒマンである。なるほどそこにも主体の決断を実行するという決断が存在するのだろう。だが、その決断はあらかじめ分割されている。デリダにとって主権はアプリオリなものではない、とデリダ研究者のマーティン・ヘグルンドは『ラディカル無神論』（二〇〇八年）でそう記している。「デリダにとって無条件的なものは、至上の審級という理念すらも掘り崩す時間の空間化である[*56]」。ヘグルンドがいう「時間の空間化」は痕跡化と同義であり、時間を「継起」とみなすアリストテレス哲学以来の伝統的な、ある意味で素朴な加算的概念がその根拠となる。

今というものが、消失することでのみ現れうる——つまり、存在しはじめるやいなや過ぎ去る——のだとしよう。すると今は、それが仮にも存在するためには、痕跡として刻み込まれるのでなければならない。これが〈時間が空間になること〉である。痕跡は必然的に空間的である。なぜなら、時間的な継起にかかわらずとどまりうるということが、空間性の特徴だからである。空間性とはそれゆえ綜合の条件である。なぜなら、それによって過去と未来とのあいだの諸関係を跡づけることが可能になるからだ。しかしながら空間性は、決してそれ自体として存在することはできない——それは決して純粋な同時性ではありえないのである。同時性は、ひとつの空間的な点を他のそれに結びつける時間化なしには考えることができない。このように〈空間が時間になること〉は痕跡が他の痕跡に結びつ

＊54 デリダ『獣と主権者Ⅰ』前掲書、一六四頁。
＊55 大江『取り替え子《チェンジリング》』、前掲書、二〇七頁。
＊56 マーティン・ヘグルンド『ラディカル無神論　デリダと生の時間』吉松覚・島田貴史・松田智裕訳、法政大学出版局、二〇一七年、二〇頁。

けられるためだけではなく、それがそもそも痕跡であるためにも必要である。痕跡はその刻み込みの後にはじめて読まれうるのであり、それゆえ空間を時間化する未来への関係によってしるしづけられている[*57]。

時間と空間はそれぞれのもつ供犠的な構造を通じてかろうじて成立する観念である。時間も空間もそれ自体としては自己同一性を保持することができず、それぞれがそれぞれの痕跡としてたがいに保持される必要がある。そもそも同一性という概念すら時間を前提としなくては成立しない。「私が自分を自分自身として措定するときでさえ、措定する行為は時間を要するのであり、〈私＝私〉という同時的な同一性を授けることはできないのである。時間を通じてのみ自分が自分自身に与えられるのだとしたら、私はつねにすでに分割されていることになる」[*58]。デリダは時間のこの機械的な継起、すなわち「否定的無限」（ヘーゲル）という性格をあらゆる存在に該当する基礎的な条件であると認めている。それは時間の有限性が「肯定的無限」のうちに解消されることがありえないということを意味する。「永遠に時を刻む時計」がもし存在するとすれば、その時計の刻みは可能的に無限であっても、現実的には無限ではない[*59]。完全な無限（肯定的無限）はそれ自体としては存在しない。したがって「そのような時間的有限性はあらゆる類の殲滅と抹消を含意しているが、しかしそれが最終的な黙示録的終焉にいたることはありえない」[*60]。

黙示録的終焉にいたることはありえない……。ところでこれは奇妙な断言ではないだろうか。黙示録が最後の、そして最大の供犠的な出来事を意味する以上、供犠それ自体は供犠的構造の例外に位置するといっているに等しいからである。「時間の継起は自然法則の変化や消滅一切の可能性の条件であるのだから、一連の自然法則が消滅したとしても時間の継起は消滅することはない」[*61]？　だが、脱構築の論理からいえば「時間的有限性」はそれ自体の「殲滅と抹消」をも含んでいなければならないはずだ。「無条件」であるとは、そこにいかなる例外も存在しないということである。もし宇宙に時間以外のなにものも存在しないのならば、それは「継起している」とすらいえないだろう。継起とは停止している事象との相対的な関係にすぎないからである。したがって時間的有限性、つまり否定的無限は真無限のはるかに手前で自己免疫疾患によって自己を抹消し、消滅することになる……。

　時間のこうした内在的な自己消尽の過程は、じつはあるものに似ている――つまり映画に、である。わたしたちはこの世界を――比喩としてではなく本質的に――映画として体験している。映写機がスクリーンに投影する毎秒二四枚の静止画像の継起は、毎秒ごとに二四回の失神と覚醒をくりかえすのとおなじことではないのか。フサの死の間際の間歇的な覚醒時の意識を描いた『犬身』の引用箇所はその意味で映画的であり、そもそもフサという「化け犬」はまるで犬の身体の内側にホムンクルスのような人間の意識が閉じ込められているかのようだ。房恵は犬の五感を通じて映画館の観客のように外界を観察している。むろん観客はスクリーンのうえでなにが起きようと手出しをすることができず、まるで身体が麻痺してしまっているかのようにただ椅子に横たわっているだけなのだ。「そこでもこどもは無論動くのですが、そこでの動きの、あらゆる回転からの解け、その流れ出しの上に指し示されるのは、何かのアクションでもなければ運動《ムーヴマン》でもなく、《時間というものの浮薄に軽やかな内在性》以外の何もの

＊57　同書、三七頁。
＊58　同書、五一頁。
＊59　ムーア『無限』前掲書、一一三頁。
＊60　ヘグルンド、前掲書、八九 - 九〇頁。
＊61　同書、四二九頁。

でもないかのようなのです」[*62]……。

『取り替え子《チェンジリング》』で映画が特権的なメディアとして登場するのは、たんに吾良が著名な映画監督だったという理由によるのではない。吾良が古義人に与えた田亀という「旧式のカセットレコーダー」の断続的な再生は、むしろ映像を欠いた音響だけからなる映画の上映——映画『カルメンという名の女』（一九八三年）でジャン゠リュック・ゴダール演じる狂気の映画監督はソニーの「ラジカセ」を「音楽カメラ」と呼んでいた——としてなのであり、「そこにおいて僕は一種の水族館を見ているかのような具合に置かれることになるのです」[*63]。映画を見ている「僕」が「彼らがガラスの向こう側にいるのは、僕らが彼らをそこに投げ込んだからだという意識に囚われ」ているのは、時間が己の意志とかかわりなく無慈悲に進んでいくという徹底した受動性の苦痛を映像の人物たちに投影しているからなのだが、古義人を苛む隔離感と罪障意識はそれに似ている。「その可視性だけで出来たイマージュ群の上では、登場人物たちの誰一人として、誰かを欲望し渇望している者はいないのです。と言うのも彼らにはそんな目に見えない感情をそのまま表現する方途が一切与えられていないからで、僕らの前のスクリーン上にあるのは目に見える所作とかその眼差しの強度とかだけであり、そこに潜められているのだろう見えない内面の秘密とかを生み出し構成するのはひたすらそれを見ている意識である僕らの役割に振られているかのようなのです」[*64]。映画は「表層」でしかない、というかつて人口に膾炙した蓮實のテーゼをここで想起してもよい。「可視性だけで出来たイマージュ群」に「内面の秘密」は存在しない、もしくはそれは空白《ブランク》となっている。もちろん死者にもそんなものは存在しないだろうし、そもそも他人の精神の実在をわたしたちはたんに推測しているにすぎないのだ（街を行く誰彼が人間であり自動機械ではない、となぜそう確信できるのだろうか?）。古義人は観客がスクリーン上の人びとにそれを投影するように、吾良の音響イメージにそれを投影する。古義人が錬成道場での出来事の秘密を吾良の残した映画シナリオに沿って再構成するのは、だから当然なのである。

その日、錬成道場で吾良の身になにが起きたのか、最後までこの小説であかされることはない。吾良はこの出来事を直接に描いた、しかしまったくプランの異なる二通りのシナリオを残している。第一のシナリオは大黄がピーターへの生贄に吾良ではなく村の少年少女たちを選んだとするもの、第二のシナリオは吾良を襲おうとするピーター自身が錬成道場の若者たちの生贄とされたとするものである。どちらのヴァージョンが吾良の実体験に近いのか、あるいはいずれもまったくのフィクションなのか、それを古義人が――つまり読者が――判断する材料は叙述から慎重に省かれている。それはたんなるミスティフィケーションというだけでなく、後年の吾良自身にとってもなにが真実だったのか、記憶はもはや混濁していたのかもしれない。現実がそれを再構成することの不可能な痕跡として存在するという結論は、時間の、そして映画の機械的継起という性質からも不可避なのである。たとえ古義人の妻であり吾良の妹でもある千樫の声を借りて「私が、お母様の代りに、もう一度、あの美しい子供を生もう。取り替えられて居なくなった本当の吾良が、新しい子供として生まれてくるようにしよう」[*65]という、あまりに人間主義的な「恢復」を語っているとしても、それは『取り替え子《チェンジリング》』という長篇自体の構造によってあらかじめ裏切られている。千樫の「美しい」言葉はそれ自体が供犠という酷薄きわまりない機能をそのまま重ね書きしたにすぎない、という事実を無惨なまでに露呈しているからである。

＊62　ジャン・ルイ・シェフェール『映画を見に行く普通の男』丹生谷貴志訳、現代思潮新社、二〇一二年、二三八頁。
＊63　同書、一六八頁。
＊64　同書、二二三頁。
＊65　大江、前掲書、二九七頁。

たとえ吾良自身が生贄として性暴力の対象となることはなかったとしても、それは救済ではまったくない。生き残ったことは、むしろ犠牲者を見殺しにしたことの証にすぎない。供犠は生贄にされた者も生き残った者も粉々にする。吾良のふたつのシナリオは、ただそのことのみを語っているように思われる。生き残ることが果たして正義にかなうことなのか。「私は他の者を犠牲にすることなく、もう一方の者（あるいは〈一者〉）すなわち他者に応えることはできない。私が一方の者（すなわち他者）の前で責任を取るためには、他のすべての他者たち、倫理や政治の普遍性の前での責任をおろそかにしなければならない。そして私はこの犠牲をけっして正当化することはできず、そのことについてつねに沈黙していなければならないだろう」[*66]。デリダが言いたいのは所謂「トロッコ問題」——生き残るべきなのは誰か？——にすぎないのか。むしろ供犠において決断は意味をなさないということではないのか。

　供犠は最終的に「あらゆる類の殲滅と抹消を含意している」。そしてもし供犠になんらかの正義が見いだせるとしたら、それは供犠の自己免疫疾患という事態においてでしかない。わたしたちは免疫の過程で内と外という領域を確定する。日本とはその政治的な異名である。内には国民が参集し、「外には犬〔異邦人〕が、薬品（麻薬）を扱う者が、淫行者が、人殺しが、偶像礼拝者が、そして虚偽を好み行なうすべての者が」（傍点引用者）たむろしている。自己免疫の進行は内をさらに内と外に分割し、万物が終わりを迎えるまで以下無限に続く。たがいがたがいに憎しみ合うなかでわたしたちはいったいなにを躊躇うことがあるのだろうか。いずれすべての者どもが犬に変わるだろう。

＊66　デリダ『死を与える』廣瀬浩司・林好雄訳、ちくま学芸文庫、二〇〇四年、一四七頁。

6

猿まね《ミミック》と生

家主と借家人

動物とともに暮らすとはどういうことなのか？

「I－1　動物たちの棲むところ」の最後に記したこの問いに、わたしはふたたび回帰することになる。わたしたちは誰かとともに暮らしている、それは愛か、共感か、義務感か、無関心か、憎悪か、それらすべてが綯い交ぜになった感情によってなのか。近代小説の歴史とは「憎しみ合いながらもベッドを共にするカップルの同棲の歴史」[*1]である、と書いたのはメキシコの小説家カルロス・フエンテスだった。わたしたちが動物と暮らすときもまたおなじように、複合し、錯綜し、矛盾した諸感情にどちらも苛まれているのではないだろうか。

ふたたび賃借という主題が登場することになる。松浦理英子の短篇連作集『裏ヴァージョン』（二〇〇〇年）は『千夜一夜物語』によく似た枠物語の形式をとっている。『千夜一夜物語』ではシェヘラザードがシャフリヤール王に処刑されないために日々夜ごとに物語を語るのに対して、『裏ヴァージョン』では借家人が自分で書いた短篇小説を毎月家主に上納することで家賃としてもらう。つまり家主は借家人に間接的に「補助金」（平山洋介）を供与しているのだ。その冒頭の一篇――「第一話　オコジョ」とタイトルが付され「ステファニー・クイーン」という作者名らしい匿名が掲げられている――では、アーネストが恋人のサラの気をひくために野良の仔猫を飼いはじめ、オコジョと名づける。サラが去った後もアーネストはオコジョを飼いつづけるが、オコジョはいっこうにアーネストになつこうとしない。「けだものは耳を伏せ丸めた背筋の毛を限界まで逆立て、ハーッと激しく息を吐いた後も、いつでも飛びかかれるように前肢をたわめたまま、険悪に細めた眼をアーネストから離そうとしなかった」[*2]。アーネストのほうから「けだもの」とまでいう仔猫を連れて来たわけではない。サラが最初「あの猫を飼うことができたら一緒に暮らしてもいいわ」と言い出したのである。仔猫を捕まえると約束どおりサラはやってきたが、彼女にべつの恋人ができて家を去っていってからもアーネストは凶暴なオコジョと取り残されたのだった。

この短篇の主題は、主人に対する飼い猫の叛逆なのである。アーネストとサラ、そしてオコジョの三者は「トライアングル」（蓮實重彥）を形成している。アーネストが「家」の所有者──「二十一の時に土台から屋根まで自分一人の作業でつくった町はずれのこのちっぽけな俺の家」[*3]──であり仔猫の飼い主であり、オコジョとサラは一時的な滞在者にすぎない。本来ならアーネストがその家の主権者であるはずなのだ。にもかかわらずアーネストはサラの意思のままに飼いたくもない仔猫を拾い、しかもペットであるはずの仔猫は手なずけられず、それどころかかれに牙を剝こうとさえする。「「オコジョ。」呼びかけるとけだものは片耳をぴくりと震わせる。「俺とおまえと、どっちの方が強いかためしてみようか？」」[*4]。アーネストは仔猫を──かなり滑稽だが──対等な敵対者と認めている。オコジョの爪がアーネストの左眼を傷つけ、出血すると「アーネストは初めて疑った。あいつは俺より強いのか？」[*5]。

アーネストとオコジョの転倒した位階《ヒエラルキー》は、この連作短篇集全体の枠組みとなる鈴子と昌子の関係

＊1　カルロス・フエンテス『セルバンテスまたは読みの批判』牛島信明訳、水声社、一九九一年、一二〇頁。
＊2　松浦『裏ヴァージョン』文春文庫、二〇〇七年、六頁。
＊3　同書、一四頁。
＊4　同書、一〇頁。
＊5　同書、一二頁。

——所有者と占有者——を暗示している。昌子は鈴子の家——両親の遺産である「築三十五年のボロ家」と鈴子は自嘲する——の二階に同居しているのだが、昌子は家賃の代わりに家主に向けて小説を書いており、つまり「第一話　オコジョ」というテキストは昌子が家賃として鈴子に提出した最初の短篇である。それに対して「何なの、これは？　誰がホラー小説を書けって言った？　ステファニー・クイーンだなんて、オコジョだなんて、あほらし過ぎて泣けて来る。もっと真面目にやれ！[*6]」と昌子に対して感想を述べる、というよりも指示をだす鈴子は、アーネストとペットが家主と借家人の関係の隠喩であり、しかも隠喩自体が昌子からの攻撃であることを行為遂行的に意味しているのをまるで理解していないか、あるいは理解していないふりをしている。

「第二話　マグノリア」で家主への攻撃はもっと露骨になる。話者である少女がボーイフレンドと共謀して自分の母親を殺害する計画をたてるのである。もっともその計画というのは、家の裏庭でぬかるんで転びやすい地面の、ちょうど後頭部に当たる位置に先の尖った石を埋めておくという子どもじみたもので「言うまでもないわよね、母は全然死ななかったわ[*7]」。もちろんこの馬鹿げた幼稚な計画それ自体が昌子の短篇小説の隠喩であり、そこに込められた悪意に鈴子が気づいていないことさえほのめかされている。ただしここで重要なのは、この少女の母親が「家具屋の父と教師の母の間に生まれた生粋のコーカソイド」であり、ハイ・スクールの頃に「音楽に限らない黒人マニア」になって、大学時代に付き合っていたアフリカン・アメリカンとのあいだに生まれたのがこの短篇の話者マグノリアだという点である。ここには鈴子もいうように、アメリカにおける人種差別という、アメリカに行ったこともなく、本や映画などから知識を得ているにすぎない昌子の手には余る錯綜した主題が描かれているはずだが、しかし昌子はアメリカの人種問題そのもの——「〈現実のアメリカ〉」と昌子が呼ぶもの——を描きたいわけではない。「あの馬鹿っ母にとってはどこから見てもアフリカ系の姿かたちをした娘はコレクションの一つなわけ[*8]」とマグノリアが吐き捨てるように語るのは、人種という主題を所詮は文化や趣味として受容しているにすぎない者と、それを差別として受肉してしまった者との決定的な差異である。そこには両親の遺産である戸建の家を所有する公務員の家主と、会社をリストラされた無職の居候との断絶が仮託されているのだ。学生時代から書くことが好きで、かつて小説家としてデビューした経歴をもつ昌子にとっては、かつて同級生だった鈴子に家賃という名目で小説を書かされ、あげくにその出来映えを高飛車に批判されるのは、それだけでも屈辱以外のなにものでもないはずだが、それは――その根底に鈴子の庇護的な愛情があったとしても――昌子の挫折した過去を文字どおり金銭で売り渡すのに等しい行為なのである。

負債としての芸術

デリダはカント『判断力批判』のミメーシスの理論が「賃金《サラリー》に関する二つの指摘に挟まれるかたちで[*9]」展開されていることに注意を促している。デリダはカントが美と芸術を扱ったこの書物を「エコノミー」の視点から読解することを提案しているのである。芸術の頂点である「自由《リベラル》なアート」、天才という「自然の賜物＝贈与」によって産出されるはずの芸術は「少なくとも人間のポリティカル・エコノミーにおいては、誰からも支払われない」ものの、しかし実際には「神」によって養われている、地球

＊6　同書、一八頁。
＊7　同書、二七頁。この短篇の結末でマグノリアは、後日、母親が計画どおりに亡くなったことをボーイフレンドから知らされる。
＊8　同書、二一頁。
＊9　デリダ『エコノミメーシス』前掲書、七頁。

上のあらゆる生命が「太陽」によって養われているように。「言葉《パロール》を通じて、神は詩人と対話を交わし、感謝＝承認と引き替えに、詩人にその資本《もとで》を供給し、その作業＝労働の力を産み出し、また再生する。神は詩人に、剰余価値を与え、そして剰余価値を与える手段《てだて》を与えるのである」。

エコノミメーシスのこうした構造は、必然的にその類似物《アナロゴン》を国家《シテ》のうちにもっている。詩人もまた、つまり人間のなかの人間である詩人もまた、書きも歌いもしないあいだ、食べることをしなければならない。彼は（機械的な）作業＝労働の力を維持しなければならないのであって、カントが示すところによれば、詩《ポエジー》はこうした労働の力なしですますことはできない。そのとき、詩人は王－太陽に庇護される。詩人が自分の本質的な豊かさは上から到来するということを忘れないために、また自分は真なる交流＝交渉のおかげで自由なアートの高みに結ばれているのであって、報酬のアートに結びつけられているのではないということを忘れないために、詩人は王－太陽から、照らされ－照らす（啓蒙され－啓蒙的な）君主から、神－詩人に類似した王－詩人から、恩給を受け取る。*10

デリダのいう「エコノミメーシス」の構造を日本近代文学史上もっとも忠実に形象化しえたのが谷崎潤一郎である（**Ⅱ－1　言説の騒乱《ディスオーダー》**）。『台所太平記』（一九六三年）で自分が読み上げる文章を女中に書きとらせる小説家は、さながら詩人に霊感を与える神を模倣し、同時に詩人を経済的に庇護する王を模倣するのだ。だが、『裏ヴァージョン』に描かれている作者と読者の関係性はそれを完全に転倒している。昌子の小説は家賃を払うための労働にすぎない。それがここで「自由《リベラル》なアート」に対する「報酬のアート」と呼ばれるものである。カントにとって自由なアートが本来的な芸術であるのに対して、報酬のアートはただアナロジーによってのみそうであるにすぎない。鈴子が批判するような「自由の欠如、規定された合目的性、有用性、規範《コード》の有限性、理性を欠き、想像力の戯れを欠いたプログラムの固定性」において、昌子の小説は「蜜蜂の産出性」に近いのだ。「リベラルなアートと報酬のアートの階層秩序化された対立は、戯れと労働の対立なのである」[*11]。

しかし「神」なき時代に自由《リベラル》なアートは存在しえない、と現代のアーティストならばそう反論するはずだ。それを成立させる条件となるエコノミメーシスがすでに解体してしまっているからである。アーティストになしうるのは、もはや報酬のアートだけなのだ。だが、読者のほうでもまた、作品がたかだか読者の選好にあわせて書かれた報酬のアートにすぎない、という現実を作家に対して露骨に主張してみせる。鈴子がいうように「大昔は「書く者」の方が偉くて、「読む者」は「書く者」の用意した道筋に従い「書く者」の手管に翻弄され、「書く者」のかける謎を解きその意図を理解し、あまつさえ「書く者」の論旨なり感情なりに共鳴しなきゃいけなかったんだろうけどさ。今やそんなふうに下賜された作品を恭しく押し戴く従順な読み手なんていやしない」[*12]。

今日、芸術の王たる資格をもつ者は、作品に対してただ気まぐれで理不尽な判断力を振り回す読者である。ここでの王＝読者は、芸術を「自然の贈与」によって産出する者ではなく、市場の交換価値によって判断する者である。鈴子はカントの時代とはまったく異なるエコノミメーシスにおいて作品を享受するといっているのだ。この転倒は、おそらく芸術のみならず生活それ自体が市場に完全に包摂されてしまっていること、そしてわたしたちの生の全域が資本に収奪されるまでに行き着いたことを示してい

＊10　同書、四三頁。
＊11　同書、一四頁。
＊12　松浦、前掲書、二〇三頁。

る。そうした現在のエコノミメーシスを補綴しているのが――「賃金《サラリー》」ではなく――「負債」なのである。

ここでの家主（所有者）と借家人（占有者）に象徴されるような賃借関係――借家人は家賃を払いつづけてもその家をけっして所有できず、そこに住むかぎり永続的な負債に縛られる――は、社会学者マウリツィオ・ラッツァラートのいう「〈負債〉による支配」の典型とみなすことができる。

債権者／債務者の関係は「社会的諸関係に直接働きかける」だけにとどまらない。なぜなら、この関係はそれ自体が権力関係であり、現代資本主義のもっとも重要で普遍的な様相の一つだからである。クレジット（信用貸し）あるいは負債、そして債権者／債務者の関係はある特殊な権力関係をなし、主観性の生産と統制の特殊な様態（「経済的人間《ホモ・エコノミクス》」の特殊な形態としての〈借金人間《ホモ・デビトル》〉）をもたらす。債権者／債務者の関係は、資本／労働、福祉国家／利用者《ユーザー》、企業／消費者といった関係に重ねあわされ、その関係を貫いて、利用者《ユーザー》・労働者・消費者を〈債務者〉に仕立て上げる。[*13]

負債をめぐる経済が労働者の雇用と根本的に異なるのは、後者がもっぱら「労働時間」の搾取にかかわるのに対して、前者がわたしたちの生そのものを横領することを可能にするからだ。文学と経済とのかかわりはここに生じる。鈴子と昌子の関係はその内在的な形象化である。だが、鈴子はたんに債権者であるというにとどまらない。鈴子は昌子に自分の望むような小説を書かせることで昌子の未来と過去――かつて同級生だった鈴子もそれを共有している――を支配し、そこから現在に「変形」を加えようとする。鈴子は「日本人が主人公で異性愛の、SMではない恋愛小説、性愛小説を書いてほしい[*14]」と要望し、昌子の小説はその要望をいったんは受け入れるふりをしながら、しかしそれはけっして鈴子の望みのままに書かれず、つねにそこから逸脱していく。鈴子が「私は同性愛だのSMだのはとっくに卒業したの。ファンタジーより現実を選んだってわけよ」[*15]と語るのは、彼女たちがともに経験してきた過去の否認であり、両者の関係性の根底には今でもなおその記憶が埋葬されている。

昌子——彼女の短篇では朱鷺子と呼ばれる——が暮らす二階の「亡霊部屋」の「本棚にはかつて家主が耽読し今は顧みることもなくなった本が墓標のように並んでいる」[*16]〔傍点引用者〕。日本近代文学研究者の前田愛は、尾崎紅葉『多情多恨』（一八九六年）、田山花袋『蒲団』（一九〇七年）、そして二葉亭四迷『浮雲』にみられる「二階と階下のトポグラフィー」を詳細に分析し、次のように述べている。「日本の二階は、西洋の屋根裏部屋のように孤独な隠れ場所でありながら、一方では階下の世界とも緊密につなぎとめられているのである。二階の住人は階下の世界にたちこめている濃密な人の気配からまったく自由ではありえないし、階下の世界も二階の住人の存在に無関心でいることはゆるされない」[*17]。だから松浦はここで日本近代文学に特有な「二階の下宿」という形象を巧みに引用しつつ、その伝統もろとも「墓標」として葬り去っているのだ〔**I-1　動物たちの棲むところ**〕。彼女たちの過去と現在との関係は、そのまま日本近代文学とこの小説自体の関係のアナロジーとなっているのである。

昌子が過去にこだわるのは、たんにノスタルジーだけではない。昌子にとってSMが意味しているの

＊13　マウリツィオ・ラッツァラート『〈借金人間〉製造工場——〝負債〟の政治経済学』杉村昌昭訳、作品社、二〇一二年、四六頁。
＊14　松浦、前掲書、八八頁。
＊15　同書、一四四頁。
＊16　同書、一五七頁。
＊17　前田愛『都市空間のなかの文学』ちくま学芸文庫、一九九二年、三〇八頁。

は、変えられない過去への関係性——過去そのものではなく——の「変形」である。変形、つまり過去から未来へ流れていく加算的な時間性そのものの廃棄であり、歴史の「第二の生誕」（ドゥルーズ）を意味している。「わたしは鈴子を変形したい。同時にわたし自身も変形したい。わたしたちが今とは別の物語を生きられるように。それがもう一つの凡庸な物語になるだけだったとしても」[*18]。

だが、鈴子が昌子に望んでいたのは逆に「変形」する欲望そのものの否定なのであり、その破壊なのである。「もし友達をお金で買えるなら私は昌子を買う。旅行中ずっと私はそう思い続けていた。だから帰国してから同居に誘った。昌子を家にただで住まわせて好きなように遊ばせよう、というのが私の当初のもくろみだった。小説を書くことが昌子にとっての最高の遊びだろうと考えていた。昌子を変えたかったわけではない。むしろ変えられるものなら昌子を取り巻く世界の方を変えたかった。私は世界を両手で粉々にすり潰し、それを見て微笑むあなたが見たい、ベイビー、ベイビー、ベイビー……。けれども、私はまっとうな世界の側に属する人間だから、そうなろうと努力してなりおおせた人間だから、間近に見る昌子にいらついたしうんざりしたし要求も出して来たし、結局自分のもくろみを自分で裏切ることになった。昌子はこの家での闘いのゲームを「面白かった」と書いている。昌子には面白かったかもしれない。だが、私は感情的になりすぎた」[*19]〔傍点引用者〕。

サディズム／マゾヒズム

昌子と鈴子のすれちがう関係性そのものが、通常いわれるSMの、つまり「サディズムとマゾヒズムの対称性の幻想」を暴いていく。「マゾヒストに先導を許すわたしは、何とかいうフランスの思想家の考察に従えば純粋なサディストではないのだろう」[*20]。昌子の小説の登場人物のひとりがこう語るように、昌子に小説を書くよう命令しながらその作品の価値を残酷なまでに否定する鈴子は、しかしけっして

「純粋なサディスト」ではない。「何とかいうフランスの思想家」、すなわちドゥルーズによれば「マゾヒズムにおける拷問者の女性がサディストではありえないのは、まさしくかのじょがマゾヒズムのうちにいるからであり、つまり、かのじょはマゾヒズム的な状況にとって必要不可欠な部分であり、マゾヒズムの幻想が実現された要素だからなのだ」[*21]。鈴子は昌子にとって「マゾヒズムの幻想」、つまり昌子の書くという欲望が「実現された要素」であり、「マゾヒズムの分身や反射としてのサディズム」にすぎない。ドゥルーズ『ザッヘル＝マゾッホ紹介』（一九六七年）のモチーフを郡司ペギオ幸夫の要約で引用してみる。

サドとマゾは表裏一体どころか、レベルが異なる。制度を対象化し相手に押しつける者こそがサディストであり、未規定な制度の中で、相手を鞭打つ者へと訓育し、ここに教える・学ぶ関係を取り結ぶ者こそがマゾヒストというわけだ。サディストは、不断に否定する者であり、否定の結果を観念として自らの描像の中に再配分する。つまり徹頭徹尾、自らの設計し制御する制度を相手に押し付け、自らその制度の外部へは一歩たりとも出ない。サドは他者を認識し得ない。対してマゾヒストは、制度の否認から出発して宙吊りへと向かう。マゾヒストは、自らを鞭打つ者を、命令によって形作ることができない。それができるのはサディストだけだ。だからマゾヒストは、すべてを受動的足《ママ》らんと構

＊18 松浦、前掲書、二二一頁。
＊19 同書、二三八頁。
＊20 同書、六七頁。
＊21 ドゥルーズ『ザッヘル＝マゾッホ紹介　冷淡なものと残酷なもの』河出文庫、二〇一八年、六一頁。

想し、自らが受動者であることを担保したままでの訓育を実行する。[*22]〔傍点引用者〕

日本人が主人公の異性愛小説、という規範を押しつける鈴子は一見するとサディストである。したがって鈴子は「他者」である昌子を「認識し得ない」。一方で鈴子の「訓育」を実行しているのは昌子である。昌子が家を出た後になって鈴子が「私は感情的になりすぎた」と述べるのは、昌子による訓育を肯定した、敗北したサディストの言質にほかならないが、にもかかわらず鈴子は自分の敗北を認識することができない。ドゥルーズが「サド＝マゾヒズム」を捏造された「記号学的な畸形[*23]」と呼び、郡司がサディストとマゾヒストを「通約不可能[*24]」とみなすのはこうした事態をめぐってである。

だが、郡司がここで強調しているのは、両者は論理的に断絶しているにもかかわらず、事実としてなぜか「邂逅」してしまう、という謎なのである。郡司はこれを「我々の自発性、センス・オブ・エージェンシー〔SoA：わたしが動かそうと思うことによって、わたしの身体を操作したという感覚〕のモデル[*25]」として一般化している。郡司によれば、サディストとしての「わたし」は己の身体を自分自身が駆動させ、運転し、操作していると信じている。しかし己の身体を知覚し、操作する「わたし」は「抽象的な点であり、大きさを持たず、身体を持たない。だからこそ、自らの運動〔行動〕の起点となることはあっても、起点となる「或るもの」とは成り得ない」。では、起点となる「或るもの」とはなにか。それがマゾヒストである。「わたし」は「脳の準備電位を発動するような部位、すなわち脳内他者であるマゾヒストの存在――わたしではない何かが、この運動を操作していたのだと思わせる存在――を知ってしまう。〔……〕それは場所も大きさもいつも同じように発見されることはなく、かつ一つに定まることもない。むしろ、脳内に偏在する何かとして発見される。だからこそ、それはサディストから見て他者であり得るわけだ[*26]」。〔傍点引用者〕

このようにして「生成される」SoAつまりニューロンと自由意志の関係こそ、今日における超越論的図式のひとつの典型である。もちろんこれは『金毘羅』の「私」や『犬身』のフサのホムンクルス的な形象もまったくの同型であり〔I-5 **黙示録的な獣たち**〕、古くはフロイトの局所論とも共通する。「無意識」あるいは「エス」とは自己のなかの他者を意味するからである。「自分がしているのだという自発性の自覚は、徹底した他者によって実現される」[*27]、これがマゾヒストの勝利を明記する言葉であるとすれば、現在のデモクラシーはSoAによって作動しているというべきである。国家主権は女性やマイノリティ、国内外の投資家、さらにAIなどといった他者の審級によってあらかじめ規定されており、政府も議会もそのことを否定できない。その場合、他者を否認もしくは排除しようと意思するのが右派であり、他者を包摂しようと意思するのがリベラルあるいは左派ということになる。したがって前者は排外主義としてあらわれ、後者はPCとしてあらわれるが、「脳内に偏在する何か」として切除も操作も不可能なのが他者の定義である以上、どちらの試みも必然として挫折せざるをえない。

郡司による『ザッヘル＝マゾッホ紹介』要約には、奇妙な——おそらくは意図的な——書き漏らしがみられる、つまりそこに「制度」は存在しても、「契約」と「法」が存在しないのだ。郡司はここに身体というコモンズ〔共有地〕を持ち込むことで、あたかも契約や法を抜きにしてもサド＝マゾヒズム的

＊22　郡司ペギオ幸夫『いきものとなまものの哲学』青土社、二〇一四年、三四-三五頁。
＊23　ドゥルーズ、前掲書、二〇二頁。
＊24　郡司、前掲書、三八頁。
＊25　同書、四二頁。
＊26　同書、四五頁。
＊27　同書、四九頁。

態勢が成立するかのようなモデルをたてているのである。郡司はドゥルーズと異なり、サド＝マゾヒズムを「通約不可能」としつつ、べつのかたちで関係づけている。しかしその根拠となる身体は「サディズムとマゾヒズムに共通の、一種の中性的な素材」[*28]にすぎない。SoA、あるいはPC全般にはマゾッホ的な「弁証法」が欠けている。言い換えれば、ドゥルーズ的なマゾヒストの否認――「母はファルスを欠いていない」――がありとあらゆる外延を問題にせざるをえないがゆえに無限判断をかたちづくるのに対して、郡司のマゾヒズムは――サディズムと排中律の関係にたつので――否定判断にとどまる[*29]〔**I－2　動物保護区《アニマル・サンクチュアリ》の平和**〕。

ところでドゥルーズは「サディストは制度を必要とするが、マゾヒストは契約関係を必要とする」〔傍点引用者〕とも記している。「サディストは制度化された所有〔憑依〕の用語で思考し、マゾヒストは契約による同盟の用語で思考する」[*30]。ローマ法的な空間の二分法でいえば、マゾヒズムが「共同空間」における政治的なものを――ただし女性と動物が――展開するのに対して、サディズムは「私的空間」における主体の行動理念――支配と従属――の極限化なのである〔**I－5　黙示録的な獣たち**〕。サディストの制度は法と徹底して対立する。「法は行動を拘束する。行動を麻痺させ、道徳化するのである。法なき純粋制度は、その本性によって自由で、アナーキーで、恒久的に運動し、永久に革命し、たえざる無道徳状態にある活動のモデルとなる」[*31]。おそらく排外主義者たちが無力なサディストであるという以上に、PCはサド的な、法なき制度なのだ。サディストたちは「法をより高次の原理に向けて乗り越え、それによって法に二次的な権力しか認めまいとする」[*32]。法に対する敵意という一点において、かれらはどちらも無自覚かつ熱狂的な――サドが主張するところの――「共和主義者」である。ドゥルーズは続けていう、「所有〔憑依〕とはサディズムに固有の狂気であり、契約とはマゾヒズムに固有の狂気である。マゾヒストは専制的な女性を育成せねばならない。マゾヒストはこの女性を説得し、「署名」させねばならない。マゾヒストは本質的に教育者なのだ」[*33]。

では、マゾヒストはサディストの「教育」に成功し、PCという「署名」をさせたのだろうか？　むしろPCがどこまでも制度にすぎないところに、マゾヒストの失策があるのではないのか。「制度は法の秩序とはきわめて異質な秩序に属し、法を無用にするものとして呈示されるのであり、権利と義務の体系に代えて、行動と権力と権能の動的なモデルを据える」[*34]。SoAはひとつの典型的な「行動と権力と権能の動的なモデル」にほかならない。おなじようにPC的なマゾヒストは、たかだか制度にすぎないものが、あたかも至高の法であるかのごとくふるまうのである。

マゾヒストが「専制的な女性」――マゾヒズムの要素としてのサディズム――と関係をとり結ぶのには、あくまでも「契約」を媒介とする。「契約とは、真の意味で法を生みだすものである――たとえこ

＊28　ドゥルーズ、前掲書、六八頁。
＊29　ドゥルーズ研究者の小倉拓也は、ドゥルーズが措定するマゾヒズムにおいて、精神分析の観点では「本来は競合する否認の排除の並立」を確認したうえで、次のように記している。「既存の法則や秩序に対して、サディズム的な純粋否定とマゾヒズム的な否認が並べて提示されているのではなく、既存の法則や秩序と、純粋否定によるその超克の企図の、両方に対して、マゾヒズムが対置されているのである」（『カオスに抗する闘い――ドゥルーズ・精神分析・現象学』人文書院、二〇一八年、二〇六頁）。本書の視点では「既存の法則や秩序」が肯定判断に、「サディズム的な純粋否定」が否定判断に、「マゾヒズム的な否認」が無限判断にそれぞれ対応する。
＊30　ドゥルーズ、前掲書、三〇頁。
＊31　同書、一二〇頁。
＊32　同書、一三一頁。
＊33　同書、一三〇－一三一頁。
＊34　同書、一一八頁。

の法がそれを生みだした条件を逸脱し、それを裏切るにしても」[35]。ここでの法とは、「善」なる観念に依拠した古典的な意味での法ではなく、カント的な法の規定、つまり「それじたいで価値をもたねばならず、おのれ自身をみずから基礎づけなければならない」ものであり、「法を基礎づけうる高次の原理すべてを排除するもの」[36]としての「《法なるもの》」である。「その純粋形式によって定義される《法なるもの》には、素材も対象もなく、特殊な限定もないということであり、それがなんであるか知られず、それを知ることもできない」[37]、これは法がいっさいの経験論的な水準から解放された、アプリオリな原理としてたちあらわれるという意味である。

ところが契約から法が創設される過程には、かならず欺瞞と裏切りが存在する。「なぜなら法はいったん制定されると、第三者に適用され、期間を定めずに効力をもち、いかなる持ち分も留保しないからである」[38]。マゾッホはこの裏切りを契約関係が規定する位階《ヒエラルキー》の転倒に利用するのだ、あたかも大家が自分自身を借家人の使用人として処するかのように。マゾッホによる契約では、法に価値を与え、それを適用する責務が男性（父）から女性（母）へ移行され、男性を奴隷状態と死へと向かわせる意図が——男性自身によって——賦与される。ここに「［一八］四八年革命と汎スラヴ主義にまつわる、マゾッホのユーモアが存在する。契約を交わしたまえ、ただしおそるべき女帝と契約するのだ、そうすればこのうえなく感情的でありながら、このうえなく冷たく、このうえなく厳格な法がそこから生みだされるだろう」[39]。

条件付きの契約から無条件かつ絶対的な法が、そして専制君主が立ち上がる行程で《法なるもの》が脱力化されるマゾッホ的な転倒を、ここでは——ドゥルーズ自身は批判的だった——社会契約説の、とりわけ『リヴァイアサン』における主権者と人民との関係の転倒《パロディ》として読んでみたい。ホッブズによれば、人びとに公正・公平・謙虚・寛大であることを命ずる人倫すなわち自然法が存在するにもかかわらず、人間はみずからの力を恃み、たがいに争うことをやめない。蜂や蟻のような動物は仲間と自然に調和した生活を営んでいるが、人間のあいだの調和は「契約」にもとづかないかぎり成立しない。

「国家は一個の人格である。ただし、国家の成員である大勢の人々は、成員全員が国家行動の主体だということを成員相互の契約により取り決めておかねばならない。さもないと、平和を保ち、共同して敵に抗しようにも、妥当だと判断される力および手段を総動員することができない」。

右に述べたような人格を担うと、主権者と呼ばれ、主権を持っていると評される。そして、全員を臣民として従える。[*40]

ホッブズが国家の創設にいたる論理を連綿と記述したのに対して、マゾッホはそれをそのまま女性性の論理に反転させることで国家の廃絶の可能性を呈示する。「マゾッホが夢想していたのは、一八四八年革命の勝利を確実なものとし、汎スラヴ主義を統合するためには、美しき専制君主、おそるべき女帝がスラヴ人に欠けていたということであった……。スラヴ人よ、革命的でありたければさらなる努力を[*41]」。

＊35 同書、一一八頁。
＊36 同書、一二六頁。
＊37 同書、一二七頁。
＊38 同書、一三九頁。
＊39 同書、一四一頁。
＊40 ホッブズ『リヴァイアサン2』前掲書、二一－二二頁。

これは――「I－5　黙示録的な獣たち」の文脈をここに持ち込むならば――自己免疫疾患による主権の解体過程とでもいうべきものに相当する。ホッブズは子孫を儲けることで獲得される支配権を「父権的支配権」と呼んでいる。主権者のもとで国家が維持されるには、次世代への主権の継承が必須だからである。

では、「おそるべき女帝」のもとで恒久的な平和はどのように継承されるのか。――それは継承権という補綴によらない継承、「単為生殖による第二の生誕[42]」によってである。第二の生誕、つまり復活の「幻想」は「儀式」において果たされる。「マゾヒズムの契約はそれゆえ、この契約が創設する法によって、儀式へと我々を駆り立ててゆく。マゾヒストが強迫観念に取り憑かれ、儀式がマゾヒストの活動そのものとなるのは、儀式が、そこで現実が幻想化される境位を表象するかぎりにおいてのことだ[43]」。

この儀式は供犠、すなわちキリストの磔刑と復活を意味している。ドゥルーズはそれを三つの否認の過程として要約する。「すなわち、母を讃美し、再生誕にふさわしいファルスを母に与える過程。この第二の生誕のなかで、いかなる場所も占めない父を排除する過程。性的な快じたいを対象とし、それを中断し、その生殖能力を廃棄することで、性的な快を再生誕の快につくりかえる過程」。この過程の最終目的がキリストである。「とはいえ神の子ではなく、新しい《人間》であり、父との類似の廃棄であり、「性愛もなく、財産もなく、祖国もなく、口論もせず、労働もせず、十字架にかけられた《人間》……[44]」」。

時間を「変形」すること。昌子のこの望みは、ここにいたってのちに『犬身』に描かれる――人間から犬へ変身する――「儀式」に直接つながっているようにも思える。だが、彼女たちの「第二の生誕」は――天皇霊の継承が大嘗祭という儀式に依拠しているように――廃絶した法の跡地に制度を据えるのとどう異なるのか？　変形はふたたび法と制度の混同に帰着するのではないか。

マゾヒストは法あるいは父をついに廃棄しえない。マゾヒストが父をその内部から廃絶したとしても、父の地位は空位《ブランク》のまま残されている。「もう一つの凡庸な物語」、それが父の残骸としての制度であり、負債という観念はそうした残骸のひとつである。負債はつまるところ債権者と債務者とのあいだの契約関係にすぎないが、しかしそれが多数の者たちに対して――「皇帝の使者」が王宮からけっして脱出できないように――返済不可能なまでに拡大することで事実上《デファクト》の法と化す。この法は、真にも善にもけっしてたどり着くことがないという意味で悪無限としての法である。ここでは昌子の望む「変形」、つまり「あらゆる価値の転換」（ニーチェ）は実現しなかった。その代わり、べつのひとりのマゾヒスト＝債務者が空位《ブランク》だった父の座を――変形することなく――簒奪するのである。

一九七一年、アメリカ合衆国のニクソン大統領は米ドル紙幣の金兌換を停止し、国際的な貨幣の金本位制は終焉した。この決定が今日にいたる変動通貨制のきっかけとなったのだが、デヴィッド・グレーバーは、これが合衆国政府の主張するような「法定不換紙幣《ファイアット・マネー》」――この観念は「貨幣はもともと金《きん》で「あった」ということを前提としている」――であるというよりも、むしろ一七世紀末に創設されたイングランド銀行による「信用貨幣の新手の変異体《バリエーション》*45」であると指摘している。イングランド銀行が発行した銀行券は「事実上、王が彼ら〔国王への債権者である商人たち〕に負って〔借りて〕いる額面の約束手形だった」のであり、「もはや、王への負債ではなく、王による負債であるという事実が、その貨幣をそ

*41 ドゥルーズ、前掲書、五五頁。
*42 同書、一四七頁。
*43 同書、一四二頁。
*44 同書、一五三頁。
*45 グレーバー『負債論』前掲書、五三九頁。

れまでの貨幣と大きく異なったものにした。多くの意味で、それは、それ以前の貨幣形態の〔反転した〕鏡像だった」[*46]。あらゆる貨幣が金《きん》に兌換できるなどという現実はかつても今も存在したためしがなく、金本位制といえども金《きん》に兌換することを国家が保証する、という信用であったにすぎない。ニクソンはただ「王様は裸だ」と声にしただけだった。だが、その一言で金《きん》は王座から転落し、代わってアメリカ合衆国の中央銀行に相当するＦＲＢ〔連邦準備制度理事会〕が王ならざる僭主としてそこに居座ったのである。「連邦準備制度は、技術的には、財務省長期証券を買い上げることによって政府に金銭を直接に貸し出すことはできない。だが、だれもが知っているように、間接的にその貸出をおこなうことが第一の存在理由なのである。そして、政府が財務省長期証券を発行するかぎりにおいて、それはある意味で実際に紙幣を印刷することに等しい。すなわち、負債のトークンを流通させること、このことが――ニクソンによるドルの変動化のあきらかに逆説的な効果として――いまや世界の準備通貨としての金《きん》にとってかわりつつあるのだ。いいかえると、世界における最終的な価値保蔵機能として、合衆国にとてつもない経済的優位を保証するようになったのである」[*47]。

貨幣は金《きん》ではなく、金《きん》と類似したこともない。無尽蔵の貨幣を発行すること、つまり債務を際限なく増大させるマゾヒズム的力能《シミュラクル》こそ、今日における国家の権威を確立するのである〔Ⅱ-4　**私生児の機械**〕。ニクソン・ショックとは、マゾヒスト＝債務者としての国家による「父との類似の廃棄」である。マネタリズム、すなわち「単為生殖による第二の生誕」。

銀行に堆積された資本は、金融という形態のもとに「一般資本」として、つまり単なる抽象化されたものとして現われる。しかし、これは強力な抽象化である。なぜなら、それは分岐した特別のかたちでの現働化からは〝独立した〟もの、いわば「自立的価値」として姿を現わすからである。それは、あらゆることを実現する能力を持つ〝未分化の〟潜在力として存在する。したがって金融資本は、来たるべき価値を先取りし規定する権力として、破壊と創造の力として姿を現わすのである。[*48]

国家は負債を無際限に増大させることで「あらゆることを実現する能力を持つ〝未分化の〟潜在力」を銀行に滞留させる。「銀行に堆積された資本」はそうした潜在力を有する——受精する以前の——未分化の卵子、つまり「無精卵」である。ドゥルーズは最初期のエッセイである「無人島の原因と理由」で「卵」という隠喩を用いて次のように語っている、「結局、開始は神と一対の男女とから発していたが、再開はそうではない。それはひとつの卵から発する」[*49]。

人相学とミメーシス

多和田葉子「無精卵」（一九九五年）の「女」——とのみ呼ばれる主人公——と昌子には見誤りようのない類似が存在する。どちらも「二階」の借家人であり、書くことでそこに住む権利を保障されているのである。以前、この家で「女」は「男」と同居していた。「男は作家だということだったが、まだ本は一冊も出版していなかった。死んだ妻の親族が税金節約のため、この家を〈作家の家〉としたため、男は作家になるしかなくなったのだと、ある文芸評論家が女に教えてくれた。もちろん、最低もうひと

＊46　同書、五〇一-五〇二頁。
＊47　同書、五四〇-五四一頁。
＊48　ラッツァラート、前掲書、八四頁。
＊49　ドゥルーズ「無人島の原因と理由」前田英樹訳、『無人島　1953-1968』河出書房新社、二〇〇三年、二一頁。

りは外部の人間を公募で入居させなければ、国の定めた〈作家の家〉の最低条件を満たさないので、ある評論家の推薦で、運好く女がここに住むことになった」[*50]。

「男」と性的関係はなかった。「男」は交通事故で死に、その後は「男の義姉」がこの家と「女」を「管理」している。「女は今でも、義姉が一階を清掃している音を聞くと、義姉に管理されている自分の性器を思い浮かべずにはいられない。肉体の襞という襞をまるで会計報告書をめくるように指でめくって読み取りながら、その裏にまだ未報告の快楽が隠されているとでも思っているのか、奥の奥まで分け入ってくる」[*51]。つまりここでの「補助金」は管理の代償なのである。やがて「女」はこの家でともに暮らすようになった「少女」に対して——自分が義姉にそうされているように——虐待じみたふるまいをしてしまう。

「少女」は痩せていて五歳くらいに見えるが、年齢、出自ともに不詳で、当初は言葉も話さない。ある日、「卵の黄身の色の帽子」を被って家の前に立っていた「少女」は——まるで一八世紀末フランスのアヴェロンの野生児のように——人間社会から完全に隔離された環境で育った子どもであるかのように思える。だが、すぐに「女」には理解のできない外国の言語を話すことが判明する。「少女」は「女」の描く文字やデッサンに興味をもつ。そしてそれらを模写する行為に——ただし意味や内容を理解することなく——集中するようになる。「紙に文字を書いてみせると、少女は目を大きく見開いて、紙の上に書き写された字をしばらく見つめている。それから、鉛筆でそれを真似して書く。絵を描くように書く。少女の書いた文字は間違ってはいないが、どこかおかしい。字と言うより絵のようだ」[*52]。

模倣の対象は文字だけでなく「女」の発する声、そして行為にまで及ぶ。「少女」は「女」の発する言葉の意味を理解しないままただ口うつしに反復しているだけなのだが、しかしふたりのあいだには一種のコミュニケーションのようなものが成立している。「女」が自分で服を着るように命じても、「少女」は部屋を裸で歩き回っている。「〈服を着なさい〉／と厳しく言っても、効果はない。それどころか、少女はわざと尻を突き出してみせる。女は腹をたてて、半透明のプラスチックのものさしで、少女の尻をぴしゃっと叩く。少女は高い声を上げる。悲鳴のように聞こえる。女は緊張する。悲鳴ではなく笑い声だということが分かる。少女は腰を振って踊ってみせる。それから唾を吐きながら、リズミカルに腹を女の方に突き出して踊る。股の間のふたつの小さな柔らかそうなふくらみが盛り上がって見える。女は目をそらす。自分がものさしを手に持ってその前に立っている情景を一枚の絵のように思い浮かべ、急に恐ろしくなった。自分はそうせざるをえない状況に追い込まれたのだと言っても、誰も信じてはくれないだろう[*53]」。

バルテュスの描く少女をどこか連想させるこの「少女」のふるまいは、しかし「女」の行為のミメーシスではない。ポール・リクールの『生きた隠喩』（一九七五年）によれば、ミメーシスはたんなる模倣ではない。それは「現実指示の機能」を含むと同時に「創造の次元」から切り離すことができず、しかも対象の「忠実な復元であるとともに、高貴なものへの移動」、すなわち「崇高化」を果たす[*54]。たしかに「少女」は自分自身と「女」との類似をあきらかに知覚している。にもかかわらず、そのおこないはミメーシスと呼ばれるものではまったくない。むしろ崇高化と正反対の行為、いうなれば「動物的な猿

＊50　多和田『ゴットハルト鉄道』講談社文芸文庫、二〇〇五年、七九頁。
＊51　同書、五三－五四頁。
＊52　同書、一〇三頁。
＊53　同書、一一三－一一四頁。
＊54　ポール・リクール『生きた隠喩』久米博訳、［特装版］岩波現代選書、一九九八年、五〇－五一頁。

まね、身振りによる黙劇《ミミック》」である。

ミメーシスは人間にとって創造的自由の表現なのである。「ミメーシスは人間に固有のものなのだ。ひとり人間のみが固有に〔=本来的に〕模倣する。〔……〕ミメーシスによって自然（ピュシス）を開示《デヴォワルマン》するという真理の能力は、生まれながらに人間の自然学《フィジック》、人間本性学《アントロポフィジック》に所属するのである」[*55]〔I-2　**動物《アニマル》・保護区《サンクチュアリ》の平和**〕。しかし「少女」の猿まねは人間的な自然を超過している。それは「女」にとって人間本性への冒瀆であり、芸術への冒瀆なのだ。「女」は「少女」を養育し、教育しているつもりでいる。「女」にとってこの痩せこけた「少女」は、「継母」に養育された、かつての自分自身の現し身のような存在なのかもしれない。だが、立場はいつのまにか逆転してしまっている。「女」はまるでマゾヒストである「少女」によって拷問者に仕立て上げられてしまったかのようだ。ところが実際には、このふたりの関係にはサディズムもマゾヒズムも成立していない。そこには意思の共有すらみられない。痛みや恐怖といった生物的な知覚を「少女」がそれとして理解しているかどうかさえ不分明なのだ。

やがて「少女」は眠っていた「女」を「荷造り用の紐」で拘束し、監禁するにいたる。それは「少女」がかつて体験した過酷な環境を——再現するのではなく——反復し、遊んでいるだけなのかもしれない。反復とは、ここでは同一性の機械的な継起を意味している。それは人間としての理性をもたなくとも可能な行為である。「女」は週刊誌で報道されていた、製薬会社が戦地で親を失った少女たちを「整形手術」の実験対象として監禁していた、という事件を連想する。「少女」の「右足の小指」はナイフですっぱりと切られたように失われている。もしかすると「少女」は実験から逃亡して行方不明になっている被害者のひとりなのではないのか。

この小説で語られる整形手術には——骨や筋肉などの運動機能の改善を目指した治療という通常の理解とはまったく異なる——ある特殊な意味と文脈が与えられている。つまり人相学という、古色蒼然たる、もはや科学とも認められていない学問とのかかわりである。ヘーゲルは『精神現象学』で人相学について、やや嘲弄的な口ぶりで記している、「精神の現在について思いこんだことを、そのまま思いこむのが人相術である」[*56]。人相学の観察は「人相、手書、声の調子など」を「思いこまれた内面と関係させる」。フランスの哲学者カトリーヌ・マラブーは、ヘーゲルにおいてそうした「人相学上の特徴は、実際にはその個体のいかなる特性にも対応しないにもかかわらず、即座に、内面的な同一性を表現する記号のように思われる」という。この錯覚は「指示対象《レフェラン》がそもそもまったく想像的なものとして措定されたものにすぎないという事実ゆえに生じた意味する《シニフィアン》ものと意味される《シニフィエ》ものの不一致」によって生じる。「私たちが関係する記号は「本当に何も意味していない（in Wahrheit nichts bezeichnet）」、そしてヘーゲルが結論づけるに、「この記号は個別性にとっては自分の顔であり、また外すことのできる仮面でもある」[*57]〔傍点引用者]。つまり「仮面」の下に存在する人格はほんとうは無であり、無しか存在しない。

かつて「女」と同居していた「男」は「家全体が兜を被った戦士の顔のように見える」丘の上の家に住む「人相学の学者」を崇敬しており、かれの著作を数多く所蔵していた。「男」の死後、そのなかの一冊に挟まっていた、かれのものであるらしい人相学者との——事実とも虚構ともつかぬ——対話を書き記した「紙切れ」を「女」は発見する。

〈人間の顔は自分で作るものだと昔から言います。一方、血筋や人種は変えられない形を顔に与えて

＊55　デリダ『哲学の余白（下）』前掲書、一一三頁。
＊56　ヘーゲル『精神現象学　上』前掲書、三六二頁。
＊57　カトリーヌ・マラブー『ヘーゲルの未来——可塑性・時間性・弁証法』西山雄二訳、未來社、二〇〇五年、一一二-一一三頁。

しまうのではないでしょうか。――それはそうだ。ただし、与えられたマイナスの要素をどれだけ破壊できるかが、わたしたちに与えられた課題であるとも言える。――そういうことは可能なのでしょうか。――わたしは例えば生まれの卑しい女性たちの顔も随分研究してきた。彼女たちは、教育を受ける機会があると、顔が変わってくる。その効果は、時期が早ければ早いほど大きい。またより優れた男性と結婚し息子が生まれると更に向上する。そのような女性たちにとっては、自分の持って生まれた要素をどれだけ否定できるかが、決め手となってくるわけである。――つまり彼女を否定することは、彼女を助けることになるかもしれないんですね。――そうではあるが、曖昧な形ではいけない。会話くらいかわしても効果はない。肉体に直接向かうことだ。人間の内面が肉体の表面に現れてくるということは、肉体を手術などによって変容させることで、人格に変化を与えられるということ、たとえば、整形手術などによって、内なる少女を破壊することで、向上することもある〉[*58]〔傍点引用者〕

「肉体を手術などによって変容させることで、人格に変化を与えられる」、それがこの人相学者の思想の核心である。少女たちに整形手術をおこなっていた製薬会社を人相学者が――かれの「著書を研究の理論的根拠として挙げたことに対して」――名誉毀損で訴えたのは、そのことと関係がある。「男」もまた人相学者の信奉者であり、「男が書斎で鉄兜を被っている」という異様なふるまいはかれの思想の実践でもあった。「それは銀色の顎まですっぽり入る鉄兜で、左右に十センチくらいの長さの角が突き出していて、目の部分は庇を上げ下げできるようになっていた。その時、庇は下がっていた。男は兜を被っている他は、何も身に付けておらず、椅子にすわって膝に行儀よく手を置いていたが、両方の手の間から、勃起した性器が赤黒く起き上がっているのが見えた。まるで兜に届こうと背伸びするかのように、それはかすかに揺れていたが、身体の他の部分はセメントで固めたように不動のままだった」[*59]。

「男」は人相学者の家と同一の形象である「鉄兜」を被ることで人相学者と同一化し、自分の「人格に変化を与え」ようとしている。これは肉体と精神とを再現しようと試みる――成人男性に対する成人男性の――ミメーシスの極限の姿勢である。

　これは古典的な人相学の見地からも、それをすでに大幅に逸脱している。というのも、かつての人相学が人相を内面の「表現」と捉えていたのに対して、ここでは「仮面」を着けることで内面を「変化させる」――記号を変形することで指示対象を変容させる――可能性が語られているからである。つまり人相学者はナチズムとあきらかに関連の深い優生学を補完する学問として人相学を論じているのだ。「無精卵」は変身、つまり「第二の生誕」をめぐるふたつの可能性を呈示している――人相学《ミメーシス》と猿まね《ミミック》である。「少女」が小説の冒頭で卵を思わせる外見として登場するのも、この発生論的な文脈においてである。それは新たな主体をいかに生成するかという今日の――遺伝子工学から人工知能、さらにアイデンティティ・ポリティクスにいたる政治と思考の広大な領野に共通してあらわれる――主題を横断している。

　卵である「少女」は受精しないまま成長する単為発生の個体である。「鉛筆で雑にスケッチされた形。時間がたっているので、線が粉にでもなったようで、気をつけないと飛び散ってしまいそうだ。長い長い自分の髪の毛に縛られた顔。自分の肉の重さに歪んだ顔。自分の体液に汚れた顔。女が昔、描いたデッサン。これを手本にして少女は描いたらしい」[*60]。これらの「顔」はどれも胚の、つまり卵割をはじめ

＊58　多和田『ゴットハルト鉄道』前掲書、一二一―一二二頁。
＊59　同書、六二―六三頁。
＊60　同書、一〇〇頁。

た時期の――「女」とも「少女」ともまだ未分化の――個体のイメージである。だが、この単為発生による胚の形成は自然生成的なのか、製作的なのか。さまざまな要素の複合化をつうじて全体が形成されるのか、あるいはあらかじめ完成した各パーツがただたんに量的に成長しているだけなのか。

もし「少女」が「女」の鏡像であるとしたら、このデッサンは発生論におけるいわゆる「前成説」を暗示していることになる。胚は完成した小型の個体であり、すでに形成を完了した器官や身体の部分が含まれるというのが前成説の主旨だが、科学理論としてはすでに一九世紀までに否定されている。「鉄兜」を被った「男」の信奉する人相学もおなじく前成説的である。それは事前に準備されたモデルにもとづく形成（予造）だからだ。しかし「少女」の猿まね《ミミック》を卵生の比喩と捉えるなら、それは――個体が後天的に変形可能なので――「後成説」を前提としていることになる。胚の後成説とは、細胞の漸次的分化と複雑化の過程をつうじた自己形成的な発生をさしている。

いずれの解釈でも卵の成長は自然生成的でかつ製作的である、つまり――前成説ならば卵割する以前に、後成説ならば胚の成長時あるいはそれ以後に――生成を人工的に操作する可能性が問われている。ただしここで「少女」を「自動人形」として誤認する誘惑《フェティシズム》は絶っておかなくてはならない（作中には周到に「女」の友人である「占い屋」が所有する成人男性の「マネキン人形」についての言及がある）。デカルトには、かれと家政婦との私生児フランシーヌ――病で五歳のときに亡くなったという――そっくりの人形をつくり、肌身離さず持ち歩いていた、という真偽の定かでない噂が付きまとっていた。人形は完成された各パーツを結合させる前成説的な製作手段が前提とされるだけでなく、そもそも人間に似させたいというミメーシス的な動機をもち、それにともなって人形の「造物主」とでも呼ぶべき存在を召喚せざるをえない。それは造物主を頂点とした人間と機械の位階秩序《ヒエラルキー》を必然的に形成してしまう。ここまでの文脈では、このような人形は――そして「鉄兜」をかぶった「男」は――造物主の否定判断として存在するにすぎない。無限判断としてあらわれるのは、むしろ「少女」のほうである。

主体の形成と悪無限

マラブーは新たな主体と呼ばれるものの形成の機縁を「超越論的なものの後成説」というカントの『純粋理性批判（第二版）』（一七八七年）にあらわれる隠喩に見いだしている。「カテゴリー」を経験の諸対象に結びつける「必然的合致」はどうして可能なのか。それは「いわば純粋理性の後成説の体系[*61]」によってである、とカントはいう。

カントは後成説を「純粋理性の予造／前成体系（の一種）」に対立させる。前成説では、われわれの認識構造とその対象との「予定調和」の実在が前提となっていて、カテゴリーは生得的な「主観的素質」と定義されるのだが、こうした見方に対してカントは、カテゴリーの対象との関係は、胚とまったく同様に、自己分化をつうじて成長するとする。後成説の概念は十八世紀末にひろく受け入れられるようになり、知性の自発性についての生物学的形象となる。すなわち、思考の諸要素の超越論的な形成作用があるとする見解となる。この言明は、生得説も制作をめぐる議論も中断させる。超越論的な形成作用は、生物の個体と同じく、発達するものであり、作為的につくられるものではないとされるのである。[*62]

＊61　カント『純粋理性批判　上』原佑訳、平凡社ライブラリー、二〇〇五年、三二五頁。
＊62　マラブー『明日の前に——後成説と合理性』平野徹訳、人文書院、二〇一八年、四〇頁。

後成《エピジェネシス》は発生《ジェネシス》という主題と近接しながら、しかし鋭く対立している。卵の発生《ジェネシス》が「古いものに新しいものをもたらす」のに対して、胚の後成《エピジェネシス》とは「古いものと新しいものがたがいに干渉しあい、ともに変容する」[63]ことなのである。ところがカントの比喩を字義どおりに解釈するなら、超越論的なものが無条件であることと、後成的に自己分化することとの矛盾は覆いがたいように思われる。それはアプリオリであると同時にアポステリオリであり、法であると同時に自由である、というような矛盾である。カントは「啓蒙とは何か」（一七八四年）でこれを主体の自己形成の課題として論じている。啓蒙とは他人の指示を仰がずに、自分のうちにある理性を用いて「みずから招いた未成年の状態から抜けでること」[64]である。しかし「主体は自身の自発性を説明できないから、自発性を受けとりながらも、これを自分固有のものとしなければならない」[65]。

カントはそこで真理と経験との超えがたい亀裂を超えるこの力能のことを「勇気」と呼んでいるのだが、この媒介的な概念を『純粋理性批判』（第一版）にもとづいて「想像力」と明確に指定したのは『カントと形而上学の問題』（一九二九年）のマルティン・ハイデガーだった。想像力が知性と直観の遭遇に先立つ「時間の純粋視野」をひらき、そこで対象をカテゴリーと一致させる規則が「図式」と呼ばれる。つまり「純粋時間のイメージ（あるいは時間の純粋イメージ）は、図式が差異化（分化）し、複数化し、調節した絶対的先行性としてあらわれる」[66]、ハイデガーはそれを「根源的時間性」（『存在と時間』一九二七年）とみなし、その一方で後成説的な時間システムを「通俗的時間性」――「I－5 **黙示録的な獣たち**」で時空間の供犠的構造としたもの――と呼んで否定することになるだろう。さらに他方で、カントが呈示した哲学的な思弁そのものがすでに現代の科学とは合致しない、という事実がある。後成説の今日の生物学的用法において超越論性なる曖昧な概念にはどこにも居場所がない。そもそも理性という観念がすでに科学にとって用済みかもしれないのである。

哲学と科学の両側からの強力な迫撃にあって、では、マラブー自身は「純粋理性の後成説の体系」をどう解釈するのか。マラブーは『判断力批判』にも登場する後成説という比喩の微妙な変化を分析の俎上に載せ、それ自体が概念の「内的発展の過程のはじまり」であるという。「一つの〈批判〉から別の〈批判〉への自己分化／自己差異化によって作動し、みずからの創造的、形成的、変形的源泉から発して、自身の外の諸力を巻きこんで進行する内的発展、これを後成説の体系とみなすことである*67」。

そしてこの引用のすぐ後で「〈批判〉の内にある、この外」が「生」と呼ばれる。「生あるものと生命一般が理性に呈示する問いは、何よりもまず、そのよそものという条件に由来する。〈よそもの〉は想念でも、概念でも、形式でもない。それらは直接的にはいかなる超越論的身分ももっていない。外からくるようにみえるものである*68」。

『判断力批判』で論じられる美、そして生とは、人間と「相関」（カンタン・メイヤスー）しないもの、人間の経験の対象としては与えられていない現象をさしている。カントは人間が「よそもの」と取り結ぶ関係を支えるものとして——超越論的図式に代えて——ここで「対象（自然）の合目的性」を提起している。合目的性とは、人間には究明できないものの、しかし考えられはするような自然のもつ法則的統

*63 同書、二九二頁。
*64 カント『永遠平和のために／啓蒙とは何か　他3編』中山元訳、光文社古典新訳文庫、二〇〇六年、一〇頁。
*65 マラブー、前掲書、一九〇頁。
*66 同書、二一三頁。
*67 同書、二九五－二九六頁。
*68 同書、二九六頁。

一のことである。この合目的性とのかかわりを通じてカテゴリーそのものが変容する可能性を秘めている、とマラブーは――かすかな希望をこめて――示唆するのだ。それはおそらく『大きな鳥にさらわれないよう』でネズミの遺伝子から誕生した「小さなにせの人間たち」のような形象である。かれらは人間に操作される対象のようでありながら、やがてかれら自身の「外からくるようにみえる」生の必然的な運動に促され、人間によって準備された世界を離れていく。それは――かれら自身によって――「神話」と呼ばれる〔**I‐3　精神は（動物の）骨である**〕。

自然の産物は、判断力に対しみずからに普遍的なものを与えよと命じるのだが、ある意味で、それ自身をカテゴリー化するようにみえる特徴がある。あたかも、自然の産物が自足し、ある意味で自身について判断し、その独自性のために思考は無用とされると同時に極点にまで突き動かされるかのようにみえるのだ。自然と自由が、反省的判断の使用をつうじて発見されたこのカテゴリーなき場において調和するとしたら、それはまた、そして何をおいても、ある種の自然対象が自然的に自由であり、必然的に自律したものとして姿をあらわすからだ。自然の産物の「形式」はその独立性に由来する。カントは示そうとしているのは、まず自然の美が、次に生きものが理性に謎を呈示しているということ、事実の合理性という謎、理性ぬきですませることができるようにみえる合理性という謎を呈示している、ということなのである。というのも、こうした現象は自閉し、自己形成し、自己規範化し、われわれの判断装置を即座に撥ねのけてしまうようにみえるからだ。事実的な合理性は奇妙な合理性であり、自然と自由との結合という偶然のなかに、われわれぬきで意味が与えられる場なのである。[*69]

生あるものには人間の「理性ぬきですませることができるようにみえる合理性」というものが確実に

存在する。生きもの、すなわち有機的なものはすでにマラブーの初期の著作『ヘーゲルの未来』（一九九六年）での顕在的なモチーフだった。ヘーゲルにおける無機的なものに対する有機的なもの、動物と人間の「可塑性」、そしてその両者を隔てる「欠如」がそこで論じられていたのである。あらゆる有機的な生物を非有機的な物体から分けるのは「自己区別化」、つまり有機体をその環境から区別し、有機体の統一を維持しようとする「習慣」である。ヘーゲルによれば習慣とは自己を自己として所有する／存在させる「自己感情の機構《メカニズム》」であり、その意味で習慣は有機体にとって「第二の自然」となる。したがって動物と人間はどちらもすでに自然から「疎外」されているのだが、ただし両者を分けるのはこの第二の自然に対する可塑性である。人間は習慣という機構《メカニズム》に対する自己再帰的な関係をもつことで「魂」を解放する。ところが動物はこの自己再帰的な関係を形成することができない。動物もまた人間とおなじく「自分自身の「欠落（Mangel）」の「感情」、つまり、自分を繁殖させるように駆り立てる感情を感じる。この感情は「動物の個別的な現実性がもっている不適合性（Unangemessenheit）」と〔動物という〕類とのあいだの緊張（Spannung）に由来する。〔……〕繁殖はそれでも、悪無限のプロセスに到達するばかりである。動物はその個別性を普遍へと昇格させ、両項の不均衡を解消することができないがゆえに、動物は「類を十全に表現すること」ができない」[*70]〔傍点引用者〕。

　このとき重要なのは習慣という「自動運動」である。それは人間と動物、そして有機的なものをめぐる思弁的な展開における軸であり、原動力である。「自己規定と自己運動の条件たる自動運動のことを考慮に入れなければ、絶対知の契機において何が起きているのかを把握することはできない。ヘーゲル

＊69　同書、三一一-三一二頁。
＊70　マラブー『ヘーゲルの未来』前掲書、一〇八頁。

のテクストの至るところに現存するこの離脱の力は自分が保護されたいという執着を精神から解放するもので、この力がなければ、止揚《アウフヘーブング》のプロセスと悪無限のそれを区別することはできない」[*71]。いっさいを廃棄しつつ保存する「止揚」の自動運動とは疎外化の運動であり、最終的には止揚というプロセスそれ自体を自己疎外するにいたる。「思考はそれ自身の供犠の最後へと達し、そうして神の無化《ケノーシス》にその究極的な意義を与えた」[*72]〔I-5 **黙示録的な獣たち**〕。止揚とは、ここでは供犠の別名にほかならない。だが、供犠＝止揚の果てに絶対知＝真無限が到来すると、なぜそう断言できるのか？　時間とは宇宙のエントロピーが極大化するにいたるまでの長い過程にすぎない。時間すなわち悪無限が収束する地点と、そのさらに絶対的な彼方でしか到来しえない真無限とのあいだのかぎりなく空漠としたなにかが「皇帝の使者」では「帝都」と呼ばれていた。「かりに彼が最後の城門から走り出たとしても――そんなことは決して、決してないであろうが――前方には大いなる帝都がひろがっている」[*73]。

　そこにひろがるのは真無限とも悪無限とも異なるなにかであり、無があるとしか表現することができない。動物の繁殖――「神神の微笑」で語られる「日本的なもの」の本性でもある〔I-5 **黙示録的な獣たち**〕――の「悪無限のプロセス」がなぜ人間的な止揚にいたることがないのか、『ヘーゲルの未来』が十全に論じ尽くしているとはいいがたい。むしろ動物が止揚のプロセス抜きで「自然的に自由であり、必然的に自律したものとして姿をあらわす」、つまり「自然の合目的性」としてのみ語りうる、というのが『明日の前に』での結論なのである。

　では、「自動運動について論じるからといって、ヘーゲルの〈体系〉が純然たる機械装置のイメージへと追いやられるわけではない」[*74]という、マラブーがくりかえす否認はどう理解すればいいのだろうか。有機的な生きものと無機的な物体との差異が習慣の機構《メカニズム》に存するとしても、この機構を規定する通俗的時間性それ自体が供犠＝疎外化のシステムなのだから、動物のみならず「石」もまた「貧しい」〔ハイデガー）ながらも習慣をもつ潜在性は否定できない。つまり「よそもの」を生きものに限定し、そこからＡＩのような非有機的な対象をアプリオリに排除することは不可能なはずである（実際、ＡＩのアルゴリズムにはそれぞれに抗しがたい偏り＝習慣が備わっている）。ＡＩの挙動は人間の知能の偏頗な猿まね《ミミック》にすぎない。にもかかわらず――だからこそ――ＡＩはその加算的継起によって人間と動物と機械という位階秩序《ヒエラルキー》を完全に破壊してしまうのである。

マラブーが描く生のイメージは「機械学習」と呼ばれるＡＩのアルゴリズムのいくつかに酷似している。それらは入力されたデータからパターンや規則を発見し、その新たに認識されたパターンにもとづいてさらに新たなデータを処理できるような、再帰的で自動的なプログラムである。その思考がいかなる論理にもとづくものなのか、わたしたち人類にはもはや完全には理解できない。[*75]

＊71　同書、二四〇頁。
＊72　同書、一九七頁。
＊73　カフカ『カフカ寓話集』前掲書、一〇頁。
＊74　マラブー、前掲書、二四〇頁。
＊75　人類学者の久保明教によれば「現在のＡＩ技術が帯びるインパクト」は「これまで主に情報の収集や編集の手段として捉えられてきたコンピュータが、人間が占有してきた情報の評価の領域にまで進出してきたことにある」。たとえば自動運転車における「トロッコ問題」は倫理的命題――誰かを救うために誰かを犠牲にすることは許されるのか？――ではなく、コンピュータによって「複数の選択肢を評価して値の高いものを選ぶ」手法として解釈され、その結果「機械はいかなる行為を選ぶかを計算できてしまう」（『機械カニバリズム　人間なきあとの人類学へ』講談社選書メチエ、二〇一八年、八二頁）。ただし、その計算は人間の所与の規則に完全に従っているわけではなく、コンピュータの依拠する規則が今後どのように変化するのか、人間には予測も制御もできない。

猿まね《ミミック》と死

わたしたちは自己免疫の過程で内と外とを分離することを通じて自己を確定するのであり、その逆ではない。そしてその内と外をともに超過するのが悪無限なのである。「よそもの」としての自然は、この超過する運動そのものと考えるしかない。ミメーシスとは、人間がこの外の運動をあたかも所有しているかのようにふるまうことである。ただ芸術だけがそのことを理解していたのであり、それゆえ自然を操作する力能《ミメーシス》を備えていたのは芸術だけだった――資本という「卵」が誕生するまでは。

自然は、べつのタームでいいかえるなら「資本の外部性」である。資本は近代と呼ばれるある時期に誕生して以来、自然をかぎりなく収奪しつづけてきたが、しかしただたんにそうするだけではなかった。資本はついに地球にとって究極の外部性である「太陽」を模倣するにいたる――原子力エネルギーである。それは人類にとって無限に等しい力の解放にほかならなかった。原子力は崇高の別名であり、崇高とは無限のミメーシスである。そしてミメーシスこそ資本の有する最大の潜勢力なのである。

芸術は――あるいは隠喩は――つねにその根源に太陽を抱え込んでいる。太陽が自然に生を贈与し、自然が隠喩にそれ固有の類比を与える。「隠喩とは［……］太陽に向かって回転する運動であると同時に、太陽自身の回転運動のことなのである」[*76]〔I－2 **動物保護区《アニマル・サンクチュアリ》の平和**〕。このように語るデリダはさらに、哲学の言説の総体もまた太陽に支えられていると述べる。「出現と消滅の対立そのもの、［……］可視的なものと不可視のもの、現前するものと不在のものといった語彙系の全体、こうしたものはすべて太陽のもとでしか可能でない。太陽は哲学の隠喩空間の構造を規定するものとして、哲学言語の自然形《ナチュレル》〔＝体質〕を表象している」。資本も芸術や哲学とおなじように、つねに起源をめぐる神話をその核に抱え込まざるをえない。それは誕生とともに死も神話たらしめるほかないのだ。そうしなければミメーシスの主体は――みずからが太陽であるかのごとくふるまう――主体たりえないのである。

　だが、猿まね《ミミック》には崇高さが欠如している。それは神話といっさい無縁である。それは起源を仮構したりしないし、秩序を攪乱したりもしない。そこに抵抗の機縁は存在しない。そしてただ資本を猿まねし、悪無限を猿まねする。猿まねは理由もなく中断されるが、それは猿まねが猿まねにすぎないからである。猿まねは、ロジェ・カイヨワがそう主張するように一種の自己放棄であり、エントロピー増大の過程そのものである。[*77]それは生を超過し、最終的に死をまねることになる。死の猿まねは生物にとって死そのものである。それは死の到来によってのみ真実と合致する。死は、猿まねの主体にとってのみ可能な経験なのだ。ミメーシスの主体にとって唯一の不可能なふるまいが、自己免疫疾患としての死の到来である。この世界の唯一の例外、無限であるはずの主体には、その反証となる死という事実を許容する場所をもたない。死の到来した主体は、いわばすでに猿まねの主体にすぎない。わたしたちは皆、病院のベッドで生命を維持されるのであれ、路上で行き倒れるのであれ、やがて来る猿まねの死を死ぬ。

　排泄物にまみれたベッドで「女」は、かつて「少女」が捕らえられたのかもしれない戦場の悪夢にうなされ、目覚めると不意に拘束を解かれている自分に気がつく。「少女」は――製薬会社の学者たちが「少女」にそうしていたのだろうか――「女」の脚を叩いて、マッサージをしている。「女は少女と口をきかなかった。少女は勝手に起きて、ものを食べ、文字を書き、身体を洗って生活していくだろう。自分には口出しすることはもう何もないのかもしれない[*78]」。

＊76　デリダ『哲学の余白（下）』前掲書、一四三頁。
＊77　ロジェ・カイヨワ『神話と人間』久米博訳、せりか書房、一九九四年、一二二－一二四頁。
＊78　多和田、前掲書、一四一頁。

「女」は「少女」に対してもうなにもすることはない。「少女」は「女」に興味を失って立ち去ってしまう。「女」はすでに「少女」とおなじ猿まねの主体にすぎない。だが、「女」の生活は続いている。資本はあいかわらずわたしたちの精神と身体を――灰から生まれ灰に戻るまで――すみずみまで勝手に「点検」してくれる。それがすべてを模倣する資本の意志だからである。

義姉は女の身体を点検した。

[……]ドアの鍵を持っているから、夜中でもいつでも勝手に入ってきて、女がもう床についていても、毛布の中までも、夢の中までもしつこく力強い腕は忍び込んできて、女の尻にブルーチーズのような臭いのする薬を塗り付ける。それが本当に薬なのかどうか、尋ねることさえ許さない強引さで、すべすべとしたふたつの丸みの上で手のひらを何回も回転させ、それから一番柔らかい部分をつねり上げる。女は喉から飛び出しそうになる悲鳴をぐっとこらえる。家賃というのはこのことなのだと、朦朧とした思考をくぐってやっと結論にたどり着く。土地を所有する人間のいる限り、苦痛を快楽のように受け入れずには住む場所のなくなってしまう人間がいる。そう考えて自分だけで納得してしまう。それが、賃貸住宅ということなのだ。でも、なぜ払っても払っても潜在的な借金に苦しめられるのだろう。[*79]

わたしたちの生のすべてはいずれ資本によって――資本の有するミメーシスの本性によって――収奪しつくされるのだろう。資本はわたしたちをすみずみまで点検するかわりに、わたしたちは「払っても払っても潜在的な借金に苦しめられる」。それは返済不可能なのだ。ある日、「女」は思ってもみない理由によって罪ある者となる。「少女」を匿っていたという罪によって罰せられる。もはや「女」にはどんな抵抗のすべもない。
「無精卵」が掲載された文芸誌「群像」一九九五年一月号の発売は、一九九五年三月二〇日に起きたオウム真理教による地下鉄サリン事件の直前にあたる。「女」を拘束し車で連れ去っていった、「ゴム製の手袋をして」いる「白衣に身を包んだ三人の男」という形象から、読者がこの事件を連想しないのはむしろ困難だろう。「市役所」の名を騙るこの男たちが、製薬会社に関係する者たちであることはあきらかだ。しかもその誘拐は「幼女を誘拐し、性的に虐待し、しかもそれを小説に書いて金儲けをしていたという何重もの罪を犯したこと」にされた「女」の逮捕として報道される。マス・メディアまで巻き込み、カルトと化した資本と国家の共謀によってでっち上げられた犯罪――これはわたしたちが生きている世界そのものである。

だが、「少女」はかれらの長い手をすり抜けてどこかに姿を消す。「少女は呼びリンが鳴った時には、いつものように一度はベッドの下に隠れた。それから、こっそり這い出して、一階の物音と話し声に耳を澄ました。男たちが女を車に乗せている間に、少女はソファーの下から自分のファイルを取り出して、脇の下にかかえ、裏口から庭園に出た。庭園にはもう、うっすらと雪が積もっていた。少女は斜面を上り始めた。それから斜面を右の方へ這うように移動していった。時々土の上に現れた木の根につかまりながら。ファイルは邪魔だったが、しっかり抱えて、転んでも離そうとはしなかった[*80]」。「少女」が宝物かなにかのように胸に抱えている「ファイル」には、「女」が肉筆で書いた文字を模写した紙の束が入っているはずだ――猿まね《ミミック》のささやかな集積としての紙の束。

*79 同書、七三-七四頁。
*80 同書、一六六頁。

ジジェクの『もっとも崇高なヒステリー者』第一章は、一九世紀ドイツのカスパー・ハウザーという——幼いころ何者かに誘拐され、一六年間を地下牢ですごした——「野生児」の物語で始まっている。ジジェクによれば、カスパー・ハウザーの出現は「象徴界」と「現実界」の唐突な遭遇であると同時に、ヘーゲルという「その時代の知の構造」が事前に用意していた出来事でもある。それとおなじ意味で「無精卵」は地下鉄サリン事件とその後の世界の変容を準備していた。カスパー・ハウザーがバーデン大公の王子であったという噂はその当時からひろまっており、現在でも否定されていない。ヘーゲルの真無限には、あらかじめ国家のシニフィアンが含意されている。だからもし革命が可能であるとすれば、それは国家の合目的性を反転させること、あたかも「理性ぬきですませることができるようにみえる合理性」を理性のうちに取り戻すことが必要になる。理性が理性抜きの合理性を模倣《ミメーシス》すること、「国そのものをそれ自体の地図として使う」ことである〔I-3　**精神は（動物の）骨である**〕。

しかし、ジジェクのように真無限を力学的崇高に短絡するのは、それがあくまでも——原子力がそうであるような——主観的な幻想にとどまるからである。逃げ去る「少女」に刻印されているのは——切り落とされた「右足の小指」は存在しないのではない——悪無限としての「資本」である。そこに革命は存在しない。悪無限を反転させる主体がそこには存在せず、いつの日かそれ自体の黙示録的な消尽を迎えるだけだろう。それは量をめぐる数学的崇高として表象されるはずだが、ただしそれさえも「われわれの判断装置を即座に撥ねのけてしまうようにみえる」幻想にすぎない。

> 或る量が、一つの直観のなかへ総括する我々の能力のほとんど極限まで達しているにも拘らず、構想力が〔莫大な〕数量に促されて（数量に対しては、我々は自分の能力に限界のないことを知っている）、これを更に大きな単位に美学的に総括せざるを得なくなると、我々は心意識において、美学的に局限されてい

ること〔不快〕を感じる。しかしこの不快の感情は、構想力が必然的に拡張されて我々の理性能力における無際限なもの、即ち絶対的全体の理念に適合するような場合には、かかる拡張に関しては合目的と見なされるのである。従ってまた構想力の能力は理念と理念の喚起とにとって合目的でないということ自体が、却って合目的なのである。[*81]

猿まね《ミミック》は「美学的に局限され」た「無際限なもの」である。その「不快」さは、いつか「吐き気」そのものの吐き気——自己免疫疾患へいたるのか。その果ての果てにひろがる真無限とも悪無限とも異なるなにかとは、いっさいの合理の不在、合目的性そのものの廃墟である。これを「我々の理性能力における無際限なもの、即ち絶対的全体の理念」と言い換えることはできない。この廃墟はいかなる「全体の理念」とも無縁である。もしそこにたどり着く者が存在するとするなら、それはおそらく動物たち、機械たちだけであって、わたしたちではない。いや、かれらも悪無限の彼方にたどり着くことなどできるはずがなく……、その運命にかれらは「かすかな吐き気」を感じているのだろうか。

「死の床」にあるわたしたちは、かれらの耳に「きみ」にあてた伝言をささやく。出立した使者は王宮の最後の城門を走り出ることも、帝都を抜け出ることもけっしてない。その頃、わたしたちはとっくに死者と化しているだろう。「しかし、きみは窓辺にすわり、夕べがくると、使者の到来を夢見ている」[*82]。

＊81　カント『判断力批判（上）』前掲書、一七一頁。
＊82　カフカ、前掲書、一〇頁。

II

権力

I

言説の騒乱《ディスオーダー》

口述と書写

谷崎潤一郎『台所太平記』（一九六三年）は、ある時代の終焉を暗示する言葉ではじまる。「近頃は世の中がむずかしくなって参りまして、家庭の使用人を呼びますにも、「女中」などと呼びつけにはいたしません」[*1]というのがそれだが、一九六二年から翌年にかけて週刊誌「サンデー毎日」に連載されたこの長篇小説が描くのは、一九三六年から第二次世界大戦を経て一九六三年にいたる千倉家に仕えた「女中」たちの「歴代記」（金井美恵子）として、戦後の民主化の流れのなかで封建的な「家」制度が解体することで失われていく存在への共感と哀惜であると、ひとまずはそういえるだろう。その終結部に「千倉家の台所の用事をしてくれます娘さんたちは、その後も入れ代り立ち代り、週刊新潮の「掲示板」などのお蔭で、喜んで来てくれます［……］けれども、この人たちは所謂「お手伝いさん」と呼ばれるもので、昔のような「女中」や「女中さん」ではありませんから、太平記の中に加える訳には行きません」[*2]とあるとおり、一九六〇年代には中流以上の家庭で家事や育児などの役目を担う女性の使用人を「お手伝いさん」「家政婦さん」とも呼ぶようになっていた。しかし小島信夫の『抱擁家族』（一九六五年）には「どうしてもというならば、家政婦より、住込みの女中さんの方がいい」[*3]という科白があるように、家の中に部屋を与えられて住み込みで働く「女中」と、勤務先である家庭に通勤する家政婦とでは、就労形態において異なる職種と理解されていたし――とはいえ女中として雇ったはずの女性をさして「うちには正子というお手伝いさんがいるんですよ」という場合もみられるから、両者の相違は当時でもすでにあまり強く意識されていなかったのかもしれない――どちらもまだ職業として存在していた時代でもある。奥野健男『ねえやが消えて』（一九九一年）にあるような――もっとも『台所太平記』には「姐《ねえ》や」について「磊吉《らいきち》のような昔者《むかしもの》はこの呼び方が大嫌いなのです」とあるのだが――「下男、下女、女中、乳母、養女などの主人と使用人との主従関係が、サディズム、マゾヒズムの深層意識などとかさなりあい、谷崎潤一郎文学の核を形成している」[*4]といった通念は、とりわけ『痴人の愛』(一九二五年)や『春琴抄』(一九三三年)をめぐって一般に首肯されているのかもしれない。だが、谷崎がくりかえし描いてきた「物語」の水準から「小説」的な結構へと眼を移してみた場合、事態はそれほど単純でもないように思える。

奇妙と言えば奇妙な、しかし、「太平記」を「歴代記」と読めば納得の、中、上流階級の家庭に住み込みで働く「女中」という、『台所太平記』が書かれた当時でさえも、姿を消しつつあった若い女性たちが次々と入れかわり立ちかわり登場する『台所太平記』は、『細雪』と共に、時代の流れのなかで失われつつある、ある階層に属する女性たちの生活文化誌として、小説の物語的機能を犠牲にしてまで、生活的平板さのリアルな細密さを取った奇妙な小説と言えるでしょう。[*5]

タイトルからして『台所太平記』へのオマージュと呼んでもいい金井美恵子の『恋愛太平記』(一九九五年)が「細部に淫することで生じてしまう小説の物語的機能の失調状態の楽しさ」において書き継が

＊1　谷崎潤一郎『台所太平記』中公文庫、一九七四年、五頁。
＊2　同書、一八九頁。
＊3　小島信夫『抱擁家族』講談社文芸文庫、一九八八年、八三頁。
＊4　奥野健男『ねえやが消えて――演劇的家庭論』河出書房新社、一九九一年、七四頁。
＊5　金井『恋愛太平記2』集英社、一九九五年、三四一頁(「あとがき」)。

れているのはたしかなのだが、しかし小説そのものの存在様態をめぐる批評的な評言といえる「小説の物語的機能の失調状態」とは、では、しばしば「流麗」とも「たおやか」とも形容される谷崎のあらゆる散文の遅滞のない手さばきとどのように折り合いをつけているのか。『台所太平記』には「主人と使用人との主従関係」が物語《ナラティヴ》ることを生成する形象としてたちあらわれる印象ぶかい場面がある。

> 池の土橋を渡った向う側に「合歓亭《ごうかんてい》」と名づけた離れ家がありました。磊吉はそこの一間《ひとま》を書斎に当ててぽつぽつ仕事を始めていましたが、暇があると鈴を呼びつけて差向いにデスクに掛けさせ、文字を習わせるのを楽しみにしていました。お手本は何と限ったことはありません、有り合せの雑誌でも小説本でも構いません、なるべくやさしい文章のものを選んで、それを磊吉が読んで聞かせます。鈴がザラ紙の帳面を開いて、HBの鉛筆でそれを書き取ります。彼女は驚くほど漢字の知識に欠けていました。そう云う田舎の娘ですから、それは或る程度当り前ですが、それにしましても中学校は卒業したと云いますのに、文字に関してはあまりに知らな過ぎました。
> 〔……〕この授業はそう長い間つづけた訳ではありません。当分の間、大概毎日三十分か一時間ぐらい日課として教えていたのでしたが、それは彼女のためと云うよりも、磊吉自身が心の憂さを晴らすよすがになりました[*6]。

谷崎自身を思わせる磊吉が、かれの家庭の使用人である鈴に文字を学ばせるために教師然としてさまざまな文を『読んで聞かせ』、彼女に「書き取」らせる。磊吉の妻がいうように、この「授業」は「器量のすぐれた」鈴に「もっと上の学校に入れて教養を積ませたら」「映画女優にでも推薦出来る」という社会階層的な上昇を目指した規律訓練《ディシプリン》も意味している。しかも磊吉の家では使用人の本名を呼びつけにしては失礼だからという理由で仮の名前で呼ぶ習慣なのだから、そうした封建的な階級関係そのものがすでに擬制的なものであるとはいえる。家政婦が人材派遣会社のような企業に雇用される労働者であり、純然たる資本主義的な職業であるのに対して、女中にはこうした一種の徒弟修行のような教育的な側面も含まれていたのであり、そうでなければカースト制とかわらぬただの階級差別でしかない。

　こうした規律訓練《ディシプリン》は『痴人の愛』（一九二五年）でも譲治がナオミに英語を教えようとする――そして失敗する――場面として描かれたことがあるが、教育が規律訓練《ディシプリン》という「権力による個人の形成」（フーコー）を露呈する現場であるとしたら、谷崎はそれを〈口述―書写〉の権力関係――そこには女性への性的なまなざしが内包されている――として実践してみせるのだ。階級関係そのものがフィクションであり、しかもそれがナラティヴ、すなわち〈口述―書写〉という教育的な関係として形象化されることで、その形象そのものが内在的に小説としての時空を生成する契機をはらむことになる。語られる内容がどれほど「細部に淫すること」によって「小説の物語的機能を犠牲にして」いるようにみえたとしても、〈口述―書写〉態勢は揺るぎもしないのだ。それは前近代的な口承文芸といった文学形態に通じるものではまったくない。谷崎研究者の千葉俊二がいうように谷崎の「装われた〈聞き書〉的形式」はあくまで「文字（書物）に依存してなされる営為」[*7]にほかならないのだ。〈口述―書写〉関係は伝播し拡散する語りの複数性を示唆するたぐいのものではなく、この両者のあいだで言説を受け渡す関係そのものが徹頭徹尾作者に統御されているのである。いってみれば作者はこの関係から言説を横領している。そ

＊6　谷崎、前掲書、一〇四‐一〇五頁。
＊7　千葉俊二「昭和初年代の谷崎文学における〈聞き書〉的要素について」、「日本文学」二九巻六号、日本文学協会、一九八〇年、一〇頁。

こでは「書き写す」という、一見すると受動的な立場がテキストの正統性を決定する作者の反転した鏡像となる。作者が話者に語らせているとしたら、話者はそこで読者に対して自白していることになる。教育と告白はともに〈口述―書写〉態勢が言説として形成される現場となる。『春琴抄』で話者が依拠する「文章体で綴ってあり検校のことも三人称で書いてあるけれども恐らく材料は検校が授けたものに違いなく此の書のほんとうの著者は検校その人であると見て差支え[*8]ない」〔傍点引用者〕とされる「鵙屋春琴伝」は、もし佐助が春琴を害した真犯人であるという奇説が正鵠を射ているとするならば、これは事実をなかば隠匿した自白の書にほかならず、つまり『春琴抄』は――『破戒』（一九〇六年）や『蒲団』（一九〇七年）のような自然主義文学と同様に――ある時期の西欧社会から「権力による個人の形成という社会的手続きの核心に登場してきた[*9]」告白という制度があってはじめて成立しうる、一種の――口述された「春琴伝」を書き写す話者＝探偵が犯人探しに失敗した――推理小説ということになる。あるいはむしろ存在しないのかもしれない犯人探しに読者を誘い込む装置なのだといってもよい。こうしたナラティヴの結構が前世代の田山花袋などとは比較を絶するほど巧妙に移植され、風土的な意匠を施されているという意味では――今日では建築エッセイの世界的な古典と目される――『陰翳礼讃』（一九三九年）での日本建築をめぐる叙述とまったく同一である。お手伝いさんという存在は、はじめからそうした物語を生成する階級性を排除してしまうからこそ「太平記の中に加える訳には行」かないのである。作者あるいは読者である主体は〈口述―書写〉形象における変数としての〈口述〉項と〈書写〉項のいずれにもみずからを代入することが可能であり、そのたびごとにこの階級的かつ教育的な関係が賦活される。『春琴抄』に限らず『吉野葛』（一九三一年）や『蘆刈』（一九三二年）といった爛熟期の谷崎の傑作がどれも〈口述―書写〉形象の巧緻を極めたヴァリエーションであることはみやすいはずである。

「雨ヲ止メテクレ」

中上健次の未完に終わった評論『物語の系譜』（一九七九年から八五年まで雑誌「國文學」に断続的に掲載）で「潤一郎は喜々として物語になびいている」[*10]と、一方で小説家としての自己撞着をあらわにしながら、それでも必死の抵抗を込めてそう記していたのは、おそらく谷崎の〈口述―書写〉態勢に内包された三重の物語をさしてそう批判しているのである。物語、それは国家というものの法であり制度である。しかし同時に「軍国主義の国家体制に身を寄せ、現実の可視の状態になった法や制度に身を寄せ発言し物を書く事」[*11]、それもまた物語である。そのように「物語に身をゆだね書きつづける事」をナラティヴの態勢――谷崎に特徴的な資質としていうなら「マゾヒズム」――とみなすとすれば、その態勢を内部から規定するのが「物語を導き出す為の法則《コード》」[*12]である。

このようにおおむね三層に分節されながら、相互に錯綜し連関する複数の水準にある物語について、中上はのちにそれを「親―語り手―子」という「三位一体」の構造として再呈示してみせる。むろん折口信夫やジャック・デリダに依拠したこうした記号論的な構造分析は、中上が直感していたはずの権力への問いを平板化してしまっているという意味で一九八〇年代のポストモダン的な批評の水準にとどまっており、未完のまま中絶したのは必然ともいえるのだが、むしろ問題となるのは谷崎における〈口述―書写〉態勢がこうした解析をあらかじめ準備していたということである。中上は谷崎が引いた輪郭を

＊8　谷崎『春琴抄』新潮文庫、二〇一二年、九頁。
＊9　フーコー『性の歴史Ⅰ　知への意志』渡辺守章訳、新潮社、一九八六年、七六頁。
＊10　中上『中上健次集　四　紀州、物語の系譜、他二十二篇』前掲書、二一六頁。
＊11　同書、二一六頁。
＊12　同書、二四七頁。

後からなぞり書きしているにすぎない。もしそうだとしたら、中上の敗北は論理的に予期されていたというべきなのだ。

谷崎潤一郎は法や制度の作家である。谷崎潤一郎の女性崇拝、エロチシズム、悪魔主義(?)、関西移住、関西弁の模倣、すべてこの法や制度に順応し、法や制度に身をゆだねる事から来ているのである。つまり谷崎潤一郎が臆面もなくエロチシズムだと信じえたその被虐性や唯物崇拝は、この法や制度への被虐性であり唯物崇拝である。[*13]

ここで中上がいう「法や制度への被虐性」とは〈口述―書写〉態勢をべつの文脈に書き換えた抽象だといっていい。中上は口述する人格に「法や制度」そのものの体現を見いだしている。つまりこの批判は「語られる内容」(親)と「語る行為」(語り手)との合一を前提としたものなのだが、それは谷崎がおそらく自覚的に作品制作の原理として選択した、口述(dictate)が同時に命令でもあるという言語の現実からも析出できる。とりわけ晩年の――肉体の不随と衰弱から口述筆記により完成された――『夢の浮橋』(一九六〇年)のような小説において、dictateすなわち口述/命令が抽象化された原理として露骨に――さながら水が干上がり底が露出した涸れ池のように――浮上している。

私は半年ほどの間に、昔の母を忘れたと云う訳ではないが、昔の母と今の母との切れ目が分らないようになった。昔の母の顔を思い出そうとすると今の母の顔が浮かび、昔の母の声を聞こうとすると今の母の声が聞えた。次第に昔の母の影像が今の母の影像と合わさり、それ以外の母と云うものは考えられないようになった。父が私をそう云う風にしようと画策したことはすっかりその通りになった。[*14]

「私」は継母である「今の母」に、早くに亡くなった生母にかつてしてもらったように継母の寝床に入れてもらい、乳房を吸い、子守唄を歌ってもらいながら眠りに落ちる。すると「あの、ほの白い生暖かい夢の世界、昔の母がどこか遠くへ持ち去ってしまった筈の世界が、思いがけなくも再び戻って来た」[*15]と、「私」がこのように小説的な体裁をとった手記に記すという設定なのだが、もちろん「ほの白い生暖かい夢の世界」とは『陰翳礼讃』にいう能役者の「皮膚の色の、内部からぼうっと明りが射しているような光沢」[*16]や盲目となった佐助に顕現する「ぽうっと仄白く網膜に映じた」[*17]春琴の顔貌に通じていよう。父親の命令によって息子は典型的な谷崎のエロティシズムの領域へと移行するのである。そもそも継母がそのような行為にでたこと自体、すべては父親の差し金ではなかったかと「私」は想像するのだ。

ここで描かれているのは、いわゆる「母性思慕」などというような主体の幻想なのではない。「あの人［継母のこと］が来たら、お前は二度目のお母さんが来たと思たらいかん。お前を生んだお母さんが今も生きてゝ、暫くどこぞへ行てたんが帰って来やはったと思たらえゝ」[*18]と「私」に語る父親は、息子に対して「享楽せよ」と命じ、「昔の母」と「今の母」という個体差を超えた抽象化された観念としての母を現実に見いだすように口述する。

*13 同書、二三八頁。
*14 谷崎『夢の浮橋』中公文庫、二〇〇七年、三八頁。
*15 同書、三七頁。
*16 谷崎『陰翳礼讃』中公文庫、一九七五年、三四頁。
*17 谷崎『春琴抄』前掲書、八一頁。
*18 谷崎『夢の浮橋』前掲書、三三頁。

父親は死の床にあって「このお母さん一人だけを、大事にしたげてくれ」[*19]と「私」に語りかけるのだが、それは「年を取れば取る程わしに似て来る」息子が父親自身として母を愛するように仕向けるためである。つまりは父親の死後の生として生きよ、という命令なのだ。これは〈口述―書写〉態勢の一項が、命令する者としての父親という人格と、口述／命令するという権力そのものの観念とにいったん分離する、その瞬間の記述なのである。しかもdictateを体現する人格が失われた後にもdictateという観念それ自体はシステムとして現世に存続しようと欲望する。息子は父親の死後、その異様な命令を忠実に――「私」はそのために妻と離別するのだから、ある意味ではそれ以上に――果たすことになるのだが、しかしこうした死後も生きながらえようとする観念の現働化への欲望は『瘋癲老人日記』（一九六二年）にもみられる。

> 肉体ガナクナレバ意志モナクナル道理ダケレドモ、ソウトハ限ルマイ。タトエバ彼女ノ意志ノ中ニ予ノ意志ノ一部モ乗リ移ッテ生キ残ル。彼女ガ石ヲ蹈ミ着ケテ、「アタシハ今アノ老耄《おいぼ》レ爺《じじい》ノ骨ヲコノ地面ノ下デ蹈ンデイル」ト感ジル時、予ノ魂モ何処《どこ》カシラニ生キテイテ、彼女ノ全身ノ重ミヲ感ジ、痛サヲ感ジ、足ノ裏ノ肌理《きめ》ノツルツルシタ滑《なめ》ラカサヲ感ジル。［……］自分ノ足ヲモデルニシタ仏足石ノ存在ヲ考エタダケデ、ソノ石ノ下ノ骨ガ泣クノヲ聞ク。泣キナガラ予ハ「痛イ、痛イ」ト叫ビ、「痛イケレド楽シイ、コノ上ナク楽シイ、生キテイタ時ヨリ遥《はる》カニ楽シイ」ト叫ビ、「モット蹈ンデクレ、モット蹈ンデクレ」ト叫ブ。[*20]

谷崎の永生とは観念の永生であり、口述／命令システムの永生である。システムは死せる人格と合一した亡霊としてふたたび現前するのだ。中上が「あとがき」で「大《おお》谷崎の佳品への、心からの和讃」だと記している短篇「重力の都」で「女」が「あの御人のものだ」という声をカタカナで表記したのには、それが死者の声であるというばかりでなく、永生の観念からの「痛ミガヒドクナルカラ雨ヲ止メテクレ」[21]という現世への命法として直感していたからである。ただし作家の本来的な情動として悲劇に傾いていく中上は、谷崎のような享楽としてではなく、観念が被る受苦《パッション》としてそれを感受していたのだ。中上にとっての死後の生ともいうべき観念が「路地」にほかならない。中上にあって〈口述―書写〉形象をかたちづくるのは誰よりもまずオリュウノオバと礼如さんの夫婦ということになろうが、このカップルの関係の水平性が谷崎的な上下の結構との絶対的な差異を刻印しているだろう。にもかかわらず「路地」というフィクションを可能としたのも谷崎がその永生を準備したシステムであり、その範疇の内部で中上は思考せざるをえなかった。中上の水平性、あるいは「真の人間主義」ですらこのシステムは包摂可能だったのであり、それを背後から支えていたのが――浜村龍造が象徴しているといってもいい――戦後の高度経済成長だったのである。『地の果て 至上の時』で秋幸の出所から龍造の自死にいたるまでの一時期は、現実に国内産木材市場で起きた価格の暴落と軌を一にしている〔**Ⅱ-2「路地」の残りの者たち**〕。のちに新自由主義と呼ばれることになる市場の威勢は「重力の都」が書かれた一九八〇年当時――イギリスのサッチャー首相の指揮のもとでロンドンがその表情を大きく変貌させつつあったように――すでに中上の「紀州」を浸蝕しはじめていた。新宮では市と企業が主導する再開発《ジェントリフィケーション》という名の解体がはじまっていた。

＊19 同書、六七頁。
＊20 谷崎『鍵・瘋癲老人日記』新潮文庫、二〇〇一年、三六〇頁。
＊21 中上『中上健次集 九 宇津保物語、重力の都、他八篇』インスクリプト、二〇一三年、一一二頁。

スノビズムの成立

一九五六年に雑誌「中央公論」に連載された『鍵』という長篇の異様さは、まずその世界の徹底した密室性――おなじ時期の河原温の絵画「浴室」シリーズの残虐すら連想させるような、ほとんど常軌を逸した密室性にある。ここには『瘋癲老人日記』にあるような全学連や映画といった当時の社会事象への言及もなく、登場人物たちの社会的属性もほとんど意味をもたない。アルコールと薬物によって半醒半睡の状態にある妻に対して毎夜のようにレイプ同然の行為に及ぶ大学教師の夫による漢字カナ表記の手記と、その行為をなかば意識的に――しかも夫ではなく浮気相手の行為として感じながら――受け入れる妻による漢字ひらがな交じりの手記とが交互に掲載される。そこでブランデーと睡眠薬を飲んでは毎度のように昏倒する妻の姿態は――「浴室」シリーズがそうであるように――スラップスティック・コメディのように滑稽であると同時に残酷で奇怪である。夫には妻が「タシカニ寝タフリヲシテイルノニ違イナイト思ワレテ来タ」だけでなく、そのように記した自分の日記をわざと妻の目に触れさせようと試みる。だが、妻は、夫に誘導されるまでもなく、すでに夫の日記を読んでいる。しかも妻は「私は決して夫の日記帳を読んでいない」とくりかえし自分の日記に記しているのだが、もちろんそれは虚偽である。妻は妻で自分の日記をおそらく夫が読んでいるはずだと推測している。「夫がこの日記帳を盗み読みしたことは疑いない。すると私は、今後日記を附けることを継続すべきであろうか中止すべきであろうか[*22]」と妻が日記で自問自答するのは、それが夫に読まれていることを前提とした記述であるがゆえにかえって不気味な自己言及性を発揮する。「つまりこれからは、こう云う方法で、間接に夫に物を云うのである」という、あたかも独白であるかのように記した対話なのだ。しかしもちろん夫は「僕ハ女房ノ日記ト云エドモ、無断デ読ムヨウナヿ《こと》ヲスル卑劣漢デハナイ[*23]」と日記に虚偽を書き記す。

かれらの行為は徹底して演劇的《シアトリカル》である。すべてが相手を――読者を――意識した見せかけにすぎないからである。つまり密室性とは――舞台が壁の一面のみを観客に向けて開かれた部屋であるように――読者の視線を操作するフレームのことである。それは書かれてある内容とその意図に限定して読者の注意を集中させようと意図された言説なのだ。『鍵』の夫婦の関係は夫と妻とのあいだの性をめぐる闘いなのだが、ただし言説によってたがいに相手を遠隔操作しようとする五分と五分の――『奇蹟』のオリュウノオバとトモノオジによる言説の水平的な共闘と対比すべき――闘争である。このふたりの日記は、どちらも客観小説的な事実であるという以前に「行為遂行的」（J・L・オースティン）であり、潜在的な命令なのだ。たとえば夫は妻がくりかえし記す「夫の日記帳を読んでいない」という言表を逆手にとる。高血圧や眩暈の悪化、意識の混濁のため、医師より「コイトス〔性交〕ヲ慎シム」ように忠告された、と夫は日記に記す。

僕ハワザトコノヿヲ隠サズ日記ニ書キ、妻ガ如何《いか》ナル反応ヲ示スカヲ見ルヿニスル。サシアタリ僕ハ医師ノ忠告ニハ耳ヲ藉《か》サナイ。妻ノ方カラ何カノ示唆ガアルマデハ、事件ハ従来ノ方向ヲ取ッテ進ムデアロウ。僕ノ予想スルトコロデハ、妻ハコノ記事ヲ読ンデモ読マナイフリヲシテ、マスマス淫蕩《いんとう》ニナルデアロウ。ソレガ彼女ノ肉体ノ如何《いかん》トモシ難イ宿命ナノデアル。同時ニ僕モ、ココマデ来テハ後戻リハ出来ナイ。[*24]

＊22　谷崎、前掲書、五五頁。
＊23　同書、五七頁。

もし妻がその後、性行為を避けるようになれば、彼女が夫の日記を読んでいる証拠になるだろう。それは妻の記述の虚偽を暴くことになるから、すなわち夫の勝利となる。妻が勝利するためには、夫の望むように性行為を続けるしかない。しかしそれを続けることで夫が死ぬようなことになれば、妻は夫の体調の悪化を知りながらそれをあえて見過ごしたという殺人の背徳に苦しむことになるだろう。つまり夫は妻を言説の罠にかけ、彼女を二律背反《ダブルバインド》の状態に陥れ支配しようと目論んでいるのだ。だが妻はそれに対して自分の日記に「夫は彼の日記の中に彼自身の憂慮すべき状態について何事かを洩らしているであろうか[*25]」とそらぞらしい疑問をかかげたうえで、「もう一二カ月前から」――つまり夫が日記に体調不良を記す以前から――それを知っていた、と書くことで夫の攻撃をかわすのだが、もちろんこうした夫婦の抗争自体が、ふたりの記述以外の中立客観的な第三者による事実認識が不可能であるという、日記形式がそもそも孕んでいる視野の限定的な性格による。のみならず妻の愛人や夫婦の娘も日記とはべつの手段によって――愛人は夫にポラロイドカメラを貸し与えることで妻の裸体を撮影することを示唆し、娘は実家を出て愛人宅のそばに下宿する――この抗争に参加しているのであり、この四者がそれぞれに対して肉体的かつ精神的に最大の優位に立とうと意志すること――ただそれだけがこの長篇小説の内容のいっさいなのである。

僕ハ妻ノヿヲ陰険ナ女ダト云ッタガ、ソウ云ウ僕モ彼女ニ劣ラヌ陰険ナ男デアル。陰険ナ男ト女ノ間ニ出来タノデアルカラ、敏子モ陰険ナ娘デアルヿニ不思議ハナイ。ダガソレ以上ニ陰険ナノガ木村デアル。揃《そろ》イモ揃ッテ陰険ナノガ四人マデモ集ッタトハ呆《あき》レル外ハナイ。ソシテ世ニモ珍シイ廻《めぐ》リ合セト云ウベキハ、陰険ナ四人ガ互ニ欺《あざむ》キ合イナガラモ力ヲ協《あわ》セテ一ツノ目的ニ向ッテ進ンデイルヿデアル。ツマリ、ソレゾレ違ッタ思ワクガアルラシイガ、妻ガ出来ルダケ堕落スルヨウニ意図シ、ソレニ向ッテ一生懸命ニナッテイル点デハ四人トモ一致シテイル。[*26]

この夫婦の対話の異様な密室性と演劇性は、どちらもそれが本質的に独白《モノローグ》的であることをあらわしている。かれらの抗争はあたかも——ヘーゲルによる「主人と奴隷の弁証法」のように——「死を賭している」ようでありながら、しかし「陰険ナ四人ガ互ニ欺キ合イナガラモ力ヲ協セテ一ツノ目的ニ向ッテ進ンデイル」という意味で全員に相互承認された真理がそこにはすでに存在しているのだ。つまり抗争に勝利した者が勝者であるという、一見すると冗長的な真理であり、言い換えれば自己再帰的なシステムの実在である。四人にとってこの水平的な抗争の価値自体は——それによっていかなる社会的な意義も経済的な利益も生まず、読者にとっては無意味であり、ただただ愚劣であるというしかない闘いであるにもかかわらず——毫も疑われてはいないのである。

かれらの密室の抗争には、ミハイル・バフチンのいわゆる「ポリフォニー」はいささかもない。「言語と社会の社会・イデオロギー的生成」にかかわる「言語的多様性」[*27]というポリフォニー的な要素を多分に包含する『卍』（一九三一年）や『細雪』（一九四八年）の多層的な言説とは異なり、『鍵』における言説のシステムはそのような複数性と外部性を積極的に排除することで成立しているのである。それはヘーゲル的な弁証法というよりは、むしろその闘いが終結した後の「スノビズム」（アレクサンドル・コジェーヴ）と呼ばれる世界のありようである。ふたりの日記のカタカナとひらがなという表記のちがい——

＊24　同書、八八頁。
＊25　同書、一〇〇頁。
＊26　同書、八九‐九〇頁。
＊27　ミハイル・バフチン『小説の言葉』伊東一郎訳、平凡社ライブラリー、一九九六年、九八頁。

旧全集版（一九七四年）ではともに旧字・旧仮名遣いを使用している――は、その差異がむしろ形式的なものにすぎないことを暴露している。かれらがいくら「死を賭している」としても、それはせいぜい『忠臣蔵』で華々しく切腹するサムライ程度のものであり、赤穂浪士があくまでも徳川体制下における形式化された価値、つまり忠義を遵守するために闘ったのとおなじように、この「陰険ナ四人」は「淫蕩」という人間性をいっさい欠落させた価値に忠節を誓っているのだ。しかも夫が死んでからも妻が日記を書きつづけているのは、このシステム自体の自律と永続を示している。妻は愛人をめぐる娘との抗争をすでに闘っているのであり、「今後適当な時期を見て彼が敏子と結婚した形式を取って、私と三人でこの家に住む*28」ことになっても抗争は継続するだろう。

スノビズムとは、言葉を替えれば戦後の経済成長とともに達成された福祉国家体制といってもいいだろう。一九五六年に発表されたこの長篇の、ほとんど無意味かつ愚劣きわまりない抗争システムには、五五年体制下におけるかつての自民党の派閥抗争を連想させるところがある。一九五五年に保守政党である自由党と日本民主党が合同し成立した自由民主党において、実質的に二〇〇〇年代初頭の小泉政権までほぼ半世紀にわたって続いたこの権力闘争・維持システムは、「利権」という価値判断以外のあらゆるイデオロギー的、階級的な意味内容を欠いているという点で『鍵』の言説システムと酷似しており、その抗争の中途で夫が不随になり脳溢血の発作で死去するさまは、さながら五五年体制の覇者というべき田中角栄元首相が一九八五年に脳梗塞で倒れ麻痺したまま一九九三年に没した命運を想起させるほどだ。だが、このシステムは――しばしば見失われがちだが――前近代的な社会関係の擬制にもとづく〈口述―書写〉態勢から発生したのであり、このシステムへの抵抗の可能性は谷崎の作品に内在する権力関係を白日のもとに曝け出す以外にないはずである。

文学《システム》の占拠

谷崎を読む「楽しさ」とは、この〈口述―書写〉形象に潜む階級関係を抜きにしては考えられないものだ。おそらく短篇集『千年の愉楽』（一九八二年）や『重力の都』（一九八八年）は「谷崎潤一郎」というシステムへの被虐性としてそれを戦略的に模倣することで脱構築を試みたのだといっていいのだが、それに対して金井はこの階級性を――谷崎自身が階級関係の内部にあってそれを自在に操作したように――転倒するというより、むしろ階級関係それ自体を占拠《スクワット》するのである。

それは土曜日のことで、ユイちゃんはキャミソールにパンティだけの姿で本箱に背中をもたせかけながら、そこいらにあった文芸雑誌の類いをつぎつぎに取りあげ、パラパラめくりながら読んでいて、時々、文章の一部を声を出して読みあげては、その後に、……ですってさ、なに、これ？　と付け加えつづけたので、現役作家は、ひどく神経が苛立った。一部分だけをぬき出して読みあげるのはやめてくれよ。嘲笑してるつもりかもしれないけれど、おもしろくないよ、と現役作家は言った。

《この作品は、血族とは、家族とは、兄弟姉妹や親子のつながりとは何か、という問題を終始、粘り強く追求している》ですってさ、なに、これ？　《だがそれは、ここでは血族や家庭の閉じた領土の彼方に空間を切り拓き、私たちを誘い出す》ですって、なによ、これ？　《かぎりなくみずからを単純に変えようとする意志こそが、論じられなければならない。そのベクトルとは、外へ脱出すること》ですってさ。《外》に出かけてみる？　退屈しない？

＊28　谷崎、前掲書、一七三頁。

いい加減に声を出して読むの、やめてくれないかな。
いいじゃないの。あたしは声に出して読むと、よくわかるんですもん。
わかっているもんか。[*29]

一九八五年——田中角栄が病に倒れた年であり、プラザ合意をきっかけにバブル経済がはじまった年でもある——に刊行された『文章教室』のこの名高い一節で、作中で「現役作家」とのみ呼ばれる男——既婚者であり、もちろん凡庸な書き手である——を前にして、文壇バーでアルバイトをしている恋人のユイちゃんは手元にある文芸雑誌を片端から読み上げていく。このふたりに性の関係が存在しなければありえない挑発であり、しかもそれが「純文学」を書く現役作家への挑発である——そしてその挑発に対して現役作家はその凡庸さのまま素直に「苛立っ」てしまう——のはたしかなのだが、にもかかわらずユイちゃんがこのときなにを考え、どんな意図でそんな行為にでたのかはいっさい語られることがない。

『台所太平記』では作家が女中に対して文を読み上げ、『文章教室』では酒場のホステスが現役作家に対して文を読み上げる。女中はその文を書き写し、作家は読み上げられた文をことさらに聞き流そうとする。もちろん現役作家はユイちゃんに語らせているわけではない。現役作家にはユイちゃんがなにを考えているのかわからない。そもそもこの読み上げに意図も主題もないからだ。ユイちゃんは文を読み上げることで主体化するのではない。他者の書いた文を横領するのでもなく、所有するのでもない。読み上げるという現場そのものを占拠するのだ。

鏡のように対称的なこのふたつの長篇の断片は、併置されることによってふたつの場面が共有する——口述/命令する者が聞く者に対して上位にあるという——力学を暴露している。しかもこの併置を誘っているのは、日本社会ではふつう劣位にあるとみなされる若い水商売の女性が、上位にあるはずの成人男性である作家に対して読み聞かせるという構図のもつ、社会的な反転性である。『痴人の愛』では、たとえナオミがヒステリーを起こしたかのように英語の「帳面」を引き裂いて投げ出したとしても、せいぜいそれは譲治への反抗にすぎず、その権威は小揺るぎもしなかったのだ。

ただしこのふたつの断片に決定的に異なる点があるとすれば、『台所太平記』にあっては作家が「声を出して読む」——その文自体は書かれていない——のに対して、『文章教室』では作家に対して若い女性が「声を出して読」み、しかも彼女が読んだとされる文章が一字一句違わずに引用されている点である。引用とはこの場合、文字どおり読みつつ書くこと、つまり——フローベールの『ブヴァールとペキュシェ』（一八八一年）の筆耕者たちのように——書き写すという労働のことである。

書き写すという、このフローベール的に「愚鈍」な行為は、文の屑を、もっと正確にいうと意味の冗長性を生み出す。ここで屑というのは隠喩ではない。どんな剰余価値もそこには発生しない。屑は文学になりえない。文は匿名化され、情報の零度が瓦礫の山のように堆積していく。いわば文学の——一八五七年に初版が刊行された『ボヴァリー夫人』とほぼ同時代に誕生したエントロピー概念を比喩として用いるなら——「熱的死」である〔**I-6　猿まね《ミミック》と生**〕。それは文学《システム》という名の屑なのだ。文学をほとんど天皇制の同義語として定義した中上に対して、金井によるランダムで無秩序な文学《システム》からの引用はその対偶に位置するのである。

では、しかし情報の零度からなぜ情動が発生するのか？——それが権力の発生する現場そのものを占拠し、システムを無と化する革命だからである。ユイちゃんの口述はもちろん「幼児の精神面の発達に

＊29　金井『文章教室』福武書店、一九八五年、一八六-一八七頁。

とても重要な役割を果す」と——後年の『快適生活研究』（二〇〇六年）ではいささか皮肉な筆致で——解説される「読みきかせ」の規律訓練《ディシプリン》としての教育からも、さらにはマゾヒストの転倒した教育——譲治はトランプやダンスによってナオミに籠絡されていく——からもかけ離れた行為である。それはいかなる目的からも目標からも切断されている。いってみれば〈口述—書写〉関係の物象化である。規律訓練《ディシプリン》のような社会関係から分離され、固定化された階級関係を差別と呼ぶのであれば、マゾヒストの教育は差別する者とされる者との反転でありながら、しかし差別そのものはそこに温存されている。そこで温存され純化された客体性が「フェティッシュ」と呼ばれる。関係性から社会的上昇という目的が排除され、意味の空洞化した「物語」のみが小説家の手元に残される。谷崎がそうした物語の内部にあってそれを形式化する——それ自体としては「いき」のような美の日本的な洗練とほとんど区別がつかない——のに対して、金井が呈示するのは書き写されることで物象化された差別の破片のかずかずであり、粉砕された差別の廃墟である。

2

「路地」の残りの者たち

刺せ、撃て、絞め殺せ。あなたがそれを怠たれば、よいか、あなたはぜったいにこれよりましな死を得はしないのだ。いまは他人が祈りによって天国に値するよりは、君主が血を滌《すす》ぐことのほうがずっと天国に値する、そういう異常な時代なのだ。

ルター『強盗的・殺人的農民に反対する』[*1]

龍造の市場《マーケット》

なぜ浜村龍造は死ななくてはならなかったのか。

中上健次『地の果て 至上の時』のその後の読解に大きな影響を与えた四方田犬彦の『貴種と転生』(一九八七年)は、「違う」秋幸は一つの言葉しか知らないように叫んだ」というこの長篇のクライマックスである龍造の自殺に直面した秋幸の名高い一文にいたる叙述を引用したあと、次のように論じている。

龍造の縊死の場面である。だが、「闇の中で倍に伸びたように見え」る影は、現実の龍造であるとともに、彼に熱病のように憑いていた正系の物語に他ならない。物語は死の寸前にいたるまで、秋幸を見つめ、反復を促そうと誘いかける。今こそ『枯木灘』以来、いたるところで彼を凝視していた眼差しの主体が姿を見せたのだ。だが、この事態をあらかじめ「自明の事」であるかのように先取りしていた秋幸は、動揺しこそすれ、最後の一点で物語の準備した陥穽を逃れうる。父親の屍を前に「違う」と明言する彼は、今では明らかに物語の存在を覚醒するにいたっている。彼は物語に参入し、同一なる物の回帰を操作した。そして昏闇とした物語を究極的に終焉へと追いこむことで、解放を手にしたのである。[*2]

『貴種と転生』は、渡部直己『幻影の杼機——泉鏡花論』（一九八三年）、蓮實重彦『小説から遠く離れて』（一九八九年）とならぶ一九八〇年代の「ポストモダン」を代表する文芸批評の一冊であり、中上自身のその後の文学的営為にも大きな示唆を与えたことで知られている。これらはいずれも「テクスト」の内在的な分析を行っているが、ここでは作品の核心に潜む謎がどのようなテクスト外的な事象によって規定されているかを検討する。裕福な材木商であり、秋幸の父親である浜村龍造は、どのような理由で自死を選ばなくてはならなかったのか。この長篇を直截に読み通すかぎり、それはかならずしも「自明の事」ではない。だが、謎はもっと世俗的に推理できるはずだ。四方田はあたかも龍造の死にいたる過程が避けることのできない宿命であるかのように述べているが、しかしその周密な読解には認識の盲目からくる神秘化がはたらいており、それが中上の文学的名声を高めることに決定的に寄与したのである。

柄谷行人は四方田の分析にほぼ同意しつつ、ただしそこに残る異和を「秋幸は、解放されたどころか、翻弄されまくったような気がするのだ。［……］秋幸が直面したのは、ノンセンスなのだ」[*3]と語っている。柄谷が批判するように、物語の「脱構築」がそうやすやすと作者の意図どおりに実現するはずがないの

＊1　エルンスト・ブロッホ『トーマス・ミュンツァー——革命の神学者』樋口大介・今泉文子訳、国文社、一九八二年、一四八頁。
＊2　四方田犬彦『貴種と転生・中上健次』新潮社、一九九六年、一八〇頁。
＊3　柄谷『坂口安吾と中上健次』講談社文芸文庫、二〇〇六年、一七〇頁。

だが、しかし一方で柄谷がいうように龍造の縊死が読者の理解を超えた、そうであるしかない運命のように「ノンセンス」な出来事なのかは疑わしい。中上は『枯木灘』を発表した直後にすでにこう語っている。

浜村龍造という男は材木屋やってるわけだ。そうすると、その材木ってのは、つまり志賀直哉が、あれだけ頭のいいやつが、あれだけやったやつが発見したのは、植林した山なんだよ、大山でもね。もともと、山の木が落ち生えで大きく育っているってことは、絶対ありえないんだから。
そうすると、読んでくれた人の大部分は、その山を見て、自然だと言ってるわけでしょ。だけど浜村龍造にとっては、これは商品だとかさ、あるいは歴史であるみたいなね、そうなってしまうじゃないか。すると、それを浜村龍造は知ってるわけだ。知ってて、秋幸というある意味で無垢な自分の子供と対峙しているわけでしょ。*4

龍造と秋幸の「対峙」に材木という「商品」が媒介していることを作家は明言している。龍造は材木を「霊」だという。それは自然の神秘性をいうのでなく、端的に――「至上」とおなじ音である――市場《マーケット》のことである。龍造は市場という「霊」に操られて路地を解体し、死にいたる。四方田や柄谷の読解は、そうした作家自身の構想と比較してあまりにも「無垢」で文学的すぎるのである。

朝の光が濃い影をつくっていた。影の先がいましがた降り立ったばかりの駅を囲う鉄柵にかかっていた。体と共に影が微かに動くのを見て、胸をつかれたように顔を上げた。鉄柵の脇に緑の葉を繁らせ白いつぼみをつけた木があった。その木は、夏の初めから盛りにかけて白い花を咲かせあたり一帯を甘い香に染める夏ふようだった。[*5]

小説の冒頭、「夏の初めから盛りにかけて白い花を咲かせ」る「夏ふよう」がまだ「白いつぼみ」のままだというのだから――のちに「初夏の爽やかな風」という形容もみられる――季節は五月か六月なのだろう。秋幸が三年の刑期を終え、故郷新宮の手前の田辺駅で電車を降りて目にする情景である。だが、この時期の設定は厳密に一九八〇年の五月でなければならない。前作『枯木灘』の刊行が三年前の七七年五月であること、一九七八年に新宮市の地区改良事業により「改善住宅」の造成がはじまったこと、八一年に『地の果て 至上の時』が起筆された等のテキスト外的な状況[*6]から、それを一九七九年もしくは八〇年に特定することはおおむね首肯しうるだろう。だが、根拠はそれだけではない。いったん小説を離れて、ある資料に目を向けてみたい。それは一九八一年発行の『経済白書』に付された「参考資料　昭和55年度の日本経済」の「林業」の項目である。

最近の木材関連商品の価格の動きを日本銀行の「卸売物価指数」によってみると、〔昭和〕五三年末から上昇しはじめた価格は、五四年一〇、一一月に一時下落したものの一二月以降再び上げ続けた。その後五五年三、四月にピークを示し、五月以降一転して急激な下落となるなど激しく変動した。〔……〕国内木材価格が輸入木材価格の影響をより強く受けるようになってきているのである。

＊4　柄谷、中上『柄谷行人中上健次全対話』講談社文芸文庫、二〇一一年、一五頁。
＊5　中上『地の果て 至上の時』新潮社、一九八三年、三頁。
＊6　中上『中上健次集　五　枯木灘、覇王の七日』（インスクリプト、二〇一五年）の「年譜」（高澤秀次作成）を参照。

木材需給報告書　素材価格累年統計（全国）

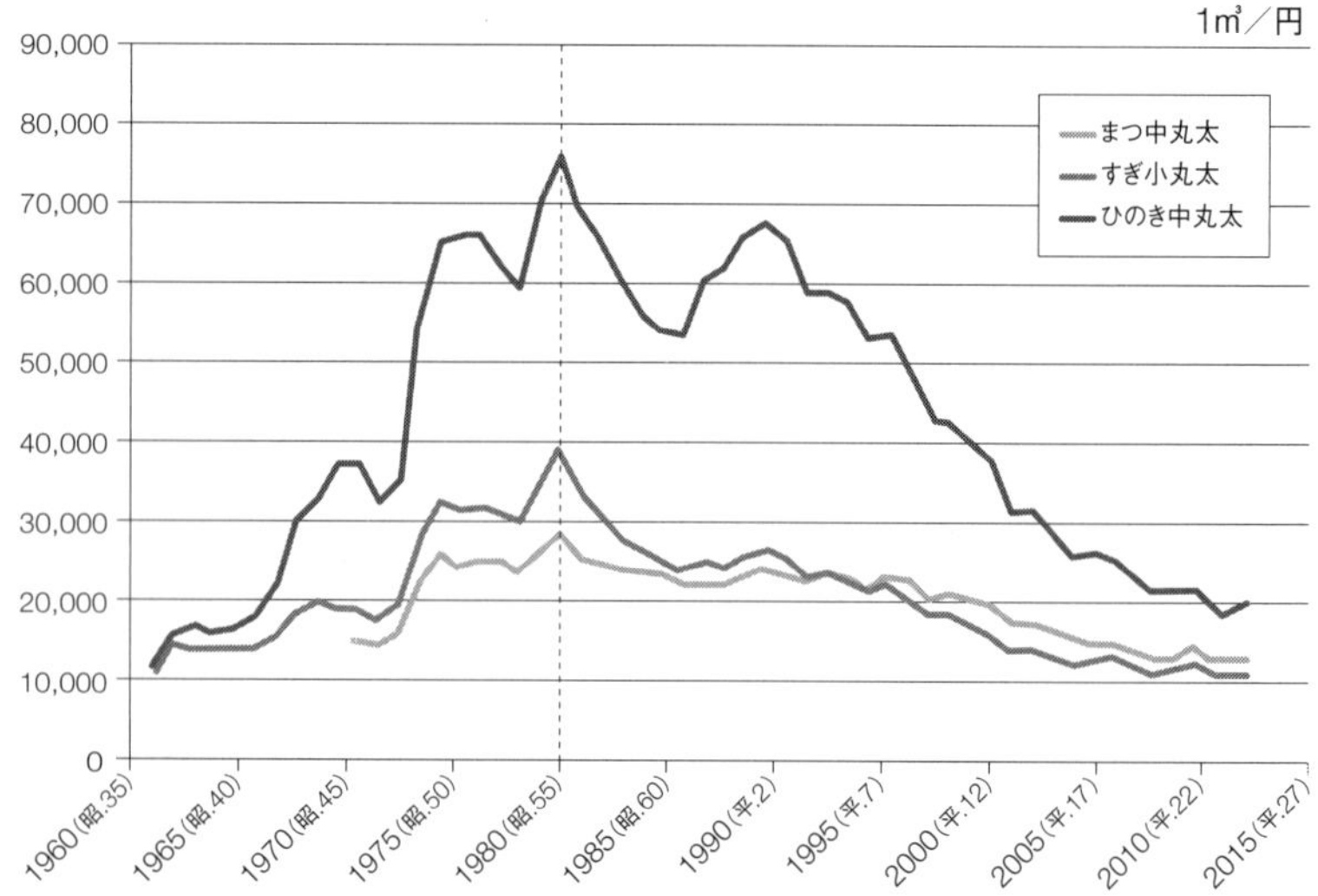

《注記》・まつ中丸太は径24〜28cm／長3.65〜4.0m、すぎ中丸太は径14〜22cm／長3.65〜4.0m、
ひのき中丸太は径14〜22cm／長3.65〜4.0mを指す。
・平成18年の価格は、消費税を含む価格と含まない価格を集計した結果である。

農林水産省　生産流通消費統計課の統計より作成

木材価格の激しい騰落や木材輸出国の製品輸出志向の高まりは、国内の木材産業ひいては林業に大きな影響を与えている。[*7]〔傍点引用者〕

べつの資料によると、スギやヒノキなどの丸太価格は一九八〇年以降、ほぼ一貫して下落傾向を続けている（**グラフ参照**）。一九六〇年代に本格化した外国産木材の輸入自由化は、一九七三年の変動為替相場制移行と輸入材の急増によって国内の木材産業と林業に大きな打撃を与えた。一九七〇年代半ばには輸入材の供給量が国産材を越え、外材価格が国産材の価格形成をも規定するようになっていた。

じりじりと不景気がしのび寄ってくるのは材木を商う者なら誰でも感じているが、それには一つの理由があった。

一つは昔、この地方の者らが日本のどこよりも先がけて台湾材や朝鮮材を安く仕入れた歴史を持つ外材輸入と、さらに一つは、欧米風の建物が流行り新建材と称する加工品が大量に出まわった事だった。外材輸入は今は東南アジア、シベリヤ、カナダ、アメリカから輸入しているが、品質は少々悪くとも量と安さで防ぎようがないほどだったし、新建材は印刷技術の発達と貼り物技術の進歩により柱材にすら使うほどになっていた。[*8]

古くから十津川材・北山材など紀州木材の集散地であった新宮の新興の材木商である浜村龍造もまた、この世界的な産業構造の大転換と無関係ではいられない。おそらく『地の果て 至上の時』の構想そのものが、地球規模に拡大した経済環境の変貌を背景にしないと理解しがたいはずである。

秋幸は三年間のうちに、秋幸の生れた土地の近辺が大きく変ってしまっている事を耳にしていた。新地で「モン」という店を出していたモンは用意周到に地図と写真まで用意して、原子力発電所がその土地を間にはさんだ五十キロ以内の地点に三カ所つくられる事が決定したし、それに紀伊半島を一周する高速道路の建設がはじまり、その土地の近辺は地理が一変したと説明した。路地も新地も消えた。市の中央にあった山も土地と隣の土地の間にあった峠もごっそりと取り払った。土地は空前の土建ブーム、土地ブームで、三年前手押し車ひとつ持って他所の組のおこぼれにあずかっていた者がキャデ

＊7　経済企画庁『昭和56年　年次経済報告　日本経済の創造的活力を求めて』「参考資料　昭和55年度の日本経済　7．農林水産業（2）林業」。
＊8　中上『地の果て 至上の時』前掲書、一五五－一五六頁。

ラックを乗り廻し、札ビラを切っている。[*9]

秋幸は服役中に「路地」と新宮の町の変貌を知らされている。この開発事業を裏で操っているのは浜村龍造であり、その黒幕の佐倉である。龍造と佐倉は開発資金を集め「路地」を更地に均しておきながら、しかしその後の再開発はなぜか遅々として進まない。しばしば龍造は「路地の山と建物取ったのはビルディングでも建てる為じゃないんじゃ」「空き地のままでええ」などと語る。ここでの材木商としての龍造は『枯木灘』のときの龍造とやや異なる相貌を示しているのだ。「路地跡」には、龍造の古い朋輩であるシャブ中のヨシ兄らがテントを張って占有している。一刻も早く開発を進展させたい地元の土建業者たち――秋幸の係累でもある――はかれらに立ち退きを迫り、しばしば不審火さえ起きている。

土地改造ブームが町で起っていても、山にはまだ景気の波は押し寄せない。だが浜村龍造にはそれが新旧の材木商の角逐のように見え、土地改良ブームは必ずや山に波及すると言う。浜村龍造は地主らが放出した山林を次々買っていた。浜村龍造が山林を買えるのは土地の人脈を陰であやつる佐倉や新興派が推す市長らと結託し土地改造すなわち土地転がしをして金を手に入れての事だと、材木商らは噂していた。[*10]

だが、龍造が裏で行っている陰謀はそれだけにとどまらない。友一が語るように「浜村木材は実績がやっと最近になって出来たんじゃけど、友永らは優先して敗戦後すぐから林業の振興融資で安い金利の金借りて、それを銀行に預けとるだけで金利の差額だけ得するのにそれを貸しつけたり[*11]」している。後発である浜村木材は、老舗の材木商と違って国からの補助金でおいしい目を見る間もなく、実際には苦しい資金繰りを強いられているはずだ。秋幸の義兄であり、「路地」開発の中心人物のひとりでもある竹原文昭は秋幸にこう語っている。

「秋幸」と呼んで文昭は見つめる。首を振って、「何にも知らんのじゃよ、あれは人間じゃない、大きな体をしとるけど犬畜生じゃし、人の苦しむのを喜ぶ鬼じゃよ。路地のこの土地を元にしてビルを幾つも建てて大ショッピング街をつくるという話持ち込んで来て会社つくらしたのもあれじゃし、集った資本をプールして止めとるのも、工事を止めとるのも、あいつじゃ。実弘さんも美恵も、今ごろになって、あれの本心がわかってきた。あれの提案でつくった開発会社は結局、蠅の糞のダミーじゃったと。あれがいくら力んでも蠅の糞の言う事を路地の人間の誰がきくものか。路地に住んどった実弘さんと美恵が、一軒ずつ廻ったんじゃ。ガタガタの家で、他所から白い眼でみられるし、それよりか土地の発展のために一肌脱いで感謝されんかと言うて。路地と山を取ってしもたら、あれはプロジェクト出資予定の一人の、昔、株を操作してもうけた吉野ダラーの山林地主と組んで、そいつの山林を狙て、プロジェクトを骨抜きにしはじめたんじゃ」[*12]〔傍点引用者〕

ここで文昭が仄めかしているのは、龍造が「路地」再開発のために集めた資金を流用して浜村木材の事業資金に充てている、ということである。もしこの横領が事実なら、龍造は昭和「五三年〔一九七八

＊9　同書、九頁。
＊10　同書、二三七‐二三八頁。
＊11　同書、一六八頁。
＊12　同書、二四九‐二五〇頁。

年」末から上昇しはじめた」材木価格を当て込んで自分の事業を拡大させてきたことになる。そのための資金源が「路地」の開発資金だったのだ。だから龍造にとっては「路地」開発は口実にすぎず、工事は中途でサボタージュされなくてはならないのである。この龍造のやり口は、彼が若い頃「女郎をくどいて籠抜けさせそれを他所の遊廓に売り飛ばした」手口をいくらか彷彿とさせる。ヨシ兄の「路地」占有が実質的に龍造の指示である証拠――ヨシ兄に何度か資金を提供している――はいくつか存在する。また、「路地」が地元の有力者である佐倉の名義で登記されてあることも、工事をサボタージュするのに大きな力となっただろう。すくなくともこうした意図は「佐倉のオヤジは路地と裏山を単に更地にしたかっただけじゃし、わしもそうじゃ。秀雄がああなってから一層そう思う。わしは秋幸が戻って来る前に厭な思い出を消したい気持だけじゃったが、佐倉のオヤジはうらみを持っとる[*13]」などという龍造の猫撫で声の感傷的な弁解よりも、よほど説得力をもっているはずである。秋幸を佐倉の自宅に連れて行ったのは文昭だが、文昭はそれまでも佐倉に対し「路地」を手放せと何度も交渉を重ねていたにちがいない。

だが、秋幸が新宮に戻った一九八〇年五月、材木価格の急落によって事態は一変したのである。世俗的に推測するなら、この価格急落により山林購入に充てていた資金を回収する見込みがなくなったこと――龍造が自殺した理由はおそらくここにあるのだ。死の直前、ヨシ兄が息子の鉄男にピストルで射殺されるという事件は、警察が「路地」の治安に介入することで占有つまり開発の遅延が不可能となり、龍造に自死を促す最終的なきっかけとなっただろう。つまり事件の発端は秋幸の帰還と同時に――「路地」とまったく異なる空間で――起きていたのである。

治者としての佐倉

龍造も、龍造がかつて番頭をしていた佐倉も、それまで紀州の材木を扱うことで財をなしてきた。「二村が市長に当選してから、高速道路を国に圧力をかけて決定し、原子力発電所を強引に可決し、リコールされたが再度それを乗り切って市長の座を守ったと言う。秋幸はその良一の説明だけで、その大改造の指揮を取ったのが、浜村龍造がかつて番頭をしていたという佐倉だという事がわかった。国に圧力をかけたのも高速道路公団に圧力かけたのも、この土地と路地に、煽るとすぐに燃え上るような噂のある佐倉でなければ敵わない事はわかった[*14]」。

このような戦後日本の典型的な地域開発の業態も、古代から長らくこの土地で続いてきた林業と深くかかわっている。「三代前は斧一本で山から山を渡り歩く木こりだとも」噂される材木商の佐倉について、絓秀実によれば「「大石誠之助の実兄酉久が玉置家へ養子に出てもうけた玉置醒」(「海神」)をモデルとしていることは、間違いない」が、「物語が進行するある時点までは、醒を思わせる佐倉はすでに龍造に殺されており、さらに代が替わっているようにも言われてもいる[*15]」。

佐倉が町の人の中に踊り出て来るのは天皇暗殺計画が発覚してこの土地から何人もの人間が検挙され、その指導者とされたのが養子に行った佐倉の弟だったという事が明るみに出て以降だった。その弟は毒取(どくとる)と呼ばれる、町では数少い医者の一人で、路地の者らは当時銭がないなら窓を三つ

＊13 同書、二三九頁。
＊14 同書、三四頁。
＊15 絓秀実『「帝国」の文学――戦争と「帝国」の間』以文社、二〇〇一年、三三四頁。

叩けと合図をきめて無料で診察を受けていたし、さらに検挙された者のうちに路地を檀家にした住職がいたので、警察は路地をも監視した。路地の者が材木を商う佐倉に理由のない好意を抱いたのは、その天皇暗殺計画で処刑された毒取のせいだった。[*16]

佐倉という人物造型には、かならずしも玉置醒と確定できない——父の酉久とも解釈できる——揺らぎがある。絓が指摘するように、佐倉は「すでに死んでいるがゆえに不死であるところの、ゾンビのごとく世界に君臨しそれを支配している王」であり、「万世一系」たる天皇制のアナロジーともみなしうるのだが、その玉置酉久は熱心なキリスト教徒であった兄・大石余平が一八八四年に新宮市内に創設した長老派の教会の執事に就任している。絓は「天皇（制）的同一性の論理」とともに、玉置父子と、大逆事件（一九一〇年）に連座し死刑に処せられた「毒取と呼ばれる」大石誠之助（余平末弟）、その甥である西村伊作——のちに東京で文化学院を創設する——らを取り巻いていた大正デモクラシーと呼ばれるモダンな雰囲気について指摘しているが、ここではそれに加えて、かれらが新宮という地方都市に持ち込んだカルヴァン主義的な「資本主義のエートス」（マックス・ヴェーバー）を強調しておきたい。日露戦争のさなかの一九〇四年、大石誠之助は西村伊作と協同で「太平洋食堂《ザ・パシフィック・リフレッシュメント・ルーム》」という洋食屋を開店するが、それは新宮の住民の教化を意図していた。当初は面白がっていた人びとも、やがてキリスト教教育を忌諱して客足が遠のいてしまい、一年足らずで店は潰れてしまう。

マックス・ヴェーバーが近代資本主義精神の倫理的基礎をイギリス長老派にみていたことはよく知られている。その「天職」概念によれば、労働を善とし、怠惰を罪とする禁欲的プロテスタンティズムはけっして富裕を嫌悪するものではなかった。富の追求は職務義務の遂行として許されるだけでなく、むしろそう命令されている。『プロテスタンティズムの倫理と資本主義の精神』（一九〇五年）に引用されているイギリス清教徒の牧師リチャード・バックスターは次のように記している。「もしも神があなたがたに、自分の霊魂も他人の霊魂も害うことなく、律法にかなったやり方で、しかも、他の方法によるよりいっそう多くを利得しうるような方法を示し給うたばあい、もしそれを斥けて利得の少ない方法をえらぶとすれば、あなたがたは自分に対する召命（コーリング）の目的の一つに逆らい、神の管理人としてその賜物を受けとり、神の求め給うときに彼のためにそれを用いることを拒む、ということになる。もちろん肉の欲や罪のためではなくて、神のためにあなたがたが労働し、富裕になるというのはよいことなのだ[*17]」（傍点引用者）。

ここで「神の管理人」という語の典拠とされるのは新約聖書の「マタイ福音書」「ルカ福音書」にある「タラントの譬」である。その物語は「一人の「主人」が旅に出る時に、三人の奴隷もしくは下僕に金銭を託していった。帰ってみると、そのうちの二人は託された金額を資本にして一商売やってもうけ、そのもうけの分まで主人に差し出したのに、残りの一人は失うことをおそれて隠しておいただけだった。それでその者は、せっかく託された金銭を活用しなかったという理由で叱られる[*18]」というものである。神の管理人はこの「下僕」たちをさしている。「マタイ福音書」では下僕に託される金銭がタラントという単位で表記されているのだが、田川建三によればその貨幣価値は当時の地方財政規模の予算に匹敵する。つまり下僕たちは「大貴族の家政（個人的経営）の運営をまかせられる執事」のような人物をさしており、主人とはローマ帝国の皇帝のような存在を意味している。要するに「タラントの譬」は西暦一

＊16　中上、前掲書、三四–三五頁。
＊17　マックス・ヴェーバー『プロテスタンティズムの倫理と資本主義の精神』大塚久雄訳、岩波文庫、一九八九年、三二〇頁。
＊18　田川『イエスという男　第二版［増補改訂版］』作品社、二〇〇四年、二五二頁。

世紀当時の活発な地中海貿易社会＝ローマ帝国における生存の過酷さ、酷薄さを率直に表現した小話《アネクドート》なのだ。ところがキリスト教会でふつう説教されるのは、それと真逆の吝嗇な教訓である。プロテスタンティズムの倫理にとっては、帝国の酷薄さがそのまま神の正義のあらわれとなるのである。

佐倉という人物形象は、託した資本を増やさなかったという理由で下僕を罰する主人そのものである。龍造は増やした金銭を主人に差し出す管理人なのだ。さらにバックスターは「「のろのろした、不精な、肉欲のつよい、怠け癖のある人々」を「雇人」として使わ」ないよう注意を促しているのだが、佐倉にとって「路地」の人びとはこうした資本主義的正義にかなわぬ「ルンペン」や「シャブ中」といった者たちでしかない。

佐倉は路地の者を数多く人夫として雇い入れ、博奕に使う金から米を買う金まで役所に印鑑登録した印を押した白紙を持っていけば気前よく貸し、そのうち、路地の者らは住んでいる土地も持っている裏山の畑もすべて佐倉の所有になっている事に気づいた。

「そんなはした金との交換じゃだまされたようなものだ」と言いに行った者に、「証書を返してもかまんけど、そのうち博奕に負けたら売るんじゃろ。人に売ったらその日から外へ出て行かんならん。それやったら佐倉にあずけといて孫子の代までそこに住んどったらええのに」と言った。孫子の代まで住めるわけではないとわかったのは、戦後、空爆からも地震からも無事だった町のあちこちでつけ火があり、それが一様に佐倉がそうやって手に入れた土地だとわかった時だった。体の大きな男がつけ火しているのを見たと噂があった。路地にも二度ボヤがありその度にガソリンのにおいがした。体の大きな男がフサの前に姿を見せ居つくようになったのはその頃の事だった。[*19]

佐倉が「路地」の者らを騙すようにして土地を巻き上げたのは、もとを質せば大逆事件の際に「医者や牧師家老や路地を檀家に持つ住職らが検束されていく」のに「路地の者らが恩を受けながら何の嘆願行動もしなかった」という、その恨みからだとされる。だが、佐原の「路地」に対する憎しみには、たんなる恩に報いぬ者への恨みにとどまらぬ、もっと根ぶかい憎悪が込められているように思われるのだ。遂に——龍造を手先にして——放火にまでいたる佐倉の「路地」に対する残忍な報復の手口はホロコーストやショアーと呼ばれる事態さえも連想させられる。

〔佐倉に〕路地に生れた赤子の名をつけてもらいに行った者がいた。コケル（倒れる）カヒ（かび）という名をつけられた時は、他の国の言葉のようで、有難がりもした。ジュウイチと次に名づけた時、丁度他所から流れて来た者が、俗にユダヤ人よりも嫌われるというトイチの意味ではないかと疑い出した。[*20]

プロテスタンティズムが理想とする「市民的な home「家庭」の清潔で堅実な慰め[*21]」は、内心ではおそらく「路地」に棲む「のろのろした、不精な、肉欲のつよい、怠け癖のある人々」を赦したことはけっしてないのだ。佐倉の背景にある「資本主義のエートス」は、ここにおいて大逆事件とその記憶を隠蔽した大正デモクラシーとに合致する。近代の「天職理念」が「ゆたかで美しい人間性の時代からの断念を伴う、そうした袂別[*22]」によって可能となったとすれば、大正の「デモクラシー」もまた大逆事件の

＊19　中上、前掲書、三三五頁。
＊20　同書、三三〇頁。
＊21　ヴェーバー、前掲書、三四三頁。
＊22　同書、三六四頁。

犠牲者たちを屠り祭壇に捧げることで、さらにその後の「昭和の御代」が終焉するまで生き長らえることになったのである。

蜜柑の木の向うに普通の建物ではないと分る昔の兵舎か病院のような白い家がある。生垣にそって歩きアーチ型の朽ちかかった木戸に出て、その生垣の向うが浜村龍造の背後に見えかくれする佐倉の屋敷だと分った。

［……］文昭の後に従いて学校のような天井の高い板間を歩き、つき当りを曲がり、奥の部屋に入る。だだ広い部屋は三方に広く窓を取った教室そのものの型だった。よく見れば舶来物の寝台があり、奇妙な形の彫刻が幾つも床に置かれ、ところかまわず絵や写真が飾られていたが、秋幸にはかげろうのように希薄な脂気の抜けた銀髪の男が、手で支えきれないというふうに危っかしげに横文字の本を抱えてただぽつんと椅子に腰かけていたと見えた。

その男が佐倉だというなら今まで耳にした事すべてが嘘だとも思った。[*23]

秋幸が文昭に連れられてはじめて佐倉を訪ねた際の叙述である。これは新宮市内にある西村伊作の自宅である木造二階建の西洋館を模した描写と思われるが、ここでの佐倉という名字だけの存在は、玉置醒とその父・酉久を含み込んだ奇妙な永生を生きているようでもあり、さらに醒の一歳年下の従弟・西村伊作――西村家は熊野川上流に位置する奈良県下北山村の山林地主だった――の面影をも戴いているようにみえる。現実の西村邸を参照するなら、秋幸らが通されたのは玄関を入って一階右手南側に位置する食堂とパーラー（居間）を一体にした広い空間であろう。西村の設計した住宅は「居間式住宅」と呼ばれ、家族の居室として、また親しい客のもてなしに使用される「居間」に特徴がある。それまでの主人の居室（座敷）を中心とした封建的家父長制にもとづく武家住宅、あるいは大正初期に生まれた「中廊下式住宅」と比較して、これは「家族本位」の空間をより重視した設計であった。

ちなみにここでいう「家族」は、明治民法の「家」制度を前提とする戸主を頂点とした親子関係を中心に編成される集団のことではない。夫婦関係を基本とする家庭（home）と呼び慣わされるそれである。家庭がhomeの訳語として伝播したのは、おもにキリスト教の布教活動によるといわれる。西村もまた、明治末期から大正期にかけてのプロテスタンティズムと社会主義――当時の社会主義者はキリスト教的人道主義の人脈としばしば重なり合う――の強い影響下で「居間式住宅」を宣伝する『楽しき住家』（一九一九年）を発表した。堺利彦や富本憲吉を通じて、西村はアーツ・アンド・クラフツ運動の創始者であるウィリアム・モリスに強い関心をもち、『ユートピアだより』（一八九〇年）をはじめ多くの著作を所有していた。田中修司は、家族や気の置けない客たちが集う居間と個室で構成された西村邸がプロテスタントの教理から導き出されたのではないかと述べている。アメリカから来日した多くのプロテスタント宣教師たちが伝えたのは「「クリスチャン・ホーム」という理想の家庭であった。このホームは「スウィート・ホーム」とも呼ばれ、その理念は、楽園性を備えた神聖・唯一な休息・慰安の場であって、そこには一家団欒が不可欠とされた[*24]」。

とりわけ居間は「家族が集い、主と交わる家庭礼拝の場」であり、精神的な「家の核」なのである。それに付随して「個人の祈りの場としてプライバシーが守れる部屋、つまり各人の部屋、個室が必要と

＊23　中上、前掲書、三二八－三二九頁。
＊24　田中修司『西村伊作の楽しき住家――大正デモクラシーの住い――』はる書房、二〇〇一年、五〇－五一頁。

なる」。家族各人の平等やプライバシーといった近代的な概念もここから導き出されるのであり、戦後に登場したnLDKへいたる住宅様式の変遷のなかで居間式住宅は伏流のような影響を与えている。[*25]勤勉を価値とした戦後の日本人にとっては――たとえそうと自覚しなくても――プロテスタントの教理から導き出されたLDKと個室で構成された家が理想の住宅像となったからである。

佐倉の来歴も家族の存在も、はっきりしたことは不明なままである。しかし、この老人が富を求めるのと同じ情熱で「路地」に対して残忍さを発揮したのはたしかであり、おそらくその残忍さこそ「治者」の条件といっていいのだ〔**I-1 動物たちの棲むところ**〕。江藤淳が『成熟と喪失』で「治者の文学」という観念を見いだすのは、東京オリンピックが開催された一九六四年に「日本経済新聞」に連載された庄野潤三『夕べの雲』の読解においてであった。庄野自身の自画像を賦与されていると思しい『夕べの雲』の主人公・大浦と細君の寝室に二晩続けてムカデが出る、というささやかなエピソードで『ハムレット』（一六〇二年）の「不寝番の見張り」の句が引用される、というくだりがある。

「ゆうべのムカデは、もう少し大きいムカデでした。いまの二倍くらい、ありました」

二晩も続けて、寝ている部屋へ出るとは、どうしたことだろう。これでは、「ハムレット」の劇に出て来るように、不寝番の見張りを立てなくてはいけない。

「して、かの物は今夜も出ましたかな？」

「まだ何も見ません」

というようなことをいわなくてはいけない。それでないと、おちおち眠れないということになる。

しかし、見張りを立てるにしても、大浦と細君の二人でやらなくてはならない。

「ようこそ刻限通りお出でなされた」

「丁度十二時を打ったところだ。お休み」

「御交替、まことにかたじけない。ああ、ひどく寒い。心の臓が痛みます」

そういう会話を夫婦でしなくてはいけない。それならついでのことに、大浦と細君が見張りの交替をする時にかける合言葉も決めておいた方がいいかも知れない。何というのがいいだろう。「止れ、こら！　誰だ」というと、

「この国の良民」

ということにしようか。[*26]

小説の舞台は、雑木林の残る郊外の山中の一軒家である。大浦の家族が新たに引っ越してきた「家は山の上にある。しかも四方が見渡せるところに一軒だけ建っている。四方が見渡せるということは、天に対して全身をさらしているようなもの」だとされる。江藤はこの場面について、大浦が「不寝番」の「引き継ぎ」を細君に依頼することは「現実にはまったく不可能」である、なぜならそれは「「天に対して全身をさらしている」孤独な家長」の使命だから、という滑稽なほどマッチョなヒロイズムを強調するのだが、いずれにせよここで「大浦と細君が見張りの交替をする」のは仲睦まじい夫婦の寝室である。夫婦は家庭という「最小限の秩序と安息」を得るために、寝室にはびこるムカデたち――「生まれたばかりの子ムカデ」もいる――を噴霧器の薬で追い払い、殺虫剤を焚いて抹殺しなくてはならない。なぜならムカデは「コケル」「カヒ」「トイチ」といった連中と同様に「この国の良民」には含まれず、むし

＊25　石川『錯乱の日本文学』の「1　小島信夫の「家」」を参照。
＊26　庄野潤三『夕べの雲』講談社文芸文庫、一九八八年、一四〇‐一四一頁。

ろその安寧を脅かす存在だからである。このムカデたちの大虐殺について、すくなくとも『夕べの雲』には読みとれる滑稽さとアイロニーが、江藤のヒロイックな秩序護持精神と自己愛にはいっさい見いだすことができない。ムカデとはおそらくそれとはべつの真の恐怖の影にすぎないはずだが、ではこの夫婦をほんとうに怖れさせているものはなにか。

E・H・エリクソンの「アイデンティティ」概念から導き出された江藤の治者の背景には「政治思想の対立を超えた産業社会の進展」があり、それは「プロテスタンティズムの倫理」がもたらしたものである。「いいかえれば、プロテスタンティズムは文字通り「母」を崩壊させたのである」[*27]。治者がなにものかの崩壊や不在への恐怖にたえず曝されているのは、ヴェーバー的な「天職意識」において「宗教的基礎づけがすでに生命を失って欠落」した「宗教的信仰の亡霊」であるのと同様の事態であろう。『成熟と喪失』で象徴的に引用される「カウボーイの子守歌」に響く感情とは、ヴェーバーのいう『ヴィルヘルム・マイスターの遍歴時代』(一八二九年)とファウストの生涯の終幕に示される「ゆたかで美しい人間性の時代からの断念を伴う、そうした訣別」の遠い反響なのである。

大逆事件以降、西村伊作は先鋭化した社会主義運動から距離を置き、日常生活の改善としての居間式住宅、つまり「市民的な home「家庭」の清潔で堅実な慰め」を実現した。だが home とは結局大逆を回避することで可能な夢想にすぎない。佐倉にとって「路地」とは大逆の別名にほかならないのだ。西村はあくまでも「中流生活以上の人々」のために居間式住宅を構想したのであり、「貧しい人々の不節制な生活を救うことは自分は考えていない」[*28]とはっきり記している。これが不死ともみえる佐倉の体現する大正デモクラシー、そして戦後民主主義という名の「最小限の秩序と安息」の内実である。そしてこのことはエベネザー・ハワードの「田園都市」が渋沢栄一や五島慶太らによって日本に移植された際にも、吉武泰水による公営住宅の基礎プラン「五一C」がのちにｎＬＤＫとして普及する際にも明確に企図されていた。田園調布やnLDKは、いずれも「貧しい人々の不節制な生活」に対して中産階級の「最小限の秩序と安息」を護持するための閉鎖空間にすぎなかったのである。

「路地」における日本的なもの

日本では古代律令国家の形成期から畿内を中心に大規模な森林略奪が続けられてきた。とりわけ豊臣政権と初期の徳川幕府による築城と都市開発のための過剰な森林伐採が原因となり、一七世紀末にはまとまった原生林は――北海道を除いて――ほとんど見られなくなっていた。[*29] 幕府の森林保護政策の結果、人工造林が日本列島に広まったのは一八世紀後半以降のことである。明治維新とその後の急速な近代化の進展、そして第二次世界大戦によって減少した森林面積が回復に転じるのは、国土計画の初発とされる一九五〇年の国土総合開発法以降である。ただしその後の高度経済成長期に木材需要は急増し、広葉樹からなる天然林の伐採が進み、スギやヒノキなどの針葉樹中心の人工林に置き換えられていく。

この時期、建築用材となるスギやヒノキの価格は急騰し、造林は日本各地でブームといえるほど増えつづけていた。紀伊半島の森林ももちろん例外ではない。吉野地方では室町時代に天然林を伐採し尽くして植林が始まっており、記録では現在の奈良県川上村にスギとヒノキが一六世紀初頭に植林されている。これは造林業としては世界でも最古の部類に入る。「不死」「月と不死」(『熊野集』一九八四年)の被

＊27　同書、一六五頁。
＊28　加藤百合『大正の夢の設計家　西村伊作と文化学院』朝日選書、一九九〇年、九八頁。
＊29　林業の歴史については、コンラッド・タットマン『日本人はどのように森をつくってきたのか』(熊崎実訳、築地書館、一九九八年)、山岸清隆『森林環境の経済学』(新日本出版社、二〇〇一年)、田中淳夫『森と日本人の1500年』(平凡社新書、二〇一四年)を参照。

慈利が踏み込んだ熊野の鬱蒼とした森の道と、龍造と秋幸とが何度も分け入った山林とでは、おそらく植生の種類がまったく異なるはずである。

「わしは過去を消したいと思とるんじゃの。じゃが、ヨシ兄が言うように悪り事したのも本当じゃし、佐倉が言うような事したのも本当じゃからさして過去の事にこだわらせん。下駄つくる木切れもないとこから山も土地も買い広げたんじゃよ。過去に悪り事しとるのは当然じゃ。今じゃとて悪り事しとる。この雑木山はずっと兄やんらがこの間伐採した山の裏まで、昔から一遍も林転されんと残っとるとこじゃがの。持ち主が売りたがっとるんじゃが、高校の先生らが中心になって林転反対の運動しとるとこじゃ。ここから大塔山にかけてカモシカやシシらの最後の棲息地じゃからの、杉や檜の人造林は自然じゃない、原生林という本物の自然を守れというての。考えてみたら原生林伐るのは悪り事じゃ。じゃけど原生林ばかりじゃったら家も建たん」[*30]

龍造は、ここであたかも「原生林」――厳密には天然林というべきだろう――と人工林との違い、自然と人工との差異、悠久の時間と近代との対立について語っているかのようにみえる。だが、事態はそれほど単純ではない。「悪とは、樹木、材木を伐り倒し、売り買いするその行為なのだ」[*31]と中上は『紀州――木の国・根の国物語』でそう記している。もしそうだとするなら、森林とは「蓄積された自然」というよりも人間の「悪」の累積であり、その結実である。「自然というもんが資本をつくるんかいの。それとも資本というもんが自然をつくるんかいの」[*32]と秋幸の同級生の友永が問うているように、『地の果て 至上の時』で描かれる山林が「路地」との対立を主題化しているとしても、じつはモンが信仰する「水の信心」で「山の清水」の代わりに穢れた「水道の水を汲み置きして」代用するという転倒と、それは類似した事態なのである。中上は原生林と雑木山という語彙を意図して混用しているようなのだが、自然はここではすでに人造的で雑種《ハイブリッド》化している。このような混交は材木のみにあてはまることではない。なによりもまず「路地」が雑種的な空間なのである。

江藤は『自由と禁忌』（一九八四年）で『千年の愉楽』（一九八二年）の「路地」を「生者の声と死者の声が」入り混じる他界のような場所であり、その文体は「文字による分節化ではなく、声による分節化によって構成されている」[*33]と記している。江藤の分析は『千年の愉楽』の特異な文体を「字の読み書きが出来ない」登場人物のひとりであるオリュウノオバの話体と実質的に同一視しているが、その方法論的な当否はここでは触れずにおく。むしろ奇妙なのは、江藤が『夕べの雲』の細君の役割について恣意的に言い落としているように、ここでもオリュウノオバの夫である礼如さんの役割を都合よく見落としている点にある。「路地」に対比されるのは「城下町」であり、それは「人倫に支配される日常的秩序の世界」、「空間的には文字に書かれた法によって分節化され、時間的には歴史という通時的な遠近法のなかに位置せしめられている」[*34]場所である。この論証には「路地」を「他界」の純粋な形象として読み込みたいという思惑が露骨に窺えるのだが、同時に江藤自身の批評の原型的な構図がそこに浮き彫りになっている。

＊30　中上、前掲書、三五四頁。
＊31　中上『中上健次　四　紀州、物語の系譜、他二十二篇』前掲書、二二三頁。
＊32　中上『地の果て 至上の時』前掲書、五一頁。
＊33　江藤『自由と禁忌』河出文庫、一九九一年、一七七頁。
＊34　同書、一八一頁。

「路地」は、可視の場所でありながらも、しかもまぎれもなく他界であるような場所である。それは、「城下町」に対して、劃然と仕切られている。あるいは、より正確にいうなら、「城下町」の慣習法が境界を仕切った結果、それによって分節化され、社会学的に意味づけられた場所である。しかし、それと同時に、仕切られたというほかならぬそのことによって、この場所はたちまち一つの他界に変貌した。つまり、禁忌によって距てられた場所となったのである。*[35]

仮にこれを「路地」＝被差別部落の起源論として読むならば、江藤の解釈はいわゆる近世政治起源説に依拠していることになるだろう。中上が直接参照したと思しい『被差別部落起源論』（一九七五年）の石尾芳久は、一五八〇年の石山本願寺合戦敗北後の一向一揆にかかわった人びと——その象徴が浜村孫一（鈴木孫市）、つまり龍造が自身の祖に比定する戦国期の侍である——が、近世権力によって徹底的な弾圧を受け、身分貶下され、被差別部落に組み入れられたという説を展開している。寺木伸明もいうように「一向一揆を壊滅させた秀吉は、天下統一事業を強力に推進し、それと並行して太閤検地、刀狩り、身分統制、キリスト教への規制などを行なった。こうした基本政策を通じて、兵農分離を基幹とする近世身分制度の原形が固まっていった。この過程で、近世部落が設定・固定化されはじめる*[36]」とすれば、江藤は「路地」の起源を「城下町」の権力にみていることになるはずである。

だが、近世の被差別部落のいくつかは「河原者」「かわや」「かわた」「きよめ」等と称された中世の被差別民に系譜的・地理的な起源が求められるのは確実である。中世後期、特に南北朝の動乱を契機として天皇および神仏の権威が著しく低下し、それらの直属の職能民であった「供御人」「神人」「寄人」らの地位に甚大な影響を及ぼした。さらに農村と都市、漁村・山村の分化の進行と、「穢」の観念の浸透による「職人」（非農耕民的階層）の一部に対する賤視が強まることで、被差別民の身分の固定化がすでに始まっていた。そのうちの多くが豊臣政権および徳川政権初期の諸政策によって「穢多・非人」身分として制度化され、特定の場所に集住を強制されることで、差別の固定化が決定的となったのである。『千年の愉楽』をはじめとする──『枯木灘』や『地の果て 至上の時』と異なる系統の──反リアリズム的な作品のいくつかは、こうした被差別部落の中世起源的な諸形象を採用したフィクションとひとまずみなしうる。この系列にあらわれるのは古代からの物語や伝承にもとづいた民俗学的空間であり、それらはしばしば超歴史的な構造論に回収されてしまう。近代的な小説ジャンルというより、あたかも共同体に伝承された説話あるいはフォークロアであるかのように読まれてしまうのである。

中上が「路地」を描きはじめたのは、日本中世史学の網野善彦『無縁・公界・楽』(一九七八年)が注目を集めたのとおなじ時期である。網野の「無縁」概念は中世被差別民の発生と深いかかわりをもっているが、安良城盛昭はその考証の不備を突き「新しいタイプの歴史文学」として痛烈に批判している。[*37]

*35 同書、一八三頁。

*36 寺木伸明『被差別部落の起源──近世政治起源説の再生』明石書店、一九九六年、一六五頁。寺木は『紀州』を参照しつつ「「鈴木孫市」をこの部落の先祖とみるのは、無理があるように思われる。しかし、雑賀衆の一員であった人々の子孫が自分たちの先祖をかつての雑賀衆の大将格であった「鈴木孫市」に結びつけたということは十分考えられる」(三二五頁)と記している。

*37 安良城盛昭『天皇・天皇制・百姓・沖縄──社会構成史研究よりみた社会史研究批判』吉川弘文館、二〇〇七年、四五五頁。なお、安良城の批判の論拠は次のように要約できる。「無縁所・楽市は、近世社会の源流・萌芽であって、その内実の近世的普遍化によって、戦国期におけるその例外的・過渡的な姿を消した。だがしかし、楽市・無縁所の近世社会にはいっての消滅は、原始の自由に由来する中世的自由の死滅を意味するものでは決してない。そうではなくて、その近世的先駆が、近世社会一般に普遍化したために、その歴史的役割を果し終えて近世社会のなかにそれは骨肉化して埋没してしまったのである」(四一頁)。

事実「無縁」の原理を「原始の自由」「無所有」として把握する網野の議論には、あまりにも無防備で牧歌的なロマン主義が濃厚に漂っている。ただ、そうした被差別民の諸形象が「壮大とはいえ、結局のところ架空なロマン」にすぎないとしても、幕藩体制社会の成立による身分編成の変化が近世賤民制成立の歴史的な契機として存在しているのであり、この段階での切断が現在の読者に中世以前の被差別民の実像をよりみえにくくしている。しばしば文学がこうした紋切型を表象してきたのは、そのようにしか捕捉しえない実在をいいあてたい、という根ぶかい欲望に起因するのかもしれないのだ。

江藤の古典主義的な秩序観には、浜村孫一に自己同一化する龍造の妄想に——「路地」の近世政治起源説を介して——どこか近しいものがある。いっぽう秋幸の夢想する——中世賤民身分に近接した——ノマドロジーは網野善彦のいう「無縁」的な形象だが、しかし龍造の妄想は妄想であることによって秋幸の遊牧性をあらかじめ包摂している。この妄想と夢想の絡み合いはしばしばオイディプス的な父子関係として解釈されてきたが、しかしそれはまず徹底して経済的に読み解かれるべき問題である。

江藤の推論とは異なり、「六道の辻」という短篇から「「城下町」の慣習法が境界を仕切った結果」という起源論的な因果関係を読み取ることにはいくつかの無理が生じる。『千年の愉楽』で捏造された形象の中世的起源は、江藤の治者という近世的な概念とあきらかに矛盾している。ただし江藤が「路地」に仮託しているのは、被差別部落の歴史にかかわる考証とはおそらくべつのことだ。江藤が魅惑されているのは『成熟と喪失』の時点で放棄したはずの、あの「カウボーイの子守歌」なのである。

江藤にはジャン＝ポール・サルトルの想像力論に依拠した初期の著作『作家は行動する』（一九五九年）がある。サルトルの「イメージは無を内包する」という定義を江藤は次のように敷衍している。「イメイジをうかべるときの意識と、実在するものを知覚するときの意識はまったく別のものだというのが、サルトルの論点の根本である。要するにこれは、眼の前にあるものをみようとしたらイメイジは生れない。イメイジはものをみないことによって生れるということである。このことをサルトルは、「想像界」は「現実界」の空無化《ネアンティザシオン》の上に成立し、「現実界」は「想像界」の空無化《ネアンティザシオン》の上に成立するというふうにいう[38]」。

江藤にとって「路地」とは、なによりもオリュウノオバの「声」である。それはたんなる物理的な音声を意味していない。むしろイメージとしての口誦である。「声」は聴きとられるだけでなく、その実在を信じるべき対象なのである。中上は「「語」りつづけ、「謡」いつづける彼女の声の実在をまず信じ、それを文字に移すことによって、現代日本の只中に『千年の愉楽』の共時的言語空間を切り開こうと試みた[39]」。江藤は「存在する、ゆえにそれを信じる」とも「信じる、ゆえにそれは存在する」とも述べてはいない。「信じることによって、それを存在せしめる」といっているのだ。小説は「行動」である、作家はイメージによって「行動」する、と江藤はそう記している。「イメイジが完成されたとき、ことばはその微々たる一部分となり、消えてしまう。なぜなら、このとき、われわれはついにわれわれの存在を拘束していることばの「わな」のむこうがわに到達して、真の実在にふれているからである[40]」。江藤にとってオリュウノオバの「声」こそが「ことば」と「イメイジ」の一体化した「文体」の至高形態なのである。この「文体」は実在する対象を「空無化」するだけでなく、魔法のようにそれをふたたび現前させる。

＊38　江藤『作家は行動する』講談社文芸文庫、二〇〇五年、七八頁。
＊39　江藤『自由と禁忌』前掲書、二〇四頁。
＊40　江藤『作家は行動する』前掲書、一三〇頁。

他界への入り口は、実はいたるところに見出すことができる。たとえば、地所を仕切って庭を造れば、その庭にはおのずから他界への通路ができる。あるいは家を建てて床の間をつくり、神棚を祀れば、そこにもまた他界への入り口ができる。

［……］他界とは、境界を仕切ることによって、にわかにその存在を浮かび上らせるものである。それは、いわば絶対的に存在するものでありながら、位置関係からいうなら恒に相対的にしか存在しないからである。[*41]

「路地」は存在しない、すくなくとも一個の自然（客体）として存在するのではない。「路地」とは「他界」である。そして「他界への入り口」はいずこにも見いだすことができる。おそらくここで江藤がいいたいのは、日本における聖的空間の「仮象的《ヴァーチャル》」な特質についてであろう。磯崎新はそれを次のように説き明かしている。

日本の都市の仮象的《ヴァーチャル》で臨時的《テンポラル》な性格がうみだされるのは、その空間形成の独自性による。カミを招来するための場の設定方式に由来している。カミは都市のみならず宮殿や神社の「にわ」の外にいる。それを招来するための場として「ひもろぎ」がここに臨時に組みたてられる。普通それは常磐木や玉垣で囲われた神域とみられている。この「にわ」は元来何もない、空白の空間である。榊の枝をたて、カミを降臨させる儀式が終了すると、カミは去る。一定の時間《テンポラル》だけの滞留である。そのような場は任意の場所につくりうる。あくまで仮象的《ヴァーチャル》に発生する。[*42]

こうした聖性の仮象性が「日本的なもの」の特質とされる。ここでの主体は出来事あるいは場所そのものであり、しかも両者は一体化している。それは日本的な空間構成そのものの論理となり、歴史的に幾たびもくりかえし再構成されてきた。建築史家の井上充夫は日本建築の独自性を「人間の運動や、運動に要する時間を予想した空間構成」にあるとし、それを「行動的空間」と呼んでいる。それは「たくさんの部分空間がくさりあるいはじゅずのようにつながっているところに特色があ」り、『源氏物語』や『細雪』のような「いくつかの事件ないしエピソードを一本の糸でつなぎ合わせたような構成をもつ」日本の長篇小説と「同じ精神的基盤の上にた」っている。日本建築の空間は「平安時代の末から中世にかけて〔……〕内部空間の拡張・分化・結合などの方法が発達し、ついには建物の外形よりも、内部空間の造形のほうが優先するようにな」った。そうした傾向はやがて「内部空間が、外観にはおかまいなしに勝手に発展する」にいたる。禅宗や浄土宗の本堂などに多く見られるもので、内部の膨張によって外壁が風船のようにふくらんだそれは、いわば「泡に似ている」。この場合の建築空間は、内部の気圧によって泡ができ、その泡からまた泡ができた状態ということができる。このような空間構成は、古い時代には全くみなかった新しいものである[*43]」。

仮象性の形象としての「泡」――この形象は建築史の言説だけでなく、たとえば時枝誠記の言語学にもあらわれている。時枝文法では、日本語の文は「詞と辞との結合」によって成立し「辞が詞を総括する」とされる。この「風呂敷型」の構造が「相重なり合って更に大きな統一へと進展する」統辞法を「入子型構造形式」と呼ぶ。「入子型とは、例えば、三重の盃のようなものである。〔……〕大盃 a は、中

＊41　江藤『自由と禁忌』前掲書、一八二‐一八三頁。
＊42　磯崎、前掲書、六九頁。
＊43　井上充夫『日本建築の空間』鹿島出版会、一九六九年、二〇四頁。

盃bをその上に載せ、中盃bは更に小盃cをその上に載せて、そして全体として三段組みの盃を構成している。［……］abcは各《おのおの》独立した統一体であるが、同時に全体に対して部分の関係にある」[*44]。時枝の「盃」は「内部の気圧によって泡ができ、その泡からまた泡ができ」るという比喩とほぼ同一のイメージを指示しているといってよい。

こうした「泡」的な論理の融通無碍さは、「日本的」と称するあらゆる対象に適合する。芥川龍之介のいう「神神の微笑」はこの「泡」的な論理をさしている〔**I－5 黙示録的な獣たち**〕。江藤の批評の矛盾した、だが無視しえない強力さは、「泡」を融通無碍に増殖させ、かつ飼い馴らす主体としての治者を措定した点にある。それが天皇と呼ばれる主体／場所である。天皇とは「泡」的なものを産出する原「泡」的な「場所」（西田幾多郎）でありながら、それ自身は仮象的ではない。熊野の森が治者の植林によって維持されてきたように、「路地」もまた治者が育んできた場所である。江藤は「「路地」は他界であり、また日本でもある」と断言する。このとき「城下町」とは「路地」という鏡像を支える、いわば必須の「構造」なのである。それはフロイトのいう「父なるもの」としての法でもあるだろう。対して「路地」とは「幻想」にほかならない。江藤は「路地」を「根底的な近代の否定、そして戦後の否定」であるというのだが、しかしこの「共時的言語空間」によって最終的に空無化されるのは、実在していたはずの「路地」の現実である。

サルトルの『想像力の問題』（一九四〇年）に捧げられたロラン・バルトの写真論である『明るい部屋』（一九八〇年）では、イメージと実在の対立が「現像《デヴロッペ》」という語の多義性において論じられている。「《写真を現像《デヴロッペ》する》と言うが、しかし化学作用によって現像《デヴロッペ》されるものは、実は展開《デヴロッペ》しえないもの、ある本質（心の傷のそれ）である。それは変換しうるものではなく、ただ固執する（執拗な視線によって）という形で繰り返されるだけである」[*45]。バルトにとって「ある本質」は現像《デヴロッペ》によってしか見いだされないが、しかし同時にけっして開発《デヴロッペ》しえない。江藤は「城下町」を開発する治者の全能を妄想するが、そこから零れ落ちるなにかがたしかに実在する。そうした実在は写真だけでなく、俳句やフローベールの文にもみとめられる。バルトはこの「展開しえないもの」を「プンクトゥム」と呼んでいる。それは失われた対象の代わりに、その存在の穴を埋めるべく出現する細部である。「現象学者の言うところによれば、イメージとは対象の虚無である。ところで、私が「写真」において措定するのは、単に対象の不在だけではない。それと同時に、それと並んで、その対象が確かに存在したということ、その対象が写真に写っているその場所にあったということをも措定する。ここにこそ狂気があるのだ[*46]」。「路地」は実在する、あるいは実在した（「それはかつてあった」）。「路地」は幻想ではない。幻想であるはずがない。中上はくりかえしそう言いつづけていた。そしてこの確信にこそ「狂気がある」。実在するのは「声」ではない。イメージは実在しない。そうではなくて『地の果て 至上の時』が証しているのは、そこに生きそこで死んだ者たちがかつて存在したという事実の確信と、その事実に触れることへの強い情動の振幅である。それはどのような美学的な仮象によっても償われることのない実在への哀惜なのだ。この特異なフェティッシュは『地の果て 至上の時』に横溢する「水」というテーマの頽廃としてあらわれている。

確かにその土地の到るところに清水のわき出るところがあった。水道網が完備すると清水は無用の長

*44 時枝誠記『国語学原論（下）』岩波文庫、二〇〇七年、一五‐一六頁。
*45 ロラン・バルト『明るい部屋——写真についての覚書』花輪光訳、みすず書房、一九九七年、六三頁。
*46 同書、一三九‐一四〇頁。

物となり、その場所は必ず排水溝の中に入るように道路の線引きをしたほどで、水の信心が蔓延するのは土地の改造がはじまり壊した排水溝のいたるところから水が流れ出したのを眼にする事が多くなっている今、当り前の事だった。建物が壊され道路が壊される事で排水溝の中に閉じ籠めていた水はふたたび頭をもちあげてふつふつとわき出し、乾いた土を濡らし、それがどこよりも早く一面の草むらに路地を変えた理由だろうと秋幸は思い、そのうち行き場のない水は自然に草の根をひたし、根を腐らせ、またどこよりも早く池のように変るだろうと想像した。[*47]

秋幸の異母妹・さと子をはじめ「路地」の女たちのあいだで、水を飲むことで体内の穢を浄化する「水の信心」というカルトが流行している。カルトは「万物の根元である日を受けた山の下にわいて出る水なら飲めるし身体もよくなる」という教義を広めているが、やがて教祖の――ヘーゲルの研究者でもある――斎藤保はその教義によって母親を死にいたらしめ、腐乱した死臭は町を覆うことになる。その腐臭は「路地」の跡地の「草の根をひたし、根を腐らせ」る「行き場のない水」とほとんど同義である。

噂は幾通りもあり、尾ひれがつき暑い乾燥した夏のめくれた赤土の上に立ちあがる逃げ水のように何が本当なのか分らないが、水の信心の道場がある掘り割りのそば、城下町の当時は茶筅造りや太鼓張りや染物屋が住んだ紺屋町と呼ばれる一帯に、何ものかが腐乱するにおいが漂いはじめたのだった。今は茶筅造りや太鼓張りも住んでいなかったし、臭気を立てる紺屋もなかったが、あたり一帯に腐乱するにおいが漂っている。多くの年寄りは、今にはじまった事ではない、昔からそうだったと耳にしているると、人が死んでいるという噂を信じないと言ったが、風が吹くと、貝が大量に死んで腐ったよ

うな臭気が漂った。臭気の源がその水の信心の道場、斎藤の家だった。[*48]〔傍点引用者〕

斎藤の家のある「紺屋町と呼ばれる一帯」には古くから藍染めの臭気が漂っていたために、多くの年寄りは「人が死んでいるという噂を信じないと言った」。引用文にある「逃げ水のように」という直喩を注視しよう。それは水であるとともににおいに似た気体であり、しかしけっして架空の視覚的イメージ（蜃気楼）ではない。中上はきわめて厳密にこの比喩を選択している。初期の短篇「一番はじめの出来事」（一九六九年）以来、この作家の特権的なイメージとしてあった「水」は「路地」の開発《デヴロッペ》によってすでに収奪しつくされている。むろん事件の現場が「紺屋町」なのも偶然であるはずがないのだ。喜田貞吉によれば「弾左衛門由緒書」には「エタ配下の賤者」として列挙された二十八座の中に「青屋」あるいは「紺屋」という名が見られ、特に上方地方では「古くからこれをエタの仲間だと見做していたのである[*49]」。

斎藤の母親の「腐りただれそれが火傷のひきつれのように乾燥して一部かたまった死体」のそれにも似た、紺屋の臭い。差別の中核にあるのが水を打った葉藍の発するアンモニアガスの強烈な「臭気」である。それはかつて朝来の共同作業場で中上が嗅いだ「腐肉のにおい」でもある。

青年は作業場の一等奥、物陰になり外から見えぬ場所であぐらをかき、切り取ったまだ肉のついた馬

＊47　中上、前掲書、七四頁。
＊48　同書、二五七頁。
＊49　喜田貞吉『被差別部落とは何か』河出文庫、二〇一九年、一九一頁。

の尻尾《しっぽ》から、毛を抜いていた。自分の肩ほどの長さの馬の尻尾である。腐肉のにおいの中で青年は、台に一台小さなラジオを置き、手ばやく毛を抜きとりそろえている。肉のついた尻尾はもちろん塩づけにしてはいるが、毛に何匹ものアブがたかってもいる。衝撃的だった。

［……］そこで抜いた馬の尻尾の毛が、白いものであるなら、バイオリンの弦《ゆんづる》になる。バイオリンの弦は商品・物であると同時に、音楽をつくる。音の本質、音の実体、それがこの臭気である。塩洗いしてつやのないその手ざわりである。音はみにくい。音楽は臭気を体に吸い、ついた脂や塩のためにべたべたする毛に触る手の苦痛をふまえてある。弦は、だが快楽を味わう女のように震え、快楽そのもののような音をたてる。*50

しかし、だとしたら、この臭気が「路地」の頽廃の徴であるはずがない。それを「天人五衰」という仏教説話に引きつけて読むことは、仏教に内在する差別構造の追認でしかない。むしろこの臭気こそ「路地」に生き死にする者たちの実存の証そのものである。それはいかなる意味においても「衰弱」ではない。死者を哀悼する行為、願わくばかれらに甦ってほしいという祈りが「嘲弄的でグロテスクな、観念の戯画、物語の戯画」*51であるはずがない。斎藤は秋幸らに「俺は知っとるよ、死んだら肉体はよみがえらんという事。それでも、死んだ時点で警察に届けんならんと思わなんだ、それが自然じゃと思うし、これからもそう思う」*52とはっきり語っている。周囲の想像に反して、斎藤は宗教じみた儀式を執り行っているわけではない。「宗教じゃない、それが自然というもんじゃ。宗教じゃったら裁いたり許したりする教義があって、こんなどこまでが穢れとるのかどこからが浄化されとるのか分らん状態などない」*53という斎藤の言葉には、どんな蒙昧も狂信も感じられない。「クーラーかけて目張りして中を真っ暗にしとるが、母親も俺も体系など打ち立ててないんじゃ」という斎藤の死体放置は、「路地」を解体しながら空き地のまま放置しておく龍造の謎めいたふるまいと通底している。斎藤は母親の死を告白した後、「海全体が腐っとる」と呟いて涙を流す。たしかにそれは秋幸自身の涙でもあったはずである。

龍造と「二」なるもの

龍造は、自分が斎藤の試みになかば加担していたと秋幸に語る。「モンも怒るじゃろし、早いうちから警察に真相を糾明させよと言っとった社教の審議会の神主や医者らが、俺が警察を停めとったと怒るじゃろ。それでも斎藤が面白いと思う。というのも、二日もしたら夏の最中じゃさかに臭なって来たが、秀雄の霊魂だけでなしに肉にも未練たっぷりで、どっちが本物の秀雄じゃと一生懸命問うとった事があるんじゃ。ここに葬式の時、死体を安置させとったんじゃ[*54]」。もし斎藤が母親の蘇りを祈ったというなら、龍造もまた秋幸に殺害された秀雄の蘇りを願い、なかば信じていたといっていいのだ。斎藤が母親の死骸を放置した「マスキンテープで目張りし光が一条もささぬように黒い布を張りめぐらした部屋」は、あきらかに龍造の書斎に酷似している。小説の冒頭で秋幸が怪我をした六さんを抱えて駆け込んだ先である龍造の自宅は『地の果て　至上の時』ではじめて具体的な描写が与えられている。

応接間の奥の壁に博物館で使うような大きな硝子ケースが置かれ、中にボロ屑同然のヨロイを着せた

＊50　中上『中上健次集　四　紀州、物語の系譜、他二十二篇』前掲書、七五－七六頁。
＊51　四方田、前掲書、一六五頁。
＊52　中上『地の果て　至上の時』前掲書、二六九頁。
＊53　同書、二六九頁。
＊54　同書、二九九頁。

胴体だけの人形と刀、火縄銃が飾ってあった。応接間自体が東南に位置しそれに家のあるところが海の方まで見わたせる高台になっているので空の日がおしみなく入り込み、風が入る。風がとだえて応接間に香がたきこめられていたのを知った。[*55]

龍造は一向宗徒をひきつれて織田信長と諍った浜村孫一を先祖として祀り、石碑を立てて周囲から嘲りを受けるにとどまらず、自宅まで改装している。この応接間は客間とはいえ、浜村孫一を象徴する武具を祀った一種の宗教的空間でもある。応接間に続いて龍造の書斎がある。そこはかつて秀雄の個室であり、ベッドと机と椅子は生前のまま、ただ入口と壁が防音に変えてある。秀雄の殺害以降、龍造はその遺品に囲まれて暮らしている。壁には海外の地図や暴走族の写真が貼りつけられている。机の前の暗い壁を動かすと山が見え、「丁度そこは磁石で計ると十津川の玉置山の位置だと言う」[*56]〔傍点引用者〕。この続きのふたつの部屋には『地の果て 至上の時』の主要なモチーフが凝縮された隠喩として散在している。のちに浜村龍造はこの書斎で縊死し、秋幸はその姿を応接間から目にすることになる。

応接間と書斎がつながった平面構成は、一見すると伝統的な日本家屋の様式、接客空間を主体とする「おもて」と日常生活空間を主体とする「うち」に分離された接客重視の格式的な空間構成と思える。しかしどこか異様な印象を与えるのは、書斎が秋幸以外をけっして踏み込ませない禁忌の場所となっているからである。ここでの応接間は龍造にとって浜村孫一を顕彰する公向けの「礼拝の場」であり、書斎は龍造自身のための「個人の祈りの場」となる崇高な空間なのだ。

便所までついた外からの物音を遮断した書斎は、核戦争用の避難壕のように見えた。浜村龍造はここで何時間も閉じこもったのだった。照明を落せば眼を見開いても何も見えなくなり、ただ自分がここに居て息を繰り返しながら在るという事が分る。浜村龍造は物も食べず横たわって、何日も過ごした。死んだ真似をしているのではなく、昔、熊野の山々で修験道に入った者らが、五穀断ちをして修行したようにただ身を横たえ心を空にしてみる。外の日の中ならはっきりしたろうが闇の中で空にすると、横たわっている自分を見つめている自分があらわれ、それが歩き廻る。横たわった自分の脇に秀雄が現われて幼い頃そうしたように眠り込んでいるのかどうか確かめるようにのぞき込む。横たわっているのが浜村龍造か、歩きまわったのが浜村龍造なのか分らないが、そうなってきまって、光一つない場所を身の周りにつくっておいてよかったと思うのだった。[*57]

中上はここで折口信夫の「大嘗祭の本義」(一九三〇年)を意識しているのかもしれない。折口によれば大嘗祭は「重大なる鎮魂の行事」であり「喪」の期間である。この「物忌み」が「宮殿の奥深い所」で光を避けて行われるのは「天日を身体に当てると、魂が駄目になる、という信仰」のためである。天皇の身体は「魂の容れ物」と考えられてきた。この暗い部屋で「日つぎのみこ」が「天皇魂」を受けて「日の御子(天子様)」となる資格を得るとする。[*58]

『地の果て 至上の時』を素直に読めば、祖父と暮らしていた幼少期の龍造の「乞食同然」だった境遇があきらかにされ、その筆致には強権的な父性というよりもむしろ哀れな孤児性が強調されている。『岬』『枯木灘』と異なり、龍造および西村勝一郎や竹原繁蔵らの父たちを頂点とした複数の家系が錯綜

＊55 同書、二一〇頁。
＊56 同書、二〇四頁。
＊57 同書、三〇〇頁。
＊58 折口信夫『古代研究Ⅱ—祝詞の発生』中公クラシックス、二〇〇三年、一四三–一四五頁。

する関係性は後退し、替わって前景にあらわれるのは地元の材木商と土木業者たちの世俗的な商売の駆け引きである。にもかかわらず、浜村龍造は「水の信心」の信者たちよりもはるかに不可解な狂気を生きている。「秋幸は〔……〕「龍造よ」とまるで浜村龍造が秋幸の息子だというように呼んだ。浜村龍造が邪意のない子供のような笑みを浮かべるのを見て「刑務所の中で浜村孫一が何遍も夢枕に立つんじゃ」と思いつきを言った」[*59]。秋幸の夢枕に立ったという孫一の「秋幸、おまえこそおれの現し身じゃ、龍造はおまえの子供じゃ」という言葉はたんに「思いつき」にすぎないものだが、しかし龍造がその想念に執着する理由は、秋幸の意図とはおそらくべつにある。龍造は自分を哀れな孤児ではなく「日つぎのみこ」として、その身体を「日の御子」たる秀雄の「魂の容れ物」と空想したいのだ。龍造の浜村孫一に対する信仰は、すくなくとも『地の果て 至上の時』にかんするかぎり父性の起源をめぐる物語ではなく、秀雄の死に対する哀悼と直接結びついている。折口のいうように「天皇霊」が「ただ一つ」であるならば、秀雄と龍造の魂もまた「ただ一つ」でありえよう。「このすめみまの命である御身体すなわち、肉体は、生死があるが、この肉体を充すところの魂は、終始一貫して不変である。ゆえにたとい、肉体は変っても、この魂がはいると、全く同一な天子様となるのである」[*60]。

　龍造は「万世一系」を称する天皇という不死の身体を模倣することで「一」なる魂を取り返したいのだ。それは龍造が佐倉という「万世一系」のアレゴリー的な身体に同一化することであり、治者としての佐倉に成り代わることでもあろう。みずからがいまひとりの天皇であること、そしてそれはあきらかな不敬であり大逆でもある。

「どっちにしてもわしは一たす一は一じゃし、三ひく一は一じゃと思とる。切手ほどの土地から始めたわしの計算方法での。わしも生きつづける。浜村孫一も生きつづける。秋幸も生きつづける。同じ一じゃ。同じ種じゃ。わしは杉や檜にヤキモチ焼かん。人に何と思われようと一は一じゃ。0じゃない、何しろ一じゃ、わしが生れた時から始まっとったし、おまえがフサの腹から生れる時からはじまっとった。わしもおまえもこの世におると言うたらおる、おらんと思たらおらん。こうおまえと話しとるのもその昔、片目、片脚の孫一殿がその潰れてない片一方の眼で見た中の、昼の夢のような出来事じゃ。みんな見えとったんじゃよ。一に何を足しても一じゃし、一から何を引いても一じゃ。仏の国を夢みて負けて裏切られ続けた孫一殿は後の世の事まで知っとったんじゃの」

「仏の教えがそうじゃと言うんかい?」

「わしは仏の教えを悟るほど徳を積んでないし、むしろ蠅の糞じゃと人に言われる悪人じゃが、孫一殿は山から這うように落ちて来て、有馬の里でそう思たはずじゃ。孫一の生きた時代とおまえの生きた時代は違うというかもしれんが、それこそ草木でなしに人間に生き死にがある限り、一に幾つ足しても一じゃし、幾つの数から幾つ引いても一があるだけじゃよ」

秋幸は半畳を入れようと思い、言葉を呑み込んだ。浜村龍造の考えは、衣食足りての事で、否応なしに一でありつづける者はそれがたまらない。金で生死を買えるわけではないが、すくなくとも家を買う事が出来るし、土地を買う事が出来る。浜村龍造のように力を買う事が出来る。秋幸は鉄男が歌っていた歌を思い出した。スエコが同じ孕み女に食物を分け与えていた姿を思い出し、もし遠つ祖、浜村孫一が幾つ足しても引いても一である事を仏の国と言ったのなら、あたうる限り持つ物が少く、弱く、疎まれ蔑まれる路地跡の浮浪者や傾斜地の元路地の住人がそれで、浜村龍造も自分も一であり

＊59　中上、前掲書、二二六頁。
＊60　折口、前掲書、一四四頁。

うるはずがないと思った。[*61]

「一」とはなにか。「一に何を足しても一じゃし、一から何を引いても一じゃ」と龍造がいうのは典型的な「泡」の場所の論理であり、秋幸の「一」とはそうした「泡」のような包摂に対立する「臭気」、「あたうる限り持つ物が少く、弱く、疎まれ蔑まれる路地跡の浮浪者や傾斜地の元路地の住人」の実在である。秋幸はそう反問しようとする。だが「一」をめぐる龍造と秋幸の対立がいずれ「一」をめぐる曖昧な協闘にとって代わるとき、『地の果て 至上の時』が隠蔽する決定的な謎が謎として浮上するだろう。秋幸が主張する「一」は、ヨシ兄ならば「ジンギスカン」と呼ぶであろう、ある絶対的な彼岸への希求と緊張のうちに見いだされる。

「龍造にも言うたんじゃ、おまえの先祖が孫一じゃと言うても誰も知らんわだ。俺の先祖のジンギスカンじゃったら世界中の人間が知っとる、と。龍造はわしに目をつぶって合図して、ヨシ兄、わしも先祖をジンギスカンにしようかいの、と言うんで、そういやぁこれも若い時は悪の仲間じゃったと思て、朋輩よ、そうじゃよ、と言うたったんじゃ」

「……」

「ヨシ兄」秋幸は浜村龍造の顔を思い浮かべながら言った。「わしもジンギスカンかいの?」

「おうよ、ジンギスカンじゃだ」ヨシ兄は秋幸が何を訊き出すのか戸惑ったように人のよい気弱げな笑をつくる。[*62]

かつて「路地」であったその場所は、龍造と秋幸との対立をも含み込む「泡」である。治者が「泡」

的場所を開発《デヴロッペ》するのに対して、ヨシ兄は「泡」的場所を朋輩たちのユートピアとして夢想する。むろんヨシ兄の夢想は酒や覚醒剤による「幻覚のたまもの」にすぎない。だが、ヘーゲルについて徹底的に思惟することと、空を群舞するイーグルの歌を歌うことはなにも異なったことではない。そう思い定めた秋幸にとって、「最小限の秩序と安息」と称して虐殺《ショアー》をくりかえす治者こそが狂気の沙汰にすぎないだろう。そして龍造もまた「路地」を賭金にして治者の裏をかこうと試みる。

ヨシ兄の話すジンギスカンが毎日飲みつづけた酒か、射ちつづけた覚醒剤の幻覚のたまものである事がわかったが、家と家が腹をこすれ合わせるように立ち、幾つも迷路のように細い道が錯綜していた路地が忽然と消えた後に現われた草の原っぱは、秋幸にもかつて遠い昔、ジンギスカンとして果てしなく続く草原を馬で走っていた記憶をよみがえらせる。[*63]

幻影の草原をひた走るヨシ兄や秋幸らの朋輩《ブント》によるノマドロジーに龍造もなかば加担してもいる。龍造が遺書として残した「ローマ法王にあてた何通もの封筒に続き漫画の切り抜き」はおそらくカトリック教会の権威に挑戦したマルティン・ルターのヴィッテンベルクの九五ヶ条の提題の戯画なのだが、しかし満足に学校にも通えなかったこの男が治者と対決するのにほかにどんな表現が可能だったのか。龍造が「秋幸、大和まで二百キロもないわだ、〔……〕あそこへ二人で熊野から攻め込んだらんか?[*64]」など

＊61　中上、前掲書、四一四 - 四一五頁。
＊62　同書、四四 - 四五頁。
＊63　同書、三〇 - 三一頁。
＊64　同書、九二頁。

と促すのは、妄想ではあっても悪ふざけや思いつきではなく、いかなる韜晦もそこにはない。龍造は「浜村孫一が落ちて来た時に連れて来た手勢を先祖とする住職や町会議員」や「浜村の傍系の者や手勢の血筋の者」らを束ね「浜村衆」をひそかに組織している。なにより熊野の土地改造事業も、その裏で暗躍する龍造にとっては「神武再東征」であり、そのために「大和からここまで直線道路」をつくるとまで放言するのである。それは明治維新以来の治者による「富国強兵」や「所得倍増」といった近代化の真剣なパロディである。それは浜村龍造の同時代人であった田中角栄の開発＝政治（「日本列島改造論」一九七二年）がそうであったのとおなじく、革命を含意している。

「路地」の解体は龍造の革命だったのである。ここまで「被差別部落を構成したもの」を治者と呼んできたのだが、それに対して一向一揆の敗北を龍造の革命のアナロジーとして召喚してみたいのだ。柄谷は「被差別部落を構成したものが日本の「近代」の歪曲を構成した」[*65]という。それは「一五二五年のドイツ革命と一八四八‐四九年のドイツ革命とのあいだの平行関係」[*66]を探り出したエンゲルスの視点に呼応している。一六世紀のドイツ農民戦争は、ヨーロッパ全域で宗教改革が急速に拡大する一方で、初期資本主義的な商品生産が伝統的な経済様式を破壊し、あらゆる生活領域で進行しつつあった急激な変化を背景に起こった。それは日本の戦国時代、念仏を唱え、ただひたすら超越者による救済を希求した一向一揆と世界史的な並行性をもつ。

> 数多くの手工業者が貧窮し、職人は昇進の可能性をもうほとんど失い、日雇いは諸国を放浪して仕事を捜し、農民の一部は副業でようやく生活を支えていた。乞食が増えた。社会全体がどんどん進行する社会的分化に巻き込まれた。前々から生じていた緊張は社会的闘争へと高まっていった。
>
> 不穏になったのは農村ばかりではなく、都市もそうであった。ツンフト市民が大勢結集して通りを

練り歩き、市庁舎へ押し掛けて、手荒なやり方で市参事会員や市長を脅迫した。手工業者は市政に参加することを望んでおり、たいていの都市で実際にその目標を達成した。こうして、一四世紀以来ためらいがちに芽生え始めていた共同体原理が、農村と都市で強まった。すなわち、対等の関係に基づいて自治的に組織された共同体、一種の自治体が発展し、第一および第二身分の階層的な構造をもつ支配体制とますます衝突することになる生活圏を形成したのである。[*67]

新たな生産力が伝統的な経済様式を揺さぶるなかで、ルターやトーマス・ミュンツァーといった宗教指導者たちが農民や平民、貴族や僧侶階級のそれぞれの代表者として登場する。しかし「市民的穏健派」であるルターにとって平民——農民、都市に住む徒弟や奉公人、市民権をもたない人びと——が「理性も正気も備えない潜在的暴徒であり、もっぱら、剣による支配の客体」[*68]だったとすれば、ミュンツァーは「貧しき農民」と「手工業者」の代弁者であり指導者だった。対等の関係にもとづいた共同体が平民たちの政治的理想であり、それは支配者ではなく兄弟《ブント》によって統治される自治体だった。では、その「潜在的暴徒」らが「一」なるものとどのように結びつくのか。

ドイツ農民戦争は民衆が巻き起こした近代の最初の胎動のひとつだった。しかしそれは「ただ経済的

＊65 柄谷『坂口安吾と中上健次』前掲書、二五一頁。
＊66 フリードリッヒ・エンゲルス『ドイツ農民戦争』大内力訳、岩波文庫、一九五〇年、一四頁。
＊67 H-J・ゲルツ『トーマス・ミュンツァー　神秘主義者・黙示録的終末預言者・革命家』田中真造・藤井潤訳、教文館、一九九五年、四六-四七頁。
＊68 田中真造『トーマス・ミュンツァー——革命の神学とその周辺——』ミネルヴァ書房、一九八三年、一六四頁。

な観点からだけでなく、もっと深くその心臓をみつめることが正しい」とエルンスト・ブロッホは記している。「そのとき実際になにが起こり、また起こりえたかを真に理解しようとするなら、経済的動因のみならず、ある別な逆らい難い力と叫び声が、否応なしにつけ加わるのだ」[*69]。ブロッホはミュンツァーをマイスター・エックハルトやヤーコプ・ベーメのようなキリスト教神秘主義の系譜に位置づけている。ミュンツァーを「近代」から距てる絶対的な超越――「一」なるものへの志向が存在する。

「一」とは何を意味するものであろうか。一とは何ものもそれに付け加えられないようなものを意味するのである。魂は、何も付け加えられていない、また何も考え足されていない、それ自身の内で純化されている、神性をつかむのである。一とは否定の否定である。すべての被造物はみずからに否定をたずさえている。つまりある被造物であることは別の被造物であることを否定するのである。ある天使は、別の天使であることを否定する。神はしかしながら、否定の否定である。神は一であり他の一切のものを否定する。なぜならば神の外には何もないからである。一切の被造物は神の内にあり、そして神の固有の神性である。これがわたしがさきに豊かさといった意味である。神は全神性の一なる父である。[*70]〔傍点引用者〕

マイスター・エックハルトの「一」、すなわち「否定の否定」が「神」を定義する。それは「路地」に属さず、治者と呼ぶこともできない龍造の「一」、「何ものもそれに付け加えられない」一なるものでもあるだろう。治者たる佐倉の残忍さとは対極にある、この――妄想的でありかつ経済的でもある――「一」へむけたいっさいの包摂――秋幸もヨシ兄も秀雄も孫一もそこに含まれる――が龍造の革命なのである。

だが、キリスト教神秘主義の伝統において「否定の否定」は、なにものにも包摂しえぬ「残余」を指示する場合もある。ジョルジュ・アガンベンによれば、ヴァルター・ベンヤミンが言及した「アペレスの切断」、つまり「A／非A」という分割それ自体の分割は「Aでないのではない、という二重否定の形式を採る第三項の存在を許す」べつの論理を示している。それはユダヤ人ならざる者（異邦人）のうちに非ユダヤ人ならざる者（霊による／メシアの律法のうちにある非ユダヤ人）を見いだしたパウロにその起源をもつ。

ユダヤ人ではないのではない者たちというのは、むしろ、ユダヤ人と非ユダヤ人が自己自身と一致することの不可能性を表現しているのであり、なにかしらおのおのの民と自己自身とのあいだの残余、おのおのの自己同一性と自己自身とのあいだの残余のようなものなのだ。[*71]

この残余は「すべての差異を廃絶する原理」、つまり分割不可能な最終的な差異を意味していない。そうではなくて――フェティシストの無限判断（女性はファルスをもたないのではない）のように〈〇二〇一七年の放浪者《トランプス》〉――「律法上の分割自体を分割して、それらを働かなくさせるような、しかしながら最終的な土地に達することはけっしてない、ひとつの操作なのである」。「路地」の住人ですらないヨシ兄は「のろのろした、不精な、肉欲のつよい、怠け癖のある」ただの廃人にすぎない。だが、にもかかわ

*69 ブロッホ、前掲書、七四頁。
*70 マイスター・エックハルト『エックハルト説教集』田島照久編訳、岩波文庫、一九九〇年、一〇七頁。
*71 ジョルジュ・アガンベン『残りの時』上村忠男訳、岩波書店、二〇〇五年、八六頁。

らずヨシ兄のいる場所、そこが「路地」なのだ。「残りの者というメシア的な観念は、疑いもなく、マルクスのプロレタリアートと類似以上の様相を呈している」[*72]。神は「一」であり、残りの者は「否定の否定」である、ゆえに神と「路地」の者たちは同一である――この短絡した偽の論証が秋幸の革命である。秋幸は「路地」の残りの者たちを無限のもの、神のごときものとする。もしそう思い定めるならば、もはやかれらを「プロレタリアート」と名指すことをためらう必要はどこにもないはずである。

「路地」あるいは新たな自由の空間

ミシェル・フーコーは、非現実的で実際の場所をもたない非在郷《ユートピア》に対して、現実の中で現実と交錯する「異在郷《ヘテロトピア》」という概念を呈示したことがあった。それはルネサンス期以降の西欧の都市空間でさまざまな政治的・社会的・空間的な諸要素により構成された遠近法＝幾何学的な空間の他者として、現実の都市に対する鏡のようなものである。ヘテロトピアは現実と無縁の理想郷ではけっしてなく、たとえば子どもたちにとっては屋根裏部屋や両親のダブルベッドであり、大人たちにとっては墓地や監獄や売春宿として実在する。「ヘテロトピアとは他のすべての空間への異議申し立てであり、それは二つの仕方で異議申し立てを行使することができる。〔……〕他のすべての現実を幻想として告発するような幻想を作り出すか、あるいは反対に、私たちの現実が無秩序で、うまく配置されておらず、混乱したものである分だけ、それに反して完全で、子細で、整った別の現実空間を現実的に作り出すことによってである」[*73]。

浜そばのヨシ兄の小屋からすぐに坂道ははじまっていた。もともと斜面についていた道に沿ってバラックが建てられたのか、バラックが建てられていたから道が出来たのか、人がすれ違えばそれでいっぱいになる狭い道はトタン板を貼りつけた古くからあるバラックのところで急にカーブを切っていた。そのカーブの辺りに何軒も集中して家が建っていた。そこを抜けると、すぐに路地の者らが舞い戻って住みはじめたという傾斜地が見えた。秋幸は立ちどまって日を受けた傾斜地を見た。最初は誰かが畑として耕していたらしく石を積み段々畑にした跡があった。それも土砂がもろいせいであらかた崩れ、手つかずのまま放置され雑木が茂るのにまかせていた。誰がそこを見つけたのか、確かに雑木を払い、草を刈れば、急造の壊れてもおしくないバラックを建てるには充分すぎる土地がある。斜面に沿って十二軒、いかにも素人が建てたというようにそれぞれ傾ぎ、板きれをつぎはぎし、屋根にそのまま看板のブリキをはがして使ったものもあった。それぞれの小屋の後には茂った雑木がそのまま放置され、きれいに刈り取り抜き取られた小屋の周りとは妙な対照をつくっていた。小屋は路地跡の草むらにつくった浮浪者らの鮪箱を組み立てた小屋の群を想像させたが、傾斜地の小屋ははるかに上等だった。波音が響いていた。傾斜地のバラック小屋をみながら秋幸はその昔、路地もこのようにして出来上ったのだろうと想像し、定かでない昔と今がよじれてつながった輪のようにあると思った。[*74]

浜沿いの傾斜地に自然発生的にできたこの仮設バラック群を、秋幸は新しい「路地」の誕生のように考えている。「城下町」の秩序に強制された集住地である「路地」と異なり、「新しい路地」の住人たちはあたかも移動の自由を有し、誰もが偏狭な血縁のしがらみから脱した遊牧民であるかのようだ。だが、

＊72　同書、九四頁。
＊73　フーコー『ユートピア的身体／ヘテロトピア』佐藤嘉幸訳、水声社、二〇一三年、四八 - 四九頁。
＊74　中上、前掲書、三八九 - 三九〇頁。

それらは「路地」の自由を民俗学的な過去に投影する替わりに現在に投影した「他のすべての現実を幻想として告発するような幻想」にすぎない。ヨシ兄らがジンギスカンを気どり、「路地跡」の草原をしばらく占有することが可能だったのは、そこが佐倉の所有する私有地だからである。鉄男が拳銃を発砲するまで警察が彼らに介入しなかったのはたんに民事不介入の原則による。秋幸が草原の小屋に火を放って姿を消したように、おそらく浜沿いの傾斜地の住人たちも早々に立ち退きを迫られることになるだろう。

　自由を体現するフロンティアなどどこにも存在しない。あらゆる土地が誰かの所有地である。「碁盤目状に区切られ、分割され、混交された空間」（アンリ・ルフェーヴル）を指定するのは国家であり、現代の均質空間は完全に政治的である。ヘテロトピアは国家の暴力によってあらかじめ制度化されている。だから逆に、均質空間は多元的で分散された諸力と諸断片を力ずくで統一しているともいえるわけだ。「隠喩の仕事でもっともたちの悪いもの、もっとも危険なものは、心的空間を一枚の白紙にたとえて、後からやってくる心理的・社会的な諸規定がその変化や変数をこの白紙の上に書きこむ（刻みこむ）ものと想定することである」[*75]とルフェーヴルは指摘している。新しい「路地」というのは、中立的で空虚な「白紙」の空間を想定することである。遊牧民たちの自由意志は「一枚の白紙に鉛筆で記した点」として定義される。「点」は「白紙」のどの方向に進もうと「自由」なのだ。「かくして客観的な空間と空間の主観的なイメージが、それゆえ心的なものと社会的なものが同一視される」。当時の日本のポストモダンな文芸批評とは異なり、『千のプラトー』（一九八〇年）は非政治的で非制度的な「白紙」をノマドと呼びはしなかった。『千年の愉楽』が「路地」の過去に幻想化を施しているというのなら、『日輪の翼』（一九八四年）、『讃歌』（一九九〇年）、『異族』（一九九三年）といった中上の後期の作品群は現在を舞台にした「壮大とはいえ、結局のところ架空なロマン」にすぎないだろう。『異族』が膨大な紋切型の廃墟として終わったのは、ある意味で当然だったのである。『地の果て 至上の時』以降、中上がそれとおなじ水準でリアリズム小説を書くことはけっしてなかった。むろんここでのリアリズムとは、多元的で分散された諸力のうちにあって書くという意味である。

今日の視点からふりかえると、『地の果て 至上の時』の描く一九八〇年の世界はある重大な転換点を迎えていた。それを象徴するのがイギリスのサッチャー政権誕生（一九七九年）とアメリカ合衆国のレーガン大統領就任（一九八一年）であり、現在では新自由主義もしくはグローバル資本主義とよばれる状況への移行期とみなされている〔I-1 **動物たちの棲むところ**〕。この転機は、とりわけ一九六八年の五月革命をはじめとする世界各地での叛乱の拡大や一九七三年の固定為替相場制の放棄、そしてオイル・ショックによって顕在化した。フォーディズムを基盤とする経済体制の下で維持されてきた安定した価値観は徐々に後退し、不安定化と可動化が労働市場の流動性や消費様式の変化としてあらわれはじめる。レーガン大統領は一九三〇年代のニューディール政策にはじまったさまざまな社会制度に大鉈をふるい、サッチャー首相は港湾・工業跡地の再開発を民間企業の力によって推進した。格差と不平等は急激に拡大し、大都市では貧困化とホームレスが蔓延する。日本では一九八五年以降の急速な円高と金融緩和の拡大が経済のバブル化を引き起こし、未曾有の、そしてつかの間の好景気を迎えていた。『地の果て 至上の時』はこうしたグローバルな資本主義の変貌と無縁ではない。それどころか龍造の縊死にいたる数々の出来事を導く決定的な要因だったのかもしれないのである。古参の材木商らが国の補助金によって莫大な利益を上げていたのに対し、龍造は高騰しつづける材木価格を当て込んで急速に

＊75 アンリ・ルフェーヴル『空間の生産』斎藤日出治訳、青木書店、二〇〇〇年、四三二頁。

財をなした。それは材木市場の需要と供給のバランスとはかけ離れた、投機的な商売だったにちがいない。『熊野集』の記述を信じるかぎり、龍造がとった行動は現実の新宮市の動向と対応していない。[*76]小説が事実を反映しているのは「路地」が玉置醒の所有であったという点のみであり、しかも実際には玉置は新宮市に土地を貸与している。しかし、だからこそ龍造が佐倉と共謀し、ヨシ兄らを指嗾して行った開発妨害には、作者の強い意図が隠されていると想定するべきなのだ。

「路地の山と建物取ったのはビルディングでも建てる為じゃないんじゃ。ヨシ兄ら居よと思たら居れるんじゃ」秋幸は話す事をそそのかすように相槌をうちながら、脳裡に日を浴びた草むらが浮かび上ってくるのに気づいた。宏大な共生感のようなものが芽生え広がる。
「佐倉の気が変ったら分らんがの」秋幸の気持ちをはぐらかすように浜村龍造は事もなげに言う。[*77]

秋幸はすべてを知っていたはずである。自分が龍造に対し殺意を抱きながらも、それが曖昧なまま終始するのは「路地跡」に残った「草むら」のせいなのだ。秋幸は龍造が「路地」を更地にしてしまったことを責めようとはしない。もちろんその開発事業に自分の親族が多くかかわっているためでもあるが、それ以上に開発を中断するには龍造の権力が必要であることを理解しているからである。龍造は「蟻が巣を作るようにただそうしたかった」のではない。龍造の革命は「路地」を利用することでしかなかったが、それを誰が批判できるだろうか。龍造の意図は材木の市場価格の暴落によって最終的に破綻する。龍造もまた歴史の濁流にのみ込まれた、無数にいる哀れな溺死者のひとりにすぎない。秋幸が龍造の革命の妄想を共有していたとは思えない。しかし秋幸は「残りの者」というかれ自身の夢想を護るために龍造に加担し、その走狗のように山林の売買を渋る地主を脅し、ヨシ兄に金を渡す。秋幸が「違う」と叫んで絶句したのは、革命から死へ逃亡した龍造の最終的な裏切りに対してなのだ。龍造の革命はそもそも敗北を予定されていたのかもしれない。勝利したのは市場《マーケット》という「父の名」である。あるいはそれがこの野心的な長篇小説の歴史的な限界なのかもしれないのだが、秋幸がどこまで龍造の思惑を知り、どこまでそれに納得していたか、中上の筆は暗示するのみにとどまっている。もしそれを明瞭に描けば、秋幸という「無垢」なるキャラクターは破綻をきたしたかもしれないのだ。だが、おそらく秋幸はすべてを知っており、知っていながら結局はそれに安住したのである。「路地跡」を護るためには、龍造の横領を見逃し、それを容認しなくてはならない。路地跡を誰の所有でもなくし、そこに小屋をつくって住む者らの共有にするという秋幸の夢。こうした「路地跡」の他性は当時のポストモ

*76 中上『熊野集』(「石橋」「妖霊星」)によれば、路地の解体に伴いスーパーマーケットに抜ける道路の敷設と老朽化した住宅の新設が実施されることになっていたが、「夏になっても秋になっても工事をもくろんでいる市とスーパーマーケットが路地に土地や建物をもっている当事者に誠意を見せぬ為に長びき、さらに私の二番目の姉婿と義父、義父の姪の婿の三人が請負う契約が露呈し、路地に住む実の男親［龍造のモデルとされる］が急に路地の山を取る工事を地元の俺に請負わせないとは何事だと言い出した」(『中上健次集　二　熊野集、化粧、蛇淫』インスクリプト、二〇一八年、九〇頁)というのが実相のようである。髙山文彦によれば「この年［一九七八年］、春日の路地に四棟十二戸の改善住宅が建った。三年後の昭和五十六年度までに臥龍山はすっかり解体され、計五十四戸の改善住宅が完成した。大型のショッピングセンターも建った。［……］健次は写真を撮ったり、16ミリフィルムをまわして解体がすすむ路地のようすを撮影した。昭和五十五年一月、日本を発って五カ月ぶりにロサンゼルスから帰って来てみると、路地は地上から完全に消滅していた」(『エレクトラ　中上健次の生涯』文春文庫、二〇一〇年、三九三－三九四頁)。

*77 中上『地の果て　至上の時』前掲書、三〇二頁。

ダンが称揚した当のイメージにほかならない。しかしその場所を一時的にせよ維持するためには、それとまったくかかわりのない材木の投機的な価格の高騰に依存しなければならない。つまり「路地跡」の存在そのものがパラドクスなのだ。「ポストモダンの政治が強調する「他性」と「地域的抵抗」が繁栄しうるのは、ある特定の場所においてである。しかしそれらすべてのものはあまりにもしばしば、普遍的に断片化された空間を整合する資本の権力と、いかなる特定の「他性」と「地域的抵抗」においてもその視野の外に存在しつづけている資本主義のグローバルな歴史的時間の進展とに従属しているのである」[*78]。

中上が「路地」の開発に世界史的な変容を予感していたとするならば、それは「路地」の(再)植民地化の過程とでも呼ぶべき事態にほかならない。フレドリック・ジェイムソンは、アメリカの一九五〇年代までのハイ・モダニズム文学が郊外のロードサイドのカフェやスーパーマーケット、けちな犯罪やファーストフードといった消費生活の実態を――ナボコフの『ロリータ』(一九五五年)を除けば――ほとんど描くことがなかったといっている[*79]。日本でも一九七〇年代以降、実際に起きていたのは、都市と地方という対立が機能しなくなり、生活のいっさいが商品化される過程だった。その後の文学の多くは――村上春樹の作品歴が典型的に示しているように――事実上、大量消費のための事業や企業の生産と区別がつかなくなる。

日本でグローバルな金融資本が跋扈する光景があからさまに現出するのは一九九〇年代半ば以降のことであり、『地の果て 至上の時』はそうした現実をはるかに先駆していた。そこに描かれていたのは、近代とポスト近代が折り返す襞のような、奇妙なエアポケットのような時空だった。龍造という人物形象は「路地」の日本的他性と佐倉の偏狭な市民精神とをつなぐ隠喩であったと同時に、すでに始まっていたグローバル資本主義の変容を日本の一地方都市において先取りしていた。龍造の死とともに「路地」を描くことを可能にしていた小説言語は失効を宣告された。ヨシ兄は死に、「路地」は消滅し、秋幸はいずこともなく姿を消した。しかし、それはけっして近代を産み出した巨大な差異／差別が商品化と平準化の果てに失われたことを意味しない。むしろ差異／差別は見失われたのである。『地の果て 至上の時』から四〇年近くを経過した現在、わたしたちはグローバル資本主義が産み落とした新たなプロレタリアートの実在をすでに目の当たりにしているが、しかしかれらを肯定する言語をまだ発見していない。

＊78 デヴィッド・ハーヴェイ『ポストモダニティの条件』吉原直樹監訳、青木書店、一九九九年、三〇六頁。

＊79 フレドリック・ジェイムソン『時間の種子——ポストモダンと冷戦以降のユートピア』松浦俊輔・小野木明恵訳、青土社、一九九八年、一九〇－一九一頁。

3

芸術・大逆・システム

超芸術という廃墟

一九八一年に赤瀬川原平が尾辻克彦というペンネームで発表した「風の吹く部屋」という短篇がある。「私」と娘の胡桃子が暮らす「古い木造の一軒家」は、一読すると四畳半と六畳の部屋からなる、至極平凡なたたずまいのように思える。

どうやら「私」は銭湯通いを改めて「お風呂」を手に入れたらしい。父と娘は、しかし玄関で「スリッパはいて電車乗ってお風呂に行く」――なにしろ「うちのお風呂」なのだからわざわざ靴を履く必要はないのだ。お風呂は「コクブンジ」にある玄関を出て、中央線に乗った先の「コウエンジ」にある。でもスリッパで道路を歩くと、知り合いに出会うし、足の裏はゴロゴロするしで、ちょっと歩きづらい。


「こういうジャリ道はダメだね、お父さん」

「うん、スリッパはやっぱりアスファルトがいいね」

「胡桃子は廊下がいいな」

「そりゃあスリッパで歩くのは廊下が一番いいよ」

「ワタシ廊下がほしいな」

「ははは、胡桃子はまた廊下か。そのうちね。廊下はお父さんだって考えてるんだよ」


こんどは本当に廊下を探そうかな、とも思った。お風呂が出来たんだから、こんどは廊下だな。でも廊下は高いだろうな。いや高いというより、なかなかないだろうな。[*1]

そこで父と娘は風呂からの帰り道に不動産屋に立ち寄ることにするのだが、そこでは「台所」や「風呂」や「便所」や「床の間」や「床下」といった賃貸物件の貼り紙と並んで、「背景には森があって山があって青空があり、森に見え隠れしてキレイな町並があり、手前の芝生に黄色い大きな廊下が一本、ドッシリ、という感じで置いてある」[*2]ポスターが壁に貼ってあるのだ。

ここで描かれている住居の諸機能が都市に分散している事態は——津島佑子の『光の領分』とまったくおなじように〔**I-1 動物たちの棲むところ**〕——東京の地価の急激な上昇とともに、一九六〇年代以降に一般化したnLDKという様式が徐々に家族の実態と乖離しつつあった当時の住宅事情がその背景にある。[*3]赤瀬川は、この短篇の発想源が一九七二年に発見した「無用階段」に由来すると語っている。[*4]それは四谷にあった古い旅館（四谷祥平館）の側壁に付いていた階段——手すりの補修までなされているのだが、ただしもとはあった戸口が塞がれていて、昇った先に出入口がないという「無用」の代物である。

＊1 尾辻克彦『国旗が垂れる』中央公論社、一九八三年、一三七‐一三八頁。
＊2 同書、一五五‐一五七頁。
＊3 石川『錯乱の日本文学』の次の記述を参照。「七〇〜八〇年代以降、親元を離れて仕事を得た人びとは、都会のワンルームマンションでひとり暮らしをし、コンビニで日々の食事をまかない、ファミレスで友人と話し込み、スマートフォンでオンライン上の仲間とゲームに興じる。比喩的にいえば、ワンルームマンションは実家の個室（n）の延長であり、コンビニはキッチン（K）の、ファミレスはダイニング（D）の、ネットゲームはリビング（L）の仮想化した形象なのである。尾辻克彦（赤瀬川原平）の「風の吹く部屋」（1981）が描いたように、nLDKという記号そのものが都市空間の只中に散種されてあるのであり、八〇年代以降の日本文学はこのnとLDKの分離と散乱という状況を引き受けざるをえなかった」（一〇三頁）。
＊4 『路上観察学入門』赤瀬川原平・藤森照信・南伸坊編、ちくま文庫、一九九三年、五二‐五三頁。

廊下が部屋と部屋とを渡るという行為のためにあるとすれば、階段は高所と低所を昇り降りするという行為のためにある。ただし高低差のある空間を人びとはかならずなにかしらの目的（用）をもって行き来するのであり、理由もなくただ階段を昇降したりはしない。公園にある滑り台ですら遊具としての用を果たしているのだが、この階段にはそれすらもない。

カントは『判断力批判』で美を「目的なき合目的性」と規定したが、ある意味ではこの階段も一種の美的な対象であるといえる。しかし厳密には昇降するという機能を果たしているのだから、目的は存在するともいえる。つまり芸術であるとも芸術ではないともいえる曖昧な存在である。だが、赤瀬川がこの物件を当初「純粋階段」と名づけたのは、それがただ昇降するためだけに存在する――昇降しようと思えばできる――その可能性によってである。この場合の「目的をもたない」というのは、階段そのものに対してではなく、それを昇降する人びとに対する言明であり、それはマルセル・デュシャンの「泉」とまったく異なる種類の無用さなのだ。美術館の展示物としての「泉」は、あくまでも便器としての使用が不可能であり、そのことが――純然たる無目的性として――このオブジェが芸術として鑑賞される前提となっているからである。

一九八六年に赤瀬川は藤森照信、南伸坊、荒俣宏、四方田犬彦らとともに「路上観察学会」を開始している。赤瀬川は都市に残存するさまざまな形態の無用物件に「超芸術トマソン」という名称を与えたが、それがいわゆる「現代芸術」と異なる文脈で成立したのは、ひとつにはそれらが「不動産に付着」した物体であることによる。つまりデュシャンが美術館（美術史）という文脈を前提として作品を制作したのに対して、超芸術はそもそも美術館に展示することが不可能であり、それらを撮影した写真（印刷物）とテキストを通じて、マス・メディアというコンテキストにおいて「価値」として流通した、という意味である（「超芸術トマソン」は当初、雑誌「写真時代」の連載企画「発掘写真」（一九八一年）として始まった）。

もちろん超芸術自体の制作者や所有者は不明でも構わず、物件を撮影するのは有名無名を問わぬ鑑賞者（読者）たちであって、それらはひとえに赤瀬川原平という著名人が署名入りのテキストを写真に付与することによって流通したのである。その意味で「トマソン物件」はいかにも八〇年代的なポストモダン文化の典型である。トマソンという名称は当時のプロ野球の外国籍選手の名前から面白半分に採用されたものだったが、ただしその外国籍選手が高額な年俸に比してまったく活躍できなかった、という使用価値と交換価値の不均衡を象徴的にあらわす名称でもある。つまりそれ自体が――ポストモダンな文化人たちの悪ふざけであると同時に――バブル経済を迎えた社会への批判を含意していた。貨幣が赤瀬川の作品歴において特権的な主題であるという意味では、超芸術トマソンは一九六〇年代に赤瀬川が高松次郎、中西夏之らと結成した前衛芸術グループ「ハイレッド・センター」で展開した「反芸術」の延長線上にあるコンセプトであり、前衛が文化資本に回収された廃墟である――ただしかならずしも否定的な意味だけでなく、肯定的な意味においてもそういえるはずである。

芸術の終了／模型千円札裁判

赤瀬川は一九六三年に当時の千円紙幣の一部を印刷した「模型」を発表し、通貨及証券模造取締法違反により起訴された。赤瀬川本人と制作に携わった印刷会社社長を被告とした模型千円札裁判は一九六五年から一九七〇年まで続き、最高裁判所で上告が棄却され有罪（懲役三カ月、執行猶予一年）が確定した。この裁判の過程で赤瀬川は反芸術というコンセプトを端的に芸術として再規定している。

この事件以前にも「表現の自由」をめぐって『チャタレイ夫人の恋人』裁判（一九五一～五七年）や『宴のあと』裁判（一九六一～六六年）があったが、これらがいずれも性表現の自由やプライバシー権といった、いわば戦後民主主義的な価値観が争点だったのに対して、模型千円札事件が特異だったのは、通貨及証券模造取締法という一八九五年に施行された法律についての違反が問われた点にある。この法律は「貨幣、政府発行紙幣、銀行紙幣、兌換銀行券、国債証券及地方債証券ニ紛ワシキ外観ヲ有スルモノヲ製造シ又ハ販売スルコトヲ得ズ」とされ、厳密にいえば紙幣に類似した——玩具の紙幣であれ、紙幣の模様を印刷した箱や宣伝用のチラシであれ、映画撮影の小道具の札束であれ——ありとあらゆる物品が処罰の対象とされる可能性がある。被告は貨幣の偽造——貨幣として流通する可能性のある贋札の制作——について問われたのではなく、その制作物の一部が貨幣に似ていた——千円札紙幣の表側を単色で印刷した——にすぎない。では、模型千円札はいったいどんな禁忌に触れたというのだろうか。これはいわば国家権力の恣意が前衛芸術家をスケープゴートに仕立て上げた裁判劇といっていいのだが、しかし日本国がいったいなにに対して脅威を感じ、なにを処罰しようとしたのかさっぱりわからない、という意味でも奇怪な事件である。美術評論家の椹木野衣が「海外においてこれに相当する法律があるのか聞きませんが、すくなくとも赤瀬川氏から下ること三十年近くたって、アメリカのアーティストであるJ・S・G・ボッグスがほとんど同様の創作行為を行ない、さらに実際に作品を「使用」し、しかも不起訴を勝ち得るばかりか慰謝料までもらっている現状を見るかぎり、これが日本に特有の法律であることは、おそらくはたしかでしょう」[*5]と指摘しているように、海外ではアンディ・ウォーホルやヨーゼフ・ボイスによる紙幣の模写あるいは紙幣そのものを使用した作品や、本物の紙幣が印刷された包装紙が販売されるという事例もあり、模型千円札事件はたしかに日本における芸術の特殊な存在様態を際立たせている。

通貨の偽造は一九〇八年に現行刑法が施行されるまでは旧刑法（一八八二年施行）によって取り締まりがなされていたが、通貨及証券模造取締法はおもに山間僻地や朝鮮半島で行使されていた模造紙幣の取り締まりを目的として制定された。[*6]一八八九年に大日本帝国憲法が発布、その翌年に帝国議会が開設され、この法律の施行された一八九五年には日清戦争が終結している。通貨及証券模造取締法は、日本の近代国家としての骨格が次第に整えられていくなかで導入されたといっていいだろう。赤瀬川の弁護に加わった美術評論家の石子順造は「西南の役をはじめ全国的に拡がった反政府運動と根絶やしできそうにない紙幣偽造に、近代国家としての体制化をいそいでいた明治政府が、模造まで取り締まろうと計った」と述べているが、これはしかし椹木が主張するように「明治期における文明開化によって性急に近代紙幣制度を導入した日本政府の「混乱」という、未完の近代に由来する法律[*7]」であるというよりも、むしろ列島の外縁にまで支配権を拡大しつつあったこの時期の大日本帝国の植民地主義と関連する法律である。すなわち人民の自治が認められていない従属地域における治安維持を目的とした法律なのである。だが、国家はそれを戦後、東京の最先端ともいえる前衛芸術にわざわざ適用する。このことは日本の近代が自己植民地化の過程にすぎないのをみずから暴露しているということでもある。

　椹木はハイレッド・センターの当時の活動について「ひょっとしてコレ芸術なのではないか、いや犯罪なのではないか」という反応があったのは偶然ではないという。「芸術といい犯罪といい、それらの領域を画定するのは一種の権力行為によってのことであって、なにをやっても原理的には芸術になってしまう美術館の内部とは異なって、街中の路上は、ひとたびそれが芸術的行為だとみなされないということになれば、警察の方々や街行く人びとはそれを「非芸術」などと呼んでくれようはずはなく、端的に「犯罪」とみなすことになるだろう[*8]」〔傍点引用者〕。赤瀬川らの芸術を「「犯罪」とみなす」のは「警

＊5　椹木野衣『日本・現代・美術』新潮社、一九九八年、二二九頁。
＊6　佐伯仁志「通貨偽造罪の研究」、「金融研究」二〇〇四年八月号、日本銀行金融研究所、一三一頁。
＊7　椹木、前掲書、二二九頁。
＊8　同書、二〇七‐二〇八頁。

察の方々や街行く人びと」であって芸術家ではない。美術館の外に出れば芸術と犯罪の「領域を画定する」のは大衆や公権力であり、芸術家ではない、と椹木はここで確言しているのだ。だが、これはいかにも奇妙な論理ではないか。もしそうだとすれば、美術館で所蔵・展示していない作品――たとえば無名の芸術家の作品や、美術館ではなく私的に所有されている作品――を芸術と判断する権利を芸術家自身が保持していないことになる。つまり芸術家は、ここでは自己決定権を認められない、という点で植民地の人民に類比されるべき存在なのである。しかしそれでもなお芸術家が芸術の自律的な「領域を画定する」自己決定権を強固に主張するならば、そのときこそ芸術は真に国家権力の勢威を否定するテロリズムとして国家に認知されることになる。

　芸術が国家への反逆に短絡される事例は、ナチス・ドイツやソヴィエト連邦における芸術弾圧にも見当たらないわけではなく、民主主義を標榜する一部の国家以外ではむしろありふれている。[*9] しかし模型千円札裁判がそれらと比較しても異様に感じられるのは、日本という国家が模型千円札を芸術と認めた――作品の芸術性を否定しなかった――にもかかわらず、それを有罪としたことだった。つまり「芸術である、だけど犯罪である」（椹木野衣）という意味だが、これは石子順造による――弁護側の「芸術である、だから犯罪ではない」という主張を批判した――「芸術である、だけど犯罪ではない」という言明と対をなしている。石子は弁護側の「芸術だから無罪だ」という通俗的な見解に対して、芸術の反国家的な本性――にもかかわらず違法ではない――が芸術を芸術たらしめるといいたいのだ。芸術の反国家的な本性とは、つまり芸術の自律性である。この場合は、なにが芸術かを芸術家自身が決定することが芸術の自律にほかならない。

　しかし日本国は「芸術である、だけど犯罪ではない」を「芸術である、だけど犯罪である」と言い換える。日本国は芸術＝犯罪という等号をひそかに確信しつつ、公には芸術の反逆性を否定する。芸術を

「それが芸術である」という理由で弾圧するなど、いちおう民主主義という看板を掲げる近代国家にはあるまじきスキャンダルだからである。日本国もまた、すくなくとも公式には芸術の自律を否定できない。「芸術である、だから犯罪である」という本音は漏らしがたいのだ。したがって日本国のホンネとタテマエとの相克は検察側の「釈明の要はないものと思料する」、つまり有罪の論拠を明文化することなく「犯罪は犯罪である」と言い募るという自己撞着に陥ることになる。通貨及証券模造取締法はこの矛盾を隠匿するために持ち出された口実にすぎないが、それは同時に芸術＝犯罪というホンネを言外に吐露してしまってもいるのである。

一方、芸術の側から「芸術である、だけど犯罪である」という言明を理解するとき、それは芸術の自律の否定となる。ここでの「だけど」は、芸術の自律的な論理を破壊し、芸術と犯罪を区別するロジックが国家の恣意に委ねられる――芸術として認められる作品と、犯罪にすぎない作品を判別する権利は国家が有する――ことを意味するからだ。むろん芸術と犯罪を分別する原理を国家はもちえない。国家にとって芸術とは、それが国家から自律的な領域であるという理由によって原則上すべて国家に対する

＊9　二〇一九年の「あいちトリエンナーレ２０１９」における企画展「表現の不自由展・その後」は、ここで展示されたキム・ソギョンとキム・ウンソンの「平和の少女像」や大浦信行の映像作品「遠近を抱えてＰａｒｔⅡ」が「日本人の、国民の心を踏みにじる」（河村たかし名古屋市長）等の一部の政治家の要請、およびテロを示唆する脅迫を含む多数の抗議を受け、開催を中止した。このこと自体は民主主義の要件を満たしていない国家による芸術弾圧のありふれた一例にすぎないが、弾圧の口実として芸術作品の政治性を直接問わず、会場の「セキュリティ」が持ち出された点が特異である。警察は、主催者がある種の政治的主張を撤回しないかぎり治安を保証しない、と脅迫したのと同様である。これはわたしたちの日常が実際に「新たな総力戦体制」（『錯乱の日本文学』）に踏み込んでいることを意味している。

犯罪だからである。芸術が犯罪でないのは、国家にとって有為であると国家が認めた場合にかぎられる。そのために法律はしばしば恣意的に運用され、時に法律それ自体が恣意である。通貨及証券模造取締法はそうした恣意を前提に制定され、運用されている。だが、この根源的な恣意こそ国家の権力の源泉であるともいえる。法律を制定する権能を有する国家は法律に縛られない――日本国はそう誇示してみせる一方で、芸術に「だけど犯罪ではない」などという不遜な自己意識を許さない。芸術はつねに国家によって規定される――つまり自律それ自体が反逆とみなされるという意味である。

しかもここでさらに致命的なのは、芸術の自律＝反逆という図式が日本国から下賜された観念であるにもかかわらず、自律と反逆の非同一性を芸術みずからが忘失してしまうという事態である。芸術はこの図式を前提とすることで、自律の放棄に進んで加担してしまう。国家から自律した領域をそれとして肯定するのが「市民社会」であるはずだが、国家への反逆としてしか自律を定義できないのならば、それは自律という概念そのものが国家に依存していることになる。それは自律の放棄とおなじである。しかし自律と反逆が同義とされるのなら、芸術が自律を欲すれば欲するほどこの矛盾からは逃れがたいだろう。

椹木がいう「わたしたちの内なる近代の、その歪んだあり方」[*10]とは、国家によって完全に武装解除された芸術ならざる芸術、自律をみずから放棄した芸術の場としての「日本」をさしていたはずである。それは具体的には国家や教会の介入なく構成される場としての市民社会の不在を意味する。自律を自己決定権のロジックと解するなら、それは市民社会を成立させる論理そのものである。日本において自律した市民などあってはならない、市民の自律こそ――そして自律の根拠となる日本国憲法こそ――「アメリカ」から強制されたフェイクにすぎない、と日本国は主張する。自律は反逆である。国家に帰属するいっさいは国家に依存する――この言明に論拠はない。権力の猥褻さとは、それがただ無根拠だからである。無根拠さは暴力そのものだ。しかし模造貨幣が「釈明の要はない」という国家の恣意で罰せられるとき、「日本」を形成する肉が一瞬現前する。それはなんと呼ばれるのか。

　赤瀬川は後年、通貨及証券模造取締法違反を「お金の権威に対する不敬罪」であり、「ある面では不敬罪に似ているし、猥褻罪とも似てる」[*11]と語っている。周知のように不敬罪とは敗戦後の一九四七年に廃止された「皇族ニ対スル罪」であり、天皇を筆頭とする皇族ならびに神宮や皇陵に対する「不敬ノ行為」が処罰の対象とされていた。では、赤瀬川の作品のなにが「不敬」なのか。天皇とは肉体を有するただの人間であると同時に、全国民に対して超越的な「象徴」といわれる記号でもある。それは商品であると同時に、すべての商品に共通な一般的等価物でもある貨幣に容易にアナロジーしうる。つまり貨幣の偽造がその交換体系への侵犯に当たるのに対して、貨幣の模造は貨幣のもつ肉に対する侵犯とみなされる。赤瀬川が印刷した紙幣の模造品は、それが紙幣と「紛ワシキ外観ヲ有スル」という理由によって国家の肉を分有すると宣告することで、逆説的に肉を露呈してしまうのである。そしてその露呈された肉が猥褻といわれているのだ。赤瀬川の「犯罪」は、ただたんに似ていることが問題なのではない。むしろ裁判で原告である国が一貫して否認することを通じて露呈してしまったのは、模造千円札が図らずも分有してしまった国家の猥褻なる肉の現前にほかならない。その意味で日本国と赤瀬川は共犯である。ただし日本国の論理によれば、象徴であると同時に肉体をもつ人間であるという論理階型《ロジカルタイプ》の混同は唯一人、天皇のみに許される。

　人類学者のグレゴリー・ベイトソンは「精神分裂症者」が「ダブルバインド」――相互に矛盾するふ

＊10　椹木、前掲書、二三〇頁。
＊11　赤瀬川『全面自供！』晶文社、二〇〇一年、一七二－一七三頁。

たつの秩序のメッセージを同時に発信すること――から身を守るために隠喩を選択するといっている。[*12] 戦後の象徴天皇、すなわちもはや国家元首ではない敗戦国の王は、そうした隠喩そのものである。ただし隠喩が隠喩であるからには、王以外の国民は隠喩であってはならない。もし天皇が「人間」であるならば、国家の論理的帰結によって必然的に国民は人間以下の存在である。もし国家が国民主権に潜在的な違法性を見いだすとすれば、あらゆる芸術は不敬であることになる。それは唯一人たる王から人民が隠喩を簒奪する機能を果たしているからである。近代芸術あるいは文学における人間とは、要するにこの精神分裂症者としての人民の肖像にほかならない。

では、表象のどこまでが隠喩で、どこからは隠喩ではないと判断するのか。赤瀬川は法廷に「紛らわしさ検査表」なるものを提出する。「お札を写真に撮って、その露出を変えていって、真っ黒からだんだんふつうの適正露出になって、その先さらに真っ白になるまで、それをAからZまで二十四段階にして並べたんです。「この何番から何番までがお札と紛らわしいのか」と釈明を求める」。しかし「検察側の答えは簡単、釈明の要はないものと思料する」[*13]だった。つまりなにが「紛らわしさ」すなわち隠喩なのかという判断は国家が下すのであり、国民にかかわりはない、という回答である。こうして赤瀬川は王の猥褻なる肉を露呈させたとして――しかもたんに天皇の名誉だけでなくその肉体を害したとして――遡及的に大逆にフレーム・アップされたのだ。

「西欧近代」が、ときに王の断頭という歴史的暴力をその起源にはらみ、したがってそれ以降の市民社会の構成員は、一致団結してこの暴力を振るったことの記憶を、権利の獲得の明文化である法の担い手としての自覚において「忘れえない」のに対して、「戦後の日本」を支配するのは、反対に、この「現実」を成立させるためにある「暴力」が打ち振るわれたことに対する、集団的な忘却であるようにすら思われる。[*14]

椹木はここでフランス革命における「王殺し」という神話的な出来事を想起しており、日本でもまた近代化の過程で――西欧における市民革命とはまた異なる経路ではあれ――社会の平等はひとまず実現されたとする。椹木によればそれを実現した「暴力」というのは、アメリカによる原爆投下と占領である。そして「「日本現代美術」を大文字の歴史から切り離し、むき出しのリアルさから身を守らせている」[*15]のはこの暴力が「忘却」されたためであると主張するのだが、それ自体は一九八〇年代に江藤淳が『閉された言語空間――占領軍の検閲と戦後日本』（一九八九年）等で提起した占領下の「検閲」という主題を「リベラル」の側から捉え直した視点にすぎない。かれらはむしろ江藤以上に天皇制を無意識のうちに前提とし、それを切断不可能なまでに内面化しているのだ。今もなお江藤の図式をひそかに流用した「リベラル」たちの多くが天皇制を問うことがほとんどない――のみならず天皇をリベラリズムの守護神とまで祀りあげるようになる――のは、したがって当然であるともいえる。

椹木の『日本・現代・美術』の刊行は一九九八年であり、一九九一年の冷戦の終結から二〇〇一年以降の本格的な新自由主義経済の導入にいたるまでのちょうど端境期にあたる。つまりいまだ戦後民主主義と呼ばれる福祉国家的な体制――椹木のいう「歴史を欠いた悪循環の場所」――の余波にあり、そこ

＊12 グレゴリー・ベイトソン『精神の生態学　改訂第2版』佐藤良明訳、新思索社、二〇〇〇年、二九七‐二九八頁。
＊13 赤瀬川『全面自供！』前掲書、一七二頁。
＊14 椹木『日本・現代・美術』前掲書、二〇頁。
＊15 同書、一二頁。

で実現された平等を保障する「微温的な「場所」」に対する椹木の批判それ自体がその「場所」に保証されている、という「悪循環」があきらかにみてとれるのだ。天皇制という主題を回避しつづける椹木のここでの言説には、あきらかな歴史の歪曲——そういって悪ければ言い落としがある。戦後、日本では「「暴力」が打ち振るわれ」なかった。王は隠喩として温存された。もし戦後日本が「悪い場所」[*16]であったとすれば、それは天皇制を温存するためにアメリカ軍による半占領状態を容認したことによるはずである。椹木は——天皇制を回避することで——この「忘却」を忘却し、大逆を免れる。椹木の「悪い場所」という概念は、むしろ積極的に国家の猥褻さの隠蔽に加担していたといってもよい。赤瀬川が直面していた真の困難は、天皇制に直面しないかぎり芸術の自律を問うことはできないが、天皇制に直面した芸術には自律がありえない、というジレンマにあったはずだからである。

天皇とはあらゆる法の例外である。したがって天皇という隠喩は法の不在を意味する。天皇制は制度であっても法ではない。それは法を差別として機能させるシステムの総体である。もし赤瀬川にとって日本が芸術を不可能にする場所だとすれば、それは形式化された法の不在として露呈されるしかない。この法の不在において芸術とその外部が短絡する。芸術は国家とこの法の不在において対峙することを強いられる。日本国は芸術に対して「芸術である、だけど犯罪である」と有罪宣告する。その宣告に日本国の肉が現前する——この事実を裸にしたのが赤瀬川による裁判そのものの芸術化だった。そのためにまず芸術としての体裁を整える必要があった。模型千円札裁判は弁護側の証拠として赤瀬川の作品を展示し、その芸術性を批評が保証し、さながら裁判所を会場とした展覧会と化した。

国家の猥褻さをかくも公然と——裁判所の公認のもとに——暴露したのが模型千円札裁判だったのである。かくも人を食った大逆の誇示は赤瀬川原平の「猥褻的犯罪性」をおいてほかになかったし、今もない。赤瀬川は芸術と国家を法の不在によって短絡したのであり、それを公認したのは美術館ではなく裁判所だった。これは赤瀬川のいう芸術としての反芸術の必然的な帰結だった。美術館は市民社会のための芸術を展示する場であり、その意味での芸術が日本国に存在しないからである。もし反芸術が——芸術に対立する芸術ではなく——国家に抗する芸術を意味するのであれば、それは——好むと好まざるとにかかわらず——日本国のための芸術であるしかない。ならば芸術を展示すべきなのは国家意志を代表する裁判所であろう。美術館は逆にそう呼ばれるべきではなく、せいぜい貨幣か宝物を退蔵する倉庫にすぎない。むろん美術史も同様であり、そこに芸術の自発的な発展や変化はない。

一九七〇年四月二四日——ちょうど大阪万博が開催中だった——に模型千円札裁判は最高裁判所の上告棄却によって終結した。反芸術もまた裁判とともに終了した。それは裁判によって芸術として正しく登録された。裁判の終了は赤瀬川にとって芸術の実質的な消滅を意味していた。しかし実際には芸術の大逆化を裁判の過程で決断した時点で、国家への譲歩と自律の放棄を暗に含んでいたのである。

社会は存在しない

路上観察学の創始者のひとりである藤森照信は、それが今和次郎の創始した考現学の系譜にあることを強調している。[*17] 赤瀬川自身も一九六八年から七〇年頃に今和次郎の著作に触れており、「純粋階段」が直接に考現学の影響下に発想されたと推測することは充分に可能である。「現代」は「合理化の運動」によって「在来からの伝統的あるいは流行的生活様式への奉仕」（傍点引用者）とのあいだに強烈な

*16 槻木、前掲書、一七頁。
*17 今和次郎『考現学入門』ちくま文庫、一九八七年、四一七頁。「路上観察学とは考現学の〝ままっこ〟みたいなものにほかならない」（藤森照信「解説　正しい考現学」）。

摩擦が生じていると論じる今和次郎は、近代文明の質的変化、とりわけ一九二三年の関東大震災以降の都市の変貌にきわめて自覚的だった。「現代」の生活様式は芸術を超克してしまったのであり、同時に過去の生活様式もまた「生活様相の全舞台」で進展する「合理化の運動」に対して様々な摩擦や抵抗を及ぼしながら混交し、それに呑み込まれていく。その過程で取り残された「人びとの生活のしぶりの現実」を観測し、記録する方法論として考現学を提唱したのである。[*18]

路上観察学を通じて発見されたのが「超芸術」である。「適度に古い町が適度に新しく変ろうとしながらギシギシと軋んでいるようなところに、人知れず超芸術は生れ出てくる」。赤瀬川にとって芸術あるいは反芸術は一九七〇年にすでに終了していた。それに対して超芸術と呼ばれる、たとえば「建物の壁や塀など平面に、わずかに凸起して残されている何らかの遺物」や「看板文字などの一部分が消去されている物件」や「道路脇にある用途不明の突起物」はどれも廃墟の換喩であり、廃墟とは生活機能の不全と不在の表象である。赤瀬川が超芸術にみたのは、すでに失われた「生活様式」の破片だった。「日常のミクロの隙間から消えていった」はずの芸術は、だから——無に帰したというよりも——無として遍在している。たとえば「無意識」という物質的には把持しがたい力が日常生活の表層に貼り付いているように。[*19] [*20] [*21]

「[……]ピカソもそうですが、その後のダダにしてもシュールレアリズムにしても、アヴァンギャルドというのはいずれも無意識を見ようとしているんですね。それと日常を。これがポップアートにもいえることですが」

つまり無意識は日常なのである。あるいは日常は無意識である。人間というものは意識の固まりだと思っているが、そうではないことを、アンリ・ルソーの絵や井戸茶碗が教えてくれるのである。黒人彫刻や幼児の絵が教えてくれるのである。精神障害者の絵が教えてくれるし、偶然の出来事が教えてくれる。辺境の職人が教えてくれるし、スーパーに並ぶ缶詰が教えてくれる。路上の穴ぼこが教えてくれる。[*22]

無意識という言葉によって、ユング的な夢の論理や精神の深層に潜む神話的な元型をさしているわけではない。それは井戸茶碗の表層に残された職人の筆触のようなものである。ベンヤミンは写真が「スローモーションや拡大といった補助手段」によって捉える「〈足を踏み出す〉ときの何分の一秒かにおける姿勢」に無意識があらわれるという。[*23]それは精神というよりも、むしろ物質的な痕跡にちかいなにかなのだ。階段には、その場所を昇り降りした人びとの歩行の無意識が滞留している。瞬間的な歩行の姿勢を決定するのはその人の身体的な条件であるとともに、階段の蹴上や踏面の寸法でもある。階段が歩行を制御し、歩行者の無意識をかたちづくる。それは廊下でもＬＤＫでもおなじことである。建築の機能とは、そうした無意識を形成する壁や柱のサイズや材質、関係性を意味している。それらを使用する個々の無意識の軌跡が折り重なった、眼に見えない表象が「生活様式」と呼ばれるのである。

＊18　同書、三八四頁。
＊19　赤瀬川『全面自供！』前掲書、三六七頁。
＊20　赤瀬川『トマソン大図鑑　空の巻』ちくま文庫、一九九六年、五七・七七・一三一頁。
＊21　赤瀬川『千利休　無口の前衛』岩波新書、一九九〇年、三一頁。
＊22　尾辻『出口』講談社、一九九一年、二二九頁。
＊23　ヴァルター・ベンヤミン『ベンヤミン・コレクション1』久保哲司訳、浅井健二郎編訳、ちくま学芸文庫、二〇〇五年、五五九頁。

超芸術とは、つまり生活様式が潜在する物質的な痕跡である。それは長時間露光された写真のように、かつてそこに存在したであろう人体それ自体ではなく、その人体の活動の軌跡を映し出している。そこには匿名の人びとの慣習によって徐々に形成されてきた時間性が折り重なって堆積している。千利休が茶器に見いだし、柳宗悦が「民藝」に見いだしたのも、そうした民衆的な時間性の堆積である。しかし現代の都市の生活様式は民衆の生活の基盤となる村落的あるいは共同体的な規範ではなく、むしろ断片化した共同体の廃墟なのだ。超芸術はこの生活様式の廃墟を、芸術とその外部の短絡を可能にした不在の表象とみなすのである。

超芸術の超は芸術の超越(super)というよりも、芸術の外(extra)という意味だろう。ただし外とは国家でも政治でもなく、しかも廃墟として存在することでたんなる日常生活とも異質ななにかである。このような芸術と日常と廃墟の隙間に位置する超芸術の両義性を象徴しているのが「無用煙突」である。それは一九八三年まで麻布谷町の古い住宅地街のぽっかりと取り残された空地に立っていた。のちに森ビル株式会社によって大規模複合施設「アークヒルズ」へと変貌するこの地域で、すでに営業を休止していた公衆浴場の煙突である。周知のように森ビルは「ラフォーレ原宿」や「六本木ヒルズ」に代表される都心部の再開発を牽引してきたデベロッパーであり、この時代遅れの風呂屋の煙突は、バブル経済が膨張する一九八〇年代の「合理化の運動」に呑み込まれていった典型的な超芸術である。銭湯は江戸期から続いた伝統的な民衆の社交の場でもあり、公衆浴場の換喩である煙突の廃墟は、かつて日本にも存在しえたのかもしれない市民社会の、失われた象徴でもある。

だが、「アークヒルズ」完成後の一九八六年にこの地を再訪した赤瀬川は、その——予期された変貌にではなく——変わらなさに愕然としてしまう。かつての煙突とまったくおなじ位置に「コンクリート製の亡霊」のような「新築のエントツ」が直立していたのだ。[*24]

現在のアークヒルズは「オフィス、住宅、ホテル、コンサートホールなどからなる、民間による日本初の大規模再開発事業」[*25]と位置づけられる、集合住宅と商業施設が一体化した現代における典型的な消費／社交の場である。赤瀬川は銭湯の煙突に「かつてそこにあった」(ロラン・バルト)のかもしれない東京の、そこに暮らした民衆の幻影を重ね合わせていたのかもしれない〔**Ⅱ-2 「路地」の残りの者たち**〕。だが、複製された過去の呼び起こすノスタルジーとは、人びとがディズニーランド——「東京ディズニーランド」の開業は一九八三年である——のようなテーマパークで享受する感情そのものでもある。これは超芸術が都市に対してデベロッパーと同種の視線を有していたことの証でもあるが、しかし一九八〇年代以降のこうした東京の再開発の波は、たとえば堤清二の西武セゾングループに代表される当時の文化資本によるパトロネージをともなっており、それがあたかも新たな市民社会(消費文化)の成立であるかのようにイメージされていた。ポストモダンとは不在が商品《フェイク》として実体化されるこうした事態をさしていたのである。

都心の廃墟のような街並みに奇跡のように聳え立った銭湯の煙突に遭遇するのとほぼ同時期に赤瀬川は短篇「お湯の音」を発表している。

沢の湯の人はビニールのレインハットをかぶり、白い前掛けをして、左手におかもちを持っている。四角い縦長のブリキの箱だ。いやブリキではない。アルミニュームだ。ところどころぶつかってデコボコしている。ちょっと見るとラーメンやギョーザの出前とほとんど変らない。というよりほとんど

＊24 赤瀬川『超芸術トマソン』ちくま文庫、一九八七年、三八一頁。
＊25 森ビル株式会社のホームページ。https://www.mori.co.jp/projects/arkhills/

そのままである。

［……］沢の湯の人はそういいながら、アルミニュームのおかもちを四畳半の入口に置いた。そしてちょっとそり返って、四畳半の要所要所をてきぱきと見定めながら、

「な、る、ほ、ど……」

といい、おかもちの手前の蓋を上に引き抜いて、それをバタン、バタンとひろげていくと、それが思いもかけない大きなものになっていって、たちまちのうちに男湯と女湯の空間が出来上がる。[*26]

ここが「風の吹く部屋」と地続きの世界であるのなら、銭湯を自宅へ「出前」してもらってもなんの不思議もない。アルミニュームのおかもちから組み立てられたお風呂は、かつては近所の知人友人や家族連れで賑わっていた大衆浴場の複製である。街場のそば屋のように自転車に乗って出前がやってくるのも昭和中期ふうである。壁の内装が富士山や三保の松原の派手なペンキ絵で彩られているのも、かつてのコテコテの銭湯のそれだ。玄関から「見上げると、屋根の上にはもう高い煙突が突き出していて、もくもくと白い煙まで吐き出している」[*27]。それはもはや存在しない「人びとの生活のしぶりの現実」の実体化である。読者が共感するのはこのパロディ化された過去への穏やかなノスタルジーに対してなのだが、ただしそれはかつての大衆浴場が体現していた社交＝社会ではなく、核家族が専有するプライベートな浴室であり、社交＝社会の不在についての表象なのである。

隠喩としてのシステム

芸術とその外部との短絡は、赤瀬川の反芸術を特異な形式化に導いた。短絡を強いる不在の表象である超芸術もまた、この形式化にもとづいて遂行された、形式化そのものの根拠――あるいは根拠の不在

——を問う試みである。

しかしあらためて強調しておかなくてはならないが、この形式化は芸術の自律／内在と異なる位相で成立している。むしろ芸術の形式化の不可能性についての形式化というべきである。いわゆる「形式化」——デュシャンがその芸術作品とテキストによって、さらにかれの人生によって遂行したような——とは芸術の自律／内在を論理によって語り直すことにほかならないからだ。模型千円札事件の容疑者として取り調べを受けていた最中の一九六四年一月に発表されたオブジェ「宇宙の缶詰」には、赤瀬川が芸術の不可能性において強いられた——芸術と裁判の短絡と反転に似た——形式化の諸問題が凝縮してあらわれている。

私は一挙に宇宙の梱包を考え、実行した。缶詰を買ってきたのだ。缶切りで蓋を開けて内容物を取り出す。中をキレイに洗って乾かす。外側の蟹のレッテルを剝がし、その裏に接着剤を塗り直して、缶の内側に貼る。それから蓋を閉めて、ハンダ付けで密封する。その瞬間に、この私たちの宇宙はその缶の内側として、包み込まれる。この宇宙は密封されて、その外側に蟹のレッテルが貼られたわけだ。この宇宙の果てはどうなっているのか、この宇宙は開いているのか閉じているのか、その未解決の謎もそのまま謎として含んで、この宇宙は蟹の缶詰となったのである。[*28]

＊26　尾辻『父が消えた』河出文庫、二〇〇五年、二五九－二六一頁。
＊27　同書、二六七頁。
＊28　赤瀬川『芸術原論』岩波現代文庫、二〇〇六年、一五六頁。

赤瀬川はここで手品師のように「缶の内側」と「宇宙」を短絡し、反転させてみせる。缶の外部に「梱包」された宇宙は「現象界」と呼んでもいいだろう。缶詰の内部には人間の感性では把握できない領域が「包み込まれ」ており、カントはそれを「物自体」と名づけた。だが、「宇宙の缶詰」が形象化しているのは、むしろこうした分離を可能とする「図式」あるいは「システム」そのものである。

柄谷行人は『探究Ⅱ』（一九八九年）で、近代西欧において宇宙が「無限定なものが閉じられている」球体をモデルとして思考されるようになったと指摘している。[*29] 球体は「限定された内部（コスモス）と無限定の外部（カオス）という分割を無効に」する。たとえば閉じた円が球面に描かれると「外部は閉じられ、それまでの外部と内部が反転してしまう」のである。この反転にはなんら神秘的なものはなく、たんなる形式的な操作にすぎない。

宇宙を「蟹の缶詰」に閉じ込めることは、位相幾何学的には宇宙を球体とみなすのとおなじである。それゆえ赤瀬川の操作によって宇宙の「外部は閉じられ、それまでの外部と内部が反転してしまう」のだが、ただしここには「外部と内部が反転」されず、内部にも外部にも属さないなにかが残存している。つまり「缶詰」そのものである。それは物質ではないが、にもかかわらず宇宙を物理的に「分割」する超物質的《メタフィジカル》な実在である。アメリカの工学者バックミンスター・フラーがいうように「宇宙という概念の最初の分割」は「私たちがシステムと呼ぶものへの分割」であり、システムは宇宙をシステムの内部と外部とに分割するが、「ここで例外として漏れるのは、システム自体を構成する宇宙の小部分」[*30]なのだ。

宇宙の外部と内部の短絡は「システム自体を構成する宇宙の小部分」を無とみなすことで、それを思考から排除する。この排除によって短絡ははじめて可能となるのである。しかしこれはありふれた詐術であろう。カントは「図式」を感性と悟性を綜合する機能とみなしたが、ロマン派はそれを「個別性と普遍性（＝一般性）を綜合する特殊性」と解釈した、と柄谷行人は述べる。「言語、有機体、民族などの強調は、論理的には、このような「特殊性」の定位として見ることができる」[*31]。ここで柄谷はヘーゲルのような個別と普遍とを「止揚」する立場を批判している。近年の柄谷が主張する「世界史の構造」も、そのような反ヘーゲル的なシステム論のひとつの典型である。しかし媒介の存在は論理的に避けられない。この時期の柄谷が強調していた「単独性―普遍性」という短絡は「個別性―一般性の回路」の「切断」を意味している。それは媒介（中間項）の不在として表象されるしかないが、ただし不在は純然たる無ではなく、「システム自体を構成する宇宙の小部分」という極少の媒介物がかならずそこに介在する。だからこそ短絡は一種の「否定神学」（東浩紀）として精緻にシステム化されうるが、それと同時に民族《ネーション》やルンペン・プロレタリアートといった実体的なイメージをつねに招来してしまうのである。

今日、赤瀬川の小説が読まれるべきなのは、それがシステムそれ自体をモノとして否応なく露呈させてしまう隠喩そのものとしてあるからである。文学とはシステム化された隠喩の流通プロセスである。隠喩によって作り出される差異と、それによって生じるポテンシャルの差をエネルギーに変換する装置が「テクスト」と呼ばれる。そこでは隠喩によって再生産される内部／外部という「ロジカル・タイプ」が際限もなくなしくずしに消費され、吸収されていく。テクストを読むとは、そこではいつまでも醒めない夢をみるような体験となる。

柄谷は『隠喩としての建築』（一九八三年）で次のように記している。「「人間は草だ」というメタフォリカルな表現は、「人間は草のようである」というのとどうちがうのだろうか。後者が聞き手や読み手

＊29　柄谷『探究Ⅱ』講談社、一九八九年、二八六頁。
＊30　バックミンスター・フラー『宇宙船地球号　操縦マニュアル』芹沢高志訳、ちくま学芸文庫、二〇〇〇年、六四‐六五頁。
＊31　柄谷『トランスクリティーク――カントとマルクス』批評空間社、二〇〇一年、一四六頁。

になんらかの認識を与えるのに対して、前者は認識を要求する。しかも、それは最終的な解決をもっていない」[32]。「最終的な解決」とは、ここでもヘーゲル的な媒介を意味している。つまり隠喩は「人間」と「草」という異なるシステムに属するふたつの記号を媒介が不在のまま短絡しており、隠喩が「認識を要求する」力能はひとえにこの短絡にかかっている。隠喩は異なるクラスに属するイメージの二項対立を生じさせるが、しかし対立を構成するシステム自体のもつ権力への問いを欠いているために真に政治的にはなりえない。この脱政治的な形象が超芸術である。それは結局のところ不在の隠喩が即商品として表象されてしまうという事態に立ちいたる。

　だが、隠喩が次の隠喩を生み、さらにその次の隠喩を生み……という無限連鎖は、赤瀬川においては分割の分割という隠喩《システム》そのものの解体の隠喩としてあらわれる。短篇「父が消えた」に登場する「風呂桶」は「蟹の缶詰」とおなじく「システム自体を構成する宇宙の小部分」であり、宇宙の分割の表象である。「お墓というのは、家の中でいうとお風呂場みたいだ」[33]と「私」が述懐するように、風呂桶があからさまな棺の隠喩であるならば、それは生と死とを分離する根源的なシステムを意味している。「私」が墓に埋葬するのは「父」であり、「父は肉の隙間から外に出て行ってしまった」[34]。「死後、閉じていたまぶたがしだいに乾からびて開いていき、その隙間から白い眼球が少しずつのぞいてきたときにそう思った」と記す「私」に、父の死後一月ほどしてもう使わなくなった風呂桶の「隙間」から「ぎっしりと白眼がのぞいている」という幻覚的なイメージが切迫する。

　臨終から約二日たって、もう閉じているまぶたが少し乾からびていて、その細い隙間からうっすらと白眼がのぞいていた。その隙間はもう縮めようのないものだった。その隙間がだんだんとひろがって、白眼がはみ出してくるようだった。その白眼が十いくつもあらわれてくる。風呂桶の縦に走る全部の隙間から、ぎっしりと白眼がのぞいている。その隙間から、父は消えて行ってしまったのだ。[*35]

この異形の形象が読者の情動を強烈に揺り動かすのは、まなざしを欠いた眼の白さによってである。その眼は視線の主体から対象へ向かう運動をすでに失っている。にもかかわらずそれは生とも死ともつかぬ力によって外部へと溢れ出ようとしているのだ。眼は脳の一部であり、脳が外部に露出した表面である。とりわけ白眼は視線ではなく、すでに視力をもたない脳の表面である。それは内部の外部だ。死んだ父の白眼はのっぺりとしたひろがりをもって「私」に迫ってくる。父は死んではいないが、今まさに死につつある。父は不在ではあるが、しかしなおそこに実在している。父が「消えた」というのは、それを知覚できないながら、しかしなお厳として存在の気配を漂わせているからだ。それは無として実在している。白眼は死を反転させて境界線上に超出させるが、しかしそのおなじ境界線の上に逆向きに反転された生がある。「父が消えた」後の日常生活の隙間からいつ白眼がのぞいてもおかしくはないのだ。白眼はシステムの裂け目から出現する、システムそのものの肉である。

短篇「出口」は「私」が帰宅する夜道で「大」を漏らした、という他愛のない物語である。糞が貨幣の——内部と外部を短絡させるモノの——隠喩であるのは自明であろう。夜道でそれを漏らすのは「パニック」、つまり恐慌である。「大」は端的に隠喩というシステムの裂け目から露呈する肉としてここにあらわれる。しかし自宅に帰ってシャワーを浴びると「台風一過の気持よさが、去りゆく群衆を祝福し

＊32 柄谷『隠喩としての建築』講談社、一九八三年、八三頁。
＊33 尾辻『父が消えた』前掲書、四九頁。
＊34 同書、一八頁。
＊35 同書、五五頁。

ていた」[36]。「出口」の発表は平成に改元された一九八九年の一一月であり、その前年の年初に赤瀬川は「思うところあり」皇居へ新年参賀に行っている。[37]

最初の群衆が出口を出ていった。

私はうつむいて歩きつづけていた。

衣服の中を、群衆が駈け降りていく。

夜の町はひっそりと静まり返っている。

明るい窓の家は、まだ人が起きて、読書でもしているのだろう。

二度目の群衆が出口を出ていった。

私は厳然と同じ歩調を保ちながら、ゆるい坂道を歩きつづけた。ふと見たものには、夜中のふつうの歩行者に見えただろう。

　三度目の群衆が出口を出た。晴れ晴れとした筋肉。万歳三唱をするゲートの係員たち。何と素晴しい。何故いままでこれが出来なかったのか。

　群衆が衣服の中を転がりながら、靴の入口に達する。それがさらに靴の踵を伝わり、歩く私を離れて、路上に移行したのが感じられた。つづいて二度目の群衆、三度目の群衆も、衣服を出て、靴を伝わり、路上に移行していく。私は、私から分離していくものを振り返りもせずに、うつむいて歩きつづけた。[38]

「群衆」とは文字どおり糞であり、「出口」つまり肛門から排出される。出口は煙突と同じく内部から外部へ通底する導路であると同時に、口から肛門にいたる消化器官が内部における外部であるという、

「蟹の缶詰」や「風呂桶」にも連携する形象の一貫性を保持している。だが「万歳三唱をするゲートの係員たち」という一文が、この隠喩に決定的な切断――歴史の貫入を記しているはずだ。かれらは群衆ではなく、「明るい窓の家」の中で「読書でもしている」市民でもない。昭和から平成に移行するこの時期に露呈した国家の肉がここで垣間見られているのだ。「何と素晴しい」という「私」の感慨は、しかしもはや糞を隠喩として回収する意志のないことをさしている。それは隠喩の放棄である。

糞であるところの群衆は、おそらく『雪野』（一九八三年）の冒頭で「私の生れてはじめての記憶」として描かれた「肌色をした橋」をなす「乞食たち」に似ている。

横浜の記憶といえば、橋を渡った記憶ぐらいだ。赤い橋だ。いや肌色をした橋だった。いや肌色というより肉色といった方が正しいと思う。橋の両側が肉色をしている。両側に服がぼろぼろに破れて肉体の各部をあらわにした人体が、ずらりと並んでいたのだ。

その橋は乞食が大勢いるので有名だったというのは、ずいぶんあとになってから聞いた。その話がまた時間をさかのぼって、その橋の上の小さな頭にもぐり込んだのかもしれない。直径十二センチぐらい。一歳半から二歳ぐらいの小さな頭だ。私は母親に手を引かれてその橋を渡っていた。歩いて行くと、両側の肉の列がゆらゆらと波打った。乞食たちが順番に手を出したり、順番におじぎをしたり、順番にもぞもぞと坐り直したりしていたのかもしれない。私はその真ん中を通っていた。両側の肉色

＊36 尾辻『出口』前掲書、一六頁。
＊37 赤瀬川『全面自供！』前掲書、四五七頁。
＊38 尾辻『出口』前掲書、一四－一五頁。

がじわじわと触って来そうで、向うまで渡り切れるかどうか心配だった。それが私の生れてはじめての記憶だ。[*39]〔傍点引用者〕

通り抜ける「私」の両側にぎっしりと立つ者たちは、ここでは「ゲートの係員たち」ではなく「乞食」である。もしこの「両側の肉の列」が臀部もしくは腸であり、そこから排出されようとしているのが「私」であるのなら、「私」自身が糞であり、隠喩というシステムが糞なのだ。隠喩《システム》とその残余はここで反転している。むしろ出口という隠喩によってそう読むことが可能になったのである。そしてもし「万歳三唱をするゲートの係員たち」が「天皇制の隠語」（絓秀実）であるとするのなら、出口とは国家によって廃棄された、市民ならざるこの作家自身が「うつむいて歩きつづけ」る、敗北そのものの隠喩である。

『出口』（一九九一年）にまとめられた諸作以降、二〇一四年に没するまで赤瀬川は実質的に「純文学」を書くことはなかった。『ライカ同盟』（一九九四年）や『我輩は施主である』（一九九七年）等は、現在では尾辻克彦ではなく赤瀬川原平の著書とされており、いずれもかるい身辺雑記ふうのフィクションである。カメラと建築をめぐるこれらの小説では、芸術に対する自己言及的な強度はすでに雲散している。

＊39　尾辻『雪野』文藝春秋、一九八三年、三－四頁。

4

私生児の機械

葛藤としての郊外

樋口一葉『にごりえ』（一八九五年）の舞台である「新開」と呼ばれる土地は、執筆時の状況などからしばしば東京・小石川にあったかつての歓楽街に同定される。前田愛が『都市空間のなかの文学』（一九八二年）で述べているように、そこは当時の一葉の住居のあった丸山福山町からもほど近く、未定稿の時点では小石川柳町に設定されていた。明治維新以降、東京の一時的な人口減少によって水田と化していたその一帯は、『新撰東京名所図会』によれば明治二〇年（一八八七年）頃からふたたび町区として開発された土地だという。したがってそこは近傍の古い街並みと区別できるが、特に新開という名称は当時、大名や華族などの屋敷跡地という意味で用いられていた。新開は東京の各地で新興の住宅地としてだけではなく、露店や興行小屋が立ち並ぶ繁華街として再開発されていった。しかし一葉が最終的に小石川柳町という固有名をもつ場所から「ただの「新開」」に改めたのは、「明治の東京がその周辺部につくりだした無数の特性のない町、意味を剥奪された町のひとつ[*1]」としてそれを描こうとしていたからなのだろうか。

蓮實重彦は一九九七年に雑誌「文学」に掲載された『にごりえ』をめぐる論考「恩寵の時間と歴史の時間」において新開を小石川界隈に措定することに否定的であり、むしろ「この作品のテクストは、物語の背景となっている土地の同定へと読者を誘うことに、かたくななまでに禁欲的である[*2]」という点を強調している。前田が想定しているように作中の「焔魔様」を小石川の源覚寺、通称こんにゃく閻魔と断定する根拠はひとまず作品の内部には存在しないというのだ。蓮實は前田の『樋口一葉の世界』（一九七八年）の論点のいくつかを批判しながらも、ただしそれについては前田による「特性のない」「意味を剥奪された」という形容に諾うかのように「『にごりえ』の舞台となった銘酒屋の菊の井の周辺からは、『たけくらべ』を評価した森鷗外のいう「ロカアル、コロリット」〔地方色〕なるものがあらかじめ奪われており、吉原のように、江戸時代の余韻などいささかも漂ってはいない。そこには、およそ明治以前の伝統とは無縁のいかにもとらえがたい「いま」という瞬間が日々流れているばかりである」[*3]〔傍点引用者〕と記している。しかし厳密に読み比べるならば、前田の分析が――新開を「市街地から疎外された人びとが吹きよせられる場末の町特有の他人的世界」と言い換えていることからもわかるように――一九八〇年代に流行した記号論的な都市論を背景としているのに対して、蓮實における「いま」はボードレールやベンヤミンの系譜に連なる近代《モダニティ》の特質とみなされている。新開とは、古さに比較される相対的な新しさなどではいささかもなく、「過去をもたない」という絶対的な新しさを意味しているのである。

　蓮實の視点は、盂蘭盆や閻魔詣でといった伝統的な年中行事の作中での機能に注視する前田のそれとはいかにも対照的である。前田が依拠しているのが文化人類学における「中心と周縁」という空間的な図式であり、そこから導出される江戸から東京へと変貌した時空の連続性であるのに対して、蓮實がここで強調するのはその切断なのである。そのうえで「歴史の記憶が徹底して欠けているばかりではなく、名前さえ与えられていない」[*4]土地に流れている「新開の時間」に対する「歴史の時間」、すなわち「その場に位置していながらも、他人にそれをみずから語り明かすことのない過去というものを持っている

*1　前田『都市空間のなかの文学』ちくま学芸文庫、一九九二年、三八三頁。
*2　蓮實『魅せられて　作家論集』河出書房新社、二〇〇五年、一三頁。
*3　同書、一五頁。
*4　同書、一六頁。

時間」があらためて「交錯」する場として銘酒屋菊の井は設定されている。その交錯は、お力という酌婦が客である朝之助に請われてみずからの来歴を「告白」するというかたちでもたらされる。つまり『にごりえ』という中篇は、その後の日本の近代小説がやや形式的に、いわば理論として導入した「告白」という言葉の必然を、お力は、新開にはふさわしからぬ艶めかしい現実として実践して見せる」[*5]。そしてこの「告白」がお力を救済するのではなく「危機」に招き入れるのであり、最終的に彼女は心中ともみまがうかたちでべつの男に殺害されるにいたる。

新開というのは、新たに首都となった東京の象徴であるかもしれず、近代化の歩みをおぼつかなく踏み出した明治以後の日本の象徴であるかもしれない。少なくとも維新というものがその新開の地というものを可能にしたわけで、そこには明治以前の時が流れてはいないという暗黙の前提が共有されているわけだ。実際、日本近代文学は、このような新開の時間と伝統あるいは歴史の時間というものの交錯を、何とか一つの言葉にしたいという野心の表明であったように思われる。そのような野心、あるいは一つの問題設定が、『にごりえ』には間違いなく措定されている[*6]。

ここで構想されている「日本近代文学」とは「樋口一葉から中上健次まで」の小説の歴史の総体をさしているのだが、その主題がどのように展開されてきたのか、蓮實は具体的には述べていない。だが、蓮實がべつのエッセイで語っているフーコーの「繊細さと大胆さとの同時的な肯定」といった事態から、それをおぼろげながら推測することができるかもしれない。「『狂気の歴史』の構造論的な分析が狂気をそれ自体として視界に浮上させせまいとする技術体系の記述にほかならなかったように、『言葉と物』における古典主義時代の表象空間の分析もまた、言語活動が不可視の領域で展開されるものである限りに繊細な視線を保証していたのだから、そうした技術体系が大きく揺らぎ、言葉が瞳の前面にせりあがってきたときに起るのは、まさしく分析することの技術的な動揺として生きられる「倫理」にほかならない」[*7]。「言葉が瞳の前面にせりあがって」くること、それは「構造」という無時間的な体系を不意打ちのように揺るがす「出来事」として唐突に登場する。フーコーの「考古学」の繊細な「構造論的な側面」に魅了されつつ、その繊細さを大胆さに変容させる潜在的な力に目を凝らしつづけること、それが読者にとっての「倫理」となる。そしてその倫理が「批評」と呼ばれることになるだろう。樋口一葉が白紙《タブラ・ラサ》としての「新開の時間」に招来した「歴史の時間」とは、まさしく倫理として生きられるべき「動揺」であるほかないからである。

新開が開示する絶対的な新しさは、小説（novel）の語意に含まれる「新奇さ」にたしかに類比しうるだろう。どちらの語も未知なる出来事の到来を暗示しているように思えるからである。では、タブラ・ラサと歴史の葛藤として想定される日本近代文学は、たとえばどのような形象に見いだすことができるのか。新開と同様に歴史から切断された無時間的な時空をこの時期の文学史から取り出すとするなら、なによりもまず『にごりえ』の三年後に発表された国木田独歩の短篇「武蔵野」（一八九八年）を挙げなくてはならない。独歩の独創は、そこでの自然に対する愛好——独歩の盟友でもあった柳田國男のいう「武蔵野趣味」——が江戸期まで培われてきた粉本主義や文人趣味と異なり、川本三郎がいうように「雑木林という、それまであまりに日常的にそこにあったために美の対象として特別に語られることの

＊5　同書、二五頁。
＊6　同書、二〇頁。
＊7　蓮實『表象の奈落——フィクションと思考の動体視力』青土社、二〇〇六年、九六‐九七頁。

なかった簡素な林のなかに美しさを見出す」[8]ところにあった。ツルゲーネフやワーズワースの詩文が直接参照されているにせよ、その雑木林には「歴史の記憶が徹底して欠けているばかりではなく、名前さえ与えられていない」のである。「郊外」という空間は市街地の内側でも外側でもなく、都会と農村という双方の極の中間に位置する第三のカテゴリーとして明治中期に登場する。それ自体が歴史の連続性から切断されながら、しかし同時に伝統と「いま」とが交錯する磁場なのだ。独歩が「大都会の生活の名残と田舎の生活の余波とが此処で落合って、緩やかにうずを巻いている」[9]と記したのは、すでにそこが葛藤の場であることを敏感に触知していたからだろう。郊外はこのとき、ある潜在的な危機をはらむ空間として発見されたのである。

川本の『郊外の文学誌』（二〇〇三年）は、しかし伝統と「いま」とが交錯する磁場としての郊外を充分にとらえているといえるのだろうか。川本が「『ノンちゃん雲に乗る』に描かれたような「小市民のささやかな幸福」が夢見られ、生まれ、壊わされ、そしてまた新たに夢見られと、夢の死と再生が繰返されていった場所」[10]として郊外を規定するとき、そこには蓮實が『にごりえ』に見いだしえた危機への感性が決定的に欠けている。そのことは小島信夫の『抱擁家族』への言及が『郊外の文学誌』にいっさい不在であることからも確言しうる。『抱擁家族』こそ郊外に生きる「都市中間層」のライフスタイルが「アメリカ」の侵入によって迎えた危機を描いた、戦後を代表する長篇小説なのだが、川本が希求する「失われた良き東京へのノスタルジーの本」はこのような危機を自覚的に抑圧することでしか成立しえないものだ。

川本の郊外は、独歩らによってイメージが造型され、その直接・間接の影響のもとに小林一三や渋沢栄一のような実業家によって現実の郊外（田園都市）の開発が進められたという、あまりにも素朴で直線的な史観に貫かれている。「日本の近代は、郊外住宅抜きにしては語れない。大正から昭和にかけて

『ノンちゃん雲に乗る』のお父さんのような都市中間層が生まれ、社会の中核になったとき、その居住地として郊外が選ばれていった。そして、そこに生きる小市民の暮しが、日本人の典型的なライフスタイルになっていった[*11]。こうしたいわゆるプチブルジョア的な郊外に対して、「アメリカ」由来のファストフードやコンビニエンスストアのようなロードサイドビジネスのある戦後的な郊外が一九六〇年代後半に出現した、とする小田光雄は、たしかに現在の荒廃したイメージに通じる危機としての郊外を発見しようと試みているといえる。「安部公房の『燃えつきた地図』以後、一九七〇年前後から、文学の世界もこうした郊外の風景にひきこまれていく。都市生活者が郊外へシフトしていったのと並行して、文学の風景も郊外へとスプロール化していった。それは「内向の世代」と称された古井由吉、後藤明生、黒井千次たちの文学の風景として表出し、団地や郊外が彼らの主たる舞台背景となった[*12]」。だが郊外としてのタブラ・ラサに「アメリカ」という記号を代入することは、その真の危機を露呈させることにはつながらないだろう。むしろ日本近代文学における危機＝批判的な「交錯」は、「国木田氏が愛していた村境の楢の木林なども、実は近世の人作であって、武蔵野の残影ではなかったのである[*13]」と「武蔵野の昔」で独歩を批判した柳田によってもたらされたのではなかったか。のみならず、その危機を隠蔽する機制そのものが「常民」の設計者《テクノクラート》たる柳田によって構築されたのかもしれないのだ。

＊8 川本三郎『郊外の文学誌』岩波現代文庫、二〇一二年、五一頁。
＊9 国木田独歩『武蔵野』岩波文庫、二〇一一年、三一頁。
＊10 川本、前掲書、二二頁。
＊11 同書、一九頁。
＊12 小田光雄『〈郊外〉の誕生と死』青弓社、一九九七年、一七三頁。
＊13 柳田國男『現代日本文學大系 20 柳田國男集』筑摩書房、一九六九年、一八三頁。

柳田の「武蔵野」へのまなざしには、独歩によって発見された「風景」と同時に「武蔵野の開発についてはこの一千年の間、水の供給が常に最も重要なる条件であったと思う」[*14]と記されているとおり、国土計画的なひろがりをもったインフラストラクチャーへの着眼が含まれている。柳田は海外文学の圧倒的な影響下にあった独歩の「風景の発見」（柄谷行人）が「やはり享保元文の江戸人の、武蔵野観の伝統を帯びたもの」[*15]にとどまるとして、その表象としての限界を指摘する一方で、日本という国民国家における「生活の設計」の基盤《インフラ》として郊外をむしろ積極的に発明しようとしていたのである。柳田はエベネザー・ハワードに由来する田園都市という概念が日本に紹介された際（内務省地方局有志編『田園都市』一九〇七年）に法制局参事官としてその近傍におり、問題意識もある程度共有していたと思われるが、田園都市はまさしくその後の日本の都市中間層のライフスタイル——天皇制のもとでのリベラル——の濫觴となった。建築家の八束はじめが指摘するように、それは大正期に堀口捨己によって住宅建築における「眠る」「休む」「養う」「育む」などの諸機能が——かつての民家に不可欠であった「接客」や「生産」といった機能を排除しつつ——「発見」される前提となった。「柳田によってそれ自体が構成されたものと看做されていた「田園」は、この発見をもたらすために不可欠な背景として機能している」[*16]。ロシアのアナキズム思想家クロポトキンの柳田に対する影響を見定めた絓秀実・木藤亮太『アナキスト民俗学　尊皇の官僚・柳田国男』（二〇一七年）が蓮實のパースペクティヴによる日本近代文学に貴重な視点を提供していると思われるのはここにおいてである。絓・木藤によれば、アナキズムとリベラリズムの癒着という今日の状況は柳田にその淵源をみることができる。資本主義の進展に伴う都市と農村の格差の顕在化という問題に対して、柳田は「クロポトキン流の「大工業」に対する「小工業」への加担であり、大都市あるいは小町村に対する中間的な田園都市の構想」[*17]を主張していた。にもかかわらず柳田の構想したクロポトキン＝ハワード的な生産／消費の場としての田園都市は、日本におけるそれが

——柳田の意に反して——たんなるベッドタウンとして開発され、拡大していったことはその後の歴史が示すとおりである。その事実は柳田が田園都市について積極的に発言することなく、現実の農政からも距離をとっていく過程とも並行している。葛藤としての郊外は柳田を焦点化することではじめて論じうる主題なのである。

郊外は「過去を清算し、かつ超歴史化する場であり、ただ単に緑の環境であったわけではない」[*18]。のちに成城という田園都市に居を構えた柳田はおそらくそのことを知悉していた。タブラ・ラサの発明は歴史の切断とともにその再構成を要請する。柳田民俗学とは、要するにそのようにして誕生した日本人の生活の再構成だったということができる。柳田によって見いだされた生活と歴史は、しかし過去のみならず未来をも規定することになったのだ。小島信夫や初期の古井由吉、黒井千次らが描いた新興住宅地の建物の均一性と画一性は大正期に田園都市として開発された住宅建築にその起源が求められるだろうし、『懐かしい年への手紙』(一九八七年)以降の大江健三郎の多くの長篇は、それまでの民俗学への依拠のみならず農政官僚としての柳田の身ぶりを反復するかのような郊外の再構築を主題としている。さらにそうした郊外のありようは多和田葉子や阿部和重のような現代の小説家たちの想像力をも規定しているだろう。『にごりえ』にみられる「過去をもたない」ことの絶対的な新しさとは、こうした事態を

＊14　同書、一八四頁。
＊15　同書、一八二頁。
＊16　八束はじめ『思想としての日本近代建築』岩波書店、二〇〇五年、二五七頁。
＊17　絓秀実・木藤亮太『アナキスト民俗学　尊皇の官僚・柳田国男』筑摩書房、二〇一七年、二一八頁。
＊18　八束、前掲書、二五七頁。

さしているように思われる。

小説とその外部

蓮實は現在までに日本語で三つの小説を発表している。一九七九年に雑誌「エピステーメー」に発表された最初の長篇『陥没地帯』は「恩寵の時間と歴史の時間」に二〇年ちかく先駆けているとはいえ、そこにはすでに――樋口一葉から中上健次にいたる日本近代文学が言葉にしてきた――新開に連なる形象が登場している。それは土地の名前こそあきらかではないものの、「西風」の吹きすさぶ乾期と雨期の残酷な気候の反復のもとにある砂丘地帯――おそらくは熱帯あるいは亜熱帯に属する、北アフリカの内陸部などを想像させる地域――であり、そこに建つ外観も内部のつくりもそっくりな二軒の「食堂兼ホテル」という舞台設定である。

翌日も、そしてまたその次の日も、夕暮どきになると同じ舞台装置を背景として同じ顔ぶれによって演じなおされるだろうこの砂丘地帯の散歩は、一日の仕事をおえた市街地の住人にとって、ゆっくり時間をかけて夜を招き寄せるための儀式であるかのようだ。これといった秩序に従っているわけでもないのに、そのゆるやかな人の波は、群をなしてしか生活できないある種の小動物のような律義さで、きまった時刻に狂うことのない軌跡を描きだし、崩れかかった石造りの廃屋の目と鼻のさきを素通りすると、停留所のところで正確に二手に別れ、向かいあった食堂兼ホテルのどちらか一つを選んで扉を押し、その中にゆっくりと吸いこまれてゆく。[*19]

一日の仕事を終えた夕暮れに市街地の住人たちは毎日のように「二輛連結の路面電車」に乗って「散

歩」に訪れ、そのために一時間に二本しか走らない路面電車はその時間帯だけ市街地からの散策者たちでごったがえす。この土地についてべつの箇所で「たしかに海は、いま、ここから絶望的に遠い。また市街地を蛇行しながら流れる川までも、路面電車で正確に一時間ほどの距離が拡がっている」[*20]と叙述されるように、蛇行する河沿いの市街地に隣接した、胡散臭い快楽も欠いてはいない一種のリゾート産業のような機能をもつ郊外として設定されているのである。

一八世紀後半から一九世紀にかけて西ヨーロッパを中心に波及した産業革命以降の「労働のリズムの再調整」（アンリ・コルバン）が、現在のような余暇とレジャーのスタイルの原型をかたちづくってきた。鉄道の発達による観光旅行の流行がそれを後押しし、船の「座礁」をモチーフとした――食堂兼ホテルの客たちが興味津々で噂しあう難破船のニュースのような――多くのロマン派的な文学や絵画が受容されたのもこの時期である。一八四〇年代以降、海水浴場が労働者向けの観光産業の中心となるのだが、[*21]『陥没地帯』に描かれている砂丘――「巡礼とか交易商人たちの通過地点だったに違いないと想像するものもいる」[*22]という記述もみられる――はたしかに海から「絶望的に遠い」内陸部にあるとはいえ、どこか海のない砂浜のうらぶれたリゾートといった雰囲気を漂わせている。それは「いつのことかは証言する者もいない遠い昔、人びとが何かの理由でこの平坦な砂地を選んで定住しはじめたころ、まだ名前さえ記録に残ってはいない河の流れが、この砂丘地帯をめざして大きなうねりを描いていた」[*23]といった

＊19　蓮實『陥没地帯　オペラ・オペラシオネル』河出書房新社、二〇一六年、五四 - 五五頁。
＊20　同書、四四頁。
＊21　アンリ・コルバン『レジャーの誕生』渡辺響子訳、藤原書店、二〇〇〇年、四五頁。
＊22　蓮實、前掲書、四五頁。
＊23　同書、四五頁。

記述から連想させる水の気配のみならず、河の氾濫によって座礁した船の残骸がこの砂丘地帯のささやかな人里の起源とされているからである。

風に追われる砂の流れが、徐々にではあっても着実にその残骸を蔽い隠してゆくさまを、ぼくたちは黙って見つめつづけていたわけではない。砂丘を潤していた洪水の水がゆっくりと引いてしまってから、なだらかな砂丘の中腹に、濡れた石の塊を寄せあつめてすきまだらけの家をたて、生まれた土地とは似ても似つかないこの砂丘地帯に移植された植物のようなおぼつかなさで、さして豊かでもない地面に根をおろすのだ。やがて、砂丘がゆるやかな傾斜を描くあたりに人びとが群れ集い、その幾人かが定住の気配を示し、向かいあった地点に二軒の粗末な木の小屋をたてる。その二つが競いあうようにして改築されて駅馬車の宿場となり、さらに外観も内部のつくりもそっくりな食堂兼ホテルへと発展する。[*24]

「水、水だ」という「誰の口から洩れたのでもない声になりきらぬその音のくり返し」が「濁流というのではないおとなしい水」を食堂兼ホテルに招き寄せ、あれよあれよという間に砂丘地帯をのみ込む水の流れにのって「ぼく」の操る船が登場し、やがて砂丘の斜面にたどり着いた「ぼく」は姉とともにその土地の創世の神話を物語ることになるのだが、では乾期になると乾いた大気をどこまでも煽りたてる「西風」と対をなすこの「水」は、はたして反歴史的な「いま」を生きる新開のように葛藤としての「歴史の時間」を導入しえたといえるのだろうか。それはむしろT・S・エリオットが『荒地』で描いたunreal city——ボードレールの『悪の華』に典拠をもつ、深瀬基寛訳では「非有の都市《みやこ》」とされるロンドン——に訪れる無情な季節の循環のようなものではないのか。起源の神話を捏造する根拠としての幻想の自然である「水」……。
一九九四年に雑誌「文藝」に掲載された中篇『オペラ・オペラシオネル』でそれに相当するのは「どうやら地震でないことだけはわかるこの横揺れ*25」と呼ばれる謎めいた力の波動である。どこかの国の諜報機関に所属するらしい話者が「豪雨」の影響で足留めをくらって滞在中の「薄暗い巨大なホール」で感じる「横揺れ」について「地震の揺れかたとも微妙に異なっていることは、厳密に作動する巨大な実験装置のような振幅の規則性から苦もなく察知できるのだが、何らかの秩序に従ってはいるだろうその法則性をさぐりあてようとしても、たちどころに根気がうせてしまう*26」と記されているのだが、それが翌日向かう手はずとなっている「市立劇場」で上演される「新作オペラ」の第三幕に登場する「ゴンドラを思わせる巨大な装置」の「不揃いな混声コーラスを左右に響かせるその横揺れの運動*27」と提喩的に同期することで、この小説の世界全体を統御する機械仕掛けの外部の力を示唆している。

小説家としての蓮實は、この時点では「水」や「横揺れ」として表象される外部の歴史性をそれとして暗示するのみで終わっており、言説の葛藤としてそれを組織する力量をまだ備えていない。『陥没地帯』のホテル、そして『オペラ・オペラシオネル』の市立劇場は、いずれも一九世紀以降にブルジョアジーのための娯楽施設として発達した典型的な建築空間である――そこで上演される「オペラ・オペラシオネル」の主題が「虐げられた民衆」の抵抗と挫折であることといい、それを表現する大時代的な舞台装置といい、二〇世紀の新作オペラというよりも、むしろ一九世紀イタリア・オペラの巨匠ジュゼッ

＊24　同書、一四五頁。
＊25　同書、一五三頁。
＊26　同書、一五七頁。
＊27　同書、二二七－二二八頁。

ペ・ヴェルディを連想させる——が、しかし作者はそうした空間の歴史的な限界をかろうじて「戦争」の一語でほのめかすのみで、けっして十全に見通せてはいないのだ。

だが、蓮實が批評ではなく小説というジャンルで展開しようとするもくろみは明瞭であるように思える。モダニズムが開示した時空の批判的な継承である。新開《タブラ・ラサ》として形象化される「過去をもたない」絶対的な新しさとしての「いま」は、ひとつの歴史的な矛盾としてしかありえない。新しい「いま」は全き無から生じるのではなく、あくまで相対的な過去のなかから登場し、過去との比較において計測される価値にすぎないはずだからである。「いま」という時制が過去からの切断として強調されるのは、それが事実であるからというよりも、むしろ市場における投機としてなのだ。建築史においてモダニズムという様式ならざる様式の理念にほかならぬその新奇さは、実際には二〇世紀の前衛と一九世紀のアカデミズムの美学との奇妙な野合だった。イギリスの建築評論家レイナー・バンハムが『第一機械時代の理論とデザイン』においてその事実を決定的に開示したのは一九六〇年だったが、この指摘自体、すでに建築のモダニズムが相対的な過去となっていた二〇世紀後半の批評的源流のひとつに数えられている。そこでバンハムが批判の対象としたのは、タブラ・ラサを都市計画の条件とした——マス・メディアのすぐれた戦略家でもあった——ル・コルビュジエのような建築家だった。

ル・コルビュジエは、あまりにもブルジョワ的な田園都市という理念にとって代わるべき「集中型都市」を構想した。それは「効率的な「人工」の田園都市であり、横に広がる田園都市に代えてわれわれが創造したのは、高さをもつ田園都市なのだ。すべての利点は高さにある」[*28]。そのためには古い都市の有象無象を一掃しなければならない。そこには緑の絨毯が敷き詰められ、高層ビルが適切な間隔に従って建ち並ぶ、すなわち「デカルト的な摩天楼」が集合した「輝ける都市」である。「ニューヨーク（機械化の生み出した巨大な若者の発する、騒々しくも見事な怒号）に対抗して、私はデカルト好みの合理的な都市を提案する」[29]。

ル・コルビュジエの企図は産業化の進展にともなう近代都市の過密の解消にあったが、摩天楼の林立するニューヨークの「超過密」に「望ましき現代文化の基礎としてのメトロポリス的状況[30]」を読み取ろうとしたのがオランダの建築家レム・コールハースの『錯乱のニューヨーク』（一九七八年）である。コールハースによれば、過密はたんなる無秩序《アナーキー》ではなく、都市計画のプログラム——市内を二〇二八個のブロックに分割するマンハッタン・グリッド——の厳密な三次元的遂行にほかならない。「輝ける都市」があくまでも古代ローマ以来の空間概念である「都市／田園」という西欧文明の二分法の延長線上に想定されていたのに対して、ニューヨークの摩天楼は「デカルト的」ヨーロッパとまったく無縁のなにものかである。最大限の過密と最大限の光と空間の獲得、最大限の利益と美しさの一致という「二重の逆説」を克服する「マンハッタニズム」——それを実現したのが「ロックフェラー・センター」という「天才なき傑作」なのだ。そこでは建築家レイモンド・フッドらによる「委員会〔＝合議〕」が一九一六年のゾーニング法[31]の規制による最大許容建設範囲にもとづいて「用途、フォルム、材料、設備、構造、装飾、象徴体系《シンボリズム》、予算といったそれぞれの側面で[32]」具体的な形を決定することになる。このとき達成されたのは同時期の最良のハリウッド映画——たとえばエルンスト・ルビッチ『生活の設計』（一九三三年）やハワード・ホークス『赤ちゃん教育』（一九三八年）——のみがそれに比肩しうるような、表象の奇跡的な透明性である。そのすべては資本主義と民主主義との際どい均衡のうえにかろうじて成立しえ

＊28　ル・コルビュジエ『輝ける都市』白石哲雄監訳、河出書房新社、二〇一六年、五七頁。
＊29　同書、一三四頁。
＊30　レム・コールハース『錯乱のニューヨーク』鈴木圭介訳、ちくま学芸文庫、一九九九年、一一頁。

たのであり、そこで達成された均衡は一九三〇年代後半に早くも衰退の兆しがあらわれはじめる。ニューヨークの「錯乱《デリリアス》」は厳密に歴史的な産物なのである。ゾーニング法は一九六一年に撤廃されるが、それ以降の高層ビルはふたたびその設計上の原理的な困難――「三次元の事物の内容積は三乗的に増大するのに対し、それを包む表面の方は二乗的にしか増大しない。つまり建物の表面は、表現すべき内部の増大に比して、どんどん小さくならざるを得ない」[*33]――と直面せざるをえない。内部と外部の不一致と不均衡がそこに必然的に生じてしまうのである。これは「形態は機能に従う」としたモダニズムの綱領からの必然的な逸脱であるばかりでなく、過密という状況が本来的に抱えこんでいる表象＝代表制の危機を意味している。

コールハースがのちに「ビッグネス」という概念で示唆していたのは過密＝危機を工学的に操作する方法なのだが、「荒唐無稽な記号」としての小説を「近代という思考の磁場に不意にかたちづくられる不可解な隆起点＝陥没点」[*34]、「起源も定かでなく、自己同一性も確かでない［……］規範的な詩学にとって過剰でもあり同時に欠落でもあるような畸型の怪物」[*35]として、その「大がかりな自己増殖」を一貫して擁護してきた蓮實が、コールハースにみられる建築の危機への感性と共通する視点をもっているのはあきらかである。『陥没地帯』そして『オペラ・オペラシオネル』は、どちらもそうした「荒唐無稽な記号」としての小説をめぐって書かれているといっても過言ではない。たとえば蓮實がフランスの文学理論家ジェラール・ジュネットの「ナラトロジー」を「作品を文に還元し、その主語と述語を見さだめ、述語をたどりながら言語学的に物語を分析していく。あるいは、物語を文の拡大だと考える」方法論であるとし、「それは散文のフィクションにふさわしい視点ではない」[*36]と断定するのは、「畸型の怪物」たる小説の「過剰」あるいは「欠落」を思考するうえでナラトロジーが充分な機能を果たしえない、と確信しているからである。「文」の加算的総体が「言説」との同一性を形成するわけではまったくない。

むしろ「言説」の秩序には「文」の収まる秩序からは不可視であるほかないある条件がつねに与えられている。フローベールにおける「散文の危機」とは、文と言説の齟齬の意識からきて[*37]いるという蓮實の発言は、それゆえにコールハースの「錯乱《デリリアス》」と深く呼応しあっているのである。そしてその「齟齬」はあくまでも「恩寵の時間」と遭遇する「歴史の時間」によって穿たれているはずなのだ。

創発する数字

蓮實は『「ボヴァリー夫人」論』(二〇一四年)において非＝時間的で非＝社会的な「閉ざされた完結性」を有する「物語」と異なり、「小説」の「社会性」はその「説話論的な持続を創始し、かつ切断」

＊31 同書、一八一 - 一八二頁を参照。「一九一六年のゾーニング法は、マンハッタンの地表上に存在する各敷地またはブロック上に最大許容建設範囲の輪郭を定める想像上の建築外形《エンベロープ》を記述している。〔……〕敷地の単純上方拡大のプロセスは、一定の高さまでは許される。それを超えた場合、建物は街路に光を入れるために、一定の角度をつけて敷地線からステップバックしなければならない。タワー部分が敷地の二十五パーセントまでなら無限大の高さまで聳えさせることができる。条令の最後の項目は、ひとつの建物が最大限の広さ、つまりブロックひとつまるごとを占めれば、その二十五パーセント分の敷地にたてられるタワーを最大限の大きさにできる(最大の効率をあげられる)ことを示唆して、そうした建物の建設を奨励している」。

＊32 同書、三一二頁。

＊33 同書、一六八頁。

＊34 蓮實『表象の奈落』前掲書、二五五頁。

＊35 同書、二六五頁。

＊36 蓮實『「ボヴァリー夫人」拾遺』羽鳥書店、二〇一四年、二〇八頁。

＊37 同書、一七一頁。

する「「超＝説話論」的な要素の介入」において露呈しているという。「「超＝説話論」的な要素の介入や撤退は、非＝時間的に形象化されうる物語に時間を導入する」、「「超＝説話論」的なものの介入と撤退とは、テクストを限界づける機能を帯びている」[*38]とはそうした意味である。あるいは正確には「「超＝説話論」的な要素の介入」を隠蔽する「「テクスト的な現実」の抵抗こそが、作品の真の「社会」性をきわだたせる」[*39]というべきかもしれないが、ともかく小説の小説たる所以のひとつはここにあるのだ。「超＝説話論」的な要素」は「物語内部のいかなる要素もそれを知るには充分でないという状況を外部から統御するもの」[*40]としてとりあえずは定義されるしかなく、「その始まりと終わりの瞬間に介入」する「物語を成立せしめる条件として小説的なテクストの中にしか存在しえないが、その機能の「超＝説話論」性を明らかにするものは「説話論」的な構造の分析と記述という内部的な手段しかありそうもない」[*41]という矛盾を孕んでいる。一八五七年に初版が刊行された『ボヴァリー夫人』においてヨンヴィルを主な舞台とした第二部以降の物語が「国王ルイ＝フィリップの統治する「七月王政」期」に「設定されていることはほぼ疑いえない」にもかかわらず、「テクストの始まりと終わり」にはフローベールがこの作品を執筆しつつあった「「第二帝政」期のいわば民主主義を装った独裁制」という権力構造が露呈している。テクストを外部から統御するこの「匿名の時間」は、地理的／制度的／歴史的な限界を確定することなく、「読者の生きる「現在」とも距離なしに触れあっているかに見える」[*42]。もし「読者の生きる「現在」」が名づけえぬものとして『ボヴァリー夫人』を生んだ一九世紀中葉のフランスにまで拡がっている——『『ボヴァリー夫人』論』で「社会性」と呼ばれるのはこのことだろう——のだとすれば、この匿名性は「文」と「作品」というふたつの異なる水準のみならず、国家や市民社会、そして家族や個人という私的領域、作者と読者のそれぞれが位置する異なる時空を通底する超越的な「ブランク」として設定されていることになる。

マイケル・ポランニーは「包括的存在」が個々の諸要素のレベルでは明示されない境界条件の制御を通して出現する過程を創発と呼んでいる〔I－5　**黙示録的な獣たち**〕。物理学者の蔵本由紀によれば境界条件とは「あるレベルの法則において未定なままに残されている諸条件の集合」であり、「下位レベルの法則におけるブランクへのデータ入力を「周辺制御」とよんでも一向に差し支えない」[*43]〔傍点引用者〕。蔵本はおなじ箇所で「このような原理は創発というよりも、自然法則の逐次的現実化において働いている一般的な原理と見た方がよい」とも述べているが、ただし創発の事例として「文学作品」と「文」との関係を取り上げたのはポランニー自身である。ポランニーはそこで「都市計画」と「建築」との関係も例に挙げており、「ロックフェラー・センター」の場合ならばマンハッタン・グリッドやゾーニング法を境界条件とみなすことになろう。ポランニーや蔵本の観点からは「「超＝説話論」的な要素」もまた周辺制御の一種として観察することがおそらく可能なはずだが、ここでさらに興味深いのは「『ボヴァリー夫人』のおさまっている三部構成」の「三」という「数字」をめぐる蓮實の読解のほうであるかもしれない。つまり、作品のいたるところに見られる「「三」という数字の文脈を超えたときならぬ反復は、何ごとかを意味しているにちがいない。しかし、それが何であるかは、誰にも決定することができない」[*44]にもかかわらず、「三部構成の長編小説『ボヴァリー夫人』は、エンマの最期を離れても、

＊38　蓮實『「ボヴァリー夫人」論』筑摩書房、二〇一四年、一三二頁。
＊39　同書、一一六頁。
＊40　同書、九五頁。
＊41　同書、一三三頁。
＊42　同書、一一六頁。
＊43　蔵本、前掲書、六五頁。
＊44　蓮實、前掲書、六〇四頁。

「二」で始まり、「三」で終わる作品だといわざるをえない」[*45]〔傍点引用者〕。それが「偶然」なのか「作者による周到な配慮」によるのか断定する根拠はなにもないものの、「三」という形象は作品の細部から構成にいたる、まったく異なる水準を無差別に通貫している。「三」は、ここでは小説の「レアリズム」――蓮實のべつの著書での定義に従うなら「「語ること」と「語られているもの」とが齟齬なく調和する消費の対象」[*46]としての言説――といっさいかかわりのない超越性を顕現しているかのようだ。「意味作用の拡がりの決定的な顕示だけは自粛している」はずの数字が「「超＝説話論」的な要素」となじく「テクストの始まりと終わり」になんらかの関与を示しているとすれば、それについては周辺制御という工学的な表現がいっそう適切であるように思われるのだが、では「数字」は「テクスト」の「社会性」と呼ばれるものとどのようなかかわりをもつのか。

蓮實が『大江健三郎論』（一九八〇年）や映画監督のバッド・ベティカーについての論考「七の奇蹟」（『映画　誘惑のエクリチュール』一九八三年）などにおいて、それらの作品に見られる「数字」の氾濫を指摘してきたことはよく知られている。とりわけ実質的には『万延元年のフットボール』論であるといっていい『大江健三郎論』における数々の数字の跳梁跋扈するさまは「数の祝祭」とまで表現される「荒唐無稽」ぶりを示しているのだが、にもかかわらずそれらの数字がある歴史的な制約のもとにあると指摘することは可能である。たとえば『ピンチランナー調書』（一九七六年）の「結末部分に登場するのは、これまで問題となったものとは桁数においていささか規模の異なる**五億**円という途方もない金額だ」[*47]という叙述は、「五億円」が今日ではたかだか年末ジャンボ宝くじの当選金額にも満たない額であることによってその「途方もな」さをほとんど喪失しており、続く「**五億**イクォール**零**という荒唐無稽な等式」までもがその荒唐無稽性を剝落させてしまっているかのようだ。したがってこの文自体はたしかに一ドル＝二二〇円前後で推移していた当時の歴史的状況をあらわしているのだが、しかしここで社会性と呼ぶのはたんにそうした統計的な観点においてではない。むしろ重要なのは『大江健三郎論』における数字の読解が、数年後の日本社会に訪れることになるバブル経済をあたかも予見していたかのように読めることである。

数は、まず数として代置され、交換され、流通している。そしてあるとき、不意にその代置と交換と流通とを可能ならしめていた体系性を超え、荒唐無稽な等号によってありえない二つの数を調和せしめる。できごと＝事件とは、この荒唐無稽な等号の出現ぶりにほかならない。数的に確立しているはずの優位と劣性とが、その優劣の階層的秩序を否認するかのごとく拮抗しあうという理不尽な均衡の成立。大江健三郎的な「作品」とは、優位と劣性とが荒唐無稽な均衡を一瞬ごとに更新しつつ維持される危い軽業のようなものだ。*48

「荒唐無稽な綱渡り」という章に読まれるこの箇所で、著者はおそらく意図して「交換」「流通」「均衡」といった経済学の語彙を引用している。そしてもしそのように読みこむことが許されるのであれば、これはマルクスにおけるG―W―G'という商品の交換過程の定式をそのまま「大江健三郎的な「作品」」のエコノミーとして語っているということになる。「できごと＝事件」とは、リネンと上着とが貨幣を介して「理不尽な均衡」を成立させる、マルクスが『資本論』で打ち立てた資本主義経済の図式そ

＊45　同書、六〇五頁。
＊46　蓮實『随想』、新潮社、二〇一〇年、二〇二頁。
＊47　蓮實『大江健三郎論』青土社、一九九二年、四一頁。
＊48　同書、九九頁。

のものである。端的にいえば「荒唐無稽」とはG'に含まれる「剰余価値」のことにほかならず、この剰余価値を作者＝資本家たる大江健三郎の「利潤」から匿名の読者にむけて解放することこそ『大江健三郎論』における戦略的読解＝革命の至上の目標なのである。すなわち『万延元年のフットボール』における「**百**を「**百**姓一揆」から引き離し、数の祝祭に向けて解放すること」。

> **百**は増大し、膨張し、肥大する。〔……〕**百**は増大する森の力と対応するともいえるだろう。だが、われわれがあくまで**百**に固執するのは、この数字の頻繁な反復が、そうした主題に律儀に対応しあっているという理由からだけではない。その「意味されるもの」を冷酷に放棄し、いわば「意味するもの」だけが増大してゆくさまを一つひとつ拾いあげ、ついに「**百**姓一揆」をもその運動にまきこんで仮設橋の足場の脆弱さの上にとどまろうとするのは、この荒唐無稽で杓子定規なやり方が、大江健三郎的な言語圏における記号解読の、この上なく生なましい姿勢でさえあるからだ。〔……〕記号としての数を、それが記号としてあった機能から離脱したかたちで純粋に数字的に数えたてること、それは大江健三郎的「作品」におけるコミュニケーションの至上形態とも呼ぶべき特権的な記号解読の姿勢であり、その姿勢を、大江氏は、中心的な作中人物にとってもっとも親しくありながら、そのものとの間に円滑な言語的コミュニケーションが成立しない場合に物語に介入させているのである。[*49]

一九八〇年代なかばにはじまったバブル経済とは、いわば商品の価値とは無関係に価格だけが増大していく「数の祝祭」だったのであり、さらに九〇年代以降にグローバル資本主義が急速に規模を拡大していく状況を蓮實は「「意味されるもの」を冷酷に放棄し、いわば「意味するもの」だけが増大していく」という認識によってこの時点ですでに予期していたといっていい。ただしそれは同時に「百」のもつ政治性――「一九六〇マイナス一八六〇イクォール百が正当化する『万延元年のフットボール』の数的基盤[*50]」から必然的に導き出されるはずの一九六八年（六八年革命）マイナス百イクォール一八六八年（明治維新）という等式――を「冷酷に放棄し」、商品化された革命のシニフィアンばかりが「交換され、流通する」事態をも引き起こしたのであり、そのことがこの時期のポストモダンと呼ばれる状況――イエロー・マジック・オーケストラが毛沢東ばりのスタイルでテレビ・スターとなった時代である――をさしていたのである。

伯爵夫人あるいは地獄の機械

二〇一六年に刊行された『伯爵夫人』には、蓮實自身の過去二作に酷似した設定が施されていることがすぐに理解できる。この三作にはいずれもホテルという建築空間が登場し、かつそこで女性が男性にむけて――『陥没地帯』では娼婦が客に、『オペラ・オペラシオネル』では亡くなった音楽家の寡婦が諜報員に、『伯爵夫人』では伯爵夫人が二朗に――小説の核心にかかわるある決定的な物語を語り出すという、無自覚とは到底考えられない出来事の反復があらわれるのである。しかもそれが『にごりえ』でお力が朝之助にみずからの来歴を語る構図のさらなる反復であることはいうまでもないが、とはいえ、朝之助はお力に来歴を語らせるメフィストフェレス的な誘惑者であるという「恩寵の時間と歴史の時間」の論旨を鑑みれば、『陥没地帯』と『オペラ・オペラシオネル』の男性たちはいまだ「フランスの古典劇のコンフィダンのような役割[*51]」にとどまっているといえるかもしれない。それはこの二作にお

＊49　同書、一六八‐一六九頁。
＊50　同書、一〇六頁。

いて「歴史の時間」の介入が充分に機能を果たしていないということの傍証たりうるはずだが、では、二朗は伯爵夫人に対して真の誘惑者となりえているのか。

一読するかぎり、二朗にその印象は希薄である。むしろ伯爵夫人とのみ作中で呼ばれる謎の女性こそ身内の年少の男性を性的に手玉にとる誘惑者的存在としてふるまっているかのようであり、そうした設定がこの小説にポルノグラフィ的外観をまとわせているのだともいえる。実際、伯爵夫人には男性を惑わす蠱惑的な女性像がこれでもかというほど付与されている。小説の冒頭、日比谷公園と覚しい公園脇の小道をゆく伯爵夫人に声をかけられ、「いま見た恋愛喜劇で聖林《ハリウッド》の女優が着ていた瀟洒なドレスを伯爵夫人にまとわせたらどうだろうなどと、埒もない空想にふけってしまう」[*52]という二朗がそこで連想するのは、小説の舞台となる一九四一年当時に実際に活躍していたケイ・フランシスやヘディ・キースラーといった女優たちなのだが、のみならずその後の伯爵夫人の告白から彼女の「伯爵夫人」というあだ名の由来が第二次世界大戦後のハリウッド映画である『裸足の伯爵夫人』（一九五四年）のエヴァ・ガードナーから引用されているようにも思えるのだから、この女性の人物形象が小説全般にわたって過去の複数の映画女優たちのイメージに依拠していることは疑いえない。そのことはドゥルーズの『ザッヘル＝マゾッホ紹介』の翻訳者でもある蓮實——『マゾッホとサド』という邦題で一九七三年に刊行された——と深いかかわりのあるマゾッホの長篇小説『毛皮を着たヴィーナス』におけるティツィアーノの絵画「鏡に向えるヴィーナス」の作中での地位と比較できるだろう。この絵画のヴィーナスをこよなく愛する主人公ゼヴェリーンはワンダという女性にそのイメージを投影し、現実の彼女の「奴隷」となることを欲するようになる。マゾヒズムの語源ともなったこの小説でゼヴェリーンはワンダを「専制君主」として崇め、彼女に鞭打たれることに快楽を感じるのだが、しかしゼヴェリーンはワンダに一方的に支配される奴隷ではなく、むしろ彼女を「育成」する立場にある、というのがドゥルーズの論理の要諦である〔**I-6 猿まねと生《ミミック》**〕。「マゾッホの男性主人公は、専制的な女性によって教育され育成されるかにみえて、より深いところでは、男性主人公のほうがこの女性を育成し、かのじょに仮装させ、かのじょが男性主人公に浴びせかける容赦なき言葉を、かのじょ自身に吹き込むのである。犠牲者こそが拷問者をとおして、手心をくわえることなく語るのだ[*53]」。つまりゼヴェリーンがワンダを育成する、そのモデルとなるのが「鏡に向えるヴィーナス」ということになるのだが、『伯爵夫人』にとっての映画女優たちがそれとやや類似した役割を果たすとはいえ、決定的な差異もまた存在する。『毛皮を着たヴィーナス』におけるティツィアーノの絵画がプラトニズム的とさえいえる超越的なオリジナルであり、それの似姿であるワンダはあくまでもそのコピーという地位にとどまるのに対して、『伯爵夫人』における複数の女優たちはむしろ相似《シミュラクル》と呼ぶべきイメージの複数性を湛えており、ことによると伯爵夫人こそエヴァ・ガードナー演じるマリアのモデルである、と言い募りかねないフィクティシャスな転倒性すらそこに潜在しているからである。

伯爵夫人と肌を接するような抱擁を交わしただけで精液を漏らしてしまう二朗に対して叱責じみた伝法な言葉を浴びせかける伯爵夫人は、ワンダを思わせる専制君主的な傲慢さを漂わせているかのようにみえながら、しかし二朗が彼女を「訓育」してそうした事態を招いたわけではもちろんなく、むしろ伯爵夫人はみずから「感情教育」という言葉を発して、二朗を積極的に未来の誘惑者たらしめんとする教育者としてふるまっているともいえる。なにより『毛皮を着たヴィーナス』の話者が「犠牲者」である

＊51　蓮實『魅せられて』前掲書、二六頁。
＊52　蓮實『伯爵夫人』新潮文庫、二〇一九年、七頁。
＊53　ドゥルーズ『ザッヘル＝マゾッホ紹介』前掲書、二三頁。

ゼヴェリーンであるのに対して、『伯爵夫人』で告白するのはあくまでも「拷問者」であるかのように映る伯爵夫人そのひとであるという差異が厳然として存在する。ただしロンドンの高級娼婦としてアイルランド独立の闘士の策略に加担し、さらにハルビンの地下組織に属するロシア系アジア人による日本陸軍の大佐への陰謀の片棒を担いだという伯爵夫人の語る冒険譚のどこまでが真実でどこまでが虚構なのかは判然としないものの、まだ処女だった時期に二朗の祖父に「教育」されたというエピソードも含め、彼女の告白のなかでの——まだ伯爵夫人と呼ばれる以前の——彼女自身は「犠牲者」の側に一方的に位置づけられてしまうようなはたらきしかみせていない。二度の活劇のどちらにおいても、彼女の役割はあくまで強固な意志によって活動を指導する者たちの従者的なそれに限定されている。しかも革命の闘士と彼女、あるいは二朗の祖父と彼女のあいだにはゼヴェリーンとワンダのような訓育関係はいっさい成立していないのだ。

　こうした『毛皮を着たヴィーナス』との質的な差異が如実にあらわれているのは動物をめぐる隠喩においてである。『毛皮を着たヴィーナス』では冒頭の「女神は大理石の肉体を大きな毛皮のなかにくるみ込み、猫のように背中を丸めて小刻みにふるえていた[*54]」という描写から結末の「もう二度と、ベレナスの聖なる猿やプラトンの雄鶏を神の写像《にすがた》と称して私に押しつけても欺かれはしないでしょう[*55]」〔いずれも傍点引用者〕という一文にいたるまでいくつもの動物の形象がきわめて組織的かつ効果的に——デリダが『獣と主権者』でこの長篇に触れなかったのが致命的な欠落とすら思えるほどに——埋め込まれている。ワンダは「毛皮」をまとうことで専制君主すなわち「主権者」としてふるまうことが可能になる。その一方で『伯爵夫人』における動物は「裾が乱れているのも気づかぬまま、ふてくされた表情で、いきなり動物のようなだらしのなさで、ごろりと身を横たえる[*56]」という、二朗の従妹である蓬子の姿態を描く直喩としてただ一度だけ登場する。『陥没地帯』でも「罠にはまって動きを奪われた動物のように壁にはりついたまま」[*57]あるいは「群をなしてしか行動しないある種の小動物のような」[*58]〔いずれも傍点引用者〕といったたぐいの、いずれも素っ気ない「動物」という種や類の名称すら欠いた生物としてしか記述されることはないのだ。『オペラ・オペラシオネル』にいたっては動物の登場は皆無である。

だが、こうした動物の不在を埋め合わせるかのように、『伯爵夫人』には冒頭の「傾きかけた西日を受けてばふりばふりとまわっている重そうな回転扉」にはじまり、伯爵夫人の自室に備えられた「機械仕掛けのピアノ」、両親の寝間から聞こえてくる母のものとも伯爵夫人のものとも知れぬ嬌声が「あらかじめ録音されていたレコード」にいたる数多くの機械のリストが姿をみせることになる。しかもそれらの多くが――伯爵夫人が二朗の家族に要求した「円筒形の長細い瓦斯の自動給湯器」までも含めて――一種の自動回転装置であるという共通点をもっているのだ。この回転運動に着目するならば「まるでナイフですっぽりと切ったソーセージのように亀頭の丸みを欠いた思いきり太い逸物――それが割礼の結果なのだと、あとで知りました――の、時計回りのゆるやかな旋回運動で襞という襞を責めたてられているうちに」[*59]〔傍点引用者〕という伯爵夫人を攻め立てる男の性技の表象にも――ただし「ソーセージ」と「亀頭」という一種の動物的な語彙を含みつつ――それがあらわれていることが認められる。さらにこの回転運動は、蓬子が二朗と濱尾にふるまう「角張った白いコルネット姿の尼僧が手にしている

＊54　ザッヘル＝マゾッホ『毛皮を着たヴィーナス』種村季弘訳、河出文庫、二〇〇四年、八頁。
＊55　同書、二二六頁。
＊56　蓮實、前掲書、四八頁。
＊57　蓮實『陥没地帯　オペラ・オペラシオネル』前掲書、二五頁。
＊58　同書、三一－三二頁。
＊59　蓮實『伯爵夫人』前掲書、五六頁。

盆の上のココア缶の図柄[*60]」にまで延長されるのだ。

あの缶に謎めいた微笑を浮かべてこちらを見ているコルネット姿の尼僧が描かれていますが、誰もが知っているように、その尼僧が手にしている盆の上のココア缶にも同じ角張った白いコルネット姿の尼僧が描かれているので、この図柄はひとまわりずつ小さくなりながらどこまでも切れ目なく続くかと思われがちです。ところが、それは無に向けての無限連鎖ではない。なぜなら、あの尼僧が見すえているものは、無限に連鎖するどころか、画面の外に向ける視線によって、その動きをきっぱりと断ちきっているからです。では、尼僧にしては目が男を誘っているようでいかがわしく見えるあの女は、いったい、何を見すえているのか。それは、消費者である不特定多数の男女ということになるかもしれません。しかし、それは戦争以外の何ものでもないと伯爵夫人はいう。[*61]〔傍点引用者〕

ここで伯爵夫人がいう「無に向けての無限連鎖ではない」ものとは、すでに本書で幾度か言及した「ルイス・キャロルのパラドックス」のことである。「「悪無限」の後退は、到達不能の最終項（像の中の最後の像）に至った時に止まることはないが、最初の項が他者そのものとして現れる時、つまり国がそれ自身の地図である時、ものがそれ自体の記号である時に、止まるのである。最初の契機がそれ自身へ戻ることを通して自身の他者へと反転する点、それこそ主体化の点である。「主体」とは、この「無」の名、ものを自身の記号としてのそれ自身から引き離す、つまり国をそれ自身の地図としての自身から引き離す、あの空なる距離の名なのである[*62]」。つまり自動回転という悪無限の「動きをきっぱりと断ちきっている」主体化の地点こそ「戦争」である、と伯爵夫人は断言しているのだ。「コルネット姿の尼僧」のモデルとなったのは「赤毛のキャサリン」と呼ばれるアイルランドの独立運動の女性闘士だというのである。ここでもやはり主体化——回転運動の停止——の相関項としての国民国家《ネーション・ステート》が立てられることになるのだが〔I-3 **精神は(動物の)骨である**〕、ただし伯爵夫人そのひとはけっして主体=主権者たる国民ではない、という点がこの奇態な長篇小説の核心なのである。

伯爵夫人は「合衆国の名だたる建築家」が設計したというホテル——アメリカの建築家フランク・ロイド・ライトが設計した旧・帝国ホテルが想像されるが、ホテルとは異なる地下室をさして呼ばれる「どこでもない場所」という名前がむしろふさわしい——に「歴史の時間」を介入させる自動回転装置である。彼女自身がホテルの内部と外部とをつなぐ「ばふりばふりとまわっている重そうな回転扉」なのである。「どこでもない場所」と戦争、あるいは蓮實自身が「恩寵の時間」と「歴史の時間」と呼ぶところの「かろうじて保たれているこのあぶなっかしい世界の均衡を崩すまいと息づいている貴重な中心」[*63]〔傍点引用者〕こそ伯爵夫人が——正確には彼女の「熟れたまんこ」が——この長篇において果たすべき機能なのだ。そう、あくまでも機能=函数であって出来事ではない、というのが『伯爵夫人』の抱える小説としての限界であるという批判に間違いはないのだが、しかしここではこの機能=函数を徹底して自覚的に一連の機械状の形象のセリーとして形成することに成功している点をむしろ評価すべきなのである。そしてその機械形象には「饒舌なスフィンクス」という名を与えることが可能だろう。蓮實は『批評 あるいは仮死の祭典』(一九七四年)でフランスの小説家アラン・ロブ=グリエに対して次のように語っている。「多くの場合、「作品」は一つの謎であって、読者はその謎を解いて答えに到着しよう

＊60 同書、一三頁。
＊61 同書、八三頁。
＊62 ジジェク『もっとも崇高なヒステリー者』前掲書、三四〇-三四一頁。
＊63 蓮實、前掲書、六九頁。

とする。「深さの神話」とでも申しましょうか、「作品」の背後には何かが隠されていて、それが作者の人間性であったりその思想であったりしたわけですが、あなた〔ロブ＝グリエ〕は、奥へと進もうとする読者の歩みを排して、読者を「作品」の表層にくぎづけにしてしまう。その上で、文章体験なりフィルム体験なりの場に荒々しく踏みこんできて、読者が模索していたはずの答えを自分の口から告白してしまい、ところでその問題は何でしょうかと開きなおる。つまり謎なぞ遊びの基本構造を逆転しているという意味で『饒舌なスフィンクス』だというのです[64]」。

ここでの蓮實はあきらかにジャン・コクトーの戯曲『地獄の機械』（一九三四年）――ソフォクレスの『オイディプス王』を下敷きにしたこのドラマでは、スフィンクスがみずから「朝は四足で、昼には二本足、夕方には三本足で歩く動物は何か」という謎なぞの答えをあかしてしまう――を踏まえて語っていると同時に、批評家が作家に対してあたかもスフィンクスに対するエディプ（オイディプス）のようにふるまうという演劇的なメタ・テキスト性をも示しているのだが、しかもあらかじめロブ＝グリエが自身の小説『消しゴム』（一九五三年）において『オイディプス王』を全篇にわたって暗示しているのだから、蓮實はこのとき正確にコクトーのシナリオ通りに演じていたということになる。フロイトのオイディプス・コンプレックスへの直接的な言及がある『伯爵夫人』に原型としてのオイディプス神話を読みこむことは、したがってかならずしも強引とはいえないだろうし、実際、「二朗さん、この世界の均衡はいたるところで崩れかけているのに、それがいまなお崩れてはいないと錯覚するような人ばかりがあたりにあふれているとしたら、どうしますか。たとえば、そんな錯覚があおりたてる戦争について、あなたは何を知っていらっしゃるというの[65]」と伯爵夫人は執拗に二朗を問いただしたうえで、戦争にまつわる己の身の上ばなしを語りはじめるのだから、彼女がエディプ＝二朗に対するコクトー的なスフィンクスの役回りを果たしているのは明瞭だろう。そして伯爵夫人は――二朗によって謎なぞの答えが言い当てられたのではないにせよ——一九四一年一二月八日の日本とアメリカ合衆国との開戦を告げる情報を得ると——スフィンクスが一説には海に身を投げたように——船で去っていく。[*66] つまり伯爵夫人は「どこでもない場所」に「歴史の時間」を招き入れる「ぜんまい」仕掛けの「地獄の機械」、「死すべき人間の数学的なまでに緻密な破壊[*67]」にむけて開かれた「回転扉」なのだ。

伝説上のスフィンクスはしばしばライオンの身体や鷲の翼をもつ半獣半人の怪獣として描かれるが、コクトーによる「乳房と怪獣の爪を持ったスフィンクス」は「十七歳の小娘」であると同時にネメシス（ギリシャ神話の「復讐の女神」）でもある。スフィンクスはエディプに恋するがゆえに謎なぞの答え（「その動物は人間です」）をエディプに教えてしまい、結果としてかれを破滅に導く、つまり不滅の神々と死すべき人間との媒介者としての役割を果たしているのだが、それは伯爵夫人が「どこでもない場所」に戦争を招来する媒介（函数）であるのと似ている。伯爵夫人が「世界の均衡」と呼んでいるのはこのふたつの世界のあやういバランスのことであり、それはG—W—G'という定式が致命的な不均衡を孕みつつ

＊64 蓮實『批評 あるいは仮死の祭典』せりか書房、一九七四年、一二五頁。

＊65 蓮實『伯爵夫人』前掲書、七二頁。

＊66 ロブ＝グリエの最初の監督作品である映画『不滅の女』では、ヒロインは男と別れると海に帰っていく。「シネ＝ロマン」と銘打たれた映画シナリオ風の文学作品である『不滅の女』（蓮實重彦訳）からそのシーンを引用すると「L（やや沈黙してから）「いいえ……、何でもない……、夢でもみていたらしいの……」起きあがり、ややからだをふるわせると、Lはこうつけくわえるのだ。「帰る時刻ですわ」／だが、彼女はかえって海に向ってゆき、確かな足どりで水に入ってゆく」（アラン・ロブ＝グリエ『去年マリエンバートで／不滅の女』筑摩書房、一九六九年、一八三－一八四頁）。Lは「帰る」と言ったにもかかわらず水遊びをはじめたのではなく、海へ帰ったのである。

＊67 ジャン・コクトー『ジャン・コクトー全集第七巻』東京創元社、一九八三年、一三七頁。

「かろうじて保たれている」にすぎない均衡状態を意味しているのとおなじことだ。高級娼婦である伯爵夫人とは、まさしくこの定式におけるW、G'における剰余価値を生むとされる「商品」なのである。

私生児と非嫡出子

二朗には「自分の叔父にあたり、年齢は自分と同じという家族の一員」が存在するらしい。伯爵夫人によれば、かれは二朗の祖父と伯爵夫人とのあいだにもうけられた、二朗より三日前に誕生した一朗と名づけられた青年であるというのだが、伯爵夫人によるその告白を二朗は疑わしく感じて、現在は信州に養子に出されているという一朗こそ、じつは当の自分自身なのではないかという疑惑にとらわれる。「ことによると、一朗と呼ばるべき男子が何らかの事情で二朗と呼ばれて祖父の長女の家に迎えられ、何ごともなかったかのように亡くなった兄の弟として育てられたのかもしれぬ。その場合、おれの本当の母親は伯爵夫人そのひとということになる」[*68]。つまり二朗は祖父の私生児である可能性が否定されぬままオイディプス的状況に置かれていることになる――伯爵夫人は二朗の母親であることを明確に否定するが、二朗はかならずしもその言葉を信じていない――が、ギリシャ古典悲劇と異なり作中で二朗に真実が開示されることはない。二朗はすでにホテル内の謎めいた密室で「ルイーズ・ブルックスもどき」の女によって向こう七二時間の不能を惹起するという「インカ土人秘伝というエキス入りサボン」をみずから望んで陰茎に注入されており、それによって伯爵夫人との性交の可能性を排除したのだから、真実が明かされる物語的な契機はあらかじめ放棄されている。この曖昧さは二朗そして作者が積極的に意図した状況なのである。それは伯爵夫人の肖像が――『毛皮を着たヴィーナス』のワンダにとっての「鏡に向えるヴィーナス」とは異なり――いくつもの映画女優のイメージのシミュラクルとして呈示されていたのとおなじく、起源をめぐる不確定性を示唆している。蓮實にとって私生児とは――『陥没地帯』における「父無し児」もそれに含めてかまわないはずだが——もっぱら父親との関係において定義されるべき存在なのである。「「孤児として誕生のときからすでにおのれの父親の立会いから分離されたエクリチュール」というその「本質的漂流状態」において文字を定義するとき、彼〔ジャック・デリダ〕は、まるで「私生児」ド・モルニーの存在を記述しているかのようだ。実際、「シミュラークル」がそうであったように、一八五一年という年号は、「私生児」がその「漂流性」において勝利する時代の到来を告げていはしまいか」[*69]〔傍点引用者〕。

一九九一年九月、ソビエト社会主義共和国連邦の解体という世界史的な事態が訪れる直前に刊行された『帝国の陰謀』(一九九一年)の理論的な核心として記されたこの一節は、伯爵夫人および二朗という人物形象のいかにも曖昧な捉えどころのなさをすでに正確に言い当てている。伯爵夫人はその「漂流性」によってつねに勝利している。革命家たちに対する伯爵夫人の立場は、ルイ゠ナポレオンに対する「私生児」ド・モルニーのそれとそっくりなのである。そしておそらくは伯爵夫人と二朗の間柄においてそれが反復されているのだ。伯爵夫人と二朗の親子関係の有無とかかわりなく、この二人はたがいに相似しあっている。伯爵夫人の「わたくしのことをあなたのお祖父さまの「めかけばら」だと思いこませたがっている小春さんは、これと思うひとをつかまえてはそういいふらしているみたいですけど、あの方にどれほど偏執狂的な性癖があろうと、自分の娘の処女を奪ったりするような破戒無慙な振る舞いなどなさるはずもない」[*70]という科白は、その内容の真偽にかかわらず、出生の疑惑を否認する言明の形

＊68　蓮實、前掲書、一八九‐一九〇頁。
＊69　蓮實『帝国の陰謀』ちくま学芸文庫、二〇一八年、八〇‐八一頁。
＊70　蓮實『伯爵夫人』前掲書、五四頁。

式によって――そしてそれぞれの両親の存在感のあからさまな稀薄さによって――伯爵夫人と二朗とを否応なく接近させてしまう。「〇〇は親ではない」という否定判断を共有することで、両者は必然的に相似してしまうのである。さらに伯爵夫人が第一次世界大戦の戦場と「どこでもない場所」との媒介を果たすのとおなじく、二朗が「どこにもない場所」と第二次世界大戦直前のいまだ平穏な世俗との媒介――伯爵夫人の「金玉潰し」によって二朗が失神する場面は、友人とのキャッチボールで股間を直撃したボールによって二朗が失神する挿話に接続される――を果たすという「説話論」的な機能の並行性が、伯爵夫人と二朗とのオリジナルなき相似を際立たせることになる。シミュラクル、すなわちG―W―G'―W'―G''―……という物語の交換と流通の無限連鎖。伯爵夫人と二朗が媒介するふたつの世界の回転軸は、私生児であることなのだ。

だが、ここでの私生児という概念は、法律上の婚姻関係にない男女の間に生まれた子である「非嫡出子」のようなカテゴリー上の曖昧さをいっさい持ち合わせていない。厳密にいうなら私生児と非嫡出子は――『帝国の陰謀』の「解説」で入江哲朗が「「高貴」な「私生児」と「不名誉」な「非嫡出子」との差異はたちまち曖昧にな[*71]」るという見解とはちがって――まったく異なる論理の範疇に属する。非嫡出子が「否定の総覧」であり実質的に「なに一つ有効な意味をもたない」無限判断であるのに対し、私生児とはあくまでも父という観念に依拠した否定判断にすぎない（I-2 **動物保護区《アニマル・サンクチュアリ》の平和**）。「模倣すべき「モデル（オリジナル）」を持たない「イメージ[*72]」」が「父殺し」を隠喩しつつ、しかしそれをけっして完遂しえないのはここにおいてである。

「父殺し」としてのシミュラクルは――一九七一年のアメリカ合衆国の金兌換停止の決定のような――貨幣を貴金属の価値から切断することと類比的である。経済理論家の沖公祐はそれを「貨幣のデモクラシー」と呼んでいる。貨幣（価値章標）が貨幣として流通するのは「その素材がもつ価値ゆえにではない」にもかかわらず、「この観念《イデア》が貴金属から完全に切り離された純粋な名称となること、貨幣の第二の身体が「空虚な場」となることには大きな困難が伴う」[*73]。卑金属や紙からなる貨幣は、それが「価格」を表現することを明示するために、むしろその素材自体が価値を有する貴金属であってはならないが、「そのことは諸商品の同一性＝価値を担保する場を空虚にするがゆえに、商品世界に不安定性《インフレ》をもたらさずにはいな」[*74]いからである。沖はクロード・ルフォール『民主主義の発明』（一九八一年）に依拠して、フランス革命によって「王の身体が占めていた地位（権力）」が「空虚な場」となったが、しかし「この空虚を擁護しようという意図はジャコバン派の恐怖《テロル》政治を招き、最終的には、ナポレオンの身体がそこを埋めることになった」[*75]（傍点引用者）と述べている。さらにナポレオン・ボナパルトの甥であるルイ＝ナポレオンは一八四八年革命の帰結として「ナポレオンという名ゆえに帝位に就き、権力の「空虚な場」を埋めることになる」というのだが、ナポレオンのシミュラクルとしてある皇帝ルイ＝ナポレオンは、かれがシミュラクルである前提としてモデル（オリジナル）としての「ナポレオンという名」を絶対に必要としているということなのだ。それは「私生児」ド・モルニーがルイ＝ナポレオンの義弟であり、あくまでもその補佐役にとどまること、さらに伯爵夫人が「主人」たる「お祖父さま」の、あるいはロンドンやハルビンで暗躍する革命家たちの「奴隷」にとどまることへと、以下無限に連鎖していく。コ

＊71　蓮實『帝国の陰謀』前掲書、一五四頁。
＊72　同書、六七頁。
＊73　沖公祐『「富」なき時代の資本主義――マルクス「資本論」を読み直す』現代書館、二〇一九年、九六-九七頁。
＊74　同書、一〇一頁。
＊75　同書、九五頁。

コア缶に描かれた「コルネット姿の尼僧」の無限連鎖を断ち切る「画面の外に向ける視線」は、その「空虚な場」において無限連鎖を維持せんとする意図それ自体によって連鎖を断ち切ることになるのだ。

蓮實は『小説から遠く離れて』(一九八九年)で、この無限連鎖を「柄谷行人が「交通」の一語で指摘したコミュニケーション」であると明記している。「作家という名の「完璧な捨子」にできることは、物語によって均質化された集団的な想像力を解きほぐし、共同体の内外に向けて断片化された記号として再配分するにふさわしい装置におのれをなぞらえることをおいてはあるまい。より正確にいうなら、作家が作るのは芸術作品などではなく、「交通」の装置なのであり、長篇小説がその装置にほかならず、その歯車仕掛によって、言葉は停滞したり、迂回したり、横滑りしたりしながら方向を変えるだけなのだ」[*76](傍点引用者)。ここで「完璧な捨子」と呼ばれる存在が同書のべつの箇所に記された「文学的な私生児」の言い換えである以上、この一文は「歯車仕掛」の「交通」の装置である『伯爵夫人』への、発表にはるかに先立つ自己言及であるといっても過言ではあるまい。ただしそこには「仮死」、すなわち「ほとんど死に瀕しながらもかろうじて死をまぬがれているというとりあえずの死」[*77]が隠されている。小説は「王殺し」をけっして完遂しえないのだ。言い換えれば、王の名のシミュラクルとしての私生児は、けっして主権者たりえぬことに甘んじるしかないが、しかし王の名をひそかに隠し持っている。民主主義が「王殺し」の不可能性をつねに抱え込んでいるように、である。私生児は潜在的に王の名を分有している。アリストテレスは「究極の民主制」と呼ぶ体制において、一方の親が奴隷である子どもや外国人の子ども、生まれの定かでない労働者とともに私生児を「市民」のうちに数え入れていた。[*78]かれらは国家秩序を危機に陥れる可能性をつねにはらんでいるにしろ、しかし潜在的に民主主義によって包摂されるべき対象なのである。

蓮實にとっての私生児は、資本家であり主権者である小説家に対する読者=批評家の勝利を意味する概念だった。「荒唐無稽」は小説家の所有物では断じてなく、あくまでも批評によって読者に解放されるべき資本＝剰余価値なのである。それまで価値の判断者にすぎなかった批評家が、蓮實において初めて小説家にとって代わる価値の生産者となったのだ。だが、にもかかわらず批評の勝利は結局のところ批評ではなく小説によって宣言されることになる。そしてそれらの小説が一九七九年、一九九四年、二〇一六年という、本書がここまで扱ってきた決定的な断絶――それは国家主権がわたしたちの眼前にあからさまに露呈した時期でもある――をあらかじめ告知するかのように発表されてきたことと無縁ではあるまい。小説を書くこと――それは資本の流れ《フロー》が最後には国家の信用によって価値を確定（決済）しなければならないことに似ている。蓮實が王の名を「空虚な場」として擁護したことの、それが最終的な帰結である。

ただし数字と私生児というアナロジーは蓮實のテキストに予期せぬ剰余価値――「社会性」を与えた。つまりグローバル資本主義の帰趨そのものへの予言性である。「資本主義にとって世界市場が不可欠である限り、貨幣における王殺しは完成しない」[*79]。『帝国の陰謀』が一九九一年以降に訪れることになる「数の祝祭」たるグローバル資本主義の本格的な隆盛を言祝いでいたのに対して、『伯爵夫人』はリーマン・ショックによって露呈したその本来的な不安定性《ボラティリティ》からなんとか「空虚な場」を維持しようと欲した人びとが、最後に招き寄せた切り札《トランプ》の登場を予告していたのである。

＊76 蓮實『小説から遠く離れて』日本文芸社、一九八九年、二九三頁。
＊77 蓮實『物語批判序説』中央公論社、一九八五年、二八三頁。
＊78 アリストテレス『アリストテレス全集17』前掲書、三三七頁。岩田靖夫『アリストテレスの政治思想』前掲書、七七頁。
＊79 沖、前掲書、一〇一頁。

Epilogue

犬のような批評家の肖像

一九八八年、ベトナム・ホーチミン市の高等学校に通う少女である「わたし」が手の込んだやり口でなにものかに拉致され、ドイツで監禁される。「わたし」はかれらの手を逃れ、裕福な同郷人の女性の援助でパリに脱出するが、自国語と学校で学んだロシア語以外の言葉はほとんど知らない。あるときたまたま見た冊子に載っていた女優カトリーヌ・ドヌーヴの写真に魅せられ、彼女が出演している映画を次々と観るようになる。少女はドヌーヴに「あなた」と語りかける。

犬が一匹、通りに立っている。町から妙に切り取られて孤立した一角。町の住人達は、犬のいる位置がはっきり特定できないので、おたおたしている。犬は、狂っている。怒っている。孤独でほっそりしている。トリスターナの脚が一本、切り取られてしまう。切られた脚は木の脚に変身して、ベッドの上に横たえられる。トリスターナは高級な木製家具を思わせるような仮面を被る。トリスターナだけではない。わたしたちはみんな家具になっていく途中なのかも知れない。そうしなければ我慢できないことが多すぎる。そしてカメラの置いてある室内に閉じ込められる。ただ、狂犬病にかかったあの犬だけは自由だ。どこなのか分からない場所にいるからだ。もしかしたらこの犬はカット上の何かの手違いで、この映画に迷い込んでしまっただけなのかも知れない。[*1]

ルイス・ブニュエル監督の映画『哀しみのトリスターナ』（一九七〇年）の――言葉を理解できない少女の記憶のなかで複数の場面が圧縮された――情景である。トリスターナと一緒に映画館に閉じ込められてしまった者、それが「わたし」である。映写機である「わたし」。いや、そうではない、「わたし」は映写機ではない。「わたし」は映画館の暗い椅子に身を沈めてスクリーンを見つめる観客のひとりにすぎない。映画に映っているのは「あなた」、その映画をスクリーンに投影しているのが映写機である。ゆえに真の主体＝映写機は「あなた」、カトリーヌ・ドヌーヴである。「あなた」はこの映画で唯一にしてただひとりの例外である。「あなた」はカメラとともに室内に閉じ込められている。けれどカメラは映像に映ってはならない。「あなた」は見られ、かつ見られてはならない。「あなた」は映画の光源、唯一の光＝太陽である。「あなた」は徐々に木の脚をつけ、仮面を被り、映写機そのものに変貌していく。「あなた」は映写機のような存在以外ではない。この世界はフィルムのコマの連鎖以上のなにものでもない。「わたし」はそう思う。しかしその「わたし」はといえば、「カット上の何かの手違いで」コマの連鎖に紛れ込んでしまった犬にすぎない。「わたし」は犬である。

＊

わたしは「犬」である。そのように規定することにいかなる自己卑下も自虐もない。犬はどこかわからない場所にいる。犬は孤独で、怒っており、狂っている。わたしはここまで毎秒二四コマの写真をスクリーンに投影する映写機と、フィルムに「何かの手違いで」紛れ込んでしまった犬のような存在について語ってきた。このコマの連鎖のようなものを本書では悪無限と呼び、太陽＝映写機を真無限と呼ん

＊1　多和田葉子『旅をする裸の眼』講談社文庫、二〇〇八年、九七‐九八頁。

だのである。後者は『錯乱の日本文学』および本書「Ⅱ-3　大逆・芸術・システム」で「システム」と名指されたものに相当する。システムとは、それを「地」とした内部と外部という「図」の反転可能性である。本書の元となる原稿は、前著の刊行後すぐに発表のあてもなく書きはじめられた。前著でわたしはシステムとその自壊の可能性を語っているが、そこにある致命的な欠落が存在することに気づいていた。それはシステムの外、システムの内部にも外部にも場を指定されないものであり、システムの反転可能性をもたないものである。つまりバックミンスター・フラーのいう「システム自体を構成する宇宙の小部分」であり、本書ではそれを動物あるいは獣と呼んでいる。

　動物は要求し、獣は統治する。――『政治的動物』では、現実に生存する動物たちではなく、幾人かの小説家によって創造された動物あるいは人間ならざるものたちの形象をここまで追いかけてきた。動物を「貧しさ」（ハイデガー）や「剝き出しの生」（アガンベン）の相においてではなく、ポジティヴなものとして、実定的で肯定的な未知の実在として描くには、これらの優れた小説の想像力が不可欠だったのである。

　日本において「批評」と呼ばれる営為は、長らくシステムと交換不可能な実存について語ってきたように思われる。たとえば吉本隆明の「大衆」、柄谷行人の「他者」、そして東浩紀の「動物」といった概念的人物たちがそうであり、それらはいずれもその時代の日本の中産階級が抱えていた――吉本なら高度経済成長期の、柄谷ならバブル経済の、東ならバブル崩壊以降の長期停滞する社会の――主題を鋭く言い当てていた。しかしかれらが語ってきたのはつねに「人類」についてであり、獣ではなかった。花田清輝は「政治的動物について」という一九五六年のエッセイで、その当時――アメリカ軍の水爆実験で乗組員が被爆した第五福竜丸事件（一九五四年）の二年後である――しきりに「人類」について語りだした「戦後文学」の面々を次のように批判している。「「人類」といったような雲をつかむようなシロモノをもちだして、階級闘争の現実に煙幕をはろうとするような「人類」は、当人がどう考えているにせよ、どうも「ブルジョアジーという名の人類」の手さきのような気がわたしにはするのだ」[*2]。続いて花田は、そんな「人類」に嫌気がさしたひとりの青年が「動物園」のゴリラとチンパンジーのあいだにあるオリの中に入れてもらい、ヤマネコと一緒に暮らしはじめる、というディヴィッド・ガーネットの短篇「動物園に入った男」を紹介しているのだが、ただし青年が動物園を去り「人類」の代表のような婚約者と帰っていく、という小説の結末には触れていない。この青年は「有閑階級」のひとりにすぎず、労働によって社会と自分を「変形」させるプロレタリアートではない、と花田は考えていたのである。花田は労働の偉大な力能を率直に表明しえたおそらく最後の世代に属していたが、そのことにかすかな不安な未来も予感していた。「しかし私はなお若干心配である。はたして、狐や、かぶとむしや、石に、労働することができるだろうか[*3]」。

花田の予感は的中したのだろうか。今日、わたしたちはたしかに「動物園」と化したこの世界で「狐や、かぶとむしや、石」のような者として生活し、労働している。わたしたちは動物として語り、歌い、要求するが、労働によって己と世界を変形できるとはもはや信じていない。世界と自分自身を変えるために、わたしたちは生と労働の概念そのものを変形しなくてはならないはずだ。本書ではそれはかなわなかったが、しかし「人類」の只中にかつて実在した、「孤独で、怒っており、狂っている」ひとりの偉大な「政治的動物」をわたしは知っている。

ミシェル・フーコーのどこか人間から隔絶したようなあの佇まい、あの異相、卓越した知性と傑出し

*2 花田清輝『政治的動物について』青木書店、一九五六年、一六頁。
*3 花田『復興期の精神』講談社文芸文庫、二〇〇八年、二三八頁。

た文学的才能、そして火花のような煌めきに満ちたあの偉大な著作のかずかず——そうしたほとんど「人間離れした」といってもいいこの哲学者について、蓮實重彦がその存在のすべてに対する讃嘆と畏怖の念を込めて「猿」と形容したことがある。[*4] フランス西部の地方都市の医者の子息という典型的なブルジョア階級に生まれ、高等師範学校を卒業した最上位のエリート知識人であり、同性愛者である、というフーコーの生の条件は、かれの短く濃密な人生とその帰結を深く規定していた。フーコーのテキストには、人類に混じって忌憚なく交際しながら、しかしかれらの存在者としての限界に戸惑っている内心を隠しきれない「聡明な猿」のような気配をたしかに感じることがあるのだ。批評家が猿という比喩に託したのは、かれ自身があくまでも「人類」の側に属し、その限界に自覚的たらんとする者の礼節なのかもしれない。にもかかわらず猿の一語に込められているのは、この批評家の——現代日本ではもはや絶滅寸前の稀少な階級とすらいえる——特権的なブルジョアジーとしての言語感覚である。

もし本書がかれらと異なる視野を提出しているとするなら、それは中産階級——わたしは「市民社会」と呼びたくない——ひいてはそれを形成するシステムそのものの解体——円環が直線に解けていく過程——を前提としなければならなかったからである。『政治的動物』はシステムが「諸個人の純粋な加算へと解体」[*5] したのちの、システムから見放された者による、システムに代わる視野をもちえない者の言説である。本書に引用された偉大な思想史上のテキストのかずかずは、あくまでも動物が読み、それ自身のためにのみ理解した知の体系、というよりもその断片にすぎず、それらが知の名に値するのかどうかさえも定かではない。それはもはや十全には「人類」たりえない者、「わたしは犬である」と自称する者によって——思想や批評の猿まねをした言葉の連なりによって——「名誉ある学会員諸君」にむけて書かれた「あるアカデミーへの報告」(カフカ)である。

わたしは一個の獣であり、獣にすぎない。だが、このように書いたからといって、わたしが自分自身の生のなにごとかを譲歩しているとは思わないでほしい。わたしはたかだか犬のごとき者であるかもしれないが、批評する獣として「おまえの文章は犬以下だ」という権利をつねに留保しているからである。

＊

本書は「I　動物」および「Prologue」「Epilogue」を書き下ろすとともに、各初出を元に大幅に加筆修正を施した原稿によって構成されています。単行本化の機会を与えていただいた河出書房新社の阿部晴政氏、岩本太一氏に深く感謝いたします。

「二〇一七年の放浪者《トランプス》」初出では「子午線」同人の春日洋一郎氏、長濱一眞氏、綿野恵太氏にたいへんお世話になりました。特に綿野氏には書き下ろし原稿についていくつもの有意義なご指摘をいただきました。「言説の騒乱《ディスオーダー》」初出では阿部晴政氏にたいへんお世話になりました。また谷崎研究者の西野厚志氏には貴重な助言をいただきました。「「路地」の残りの者たち」初出では前田年昭氏にたいへんお世話になりました。また絓秀実氏にはいくつもの有益な示唆をいただきました。「芸術・大逆・システム」初出では竹花進氏にたいへんお世話になりました。「私生児の機械」初出では明石陽介氏にたいへんお世話になりました。

本書の出版にご協力いただいたすべてのみなさまに感謝とお礼を申し上げます。

二〇一九年一一月　　石川義正

＊4　蓮實『表象の奈落——フィクションと思考の動体視力』青土社、二〇〇六年、一一九頁。

＊5　ランシエール『哲学者とその貧者たち』松葉祥一・上尾真道・澤田哲生・箱田徹訳、航思社、二〇一九年、一八七頁。

［初出一覧］

Prologue　超過する動物たち……書き下ろし

二〇一七年の放浪者《トランプス》……「子午線　原理・形態・批評」6号、合同会社書肆子午線、二〇一八年

Ⅰ　動物

1　動物たちの棲むところ……書き下ろし

2　動物保護区《アニマル・サンクチュアリ》の平和……書き下ろし

3　精神は（動物の）骨である……書き下ろし

4　獣たちの帝国……書き下ろし

5　黙示録的な獣たち……書き下ろし

6　猿まね《ミミック》と生……書き下ろし

Ⅱ　権力

1　言説の騒乱《ディスオーダー》……「文藝別冊　谷崎潤一郎」河出書房新社、二〇一五年（原題「谷崎潤一郎と言説の抗争」）

2　「路地」の残りの者たち……「悍」創刊号、白順社、二〇〇八年（原題「『地の果て 至上の時』あるいは「路地」の残りの者たち」

3　芸術・大逆・システム……「文藝別冊 赤瀬川原平」河出書房新社、二〇一四年（原題「芸術・大逆・システム——尾辻克彦の小説をめぐって」）

4　私生児の機械……「ユリイカ 10月臨時増刊号　総特集＊蓮實重彥」青土社、二〇一七年（原題「新開《ブランク》と歴史——蓮實重彥の「社会」をめぐって」）

Epilogue　犬のような批評家の肖像……書き下ろし

石川義正（いしかわ・よしまさ）
一九六六年生まれ。文芸評論家。慶應義塾大学卒業。
著書に『錯乱の日本文学――建築／小説をめざして』（航思社、二〇一六年）、
共著に『反東京オリンピック宣言』（航思社、二〇一六年）。

政治的動物

二〇二〇年一月二〇日　初版印刷
二〇二〇年一月三〇日　初版発行

著者　石川義正
AD　水戸部功
発行者　小野寺優
発行所　株式会社河出書房新社
〒一五一―〇〇五一
東京都渋谷区千駄ヶ谷二―三二―二
電話　〇三―三四〇四―一二〇一（営業）
〇三―三四〇四―八六一一（編集）
http://www.kawade.co.jp/

組版　株式会社創都
印刷　株式会社亨有堂印刷所
製本　小泉製本株式会社

Printed in Japan　ISBN978-4-309-24943-8